Komm mit!

Holt German
Level 2

HOLT, RINEHART AND WINSTON

Harcourt Brace & Company

Austin • New York • Orlando • Atlanta • San Francisco • Boston • Dallas • Toronto • London

Director: Lawrence Haley

Executive Editor: Barbara Kristof

Editorial Staff: Helen Becker, Annette Franco-Wiberny, Francine Ducharme Hartman, Christian Hiltenbrand, Cindy Reinke-Pressnall, Robyn Stuart, Andrew Werner
Beth Goerner, *Department Secretary*

Editorial Permissions: Janet Harrington

Design, Photo Research and Production: Pun Nio, *Senior Art Director;* Candace Moore, Robin Bouvette, *Designers;* Sally Bess, Carol Colbath, Tonia Klingensmith, Maria Lyle, *Design Staff;* Donna McKennon, *Media Designer;* Bob Bretz, Rebecca Byrd-Bretz, *Marketing Designers;* Debra Saleny, *Manager of Photo Research;* Mavournea Hay, *Photo Researcher;* Carol Martin, *Electronic Publishing Manager;* Kristy Sprott, *Electronic Publishing Supervisor;* Deborah Fey, Maria Homic, Barbara Hudgens, *Electronic Publishing Staff;* Gene Rumann, *Senior Production Coordinator;* George Previlige, *Manufacturing Manager;* Jenine Street, *Manufacturing Coordinator*

For permission to reprint copyrighted material, grateful acknowledgment is made to the following sources:

ABDA: From "Wenn Kinder feiern ..." from *Neue Apotheken-Illustrierte,* 6/93, p. 28.

Berlin Programm Rimbach Verlag GmbH: "Oper & Theater" from *Berlin Programm,* September 1993. Reviews of "Blau-Rot," "Britzer Mühle," "Istanbul," "Restaurant El Pharaoh," "Restaurant Hardtke," "Restaurant Pferdestall," and "Restaurant Seaside" from *Berlin Programm,* September 1993.

Berliner Bären Stadtrundfahrt GmbH: Logo for Berliner Bären Stadtrundfahrt GmbH and "Tägliche Stadtrundfahrten Daily Sightseeingtours + Potsdam" advertisement from *Berlin Programm,* September 1993, p. 58.

Berliner Dom: From advertisement, "Berliner Dom" from *Berliner Programm,* September 1993, p. 41.

Berliner Symphoniker: Advertisement, "Berliner Symphoniker" from *Berlin Programm,* September 1993, p. 43.

Burda Publications: "Sechs Tips, die für Sie so wichtig sind wie für Boris" with photographs from "Warum ist Dr. Müller-Wohlfahrt nie krank?" from *BUNTE,* no. 22, May 27, 1993, p. 40. "Jetzt ein Eis!" from *BUNTE,* no. 33, August 12, 1993, p. 83.

Club La Santa: Photograph of "Club La Santa auf Lanzarote" from *Sport-Scheck Reisen,* Summer 1993, pp. 172–173.

Concert Concept GmbH: Advertisement, "Peter Hofmann, Anna Maria Kaufman singen Musical Classics" from *Berlin Programm,* September 1993, p. 39.

Globus-Kartendienst GmbH: Graphs, "Globus Graphik 9680—Was das Auto wirklich kostet," "Globus Graphik 9133—Beliebte Auto-Extras," and "Globus Graphik 9400—Europa auf Reisen."

Gruner + Jahr AG & Co.: "Das Pausenklingeln ist die schönste Musik!" from *Eltern,* October 1990, pp. 208–211. Copyright © 1990 by Gruner + Jahr AG & Co. From "Reich ist, wer nix mehr lernen muß!" from *Eltern,* July 1991, pp. 168, 169, 171. Copyright © 1991 by Gruner + Jahr AG & Co. "Gesucht: Bauernhof zum Ausschlafen!" from *Eltern,* August 1991, pp. 146–148. Copyright © 1991 by Gruner + Jahr Ag & Co. From "Alles, Was Recht Ist" from *stern-tv magazin,* July 15, 1993, p. 19. Copyright © 1993 by Gruner + Jahr AG & Co.

Ho-Lin-Wah: Advertisement, "Ho-Lin-Wah" from *Berlin Programm,* September 1993.

International Press Syndicate: "Der neue Trend: 'Bleich ist beautiful'" from *Focus—Das moderne Nachrichtenmagazin,* no. 28, 1993, p. 81.

Kartographischer Verlag Busche GmbH: "Baden-Baden" from *Aral Auto-Reisebuch,* 1994/95.

Pop/Rocky: From "Ich bin kein Wunderkind!" and from "Nudeln mit Biss" from *Pop/Rocky,* no. 18, 1993, pp. 42, 49.

ACKNOWLEDGMENTS continued on page 396, which is an extension of the copyright page.

AUTHOR

George Winkler
Austin, TX

Mr. Winkler developed the scope and sequence and framework for the chapters, created the basic material, selected realia, and wrote activities.

CONTRIBUTING WRITERS

Carolyn Roberts Thompson
Abilene Christian University
Abilene, TX

Mrs. Thompson was responsible for the selection of realia for readings and for developing reading activities.

CONSULTANTS

The consultants conferred on a regular basis with the editorial staff and reviewed all the chapters of the Level 2 textbook.

Dorothea Bruschke
Parkway School District
Chesterfield, MO

Margrit Meinel Diehl
Syracuse, NY

Diane E. Laumer
San Marcos High School
San Marcos, TX

Phyllis Manning
Vancouver, WA

Ingeborg R. McCoy
Southwest Texas State University
San Marcos, TX

REVIEWERS

The following educators reviewed one or more chapters of the *Pupil's Edition*.

Nancy Butt
Washington and Lee High School
Arlington, Va

Connie Frank
John F. Kennedy High School
Sacramento, CA

Patrick T. Raven
School District of Waukesha
Waukesha, WI

John Scanlan
Arlington High School
Arlington, OR

Rolf Schwägermann
Stuyvesant High School
New York, NY

Linda Wiencken
The Austin Waldorf School
Austin, TX

Scott Williams
The University of Texas at Austin
Austin, TX

Jim Witt
Grand Junction High School
Grand Junction, CO

FIELD TEST PARTICIPANTS

We express our appreciation to the teachers and students who participated in the field test. Their comments were instrumental in the development of the entire **Komm mit!** program.

Eva-Marie Adolphi
Indian Hills Middle School
Sandy, UT

Connie Allison
MacArthur High School
Lawton, OK

Dennis Bergren
West High School
Madison, WI

Linda Brummett
Redmond High School
Redmond, WA

M. Beatrice Brusstar
Lincoln Northeast High School
Lincoln, NE

Jane Bungartz
Southwest High School
Fort Worth, TX

Devora D. Diller
Lovejoy High School
Lovejoy, GA

Margaret Draheim
Wilson Junior High School
Appleton, WI

Kay DuBois
Kennewick High School
Kennewick, WA

Elfriede A. Gabbert
Capital High School
Boise, ID

Petra A. Hansen
Redmond High School
Redmond, WA

Christa Hary
Brien McMahon High School
Norwalk, CT

Ingrid S. Kinner
Weaver Education Center
Greensboro, NC

Diane E. Laumer
San Marcos High School
San Marcos, TX

J. Lewinsohn
Redmond High School
Redmond, WA

Linnea Maulding
Fife High School
Tacoma, WA

Judith A. Nimtz
Central High School
West Allis, WI

Jane Reinkordt
Lincoln Southeast High School
Lincoln, NE

Elizabeth A. Smith
Plano Senior High School
Plano, TX

Elizabeth L. Webb
Sandy Creek High School
Tyrone, GA

ACKNOWLEDGMENTS

We are very grateful to the German students who participated in our program and are pictured in this textbook. We wish to express our thanks also to the parents who allowed us to photograph these young people in their homes and in other places. There are many teachers, school administrators, and merchants whose cooperation and patience made an enormous difference in the quality of these pages; we are grateful to them as well.

MAIN CHARACTERS

Hamburg: David Ene, Saskia Geddat, Max Jentzen, Isolde Rüter, Renate Sprick, Horst Stahl, Finn Thor Stracen, Jutta Thassler, Cornelia Vogt, Julien Walter, Saskia Zimmermann

Stuttgart: Michael Beiser, Nina Buhre, Jochen Friedrick, Frieder Gauger, Sigrun Gauger, Ulrich Gauger, Adolf Gerst, Rosemarie Gerst, Katharine Kronberg, Anne Künzlen, Björn Künzlen, Christine Müller, Vanessa Philipps, Eric Schäfer, Nadine Schaefer, Dirk-Michael Schulz, Michael Tischer, Hussein Ulhu

München: Hadi Assassa, Thomas Austria, Sabine Brucker, Bärbel Doermer, Ralf Doermer, Lucretia Guggemos, Max Hüber, Florian Kraemer, Susi Krauth, Mathias Müller, Georg Portenländer, Carol Seyboth

Berlin: Yvonne Barenz, Ismar Hadziefendic, Klaus-Jürgen Hintzler, Thieu-Binh Hoang, Nico Klemm, Barbara Manguoglu-Wittwer, Berta Nieszen, Katharine Proft, Nicole Sattler, Lars Ulrich

TEACHERS AND FAMILIES

Cordula and Eduard Böhm, Liv and Christoph Künzlen, Barbara and Harald Manguoglu-Wittwer, Janet and Peter Seyboth, Giesela and Karl-Heinz Simon, Renate and Karl-Heinz Sprick, Jutta and Jochen Thassler

SCHOOLS

Bismarck-Gymnasium, Hamburg; Ellenthal-Gymnasium, Bietigheim-Bissingen; Helene-Lange-Gymnasium, Hamburg; Max-Beckmann-Oberschule, Berlin; Rudolf-Diesel-Realschule, München

Contents

Komm mit!

Come along—
to a world of
new experiences!

Komm mit! offers you the opportunity to learn the language spoken by millions of people in several European countries and around the world. Let's find out about these people and their culture.

Komm mit nach
Bayern!

VISIT THE SOUTHERN STATE
OF BAYERN AND —

Get to know a Bavarian family • KAPITEL 1

Find out how German teenagers
help at home • KAPITEL 2

Travel to German and
Austrian cities • KAPITEL 3

KAPITEL 1
WIEDERHOLUNGSKAPITEL

Bei den Baumanns 4

Komm mit nach

*H*amburg!

LOCATION FOR KAPITEL 4, 5, 6 . . . . **78**

VISIT GERMANY'S LARGEST PORT CITY, HAMBURG AND —

Get in shape "German style" • KAPITEL 4

Eat at school with
German students • KAPITEL 5

Visit a pharmacy • KAPITEL 6

KAPITEL 4

Gesund leben 82

Komm mit nach
*S*tuttgart!

LOCATION FOR KAPITEL 7, 8, 9....154

VISIT STUTTGART, THE CAPITAL
OF BADEN–WÜRTTEMBERG AND —

Talk about life in the city and life in the country • KAPITEL 7

Express concerns about fashion and clothes • KAPITEL 8

Make alternate vacation plans • KAPITEL 9

KAPITEL 7
Stadt oder Land? 158

Komm mit nach
Berlin!

LOCATION FOR KAPITEL 10, 11, 12 ....**230**

VISIT BERLIN, THE CAPITAL
OF GERMANY, AND —

Discuss television programs and cars • KAPITEL 10

Plan a birthday party • KAPITEL 11

Invite friends for a casual get-together • KAPITEL 12

KAPITEL 10
Viele Interessen! 234

CULTURAL REFERENCES

xvii

Komm mit nach

Bayern!

Bayern

Einwohner: 11,4 Millionen

Fläche: 70 500 Quadratkilometer (27 200 Quadratmeilen; etwa halb so groß wie Iowa)

Landeshauptstadt: München

Große Städte: Nürnberg, Regensburg, Augsburg, Erlangen, Würzburg, Fürth, Passau

Flüsse: Donau, Main, Iller, Lech, Isar, Inn

Seen: Bodensee, Ammersee, Starnberger See, Chiemsee, Tegernsee

Kanäle: Rhein-Main-Donau-Kanal

Berge: Zugspitze (2962 m), Watzmann (2713 m)

Bedeutende Bayern: Richard Strauss (1864-1949, Komponist), Ludwig Thoma (1867-1921, Schriftsteller), Bertolt Brecht (1898-1956, Schriftsteller), Carl Orff (1895-1982, Komponist), Luise Rinser (1910-, Schriftstellerin)

Industrie: Maschinenbau, Elektroindustrie, Automobilindustrie, Textilindustrie, Tourismus

Beliebte Gerichte: Schweinshaxe, Kalbshaxe, Knödel, Karpfen, Radi, Leberkäs, Zwetschgenkuchen

Foto ① Schloß Kranzbach bei Mittenwald. Im Hintergrund das Karwendelgebirge

Bayern

Bayern, das größte Land der Bundesrepublik Deutschland, ist das beliebteste Reiseziel Deutschlands. Jedes Jahr besuchen Millionen von Touristen die zahlreichen Attraktionen Bayerns, von den barocken Städten Frankens bis zu den malerischen Bergen Oberbayerns. Land- und Forstwirtschaft sind immer noch sehr wichtig in Bayern, doch spielen moderne Industrien eine zunehmend größere Rolle.

② Das Benediktiner-
kloster Ettal
in Oberbayern

③ Die Pfarrkirche St. Peter und
Paul in Mittenwald

④ Ein Denkmal für
Mathias Klotz
(1653 - 1743),
den Begründer
des Mittenwalder
Geigenbaus

5 Schloß Linderhof, 1874 - 78 für König Ludwig II. von Bayern erbaut

Die ersten zwei Kapitel spielen in Grünwald, einer Vorstadt von München, wo die Baumanns wohnen. Im dritten Kapitel erzählt Sebastian von seiner Reise nach Österreich, und zwei von seinen Freunden berichten über Frankfurt und Dresden. Die Schüler in diesen Kapiteln gehen aufs Gymnasium in Grünwald.

6 Robert, Thomas, Christiane und Sebastian

7 Eine typisch bayrische Kirche mit Zwiebelturm und typisches Gasthaus mit Lüftlmalerei

1

Bei den Baumanns

① Die Fotos sind prima! Aber wer ist das, Basti?

German teenagers are often curious about life in the United States. They will ask you all sorts of questions, such as where you live, and what your friends and family members look like. They may also ask you about your school, your favorite hangouts, and the kind of clothes you like to wear.

In this chapter you will review and practice

- asking for and giving information about yourself and others; describing yourself and others; expressing likes and dislikes; identifying people and places
- giving and responding to compliments; expressing wishes when buying things
- making plans; ordering food and beverages; talking about how something tastes

In reviewing these functions, you will

- listen to German-speaking students talk about their interests
- read about clothing trends among rock stars
- write about your personality traits
- find out about some German students' favorite things in different categories

② Das Halstuch sieht lässig aus!

③ Willst du mit ins Café gehen?

IMBISS-KAR

Café Fre

Für den kleinen Hunger und

KLEINE SPEISEN

	DM 4,50	1 TASS
	5,20	1 KÄN
	5,60	1 TASS
AR	5,80	1 GLA
Käse	6,00	
Käse	6,50	A
und Pilzen	8,50	MINI
		LIMO
EN		APF
CK	DM 2,80	COL
CK	3,00	

EIS

FRUCHTEIS	KUGEL
SAHNEIS	KUGEL

Los geht's!

Sebastian   Robert

Sebastian stellt seine Familie vor.

You are about to meet Sebastian Baumann.
Where do you think he is? Judging from these
photos, what is he probably talking about?

Hallo!

Ich heiße Sebastian Baumann. Ich bin fünfzehn Jahre alt und wohne hier in
Grünwald; das ist ein Vorort von München.

In diesem Haus haben wir eine schöne Wohnung, hier oben im zweiten Stock.

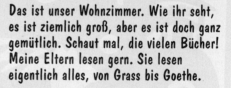

Das ist unser Wohnzimmer. Wie ihr seht,
es ist ziemlich groß, aber es ist doch ganz
gemütlich. Schaut mal, die vielen Bücher!
Meine Eltern lesen gern. Sie lesen
eigentlich alles, von Grass bis Goethe.

Und sie hören gern Musik. Hier: die vielen
Platten und CDs. Hören wir mal, was
aufliegt! — Ich hab's gewußt: etwas
Klassisches!

Hier sind unsere Familienfotos. Meine
Großeltern, meine Eltern, meine
Geschwister: mein Bruder Robert, das
hier bin ich, und meine Schwester,
Beatrice. Und Artus, unser ... nein,
Vatis Hund.

KAPITEL 1   Bei den Baumanns

1 Was passiert hier?

Verstehst du alles, was Basti und Robert sagen? Beantworte die Fragen!

1. Wo wohnen die Baumanns?
2. Haben sie ihr eigenes Haus oder eine Wohnung?
3. Wie groß ist die Familie?
4. Was erzählt Basti von seinen Eltern?
5. Sieht Robert seinen Bruder gern? Was meinst du?
6. Was für ein Schüler ist Robert?
7. Sebastian sagt: „Das ist mein Reich." Was meint er damit?
8. Welche Hobbys und Interessen hat Basti?

2 Genauer lesen

Lies den Text noch einmal und beantworte diese Fragen!

1. Mit welchen Wörtern beschreibt Basti das Wohnzimmer und sein Zimmer?
2. Mit welchen Wörtern beschreibt er seine Familie?
3. Robert hat es nicht gern, daß Basti in sein Zimmer kommt. Was sagt er, damit (so that) Basti wieder geht?
4. Wie beschreibt Basti seinen Bruder?
5. Was sagt Basti über sein Zimmer, seine Pokale und seine Hobbys?

3 Wer ist das?

Lies die Personenbeschreibungen und rate, wer das ist!

1. Ich wohne in einer ziemlich großen Wohnung in Grünwald. Mein Mann und ich hören gern klassische Musik und lesen gern. Wir lesen alles — von Grass bis Goethe! Ich habe drei Kinder: zwei Söhne und eine Tochter. Wer bin ich?
2. Ich wohne mit meiner Familie in einem Vorort von München. Meine Eltern sind sehr nett, und ich habe auch zwei Brüder, Sebastian und Robert. Wer bin ich?
3. Mein Sohn und seine Familie wohnen in Grünwald, also nicht weit von hier. Ab und zu besuchen sie uns, und das macht viel Spaß. Meine Frau und ich haben die drei Kinder — Sebastian, Robert und Beatrice — sehr gern. Wer bin ich?
4. Ich wohne bei einer sehr netten Familie in Grünwald. Wir haben eine große Wohnung, und das gefällt mir. Die Kinder in der Familie sind sehr nett und spielen oft mit mir, aber eigentlich liebe ich den Vater der Familie! Wer bin ich?

4 Was paßt zusammen?

Welche Sätze passen zusammen?

1. Die vielen Bücher!
2. Hört mal, was aufliegt!
3. Was gibt's?
4. Der Robert ist ein super Tennisspieler.
5. Das ist mein Zimmer.

a. Super nicht, aber ganz gut.
b. Nicht groß, aber es gefällt mir.
c. Meine Eltern lesen gern.
d. Ich will nur „Grüß Gott" sagen.
e. Etwas Klassisches!

5 Und du?

Schreib folgendes auf eine Liste!

1. wo du wohnst
2. wie groß deine Familie ist
3. welche Hobbys deine Familie hat
4. wie dein Zimmer aussieht

Asking for and giving information about yourself and others; describing yourself and others; expressing likes and dislikes; identifying people and places

Was für eine Person bist du?

Aussehen
- [ ] groß
- [ ] klein
- [ ] schlank
- [ ] vollschlank
- [ ] attraktiv
- [ ] nicht sehr attraktiv
- [ ] hübsch

Haarfarbe
- [ ] schwarz
- [ ] blond
- [ ] hellbraun
- [ ] dunkelbraun
- [ ] rötlich

Haarlänge
- [ ] kurz
- [ ] lang
- [ ] mittellang

Augenfarbe
- [ ] braun
- [ ] blau
- [ ] grün
- [ ] grau

Brille
- [ ] habe eine Brille
- [ ] trage Kontaktlinsen

Eigenschaften
- [ ] nett
- [ ] nicht nett
- [ ] freundlich
- [ ] unfreundlich
- [ ] intelligent
- [ ] sympathisch
- [ ] unsympathisch
- [ ] ruhig
- [ ] nervös

- [ ] kinderlieb
- [ ] tierlieb
- [ ] langweilig
- [ ] sportlich
- [ ] unsportlich
- [ ] faul
- [ ] fleißig

Sport
- [ ] Fußball
- [ ] Football
- [ ] Volleyball
- [ ] Basketball
- [ ] Tennis
- [ ] Skilaufen
- [ ] Schwimmen
- [ ] Golf
- [ ] Radfahren
- [ ] Schlittschuhlaufen
- [ ] Rollschuhlaufen

Interessen
- [ ] ausgehen
- [ ] tanzen
- [ ] lesen
- [ ] reisen
- [ ] Musik hören
- [ ] kochen
- [ ] fotografieren
- [ ] Musik machen
- [ ] basteln
- [ ] zeichnen
- [ ] malen
- [ ] (Briefmarken) sammeln

Lies den Text! Welche Wörter und Ausdrücke kennst du schon? Welche sind neu? Kannst du raten, was die neuen Wörter und Ausdrücke bedeuten? Wie beschreibst du dich?

6 Hör gut zu!

Welche Beschreibung *(description)* paßt zu welchem Foto? — Schreib die Zahlen 1-5 auf ein Blatt Papier und daneben den Buchstaben (a., b., c., d., e.) des Fotos, das zur Beschreibung paßt!

a. b. c. d. e.

Wie charakterisierst du diese Leute? Er/Sie ist ...

| neugierig | lustig | sympathisch | unsympathisch | gut gelaunt | schlecht gelaunt |

Welche Hobbys haben diese Leute? Was machen sie?

  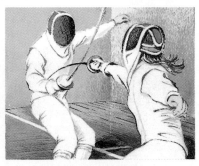

Er rodelt.　　　　Sie macht Bogenschießen.　　　　Die beiden fechten.

Diese Leute machen Leichtathletik. Was machen sie?

Kugelstoßen　　　Speerwerfen　　　Diskuswerfen　　　Langstreckenlauf

100-Meter-Lauf　　　Weitsprung　　　Hürdenlauf　　　Stabhochsprung

7　Und du?

Sag deiner Partnerin, welche Hobbys du hast und welchen Sport du machst! Was macht deine Partnerin?

SO SAGT MAN DAS!

Schon bekannt

Asking for and giving information about yourself and others; describing yourself and others; expressing likes and dislikes

When talking about yourself and others, you have used a number of words and expressions.

If someone asks:	Your response might be:
Wer ist das?	**Das ist meine Schwester.**
Wie alt ist sie?	**Sie ist 19 Jahre alt.**
Du hast auch einen Bruder. Wie sieht er aus?	**Er ist groß und ziemlich schlank und hat braune Haare und dunkle Augen.**
Macht er Sport?	**Nein, er ist faul.**
Beschreibe deine Schwester!	**Sie ist intelligent, freundlich und sehr fleißig.**
Und du? Was machst du gern, was machst du nicht gern?	**Ich lese gern und höre gern Musik. Aber ich koche nicht gern.**

Remember: you don't always have to answer with a complete sentence. How might you answer these questions more informally, using phrases?

8 Wer ist das? Rate mal!

Beschreibe einen Klassenkameraden oder eine Klassenkameradin! Erwähne Alter, Aussehen, Haarfarbe, Augenfarbe, Eigenschaften und Sport und Hobbys! Deine Mitschüler sollen dann erraten, wer das ist.

9 Für mein Notizbuch

Beschreibe dich selbst! Erwähne alle Eigenschaften, die du hast, und erwähne alle Sportarten und Hobbys, die du hast!

10 Hör gut zu!

Vier deutsche Schüler und Schülerinnen erzählen über sich selbst. Mach dir Notizen, damit du über einen Schüler berichten kannst! Verwende die folgenden Kategorien, um deine Notizen zu organisieren: Augen, Haare, Eigenschaften, Interessen, usw.!

Schon bekannt
Ein wenig *G*rammatik

When you describe yourself or someone else, you use the verb **sein**. To talk about what you have or someone else has, you need the present tense forms of **haben**. To review the forms of **sein** and **haben**, see the Grammar Summary.

11 Über einen Schüler berichten

Such dir einen von den vier Schülern aus und berichte über ihn oder sie! Deine Mitschüler erraten, wen du beschreibst.

12 Ratespiel

Bildet zwei Gruppen! Gruppe A sieht zur Tafel hin, Gruppe B sieht auf die Wand hinten in der Klasse. Gruppe A wählt eine Schülerin aus. Alle Schüler von Gruppe B stellen jetzt Fragen, um die Schülerin aus der Gruppe A zu identifizieren. Tauscht dann die Rollen aus!

Gruppe B		Gruppe A	
Schüler 1	Ist das ein Junge?	Schüler 1	Nein.
Schüler 2	Hat sie blonde Haare?	Schüler 2	Ja.
Schüler 3	Hat sie lange Haare?	Schüler 3	Ja.
Schüler 4	Hat sie graue Augen?	Schüler 4	Nein.
Schüler 5	Ist sie ...	...	
Schüler 6	...	...	
Schüler 7	...	...	
Schüler 8	Ist das die (Jessica)?	Schüler 8	Ja!

**Kennst du auch Zwillinge?
Wie sehen sie aus?**

Herbert und Günther sind Zwillinge. Sie sind gleich alt, und sie sehen sich sehr ähnlich. Zwillinge haben oft auch die gleichen Eigenschaften und die gleichen Interessen.

13 Was wollt ihr von den Zwillingen wissen?

Zwei Klassenkameraden übernehmen die Rollen von Herbert und Günther. Fragt die „Zwillinge", was ihr von ihnen wissen wollt! Einer antwortet für die beiden. Tauscht die Rollen aus!

14 Jetzt spielt ihr Zwillinge

Bildet Gruppen zu dritt! Zwei von euch sind „Zwillinge", und der dritte fragt die beiden nach Aussehen, Haarfarbe, Augenfarbe, Eigenschaften und Interessen. Tauscht dann die Rollen aus!

SO SAGT MAN DAS!

Schon bekannt

Identifying people and places

When you want to know who someone is, you might ask:

> Wer ist das, Sebastian?
> Und wer ist das Mädchen?
> Ist das dein Großvater?
> Und das ist deine Mutter, ja?
> Und wo ist dein Zimmer?

The response might be:

> Das ist mein Bruder, der Robert.
> Meine Schwester, die Beatrice.
> Ja, das ist mein Großvater.
> Stimmt!
> Hier! Das ist mein Zimmer.

---

15 Die Familie Baumann

Schau dir die Fotos der Familie Baumann an! Dann beantworte die Fragen mit mehreren Sätzen!

——— die Kinder ———

Beatrice
Tochter
Schwester

Sebastian
Sohn
Bruder

Robert
Sohn
Bruder

——— die Eltern ———

Hans Baumann, Vater
Elfriede Baumann, Mutter

1. Wer sind Hans und Elfriede Baumann?
2. Wer ist Beatrice?
3. Wer ist Robert?
4. Beschreibe zwei Familienmitglieder!

16 Klamotten beschreiben

Sag deinem Partner, was die Baumanns in diesen Fotos anhaben! Tausch die Rollen aus!

Schon bekannt
Ein wenig *Grammatik*

When you want to identify *whose* father, mother, etc. someone is, you use the possessive adjectives, **mein, dein, sein,** and **ihr.** Remember that the ending of the possessive adjectives is determined by the noun it refers to. You can review the singular possessive adjectives in the Grammar Summary.

Sebastian über seine Familie

Das hier ist meine Familie, meine Eltern, meine Geschwister und meine Großeltern. Die Oma und der Opa sitzen hier in der ersten Reihe. Neben dem Opa kniet mein Vater, und neben ihm liegt Artus, unser ... nein, Vatis Hund! Hinter meinem Vater steht meine Mutter und neben ihr der Robert und die Beatrice. Und der da ganz links in der zweiten Reihe, das bin ich!

Erzähle, was Sebastian über seine Familie sagt!

17 Meine Familie und Freunde

1. Bring Fotos von zwei Familienmitgliedern mit in die Klasse und beschreibe sie! Zeig deiner Partnerin ein Foto und sag ihr, wer diese Person ist, wie alt sie ist, wie sie aussieht und welche Interessen sie hat!
2. Jetzt zeigst du deinem Partner das zweite Foto. Dein Partner stellt Fragen über diese Person, und du beantwortest sie. Tauscht dann die Rollen aus!
3. Erzähle jetzt einem Partner, was du über die Familie eines anderen Partners weißt!

18 Für mein Notizbuch

Beschreibe einen Freund oder jemanden aus deiner Familie! Schreib, wer die Person ist und erwähne Alter, Aussehen, Eigenschaften, Sport und Hobbys!

Sebastian über seinen Bruder

Mein Bruder, der Robert, ist immer fleißig. Er ist gut in der Schule, bekommt immer gute Noten. Er ist auch gut in Sport. Ein super Tennisspieler!

Erzähle, was Sebastian über seinen Bruder sagt!

19 Beatrices Steckbrief

Lies zuerst diesen Steckbrief, und beantworte die folgenden Fragen auf deutsch.

1. Wo wohnt Beatrice?
2. Was sind ihre Lieblingsfächer?
3. Welches Fach hat sie nicht gern?

Dann erzähle einem Partner, was du über Beatrice gelesen hast!

Name: Beatrice Baumann, 17
Wohnort: Grünwald
Schule: Gymnasium in Grünwald
Lieblingsfächer: Musik, Deutsch, Physik,
nicht gern: Geschichte
Sport: Tennis

20 Hör gut zu!

Hör zu, was diese Schüler über sich sagen! Mach dir Notizen!

21 Über wen sprichst du?

Such dir einen Schüler aus, über den du dir Notizen gemacht hast, und erzähle deinem Partner über diesen Schüler! Dein Partner verbessert dich, wenn du etwas sagst, was nicht stimmt. Tauscht dann die Rollen aus!

22 Mein Stundenplan

Such dir einen anderen Partner! Jeder nimmt seinen Stundenplan in die Hand. Fragt euch jetzt gegenseitig (*in turns*), welche Fächer ihr in welcher Stunde habt! Fragt euch auch, welche Fächer ihr gern und welche ihr nicht gern habt!

BEISPIEL   **Was hast du um (8 Uhr 10)?**

23 Für mein Notizbuch

Schreib in dein Notizbuch, auf welche Schule du gehst, welche Fächer du gern hast und welche nicht! Bist du gut in Sport? Bist du vielleicht ein(e) super Volleyballspieler(in)?

24 Hör gut zu!

Zwei Schüler beschreiben ihr Zimmer. Schreib auf, welche Möbel jeder in seinem Zimmer hat!

25 Wie sieht das Zimmer aus?

Such dir eine Partnerin! Nimm deine Notizen von Übung 24 in die Hand, und beschreibe eins von den beiden Zimmern! Deine Partnerin muß raten, welches Zimmer du beschrieben hast.

26 Für mein Notizbuch

Schreib, wie dein Zimmer aussieht! Welche Möbel hast du? Sind sie alt oder neu? Gefallen sie dir?

Giving and responding to compliments; expressing wishes when buying things

POPSTARS MACHEN MODE

Bei Popstars spielt der Look eine wichtige Rolle — und du kannst die Styling-Ideen deiner Idole leicht kopieren.

Pop-Superstar Madonna hat immer wieder einen neuen Look. Durch Styling und Klamotten macht sie ihr Image. Ihre Fans sind begeistert! Typisch: Hot Pants, geknotetes Hemd und ganz viele Metallketten.

Bist du ein Prinz-Fan? Na, dann sollst du unbedingt seine Lieblingsfarbe Lila tragen. Und sonst? Viel Glitter, hohe Stiefel, Satinmäntel und Rüschenhemden.

Die Beatles — eine Legende wird wieder modern! Mit dem Beatle-Revival sind die bunten Paradejacken von „Sergeant Pepper's Lonely Hearts Club Band" heute in.

Magst du das Outfit von Ex-Punker Billy Idol, oder findest du vielleicht das Minikleid der sensationellen Rock-Lady Tina Turner gut? Den Look kannst du haben — und oft viel billiger als bei den Stars! Mach mal einen Bummel durch den Flohmarkt oder schau mal in einen Secondhand-Laden rein!

27 Über Popstars

What is the main idea of this article? What words do you recognize?

1. Many popstars like to wear bizarre, flashy clothes.
2. If you dress like the popstars you admire, you will be more like them.
3. It is relatively easy to imitate the look of many popstars.

28 Wer ist das?

Scan the article again, then decide which description fits with which Popstar.

1. Madonna
2. Prinz
3. Beatles
4. Billy Idol
5. Tina Turner

a. sensationelle Rock-Lady
b. eine Legende, die wieder modern wird
c. trägt Hot Pants, geknotetes Hemd und ganz viele Metallketten.
d. viel Glitter, hohe Stiefel, Satinmäntel
e. Ex-Punker

29 Beantworte die Fragen!

Read the article again, then answer these questions.

1. How does Madonna create her image?
2. What would you need to wear in order to look like Prinz?
3. What is a good way to find what you need in order to look like your favorite popstar?

Was brauchst du? — Ich brauche ...

ein Stirnband

einen Schal

eine Mütze

einen Hut

eine Halskette

ein Paar Ohrringe

ein Armband

eine Handtasche

30 Was trägst du, wenn du ausgehst?

Frag einen Partner, was er trägt, wenn er ausgeht!
Du sagst ihm dann, was du trägst.

WER IST CHRISTIANE?

Sebastian weiß, wo er heute seine Schwester finden kann, denn die Beatrice sitzt an diesem Tag immer mit Freunden in einem Café.

CHRISTIANE	Basti, du siehst heute so fesch aus! Das Tuch da, das ist echt schick!
SEBASTIAN	Wirklich?
CHRISTIANE	Wirklich! Ist das neu?
SEBASTIAN	Das hab' ich schon lange.
CHRISTIANE	Wirklich?
SEBASTIAN	Ja, das ist schon alt.

31 Was ist passiert?

Beantworte diese Fragen auf englisch oder auf deutsch!

1. Wie begrüßt Christiane den Sebastian? Was bedeutet das?
2. Freut sich der Basti über das Kompliment? Was sagt er?
3. Warum fragt Christiane, ob das Tuch neu ist?
4. Was antwortet Sebastian? Warum sagt er wohl das?

SO SAGT MAN DAS!

Schon bekannt

Giving and responding to compliments

When you want to compliment someone you might say:

Du siehst heute so fesch aus!
Das Tuch da, das ist echt schick!
Es gefällt mir.

Your friend might respond:

Meinst du?
Wirklich?
Ehrlich?

How might you respond after your friend asks **Wirklich?** or **Meinst du?**

---

32 Komplimente machen

Such dir an deinem Partner etwas aus, was dir gefällt, und mach ihm oder ihr ein Kompliment! Dein Partner reagiert auf dein Kompliment und macht dir dann auch ein Kompliment. — Die Wörter im Kasten sind nur zur Anregung da.

die Jeans   das Kleid   das T-Shirt   die Weste
der Schal   der Hut   die Stiefel   das Stirnband
das Tuch   die Halskette   der Rock   die Mütze
die Jacke   die Handtasche   die Ohrringe   das Armband

SO SAGT MAN DAS!

Schon bekannt

Expressing wishes when buying things

When you want to buy new clothes, there are a number of expressions you have already learned to use.

The salesclerk might ask you:

Was möchten Sie bitte?
Was bekommen Sie?
Haben Sie einen Wunsch?

**Ja sicher. Welche Größe
brauchen Sie?**

Your response might be:

Ich brauche einen Schal.
Den Taschenrechner da.
**Ja, ich suche eine Mütze. Haben
Sie diese Mütze in Schwarz?**

Größe L.

33 Im Warenhaus Möller

Lies zuerst die Reklame für das Warenhaus Möller! Welche Wörter kennst du? Welche sind dir neu? Dann such dir zwei Sachen aus, die du brauchst! Spielt mit einem Partner die Rollen von Verkäufer und Kunde! Führt ein Verkaufsgespräch! Dann tauscht die Rollen aus! Nicht vergessen: Fragt nach Farbe, Größe und Eigenschaft (z.B., aus Wolle), wenn ihr Kleidungsstücke kauft, und fragt immer nach dem Preis!

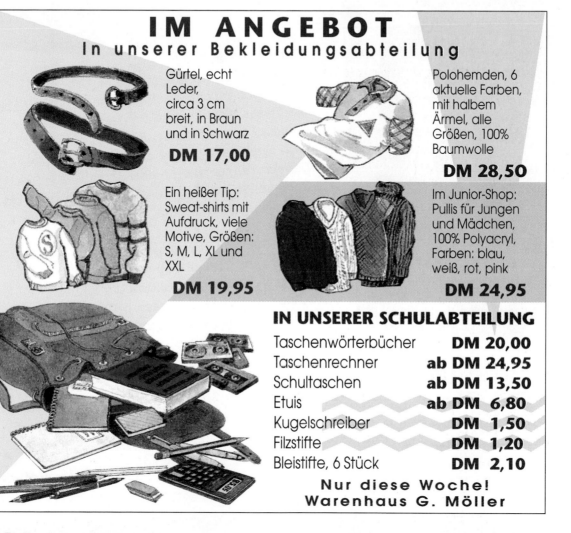

IM ANGEBOT
In unserer Bekleidungsabteilung

Gürtel, echt Leder, circa 3 cm breit, in Braun und in Schwarz
DM 17,00

Polohemden, 6 aktuelle Farben, mit halbem Ärmel, alle Größen, 100% Baumwolle
DM 28,50

Ein heißer Tip: Sweat-shirts mit Aufdruck, viele Motive, Größen: S, M, L, XL und XXL
DM 19,95

Im Junior-Shop: Pullis für Jungen und Mädchen, 100% Polyacryl, Farben: blau, weiß, rot, pink
DM 24,95

IN UNSERER SCHULABTEILUNG

Taschenwörterbücher	**DM 20,00**
Taschenrechner	**ab DM 24,95**
Schultaschen	**ab DM 13,50**
Etuis	**ab DM 6,80**
Kugelschreiber	**DM 1,50**
Filzstifte	**DM 1,20**
Bleistifte, 6 Stück	**DM 2,10**

Nur diese Woche!
Warenhaus G. Möller

34 Hör gut zu!

Du brauchst ein paar Klamotten. Da hörst du zufällig eine Reklame im Radio für Sachen, die du gern haben möchtest. Schreib dir vier Dinge auf, die du dir gern kaufen möchtest!

35 Was brauchst du?

Such dir eine Partnerin! Beschreibe ihr zwei Sachen, die du in der Reklame gehört hast und die du gern kaufen möchtest! Sag ihr auch, warum du diese Sachen haben möchtest!

> Schon bekannt
> ### Ein wenig Grammatik
> For the **möchte**-forms, for nominative and accusative forms of the definite and the indefinite articles, and for third person pronouns, see the Grammar Summary.

ZUM LESEN

Cousin und Kusine verständigen sich, oder?

Getting Started

1. Based on the format of the readings, what kind of texts are these?
2. Now read the title. What two pieces of information does the title provide that will help you understand the content of the faxes?

Tip As in English, German uses many compound nouns. The difference is that in German these compound nouns are written as one word: **Tennisturnier**, *tennis tournament*; **Fußballspiel**, *soccer game*. Remember: the gender of the compound noun is that of the last noun in the compound: **das Spiel: das Fußballspiel.** If you understand one or more words within a compound noun, you can usually guess the meaning of the new word.

20, FEB. 94   12:15   5.002

Liebe Andrea,

Mutti sagt, Du kommst nach München. Prima! Ich möchte Dich gern sehen, nur habe ich dieses Wochenende so viel vor. Lies: Am Samstag von 10 bis 12 Fußballtraining. Von halb zwei bis 4 Uhr ist unser Fußballspiel. Danach fahren wir an den Starnberger See. Dort wollen wir segeln, denn das Wetter wird ideal sein! Dann komm' ich erst um 9 Uhr zurück.

Am Sonntag vormittag, von 9 bis 12 Uhr, will ich mit meiner Fahrradclique eine kleine Radtour machen. Zu Mittag bin ich dann wieder zu Hause! So gegen 3 Uhr treff' ich mich aber mit meiner Schulclique im Café am Hofgarten. Dort bleib' ich bis halb 6. Dann muß ich nach Hause und Hausaufgaben machen.

Ich hoffe, daß ich Dich doch irgendwie sehen kann. Ruf doch mal an, wenn Du in München bist!

Dein Benjamin

21. FEB. 94   10:45   5.002

Lieber Benjamin!

Danke für Dein Fax! Schade, daß Du dieses Wochenende so viel zu tun hast. Ist das immer so bei Dir?

Meine Freundin und ich, wir wollen auch viel unternehmen. Vielleicht willst Du irgendwohin mitgehen?

Hier sind unsere Pläne: Am Samstag komm' ich so gegen 10 Uhr 30 an. Dann geh' ich gleich mit Renate zum Tennisturnier, bis so um 2 Uhr. Um 3 Uhr wollen wir ins Kino gehen, und um 6 Uhr gehen wir ins Freizeitzentrum. Dort bleiben wir bis halb 10.

Am Sonntag, so zwischen 11 und 12 Uhr, wollen wir einen kleinen Stadtbummel machen. Dann gehen wir in ein Café, etwas essen. Von halb vier bis 5 Uhr sind wir dann zu Hause beim Kaffeetrinken. Um halb 7 Uhr geht mein Zug.

Also, was meinst Du, können wir uns sehen?

Deine Kusine Andrea

3. Skim both texts quickly using cognates or other words you already know to help you get the gist of each letter. Place a piece of paper over the readings and, with a partner, try to remember all the words you saw which meant something to you. Based on this information, the most likely topic of this fax exchange is

a. **eine Einladung**
b. **Pläne fürs Wochenende**
c. **was man in den Ferien gemacht hat**
d. **Schule und neue Freunde**

A Closer Look

4. Reread each letter.

Together with your partner, try to answer the following questions. Why is Benjamin writing to Andrea? What kind of information is Benjamin giving to Andrea? With what kind of information does Andrea respond?

5. Make a weekend calendar page for Benjamin and another for Andrea. List the times mentioned and next to each, the activity planned. What is the problem?

6. Do you think that Benjamin is very excited about his cousin coming to visit? Why or why not? On what are you basing this inference? Should Andrea count on seeing him?

7. If you received this letter from your cousin, how would you interpret it?

8. Write a letter to a relative of yours who wants to visit you on a busy weekend. Detail all of your plans for him or her. In your letter, you must state explicitly (or outright), whether you plan to see your relative or not. Think of a way to express the following clearly, but politely: a) you do not want to see your relative, b) you do want to get together with him or her. Choose one of these options and write your letter.

LANDESKUNDE

Und was hast du am liebsten?

We asked several German-speaking students about some of their favorite things in a number of categories. First listen to their interviews, then read the texts.

Sandra, *Berlin*

„Volleyball ist mein Lieblingssport, und ich spiel's so gern, weil man da nicht mit dem Gegner zusammentrifft, und es deswegen auch keine Fouls und so gibt wie beim Fußball ... und ... ja deswegen find' ich's ganz gut. Ich ess' gern Spaghetti und Pizza, alles was so richtig schön viel Kalorien hat, Schokolade auch, und, ja, Kaugummi kau' ich auch ab und zu, nur so süßsaure chinesische Gerichte ess' ich nicht so gern."

Tim, *Berlin*

„Mein Lieblingssport ist Fitneß und Jiu-Jitsu, das ist eine Selbstverteidigung, Vollkontakt, macht mir sehr viel Spaß. Ich ... meine Lieblingsfächer sind Deutsch, Sport und Physik. Biologie mag ich nicht so. Ja, meine Lieblingsbücher stammen zum größten Teil von Stephen King. Die sind recht spannend und ... also, da hab' ich fast alle von. Ja, also meine Lieblingskleidung sind also T-Shirts, Jeans, Turnschuhe."

Eva, *Bietigheim*

„Also, ich reite, und ich spiel' Handball. Und Lieblingsessen, alles, was italienisch ist, so Nudeln, Spaghetti und so was. Und Lieblingskleidung ... es muß gemütlich sein und bequem."

A. 1. Under which five categories do these students' favorites fall? What questions might the interviewer have asked each student to get these responses? Make a grid with the names of the students interviewed and the different categories. Fill in the grid for each student. Identify the phrases in each interview in which a reason is given and add these to your grid.

2. Interview your partner to find out what his or her favorites are in each category and why. Continue the chart. Then switch roles.

3. Are there any students who mentioned the same things as you or your partner? Are the things mentioned very similar to or different from things teenagers in the United States might say?

B. Choose one of the students above who is most like you (Sandra or Tim). Use this interview as a framework and rewrite it for yourself, changing the information to fit you. Use the words and phrases from the chart your partner made about you.

DRITTE STUFE

Making plans; ordering food and beverages; talking about how something tastes

36 Hör gut zu!

Drei Schüler erzählen, was sie alles am Samstag tun. Schreib auf, was jeder zwischen drei Uhr und fünf Uhr macht! 1. Swim Eis essen

37 Was willst du am Wochenende machen?

Mach eine Liste und schreib auf, was du am Wochenende machen willst! Schreib auf, wann du das alles machst!

38 Was machst du gewöhnlich am Samstag?

Such dir einen Partner und sag ihm, was du gewöhnlich am Samstag zwischen drei und sechs Uhr machst — oder am Sonntag, zwischen sechs Uhr und neun Uhr abends!

SO SAGT MAN DAS!

Schon bekannt

Making plans

When you make plans to do something with your friends, you might ask your friend:

Was möchtest du machen?
or **Und was willst du machen?**

Your friend might respond:

Ins Kino gehen.
Du, ich will mal echt faulenzen!

What do you think **faulenzen** means?

Ein wenig *G*rammatik

When you make plans, you need to know the forms of the verbs **wollen** and **möchte.** To review these forms, see the Grammar Summary.

39 Mein Wochenende

Such dir zwei Aktivitäten aus, die du gern am Wochenende machen willst. Frag deinen Partner, ob er mitmachen will! Er fragt dich wann. Tauscht dann die Rollen aus! Dann erzählt euern Mitschülern eure Pläne fürs Wochenende!

Wann?

am Nachmittag	am Abend
von 14 bis 16 Uhr	
am Sonntag	um 15 Uhr

Was?

joggen 100-Meter-Lauf Schach
Bogenschießen wandern
Leichtathletik Tennis Klavier

40 Für mein Notizbuch

Schick deinem Freund ein Fax! Berichte, was du am Wochenende alles machen willst! Du hast bestimmt so viele Pläne wie Benjamin und Andrea!

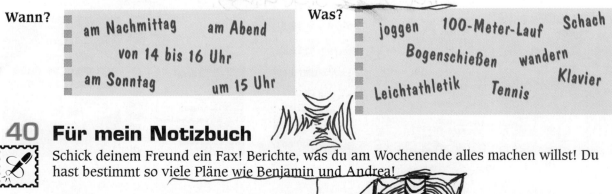

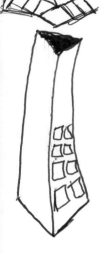

Bestell was, Basti!

Sebastian sitzt da und weiß nicht recht, was er tun soll. Lies den Text!

BEATRICE Bestell was zu trinken, Basti!
SEBASTIAN Hallo!
BEDIENUNG Ja, bitte?
SEBASTIAN Eine Limo, bitte!
BEDIENUNG Alles?
SEBASTIAN Ja.

BEATRICE Etwas zu essen, Basti?
SEBASTIAN N ... nein.
BEATRICE Komm, iß doch etwas! Ich zahl's dir. Ich lade dich ein.
SEBASTIAN Na gut! – Ein Stück Torte, Himbeertorte für mich.

41 Wer bezahlt?

Lies den Text und beantworte diese Fragen!

1. Was bestellt Basti zu trinken? Was sagt er? — Welche Ausdrücke könnte (*could*) er auch gebrauchen?
2. Dann bestellt er etwas zu essen. Was sagt er? — Was könnte er auch sagen?
3. Warum, glaubst du, will Basti zuerst gar nichts essen?

42 Hör gut zu!

Zwei Schüler sprechen über Dinge, die in den Fotos abgebildet sind. — Schreib die Zahlen 1- 5 auf ein Blatt Papier und daneben den Buchstaben (a. b. c. d. e.) des Fotos, das zu dem Gespräch paßt! 1. d 2. e 3. a 4. b 5.

a. b. c. d. e.

SO SAGT MAN DAS!

Schon bekannt

Ordering food and beverages

When ordering at a café or
restaurant, the waiter might ask:

> **Was bekommen Sie?**
> **Und Sie? Was essen Sie?**
> **Und was möchten Sie?**

You might ask a friend:

> **Was nimmst du?**
> **Und du?**

Your response might be:

> **Ich möchte eine Suppe, bitte!**
> **Für mich ein Wurstbrot, bitte!**
> **Ich esse ein Käsebrot.**

And the response might be:

> **Ja, ich nehme den Eisbecher.**
> **Ich will im Moment gar nichts.**

---

43 Hör gut zu!

Hör dir noch einmal die Schüler von Übung 42 an! Schreib jetzt auf, was jeder sagt, wenn er etwas bestellt oder kauft!

---

44 Was möchtest du essen und trinken?

Such dir einen Partner! Einer von euch ist die Bedienung (*waiter* or *waitress*), der andere bestellt etwas zu essen und zu trinken. Gebraucht bei euerm Gespräch die Reklame (*advertisements*) auf Seite 24! Die Bedienung macht dann die Rechnung fertig.

SO SAGT MAN DAS!

Schon bekannt

Talking about how something tastes

Wie schmeckt's?	**Lecker! Gut! Echt prima!** *oder*
	Es schmeckt nicht, weil es zu salzig ist.
	Der Kaffee schmeckt nicht, weil er zu bitter ist.
Schmeckt's?	**Ja, gut! Ausgezeichnet. Sagenhaft!** *oder*
	Nicht besonders.

---

45 Wie schmeckt's?

Such dir einen Partner! Seht euch die Reklame auf Seite 24 an! Dein Partner fragt dich, was du da ißt. Du sagst es ihm. Dann fragt er dich, wie es schmeckt, und du sagst es ihm auch. Tauscht dann die Rollen aus!

---

46 Es war echt super!

Such dir zwei Partner! Arbeitet zusammen an einem Gespräch in einem Café! Ihr seid zwei Kunden und eine Bedienung. Denkt an folgendes:

a. Was wollt ihr essen und trinken?
b. Wie bestellt ihr alles bei der Bedienung?
c. Die Bedienung fragt, was jeder bestellt hat.
d. Ihr fragt, wie es schmeckt.
e. Ihr wollt zahlen, aber einer hat kein Geld mit.

Das Gespräch soll echt lustig sein. Führt das beste Gespräch auf!

KANN ICH'S WIRKLICH?

Can you ask for and give information about yourself and others? (p. 11)

1 How would you say what your name is, how old you are, and where you live?

2 How would you ask someone what his or her friend's name, age, and place of residence are?

Can you describe yourself and others? (p. 11)

3 How would you ask a friend what a member of his or her family looks like? What would your friend answer if that person is tall and thin, has brown hair and dark eyes, and is very intelligent?

Can you express likes and dislikes? (p. 11)

4 How would you ask someone what he or she likes and doesn't like to do? What would you answer if someone asked you that question?

Can you identify people and places? (p. 13)

5 How would you ask a friend who someone is? Where his or her room is? What might your friend's answers be?

Can you give and respond to compliments? (p. 18)

6 How would you say to someone that he or she looks elegant? How would you respond if someone gave you the same compliment?

Can you express wishes when buying things? (p. 18)

7 How would you tell a salesclerk you would like to buy a hat and a scarf?

Can you make plans? (p. 23)

8 How would you ask a friend what his or her plans are? What might your friend answer?

Can you order food and beverages? (p. 25)

9 How would you order soup, a sandwich, ice-cream, and a lemon-flavored drink? What would you tell the waiter if you didn't want anything?

Can you talk about how something tastes? (p. 25)

10 How would you ask someone if his or her food tastes good? How would he or she respond if it did? If it didn't? What reasons might he or she give?

ERSTE STUFE

ASKING FOR AND GIVING INFORMATION ABOUT YOURSELF AND OTHERS

faul *lazy*
fleißig *hard-working*
freundlich *friendly*
intelligent *intelligent*
neugierig *curious*
lustig *funny*
sympathisch *nice, pleasant*
unsympathisch *unfriendly, unpleasant*
gut gelaunt *in a good mood*
schlecht gelaunt *in a bad mood*
schlank *slender*
dunkel *dark*

FAMILY MEMBERS

beschreiben *to describe*
der Sohn, ¨e *son*
die Tochter, ¨ *daughter*
der Zwilling, -e *twin*
das Kind, -er *child*

EXPRESSING LIKES AND DISLIKES

Hobbys *hobbies*
  rodeln *sledding*
  fechten *fencing*
  kochen *cooking*
  Bogenschießen *archery*

die Leichtathletik *track and field*
der Sport *sports*
  Kugelstoßen *shot put*
  Speerwerfen *javelin throw*
  Diskuswerfen *discus throw*
  Langstreckenlauf *long-distance run*
  100-Meter-Lauf *100 yard dash*
  Weitsprung *long jump*
  Hürdenlauf *hurdling*
  Stabhochsprung *pole vault*
das Hobby, Hobbys *hobby*

ZWEITE STUFE

DESCRIBING AND COMMENTING ON CLOTHES

das Stirnband, ¨er *head band*
der Schal, -s *scarf*
die Mütze, -n *cap*

der Hut, ¨e *hat*
die Halskette, -n *necklace*
der Ohrring, -e *earring*
ein (das) Paar Ohrringe *pair of earrings*

das Armband, ¨er *bracelet*
die Handtasche, -n *handbag*

DRITTE STUFE

MAKING PLANS

Was willst du machen? *What do you want to do?*
Ich will faulenzen! *I want to be lazy!*

TALKING ABOUT HOW SOMETHING TASTES

Wie schmeckt's? *How does it taste?*
ausgezeichnet *excellent*
zu bitter *too bitter*
zu salzig *too salty*
die Suppe, -n *soup*

OTHER USEFUL WORDS AND EXPRESSIONS

echt *really*

2
Bastis Plan

① Nein, danke! Sag mir lieber, was wir heute tun müssen!

In German families, chores are often shared among family members. Sometimes a plan is drawn up to remind everyone of his or her duties. What are some of the chores you perform at home? Do you sometimes swap chores with other members of the family?

In this chapter, you will review and practice

- expressing obligations; extending and responding to an invitation; offering help and telling what to do
- asking and telling what to do; telling that you need something else; telling where you were and what you bought
- discussing gift ideas; expressing likes and dislikes; expressing likes, preferences, and favorites; saying you do or don't want more

And you will

- listen to German-speaking students talk about helping others
- read about what students like and don't like about their school
- write your plans for the weekend
- find out what German students take when they are invited to someone's house

② Schenkst du dem Opa Pralinen?

③ Möchtest du noch ein Stück Kuchen?

Los geht's!

Beatrice

Robert

Sebastian

Vater

Mutter

Basti, das Schlitzohr!

The Baumanns are having their breakfast.
What are they talking about? What is Basti's plan?

VATER Iß, iß, mein Sohn! Du mußt heute noch viel arbeiten.

ROBERT Was muß ich denn heute machen?

BEATRICE Schau halt mal auf den Plan drauf!

SEBASTIAN Wenn du willst, können wir tauschen! Du kannst für mich in der Küche helfen, und ich gehe für dich zum Opa.

ROBERT He, prima! Danke dir.

Wochenplan	Robert	Beatrice	Basti
		Oma, Opa	Garage
Mo.	—	—	—
Di.	einkaufen	einkaufen	einkaufen
Mi.	Küchendienst	Küchendienst	Küchendienst
Do.	—	Fenster!	Müll
Fr.	Oma/Opa	—	—
Sa.	Rasen		
So.			

SEBASTIAN Wie soll das Wetter sein?

BEATRICE Schön. Das hab' ich schon gestern gehört.

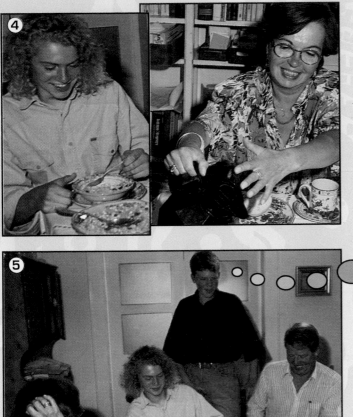

MUTTER   Kein Regen! Das paßt prima. Da können wir uns bei den Großeltern in den Garten setzen.

ROBERT   Was? Wir gehen zur Oma?

MUTTER   Wir sind zum Kaffee eingeladen.

SEBASTIAN   Okay, wir sehen uns dann heute nachmittag bei Oma und Opa.

MUTTER   Ja, aber mach dich nicht schmutzig bei der Arbeit!

SEBASTIAN   Aber Mama, kein Problem! Tschau!

VATER   Ja, stimmt! Nein, nein. Ich weiß, um drei Uhr. Was sagst du? Das mußt du noch mal wiederholen! Der Basti? So ein Schlitzohr! Na, warte! Ja, bis später! Tschüs!

VATER   Der Basti! Man kann es nicht glauben, so ein Schlitzohr! Er ist gar nicht beim Opa. Der Opa kann ihn heute gar nicht brauchen, er hat gar nichts zu tun. Aber unser Sohn geht zu den Großeltern zum Mittagessen!

MUTTER   Jetzt weiß ich's! Deshalb hat er so schnell mit dem Robert getauscht.

1 Was passiert hier?

Verstehst du alles, was die Leute in der
Foto-Story sagen? Beantworte die Fragen!

1. Worüber sprechen die Baumanns?
2. Was muß Robert heute tun?
3. Was sagt Sebastian zu Robert?
4. Was sagt Beatrice über das Wetter?
5. Was meint die Mutter über das Wetter?
6. Wohin gehen die Baumanns am Nachmittag? Warum?
7. Warum ist Basti nicht beim Opa?
8. Welche Aufgaben haben Beatrice, Robert und Basti in
   dieser Woche?

2 Genauer lesen

Lies den Text noch einmal und beantworte die Fragen!

1. Warum soll Robert viel essen?
2. Welche Aufgaben haben die drei Geschwister heute?
3. Was möchte Basti heute lieber tun?
4. Warum gehen die Baumanns heute nachmittag zur Oma?
5. Wo können sie heute bei den Großeltern sitzen? Warum?
6. Warum nennt Herr Baumann seinen Sohn ein Schlitzohr?
7. Was bedeutet der Ausdruck „Schlitzohr"? Was meinst du?

3 Stimmt oder stimmt nicht?

Stimmen diese Sätze? Wenn nicht, mußt du die richtige Antwort geben.

1. Heute will Sebastian in der Küche helfen.
2. Heute nachmittag gibt es keinen Regen.
3. Die Baumanns haben die Großeltern zum Kaffee eingeladen.
4. Der Opa ruft Herrn Baumann an.
5. Der Sebastian ist beim Opa und hilft ihm.

4 Welches Wort paßt?

Welche Wörter auf der rechten Seite passen in die Satzlücken?

1. Basti will mit Robert _____.
2. Er möchte für Robert zum Opa _____.
3. Robert muß jetzt in der Küche _____.
4. Die Baumanns sind zum Kaffee _____.
5. Alle können heute im Garten _____.
6. Aber Basti ist nicht beim Opa.
   Herr Baumann kann es nicht _____.
7. Der Opa hat für Basti nichts zu _____.
8. Deshalb hat Basti mit Robert _____.

eingeladen   gehen

tun   getauscht

glauben   helfen

sitzen   tauschen

ERSTE STUFE

Expressing obligations; extending and responding to an invitation; offering help and telling what to do

5 Hör gut zu!

Schüler erzählen, was sie so zu Hause alles machen müssen. Mach dir Notizen! (Schreib auf, wer was macht!)

6 Was müssen die Schüler tun?

Ordne jetzt deine Notizen nach drei Gruppen von Arbeiten: Küchendienst, Gartenarbeiten und Persönliches! Dann vergleiche mit einem Partner, was ihr beide aufgeschrieben habt!

SO SAGT MAN DAS!

Schon bekannt

Expressing obligations

Was mußt du heute tun?
Und dein Bruder, der Robert?

Ich muß heute den Rasen mähen.
Er muß in der Küche helfen.

7 Was müssen die Schüler tun?

Nimm die Liste, die du für Übung 6 gemacht hast, in die Hand, und berichte vor der Klasse, welche Arbeiten die Schüler von Übung 5 machen müssen! Fang mit den Gartenarbeiten an!

> *Schon bekannt*
> **Ein wenig Grammatik**
>
> To review the forms of **müssen**, see the Grammar Summary.

8 Basti sagt, er hat so viel zu tun!

Christiane ruft Basti an. Sie möchte irgendwohin gehen, vielleicht ins Kino. Aber der Basti kann heute nicht mitgehen. Er sagt, er hat heute so viel zu tun. Was muß er alles machen? — Such dir einen Partner und spielt die Rollen von Christiane und Basti!

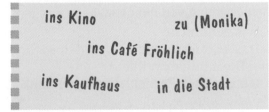

ins Kino   zu (Monika)
          ins Café Fröhlich
ins Kaufhaus   in die Stadt

WORTSCHATZ

Things to do around the house

putzen   *to clean*
in der Küche helfen   *to help in the kitchen*
die Garage aufräumen   *to clean the garage*
das Auto polieren   *to polish the car*
den Müll wegtragen   *to take out the garbage*
Staub wischen   *to dust*
die Wäsche waschen   *to wash clothes*
die Wäsche trocknen   *to dry clothes*
die Wäsche bügeln   *to iron clothes*

9 Was macht der Basti? Und die anderen?

Lies, was Sebastian sagt, und beantworte die Fragen!

Ach, wie schön das Leben ist! Ich kann faulenzen, und die anderen müssen arbeiten!

1. Was macht Sebastian? Warum?
2. Warum kann der Basti faulenzen?
3. Was müssen seine Geschwister und sein Vater tun?

10 Was mußt du zu Hause alles tun?

Mach eine Liste von Arbeiten, die du zu Hause machen mußt! Erzähle dann deiner Klasse, was du alles machen mußt!

11 Hör gut zu!

You will hear four brief conversations. In each one, someone is being invited somewhere. Determine who accepts and who declines the invitation.

SO SAGT MAN DAS!

Schon bekannt

Extending and responding to an invitation

When extending an invitation, you might say:

Ich gehe heute abend ins Kino. Kommst du mit?

When accepting you might say:

Ja, gern!
Ich gehe gern mit!

Na, klar!

When declining you might say:

Das geht nicht.
Das geht leider nicht, weil (ich so viele Hausaufgaben hab'.)
Ich kann leider nicht, denn (ich muß in die Stadt.)

12 Wohin gehst du?

Schreib zwei Orte auf, wo du heute hingehen möchtest! Rechts im Kasten stehen ein paar Ideen.

ins Kino   zum Tennisplatz

in die Disko   in ein Café

in ein Konzert

ins Museum   ins Einkaufszentrum

ins Schwimmbad

13 Kommst du mit?

Such dir einen Partner! Lade ihn ein! Dein Partner geht mit oder nicht.

a. Wenn dein Partner mitgeht, muß er einen Grund angeben.

b. Wenn dein Partner nicht mitgeht, muß er drei Gründe angeben. Er muß sagen, was er zuerst tun muß, dann und danach!

14 Für mein Notizbuch

Mach einen Stundenplan für jeden Nachmittag in der Woche und für das ganze Wochenende! Trag ein, was du wirklich an jedem Tag und zu welcher Zeit tust!

	Montag	Dienstag	Mittwoch	Donnerstag
14-15	–	–		
15-16	Klavier			
16-17	–	Rasenmähen		
17-18	Tennis	Hausaufgaben		
18-19	Küchend.	Fußball		
19-20				

Wann geht's?

Geht's am Montag?

Geht's zwischen 17 und 18 Uhr?

Geht's am Montag?

15 Wann geht's?

Du möchtest nächste Woche an irgendeinem Tag etwas unternehmen, aber nicht allein. Du möchtest, daß ein Klassenkamerad oder eine Klassenkameradin mitgeht. — Such dir also einen Partner! Nimm dein Notizbuch zur Hand und frag deinen Partner, wann er mitkommen kann! Wenn es nicht geht, muß dein Partner einen Grund angeben. Tauscht dann die Rollen aus!

16 Wann geht's jetzt?

Wiederhol Übung 15 noch einmal! Jetzt mußt du aber deine Ausreden mit einem weil-Satz begründen.

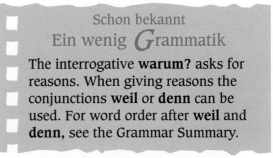

Schon bekannt
Ein wenig Grammatik

The interrogative **warum?** asks for reasons. When giving reasons the conjunctions **weil** or **denn** can be used. For word order after **weil** and **denn,** see the Grammar Summary.

17 Wie oft mußt du helfen?

Such dir eine Partnerin! Frag sie, wie oft sie bestimmte Tätigkeiten machen muß! Sie sagt es dir. Tauscht dann die Rollen! — Im Kasten stehen einige „wie oft" Antworten.

einmal
zweimal
in der Woche
im Monat
am Tag

oft
nie
manchmal
jeden Tag

Staub saugen

den Großeltern helfen

den Tisch decken

den Rasen mähen

Staub wischen

einkaufen gehen

die Katze füttern

das Geschirr spülen

18 Hör gut zu!

Drei Schüler beantworten die Frage: Sag mal, wie kann ich dir helfen, oder was kann ich für dich tun? — Schreib auf, was jeder Schüler tun kann und für wen!

SO SAGT MAN DAS!

Schon bekannt

Offering help and telling what to do

When someone wants to help you, he or she might ask:

> **Kann ich etwas für dich tun?**
> **Was kann ich für dich tun?**
> **Für wen kann ich etwas tun?**

Your response might be:

> **Ja, du kannst in der Küche helfen.**
> **Du kannst für mich Staub saugen.**
> **Du kannst für die Oma einkaufen gehen.**

19 Sätze bauen

Wie viele Sätze kannst du bauen? Für wen kannst du etwas tun?

Schon bekannt
Ein wenig *G*rammatik

For the forms of **können**, see the Grammar Summary.

Wer?

ihr
du
ich
wir
Basti

können
könnt
kann
kannst

Für wen?

Opa
Oma
Eltern
mich
Christiane

Was?

einkaufen gehen
Staub wischen
Müll wegtragen
Tisch decken
Geschirr spülen
Fenster putzen
Wäsche bügeln

20 Alle möchten helfen.

Setzt euch in Gruppen von vier oder fünf Personen zusammen! Einer von euch hat sehr viel zu tun, und ihr anderen fragt, was ihr für diese Person tun könnt. Hier sind ein paar Ideen:

a.

b.

c.

d.

21 Was könnt ihr für andere tun?

Bildet eine neue Gruppe von vier oder fünf Personen! Jeder fragt einmal, einer antwortet! Die Frage ist: „Was tun wir für andere?" — Tauscht dann die Rollen aus!

Ich geh' für meine Mutter einkaufen.

Für wen?

für dich?

Kusine?

für deine Oma?

für euch?

Opa?

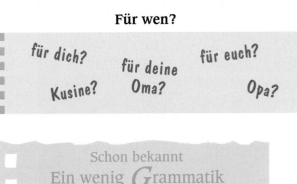

Schon bekannt
Ein wenig Grammatik

For the accusative forms of the personal pronouns and of the possessives, see the Grammar Summary.

22 Viel zu tun!

Frag deine Partnerin, was sie für andere Leute tut! Sie muß dir drei Dinge nennen und sagen, wann sie etwas für andere tut und warum. — Tauscht dann die Rollen aus!

Wann?

einmal im Monat

einmal in der Woche

am Montag

am Dienstag

nach der Schule

nach den Hausaufgaben

Warum?

hat keine Zeit

arbeitet den ganzen Tag

kann das nicht mehr tun

ist schon sehr alt

23 Für mein Notizbuch

Schreib in dein Notizbuch, was du für andere Leute tust und warum!

Macht Schule Spaß?

Getting Started

1. Use the prereading strategies you reviewed in Chapter 1 to find out what kind of text this is and what it is about. Try to state in your own words (in German) the two-part question that is the focus of the article.

2. Together with your classmates brainstorm for words and phrases that you know in German which you might expect to find in the student responses.

3. Now skim the interviews and note whether each student mentions what he or she likes, dislikes, or if he or she mentions both. Write each student's name under the correct heading: MENTIONS LIKES, MENTIONS DISLIKES, MENTIONS BOTH.

Eltern - UMFRAGE

Das Pausenklingeln ist die schönste Musik!

*Was Schülern an der Schule gefällt und mißfällt — das zeigt die neue **ELTERN**-Umfrage*

Prima ist der Musikraum unserer Schule, weil man dort die Stereo-Anlage auf 100 db aufdrehen kann.

Tanja, Gymnasiastin, 14 Jahre

Im Schulbus bekommen wir immer viel Spaß. Besonders die Heimfahrt ist gut. Da ist man froh, daß wieder so ein doofer Schultag vorüber ist und ein freier Nachmittag beginnt.

Rolf, Realschüler, 12 Jahre

Schön sind nur die Ferien. Morgens wacht man auf und denkt: Schule und Lehrer, gibt es die überhaupt noch?

Eva, Realschülerin, 14 Jahre

Das Schönste: daß man in der Pause so laut sein darf, wie man will, und sich mit seinen Freunden ausquatschen kann. Das Mieseste: im Unterricht stundenlang still sein müssen, nur antworten, aber sich nicht unterhalten dürfen.

Klaus, Realschüler, 13 Jahre

Es geht nichts über einen fröhlichen, lachenden Lehrer, der nur das Gute für seine Schüler will. Wir haben Herrn Jansen. Wenn er in die Klasse kommt, lacht er gleich. Er hat immer Verständnis, wenn einer einen Fehler macht. Strafe ist für ihn ein Fremdwort.

Christa, Realschülerin, 13 Jahre

*M*eine Mutter macht mir immer ein Super-Pausenbrot. Zum Beispiel ein Dreikörnerbrot mit Zungenwurst und ganz zarten Gurkenscheiben darunter. Das schmeckt so gut, daß ich den sonstigen Mist in der Schule vergesse.

Bernd, Grundschüler, 10 Jahre

*D*as Beste an der Schule ist, daß man morgens etwas zu tun hat. Sonst müßte man zu Hause bei der Hausarbeit helfen. Das wäre noch schlimmer.

Volker, Realschüler, 13 Jahre

*A*m besten: die Getränkeautomaten. Am schlechtesten: das Diktatschreiben.

Werner, Grundschüler, 9 Jahre

*F*ür mich könnte der ganze Lehrplan nur aus Sport bestehen: Badminton, Handball, Fußball, Schwimmen, Turnen, Leichtathletik. Beim Sport fühle ich mich gut. Das Schwitzen dabei ist sogar gesund. Das Schwitzen bei einer Klassenarbeit dagegen macht krank.

Tim, Gymnasiast, 14 Jahre

*A*m besten ist Biologie, weil man da so viel über Tiere und Pflanzen erfährt. Am schlechtesten ist Mathematik, weil man da so scharf denken muß, nichts versteht und sich so leicht vertut.

Dieter, Gymnasiast, 14 Jahre

*D*as Schlimmste ist für mich der Müllhaufen auf dem Schulhof, wenn viele Mitschüler ihren ganzen Dreck abladen: Dosen von Joghurt und Pudding, Papier von Schokolade und Tüteneis.

Sara, Realschülerin, 14 Jahre

*S*aumäßig ist die Luft in unserem Klassenzimmer. Es riecht immer nach faulen Eiern, nach abgestandener Buttermilch oder alten Pantoffeln. Schön ist, wenn unsere Deutschlehrerin reinkommt und einen herrlichen Duft verbreitet. Sie steht nämlich auf Chanel.™

Nicole, Realschülerin, 14 Jahre

4. For those who mention both likes and dislikes, find out which sentence(s) expresses the negative and which the positive aspects of school. Cognates and words you already know should give you enough information.

A Closer Look

5. What does Tanja like best at school? Notice she says one can do something with the stereo. What might **aufdrehen** mean?

6. Rolf mentions riding the schoolbus and says the **Heimfahrt** is especially good. He can either be referring to the ride to school or home again. Read the next sentence and try to determine the meaning of **Heimfahrt**.

7. Read the interviews more closely and use context and the chart you made to help you determine the meaning of the following words:
   Klaus: **ausquatschen**
   Christa: **Verständnis**
   Völker: **Hausarbeit**
   Tim: **Schwitzen**
   Dieter: **Pflanzen**

8. During **Austauschwoche** a group of Austrian students will be paired up with the students interviewed here. You've been given information about the Austrian students, and you must pair each person below with one of the students interviewed.

   BEATE: very athletic
   HANS: an understanding teacher is the best thing
   ULRIKE: dislikes doing housework
   MARIO: interested in zoology, botany.
   NORBERT: enjoys talking with friends
   SONJA: likes to listen to loud music

ZWEITE STUFE

Asking and telling what to do; telling that you need something else; telling where you were and what you bought

24 Hör gut zu!

Zwei Schüler haben Küchendienst. Sie sagen, was sie heute einkaufen müssen und wo sie alles kaufen!

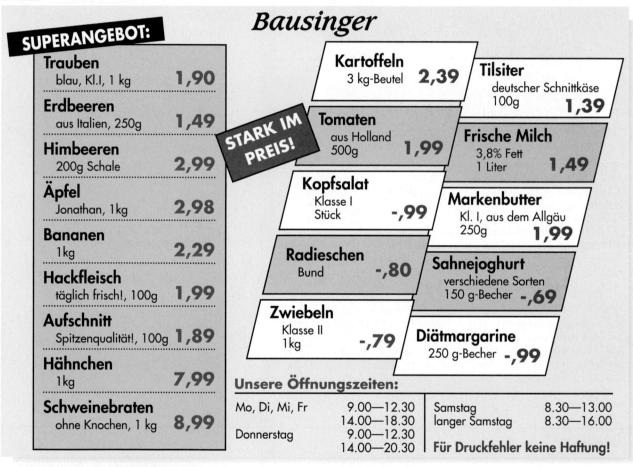

Bausinger

SUPERANGEBOT:

Trauben blau, Kl.I, 1 kg	**1,90**
Erdbeeren aus Italien, 250g	**1,49**
Himbeeren 200g Schale	**2,99**
Äpfel Jonathan, 1kg	**2,98**
Bananen 1kg	**2,29**
Hackfleisch täglich frisch!, 100g	**1,99**
Aufschnitt Spitzenqualität!, 100g	**1,89**
Hähnchen 1kg	**7,99**
Schweinebraten ohne Knochen, 1 kg	**8,99**

STARK IM PREIS!

Kartoffeln 3 kg-Beutel	**2,39**
Tomaten aus Holland 500g	**1,99**
Kopfsalat Klasse I Stück	**-,99**
Radieschen Bund	**-,80**
Zwiebeln Klasse II 1kg	**-,79**

Tilsiter deutscher Schnittkäse 100g	**1,39**
Frische Milch 3,8% Fett 1 Liter	**1,49**
Markenbutter Kl. I, aus dem Allgäu 250g	**1,99**
Sahnejoghurt verschiedene Sorten 150 g-Becher	**-,69**
Diätmargarine 250 g-Becher	**-,99**

Unsere Öffnungszeiten:

Mo, Di, Mi, Fr	9.00—12.30 14.00—18.30	Samstag	8.30—13.00
Donnerstag	9.00—12.30 14.00—20.30	langer Samstag	8.30—16.00

Für Druckfehler keine Haftung!

WORTSCHATZ

Obst und Gemüse

Bananen

Zwetschgen

Pfirsiche

Spinat

grüne Bohnen

Erbsen

25 Was gibt's im Angebot?

Such dir einen Partner! Du bewunderst verschiedene Angebote bei Bausinger. Dein Partner stimmt zu und sagt, daß die Ware auch gar nicht so teuer ist. Tauscht dann die Rollen aus!

BEISPIEL — **Die Pfirsiche sehen lecker aus!**
— **Stimmt! Und sie sind sehr preiswert. Nur zwei zwanzig das halbe Kilo!**

SO SAGT MAN DAS!

Schon bekannt

Asking and telling what to do

Someone who wants to help you might ask:

Was soll ich jetzt tun?
Wo soll ich das Brot kaufen?

Your response might be:

Geh bitte für mich einkaufen!
Kauf es doch beim Bäcker!

---

26 Was soll ich kaufen?

Du mußt einkaufen gehen. Deine Mutter gibt dir einen Einkaufszettel. Du liest, was du alles kaufen sollst, und du willst wissen, wo du alles kaufen sollst. — Such dir einen Partner und spielt diese Rollen! Tauscht dann die Rollen aus!

1/2 Pfd. Butter
1 kg Trauben
250 g Erdbeeren
100 g Aufschnitt
1 kg Zwiebeln
1 Liter Milch

Sag mal, wo soll ich die Trauben kaufen? Im Supermarkt?

Nein, kauf sie lieber im Obstladen!

Schon bekannt
Ein wenig *G*rammatik

For the forms of **sollen** and the **du**-commands, see the Grammar Summary.

Wo?

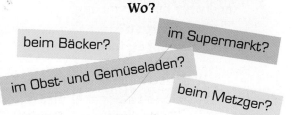

beim Bäcker?

im Supermarkt?

im Obst- und Gemüseladen?

beim Metzger?

---

27 Hör gut zu!

Der Gemüsemann kommt auch heute noch mit seinem Kombi in viele Wohngegenden und ruft mit lauter Stimme seine Ware und die Preise aus. — Schreib fünf Artikel auf, die du kaufen willst!

SO SAGT MAN DAS!

Schon bekannt

Telling that you need something else

To ask if someone needs something else, you might ask:

Was bekommen Sie noch?

Haben Sie noch einen Wunsch?
Sonst noch etwas?

Your response might be:

Ein Kilo Tomaten, und dann bekomme ich noch eine Gurke.
Nein, danke!
Danke, das ist alles.

---

28 Sonst noch etwas?

Such dir einen Partner! Dein Partner spielt den Gemüsemann oder die Gemüsefrau, und du kaufst die Artikel, die du auf den Zettel geschrieben hast. Tauscht dann die Rollen aus!

---

29 Hör gut zu!

Vier Schüler sagen, was sie gekauft haben, in welchen Geschäften sie waren und warum sie dort eingekauft haben. Mach dir Notizen!

a. Schreib auf, in welchen Geschäften jeder war!
b. Schreib auf, warum sie dort eingekauft haben!

SO SAGT MAN DAS!

Schon bekannt

Telling where you were and what you bought

To ask a friend where he was and what he did, you might ask:

Wo warst du?
Was hast du im Supermarkt gekauft?
Warst du auch beim Metzger?

His response might be:

Beim Bäcker und im Supermarkt.

Die Milch und die Eier.
Ja, dort hab' ich das Fleisch gekauft.

---

30 Das Angebot ist groß!

Du kommst vom Einkaufen zurück und hast die Lebensmittel, die unten abgebildet sind, gekauft. Wo warst du? Warst du im Supermarkt? Im Obst- und Gemüseladen? Beim Metzger? Deine Mutter will es wissen. Wenn du die Artikel woanders gekauft hast, dann sag warum! — Such dir einen Partner und spielt diese Rollen!

MUTTER **Wo hast du das Brot gekauft? Im Supermarkt?**

DU **Nein, ich war beim Bäcker.**

MUTTER **Du warst beim Bäcker?**

DU **Dort ist das Brot immer frisch!**

Warum?

Dort ist alles nicht so teuer!

Dort ist (das Brot) immer frisch!

Dort muß ich nicht lange warten.

Die Verkäufer sind so nett.

Der (Bäcker) ist nicht so weit.

Schon bekannt
Ein wenig Grammatik

For the past tense forms of **sein**, the **war**-forms, see the Grammar Summary.

Was nimmst du mit, wenn du irgendwo eingeladen bist?

We asked people from around Germany what they bring with them when they are invited somewhere. First listen to the interviews, then read the texts.

Sandra, *Stuttgart*

„Also, wenn ich zu 'ner Geburtstagsfete eingeladen bin, dann nehm' ich meistens ein Geschenk mit, zum Beispiel 'ne CD, also gerade von der Lieblingsgruppe, oder 'ne Single einfach, oder wenn die Person halt gerne was liest, dann ein Buch. Wenn's 'ne ganz normale Party ist, dann nehmen wir irgendwas zum Knabbern, oder 'nen Salat, oder irgendwelche Snacks halt mit."

Martina, *München*

„Also, wenn ich zu 'ner Fete eingeladen bin und ein Geschenk mitbringe, dann richte ich mich eigentlich immer nach dem Gastgeber und versuche dann, also eigentlich schon so seinem ... Dings ... zu entsprechen, daß das für ihn was Schönes ist. Also nicht nur 'nen Blumenstrauß oder 'ne Flasche Wein, das sollte dann schon irgendwie passen."

Julia, *Hamburg*

„Also, wenn es ein Geburtstag ist, dann überlege ich mir ein Geschenk, was zu der Person paßt. Und wenn es einfach so 'ne Einladung ist zu 'ner Feier, dann nehm' ich eigentlich gar nichts mit, also nur für mich, wenn ich etwas zum Mitnehmen brauche, oder so. Also, sonst eigentlich nur zum Geburtstag oder zu irgendeinem Anlaß."

A. 1. Skim over the interviews again and find as many words as you can that are mentioned as possible gifts. Julia and Sandra mention two different types of occasions that would influence what they would bring. What are the two kinds of occasions? (*Hint:* they state under what conditions they would bring certain gifts. Do you remember the conjunction that signals a condition?) What gifts would they bring for each kind of occasion?

2. Although social customs are always changing, many long-held traditions are still important in German-speaking countries today, especially those concerning social courtesies. In general, when one is invited to someone's home, it is customary to bring flowers for the host or hostess. Read Martina's interview again. What does she say she would not give as a present? Why does she say this? How well do you think she knows the people she has in mind?

B. Think about how you would answer the interview question. Are there any particular customs where you live or where your family is from? How do these customs compare to German customs?

DRITTE STUFE

Discussing gift ideas; expressing likes and dislikes; expressing likes, preferences, and favorites; saying you do or don't want more

31 Hör gut zu!

Vier Schüler brauchen Geschenke. Sie sagen, was sie schenken möchten und wem. Mach dir Notizen! Schreib auf, was für ein Geschenk jeder Schüler kauft und wem er es schenkt!

SO SAGT MAN DAS!

Schon bekannt

Discussing gift ideas

To find out what someone is giving as a gift, you might ask:

Was schenkst du deiner Mutter zum Geburtstag?

Was kaufst du deinem Vater?
Wem gibst du den Blumenstrauß?
Was schenkst du **deinem Opa?**

Your response might be:
Ich schenke **ihr** Schokolade.

Ich kauf' **ihm** ein Gemälde.
Meiner Oma.
Ich weiß noch nicht. Hast du eine Idee?

32 Wer? Wem? Was?

Wie viele Sätze kannst du bauen?

wer?

meine Schwester
ich
mein Bruder
wir

schenken
kaufen
geben

wem?

meine Mutter
mein Freund
meine Oma
meine Freundin
mein Vater
meine Kusine
mein Opa

was?

Buch
Tennisschläger
Wecker
Klamotten
Ring aus Silber
Blumenstrauß
Armbanduhr
Gemälde

33 Was schenkst du?

Schreibe deine eigene Geschenkliste! Wem schenkst du was? — Dann such dir einen Partner! Frag ihn, was er schenkt und wem! Tauscht dann die Rollen aus!

Schon bekannt
Ein wenig *G*rammatik

For the dative forms of **mein** and **dein,** and the dative personal pronouns, see the Grammar Summary.

34 Hör gut zu!

Drei Schüler sagen, was sie mögen und was sie nicht mögen. Mach dir Notizen!

SO SAGT MAN DAS!

Schon bekannt

Expressing likes and dislikes

You might ask someone what he or she likes or does not like by saying:
Was für Geschenke magst du?

Was magst du nicht?
Magst du Horrorfilme?

His or her response might be:
Ich **mag** alles: Bücher, CDs, Klamotten und so.
Pralinen **mag** ich **nicht.**
Und wie!

35 Eine Umfrage in der Klasse

Setzt euch in einer großen Gruppe zusammen! Das Thema lautet: „Wer mag was für Geschenke?"

a. Einer von euch fragt alle anderen Mitschüler, und ein anderer schreibt das Ergebnis auf.

b. Ein dritter liest dann das Ergebnis der Klasse vor. Zum Beispiel: Drei mögen ...

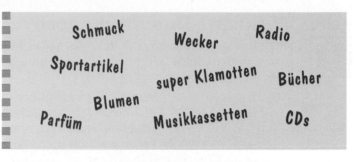

Schmuck   Wecker   Radio
Sportartikel   super Klamotten   Bücher
Blumen   Musikkassetten
Parfüm   Musikkassetten   CDs

Schon bekannt
Ein wenig *Grammatik*
For the forms of **mögen,** see the Grammar Summary.

36 Was magst du?

Such dir einen Partner! Frag ihn, was er alles mag und warum! Er muß einen Grund angeben.

BEISPIEL   DU   **Was magst du zum Geburtstag?**
PARTNER   **Eine CD mit Country, denn das hör' ich gern. Oder ja, ein Buch, weil ich gern lese und Bücher sammle.**

37 Hör gut zu!

Vier Schüler sagen, was sie lieber mögen und was sie am liebsten mögen. Mach dir Notizen! Vergleiche dann deine Notizen mit den Notizen von deinem Partner!

SO SAGT MAN DAS!

Schon bekannt

Expressing likes, preferences, and favorites

To find out what someone likes or prefers, you might ask:

    Was für Filme **siehst** du **gern?**
    Magst du zum Geburtstag **lieber** eine CD oder ein Buch?
    Welche CDs **magst** du **am liebsten?**

The response might be:

    Ich **sehe gern** Actionfilme.

    Lieber ein Buch.
    Am liebsten mag ich die CDs von Matthias Reim.

---

38 Was magst du gern? Nicht gern?

Schreib auf eine Liste die Dinge, die du gern und nicht gern ißt oder trinkst! Dann ordne die einzelnen Posten (items) auf deiner Liste! Was steht ganz oben? Was steht ganz unten?

Cola   Kaffee   Kuchen
Pizza   Fleisch   Pralinen
Fisch   Milch   Äpfel
Leber   Spinat   Brokkoli

39 Wirklich? Das ißt du gern?

Such dir einen Partner! Frag ihn, was er besonders gern ißt oder trinkt und was er nicht gern ißt oder trinkt! Gebrauche in deinen Fragen die Wörter im Kasten rechts! — Tauscht dann die Rollen aus!

BEISPIEL
DU **Was ißt du besonders gern?**
PARTNER **Fisch ess' ich besonders gern.**
DU **Und was ißt du nicht gern?**
PARTNER **Leber ess' ich nicht gern.**

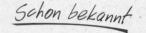

furchtbar gern
besonders gern
sehr gern
——— gern ———
nicht gern
gar nicht gern
überhaupt nicht gern

40 Hör gut zu!

Vier Schüler sind beim Essen. Wer mag mehr? Wer mag nichts mehr? Welche Gründe geben sie an? Mach dir Notizen!

SO SAGT MAN DAS!

Schon bekannt

Saying you do or don't want more

Here's how someone might ask you if you want more of something:
Möchtest du **noch etwas?**

Und du? Auch **noch eine Semmel?**
Magst du **noch einen Saft?**

Your response might be:
Ja, bitte! Ich nehme **noch eine Semmel!**
Nein, danke! **Keine Semmel mehr.**
Nein, **keinen Saft mehr.** Ich habe **keinen Durst mehr.**

Schon bekannt
Ein wenig *G*rammatik

The phrase **noch ein** means *another*. For the forms of **ein** and **kein,** used to "negate" nouns, see the Grammar Summary.

Semmeln

Eis

Saft

Leberkäs

Cappuccino

Bratwurst

Brezel

Kartoffelsalat

41 Noch etwas?

Du sitzt mit deinem Freund oder mit deiner Freundin in einem Café. Mag er oder mag sie noch etwas zu essen oder zu trinken? Frag mal! — Tauscht dann die Rollen aus!

42 Ein kurzer Besuch in München

Nach einer Fahrt mit dem Nachtzug bist du mit deiner Deutschklasse eben in München angekommen. Ihr habt ein großes Programm vor! Ihr wollt euch die Innenstadt ansehen und vielleicht auch ein Museum besuchen. Aber alle haben erst mal großen Hunger, und ihr wollt zuerst etwas essen. Ihr geht an einen Imbißstand und lest die Anschlagtafeln. Such dir einen Partner, und schreib mit ihm ein Gespräch auf, das folgendes enthalten muß!

1. was es zu essen und zu trinken gibt
2. was ihr mögt und was ihr nicht mögt
3. was euch zu teuer ist
4. was ihr bestellt
5. wie alles schmeckt
6. wer noch etwas bestellen will

Waffeln
frisch und knusprig

Waffel m. Zucker · · · 1,80
- " - m. Sahne · · · 2,50
- " - m. Sauerkirschen · 3,50
- " - m. Blaubeeren · 3,50
- " - m. Erdbeeren · 3,50
- " - m. Stachelbeeren · 3,50
Waffel m. Frucht u. Sahne · 4,—
Tasse Kaffee, Tee, Kakao · 1,80
Cola, Fanta, Wasser 0,33 · 1,80

2 Paar Schweinswürstl mit Kraut o. Sorten 5,50
1 St. Schweinsbratwurst mit Semmel/Senf 4,00
1 St. Brühpolnische mit Semmel/Senf 4,00
1 St. Currywurst mit Semmel/Ketchup 4,00
2 Paar Wiener mit Senf 4,20
2 St. hausgemachte Münchn. Weißwürste 4,20
1 Port. Pommes frites 2,50
1 Semmel -,40   1 Breze -,50
1 Coca-Cola/Fanta mit Einsatz 1,80
1 Port. Sauerkraut 1,50

43 ROLLENSPIEL

Such dir zwei Partner und spielt die folgende Szene!
Entwerft zuerst einen Speisezettel für eine Imbißstube! Benützt dazu ein großes Stück festes Papier! Danach übernimmt einer die Rolle vom Verkäufer, die beiden anderen die Rollen von zwei Kunden.

a. Die Kunden lesen den Speisezettel und unterhalten sich darüber. Dann bestellt jeder etwas. Frag, was jedes Gericht kostet, und ob du von einem noch etwas haben kannst.

b. Beim Essen unterhaltet ihr euch darüber, wie alles schmeckt, ob ihr mehr von einem Gericht haben oder lieber noch etwas anderes essen wollt.

c. Danach sprecht ihr über euere Pläne, denn ihr wollt ja noch viel sehen. Was müßt ihr noch alles tun, bevor ihr München wieder verlassen müßt?

KANN ICH'S WIRKLICH?

Can you express obligations? (p. 33)

1 How would you ask a friend what he or she has to do at home? How would your friend say he or she has to help in the kitchen, wash clothes, and take out the garbage?

Can you extend and respond to an invitation? (p. 34)

2 How would you tell someone you are going to the movies, and ask that person if he or she is coming along? How would that person

a. accept your invitation?
b. decline your invitation and give a reason?

Can you offer help and tell what to do? (p. 36)

3 How would you ask your mother what you can do for her? How would she say you can polish her car and go grocery shopping?

Can you ask and tell what to do? (p. 41)

4 How would you ask your grandmother where you are supposed to buy the bread? How would she tell you to buy it at the baker's?

Can you tell that you need something else? (p. 42)

5 How would a salesperson ask you if you want something else? How would you say

a. that you need one kilo of plums? **b.** that "that will be it"?

Can you tell where you were and what you bought? (p. 42)

6 How would your grandmother ask you where you were and what you bought there? How would you answer that you bought meat at the butcher's and beans and peaches at the supermarket?

Can you discuss gift ideas? (p. 46)

7 How would you ask a friend what he or she is giving

a. his father? **b.** her mother? **c.** his grandparents?

8 How would your friend answer that she is giving

a. a radio to her father?
b. a silver ring to her mother?
c. tennis rackets to her grandparents?

Can you express likes and dislikes? (p. 46)

9 How would you ask someone what kind of movies he or she likes? How would that person say he or she likes action movies but doesn't like horror movies?

Can you express likes, preferences, and favorites? (p. 47)

10 How would you say you like reading books but you like listening to CDs the best?

Can you say you do or don't want more? (p. 48)

11 How would you ask a friend if he or she wants another banana? How would your friend answer that he or she

a. wants another one? **b.** doesn't want another one?

ERSTE STUFE

THINGS TO DO AROUND THE HOUSE

putzen   *to clean*

in der Küche helfen   *to help in the kitchen*

die Garage aufräumen   *to clean the garage*

das Auto polieren   *to polish the car*

den Müll wegtragen   *to take out the garbage*

Staub wischen   *to dust*

die Wäsche waschen   *to wash clothes*

die Wäsche trocknen   *to dry clothes*

die Wäsche bügeln   *to iron clothes*

ZWEITE STUFE

FOOD ITEMS

die Zwetschge, -n   *plum*

die Banane, -n   *banana*

der Pfirsich, -e   *peach*

die (grüne) Bohne, -n   *(green) bean*

die Erbse, -n   *pea*

der Spinat   *spinach*

die Gurke, -n   *cucumber*

TELLING YOU NEED SOMETHING ELSE

Sonst noch etwas?   *Anything else?*

DRITTE STUFE

GIFT IDEAS

das Gemälde, -   *painting*

der Ring, -e   *ring*
   aus Silber   *made of silver*
   aus Gold   *made of gold*

die Schokolade   *chocolate*

das Radio, -s   *radio*

der Tennisschläger, -   *tennis racket*

der Wecker, -   *alarm clock*

3

Wo warst du in den Ferien?

① Was hast du fotografiert?

German students have many opportunities to travel, sometimes with their families, sometimes with friends. They like to take photos or make films of the exciting new places they visit. Do you like to travel? What kinds of places do you like to visit? To talk about places you have seen and how much you liked them, you need to learn several new expressions.

In this chapter you will learn

- to report past events, talking about activities
- to report past events, talking about places
- to ask how someone liked something, to express enthusiasm or disappointment, to respond enthusiastically or sympathetically

And you will

- listen to students talk about their vacations
- read reports about such places as Frankfurt, Dresden, and St. Ulrich, Austria
- write about your own weekend and vacation activities
- find out how Germans spend their vacation time

② Ich war in den Bergen, in Tirol.

③ Was habt ihr in den Ferien gemacht?

Los geht's!

Lehrerin

Frank

Sebastian

Christiane

Unser Film- und Fotoclub

You are going to meet some members
of the Film and Photo Club at Basti's school.
What do you think these young people
are talking about?

> Nun, wie waren eure Ferien? Habt ihr viel gesehen? Habt ihr auch viel gefilmt und fotografiert?

> Mein Vater hatte in Dresden zu tun, und ich bin mitgefahren.

> Wie hat dir Dresden gefallen?

> Phantastisch!

> Das freut mich! Dann erzähl uns mal etwas über Dresden!

An Sebastians Gymnasium gibt es einen Film-
und Fotoclub. Frau Sabine Brucker, die Biologie-
und Sportlehrerin, leitet den Klub. Die langen
Sommerferien sind vorüber, und heute sind die
Klubmitglieder zum ersten Mal im neuen Schuljahr
zusammengekommen. Die Schüler unterhalten sich
angeregt: heute können sie nämlich zeigen, was sie
in den Ferien gefilmt oder fotografiert haben. Drei
Leute haben sogar ein Video mitgebracht.

④ *Dresden*

FRANK August der Starke hat Dresden im 18. Jahrhundert zu
einer der schönsten deutschen Barockstädte gemacht. Ich hab'
das Schloß gesehen, den Zwinger — das ist ein phantastisches
Kunstmuseum, weltbekannt! Ich bin in Dresden mit meinem Vater
in die Oper gegangen, in die berühmte Semperoper. Wir haben
Beethovens „Fidelio" gehört. Überall baut man in Dresden, denn
die Stadt wurde 1945 fast total zerstört. Über 35 000 Menschen
verloren in einer Nacht das Leben.

Nun, Christiane, was hast du in den Ferien gemacht?

Christiane erzählt, wo sie war.

CHRISTIANE Ich habe meine Tante in Frankfurt besucht. Ich bin oft im Römer gewesen; meine Tante arbeitet dort. Ich hab' natürlich den Dom besichtigt, und ich bin oft durch die Zeil spaziert. In der Oper war ich auch einmal. Ach ja, ich bin natürlich auch im Goethehaus und im Goethemuseum gewesen. Was mir am besten gefallen hat, das sind die Fachwerkhäuser auf dem Römerberg.

⑥

⑤ *Frankfurt*

Jetzt ist Sebastian dran. Er legt seine Kassette ein.

SEBASTIAN Ich war mit meinem Freund Thomas in Tirol. Wir haben in St. Ulrich gewohnt, in einer netten Pension für junge Leute. Jeden Tag sind wir gewandert, durch die Wälder, durch die Wiesen. Wir sind auch oft um den See gegangen oder sind auf einen Berg gestiegen. Zu Mittag haben wir gewöhnlich in einem Gasthof gegessen, irgendeine Tiroler Spezialität, wie zum Beispiel einen „Strammen Max", das ist Schinken mit Spiegelei.

⑧

⑦ *St. Ulrich*

⑨

1 Was passiert hier?

Hast du „Unser Film- und Fotoclub" verstanden? Versuch es, die folgenden Fragen (auf deutsch oder englisch) zu beantworten!

1. Warum kommen heute die Schüler zusammen?
2. Wer ist Frau Brucker?
3. Was erzählen die drei Schüler?
4. Wo war Frank und warum?
5. Was hat Christiane während der Ferien gemacht?
6. Wo war Sebastian und mit wem?

2 Genauer lesen

1. Was hat Frank in Dresden gesehen und gemacht?
2. Warum erwähnt Frank das Jahr 1945?
3. Was hat Christiane besichtigt? Was hat ihr am besten gefallen?
4. Wo hat Basti in Tirol gewohnt?
5. Was haben er und sein Freund gemacht?
6. Warum erwähnt er den „Strammen Max"?

3 Was paßt?

Welche Wörter auf der rechten Seite passen in die Satzlücken?

SEBASTIAN Mein Freund Thomas und ich, wir haben in St. Ulrich __1__. Jeden Tag sind wir __2__. Wir sind um den See __3__ oder auf einen Berg __4__. Zu Mittag haben wir gewöhnlich in einem Gasthaus __5__.

CHRISTIANE Ich habe meine Tante in Frankfurt __6__. Ich bin im Römer __7__, ich hab' den Dom __8__ und bin durch die Zeil __9__. Die Fachwerkhäuser am Römerberg haben mir am besten __10__.

besichtigt   gestiegen
besucht
              gewandert
gefallen
              gewesen
gegangen
              gewohnt
    gegessen
gelaufen   spaziert

4 Wo ist das?

Such dir einen Partner! Nenne ihm ein Wort aus dem Kasten, und er muß dir sagen, mit welcher Stadt oder mit welchem Ort dieses Wort assoziiert ist. Die drei Orte sind: Dresden, Frankfurt und St. Ulrich. — Tauscht dann die Rollen aus!

BEISPIEL   DU   eine Barockstadt
            PARTNER   Das ist Dresden.

August der Starke   Gasthof   kleine Pension   Wiesen

Goethe   Fachwerkhäuser   Römer   Zwinger   Zeil

Barockstadt   Oper   See   Schloß   Elbe

Dom   Berge   Main   Goethehaus   Semperoper

ERSTE STUFE

Reporting past events, talking about activities

5 Hör gut zu!

Vier Schüler haben sehr aktive Ferien gehabt und berichten darüber. Schreib von jedem Schüler drei Dinge auf, die er gemacht hat!

SO SAGT MAN DAS!

Reporting past events, talking about activities

When asking someone about something in the past, you ask:

And the response might be:

> **Was hast du in den Ferien gemacht?**

> **Ich habe meine Tante in Frankfurt besucht. Ich habe den Dom besichtigt und bin oft durch die Stadt spaziert.**

> **Was hat Sebastian in Tirol gemacht?**

> **Er hat in St. Ulrich gewohnt. Er ist dort viel gewandert, und er hat gefilmt und fotografiert.**

WORTSCHATZ

Was macht ihr im Filmclub?

Wir sprechen über:

Wir fotografieren mit einer Kamera.

Ich filme mit einer Videokamera.

Videos

Filme

Ich bediene den Videorecorder/die Kamera.

Ich lege ein Video ein.

Ich nehme das Video heraus.

Dias

Farbbilder

6 Und du?

Such dir einen Partner! Stellt euch diese Fragen und beantwortet sie!

1. Was filmst du oder fotografierst du gewöhnlich?
2. Was für eine Kamera hast du? War das ein Geschenk, oder hast du die Kamera selbst gekauft?
3. Kaufst du einen Film für Dias oder für Farbbilder?
4. Hast du einen Videorecorder? Was für einen?
5. Was sind deine Lieblingsmotive, wenn du fotografierst?
6. Wann hast du die letzten Fotos gemacht? Was hast du fotografiert?

7 Was hast du in den Ferien gemacht?

Sag vier Dinge, die du in den Ferien gemacht hast! Im Kasten sind ein paar Ideen.

ICH HABE ...	ICH BIN ...
☐ Freunde besucht	☐ viel geschwommen
☐ viel gearbeitet	☐ zu Hause geblieben
☐ eine große Fete gemacht	☐ viel gewandert
☐ viel Tennis gespielt	☐ oft ins Kino gegangen
☐ viel gelesen	☐ nach (Denver) gefahren
☐ viele Videos geschaut	☐ Wasserski gelaufen
☐ sehr oft gefaulenzt	☐ in (Kalifornien) gewesen
☐ eine Reise gemacht	☐ viel schwimmen gegangen
☐ (Orlando) besichtigt	
☐ einen Sommerkurs besucht	

8 Was war los?

Lies den Text **Los geht's!** noch einmal! Welche Sätze erkennst du, die die Vergangenheit (*past*) ausdrücken? Schreib die Sätze in gekürzter Form auf einen Zettel!

BEISPIEL **Die Klubmitglieder sind zusammengekommen.**
Sie haben in den Ferien gefilmt.
Ich bin in die Oper gegangen.

Grammatik The conversational past

1. When talking about past events, the conversational past tense is used. It consists of the present tense forms of **haben** or **sein** and a form of the verb, called the *past participle.*

> Ich **habe** meine Tante **besucht.**
> Ich **bin** um den See **gegangen.**

2. Most past participles have the prefix **ge-**: **gemacht, gelesen.**
3. The past participles of so-called regular or weak verbs end in **-t**: **machen, er macht, er hat (Ferien) gemacht.**
4. The past participles of so-called irregular or strong verbs end in **-en**, like the infinitive: **lesen, liest, er hat (Zeitung) gelesen.** Some have other changes: **gehen, geht, er ist gegangen; bleiben, bleibt, sie ist geblieben.**

5. The past participles of verbs ending in **-ieren** do not have the prefix **ge-**: **fotografieren, er fotografiert, er hat (viel) fotografiert.**
6. The past participles of verbs that already have an inseparable prefix do not add the prefix **ge-**: **besuchen, er besucht, er hat besucht; gefallen, es gefällt mir, es hat mir gefallen.**
7. The past participle of verbs that have a separable prefix keep the **ge-**: **mitkommen, er kommt mit, er ist mitgekommen; aussehen, sie sieht (nett) aus, sie hat (nett) ausgesehen.**
8. Most verbs in German are regular or weak. Therefore, unless you have learned otherwise, form the past participle with **-t**, the prefix **ge-**, and the auxiliary **haben.**
9. Here are some past participles of verbs that you should know.

WEAK VERBS	STRONG VERBS	VERBS WITH **sein**
hat gearbeitet	hat gegeben	ist gekommen
hat gefaulenzt	hat gegessen	ist gefahren
hat gefilmt	hat gelesen	ist gelaufen
hat gehabt	hat gesehen	
hat gehört	hat geholfen	ist geblieben
hat gekauft	hat getrunken	ist geschwommen
hat gemacht		ist gewesen
hat gemäht		ist gegangen
hat geschenkt		
hat gespielt		ist gewandert
hat gewohnt		ist spaziert
hat fotografiert		
hat besucht		
hat besichtigt		

9 Was hast du in den Ferien gemacht?

Such dir einen Partner! Frag ihn, was er in den Ferien gemacht hat! Er sagt es dir. Dann fragt er dich. Benutzt die Ausdrücke im Kasten als Anregung *(as suggestions)*!

viel schwimmen gehen   viel wandern

meine Oma besuchen   viel Musik hören

nach (Kanada) fahren   in Mexiko sein

die Natur fotografieren   gar nicht arbeiten

Klamotten kaufen   Volleyball spielen

viel lesen

viel essen und trinken   ziemlich viel faulenzen

10 Was hat Sebastian letzte Woche gemacht?

Hier ist ein Blatt aus Sebastians Tischkalender vom Juli.

a. Lies, was er alles gemacht hat!

b. Such dir dann einen Partner! Sag ihm, was Sebastian am Montag gemacht hat! Dein Partner sagt dir dann, was Sebastian am Dienstag gemacht hat und so weiter.

c. Zur Abwechslung (*for variety*) nennt jetzt mal nicht die Uhrzeit, sondern gebraucht die Reihenwörter wie: zuerst, dann, danach und zuletzt!

	JULI	30. Woche
23 MONTAG	10.00–12.00 13.30–16.00 17.00	mit Robert schwimmen gehen Volleyball Rasen mähen
24 DIENSTAG	9.00–11.00	einen Stadtbummel machen Neue Jeans!
25 MITTWOCH	9.00 10.00–12.00 14.00–15.30	zum Frisör! Thomas besuchen Fußball
26 DONNERSTAG	8.00 20.30	mit Vati nach Tirol, wandern, schwimmen, gut essen nach Hause fahren
27 FREITAG	10.00–12.00 14.30–15.30 16.00	dem Opa im Garten helfen dort zu Mittag essen Flöte spielen Freunde besuchen
28 SAMSTAG	9.00–12.00 14.00–16.30 ab 19.00	Stadtbummel mit Christiane zu Mittag essen lesen, Musik hören, faulenzen Rockkonzert besuchen
29 SONNTAG	7.00–8.00 10.00–11.00 14.00–16.00 ab 19.00	Tennis mit Rad zum See Großeltern besuchen Fernsehen (Krimi)

11 Für mein Notizbuch

Schreib in dein Notizbuch, was du letztes Wochenende (am Samstag und am Sonntag) gemacht hast! Schreib mindestens fünf Sätze. Verwende dabei auch Zeitausdrücke wie: am Nachmittag, am Abend, zuerst, zuletzt, und so weiter.

Marienkirche

Zwinger

August I.

Dresden, Hauptstadt von Sachsen

Dresden, Kunst- und Kulturstadt an der oberen Elbe, war bis zur Zerstörung im Jahre 1945 eine der schönsten Städte Europas. Dresden war — und ist — weithin als „Elbflorenz" bekannt, weil die Stadt mit ihrer wundervollen Architektur an Florenz erinnert.

Kurfürst Friedrich August I. (August der Starke) war Landesfürst von Sachsen. Als konvertierter Katholik war er auch König von Polen. Unter seiner Herrschaft wurde Dresden in die schönste Barockstadt seiner Epoche verwandelt.

Der Zwinger, ein Meisterstück des Barocks, beherbergt die berühmte Gemäldegalerie „Alte Meister" (Raffael, Giorgione, Tizian, Tintoretto, u.a.). Die „Neuen Meister" hängen in einem anderen Museum, im Albertinum. Dort, im sogenannten Grünen Gewölbe, ist auch die königliche Sammlung ausgestellt: Gefäße, Schmuck und Waffen.

Zur Zeit wird Dresden renoviert. Die total zerstörte Marienkirche wird wieder aufgebaut. Bis zur 1000-Jahr-Feier im Jahre 2008 soll Dresden völlig renoviert sein und wieder in alter Pracht glänzen.

Blick auf die Elbe

12 Und du? Was weißt du über Dresden?

Lies den Bericht über Dresden! Dann such dir einen Partner, stellt euch abwechselnd diese Fragen und beantwortet sie!

1. Was für eine Stadt ist Dresden, und wo liegt sie?
2. Warum wird Dresden auch „Elbflorenz" genannt?
3. Wer war August der Starke? Was hat er gemacht?
4. Wo hängen die „Alten Meister"? Und die „Neuen Meister"?
5. Wie sieht Dresdens Zukunft (future) aus?

Reporting past events, talking about places

Frankfurt a. M.

Frankfurts Skyline

Frankfurt am Main ist Deutschlands Finanzmetropole und seit 1993 auch Sitz der Zentralbank der Europäischen Gemeinschaft. In Frankfurts Skyline sitzen nicht nur deutsche Banken, sondern viele ausländische Firmen, die in Deutschlands fünftgrößter Stadt ihre Büros haben. Der Rhein-Main-Flughafen außerhalb Frankfurts ist einer der größten Europas.

Frankfurt ist eine alte Stadt und wird 794 zum ersten Mal als einer der Sitze Karls des Großen erwähnt. Seit 1356 wurden hier im Dom der deutsche Kaiser und die deutschen Könige gewählt und zwischen 1562 und 1792 auch hier gekrönt.

In den Jahren 1848/49 war die Paulskirche in Frankfurt auch der Tagungsort der ersten deutschen Nationalversammlung.

In Frankfurt wurde am 28. August 1749 Johann Wolfgang von Goethe geboren. Der große Dichter, auf den die Frankfurter besonders stolz sind, hat hier seine Kindheit und Jugend verbracht.

Frankfurt hat auch eine sehr freundliche Seite: hier gibt es viele gemütliche Lokale, wo man sich nach einem vollen Arbeitstag mit Freunden treffen kann, bei leckerem Zwiebelkuchen und Äbbewoi, zwei Frankfurter Spezialitäten.

Der Dom

Goethe (1749–1832)

13 Und du? — Was weißt du über Frankfurt?

Lies den Bericht über Frankfurt! Dann such dir eine Partnerin! Stellt euch abwechselnd diese Fragen und beantwortet sie!

1. Warum nennt man die Stadt Frankfurt „Deutschlands Finanzmetropole"? Was gibt es dort?
2. Was sind die Hauptpunkte in der langen Geschichte Frankfurts? Gib die Antwort in Stichwörtern *(by mentioning keywords)*!
3. Was interessiert dich am meisten an Frankfurt?

14 Ich war in Frankfurt

Du warst in Frankfurt! Schreib auf eine Liste, was du gesehen hast, welche Gebäude du besichtigt hast, wo und was du gegessen hast und was du gefilmt oder fotografiert hast! Erzähl einem Partner über deinen Besuch in Frankfurt! Tauscht dann die Rollen aus!

Auf dem Römerberg

15 Hör gut zu!

Schüler erzählen, wo sie in den Ferien waren. Schreib dir auf, wo sie waren! Wer ist am meisten gereist? Hör dann noch einmal zu und schreib auf, was du hörst!

16 Wo waren die Schüler?

Such dir einen Partner! Vergleicht *(compare)* eure Notizen! Du fragst: „Wo war . . .?" Dein Partner antwortet dir. Dann fragt er dich, und du antwortest ihm.

SO SAGT MAN DAS!

Reporting past events, talking about places

When asking someone where he or she was, you ask:

Wo bist du gewesen?

Und wo warst du?

And the answer may be:

Ich bin in Frankfurt gewesen.
Ich war dort im Römer — das ist das Rathaus.
Ja, zuerst war ich in der Stadt. Ich war mit Robert im Kino. Danach waren wir im Café Mozart und haben dort Eis gegessen.

WORTSCHATZ

LEHRERIN   **Sag mir mal, was du alles in Frankfurt gesehen hast!**
CHRISTIANE   **Ich hab'... gesehen.**

die Fachwerkhäuser (am Römerberg)

die Oper

das Rathaus (den Römer)

den Dom

die Zeil

den Main

das Goethehaus

den Zoo

---

17 Und du?

Was möchtest du sehen, wenn *du* nach Frankfurt kommst?

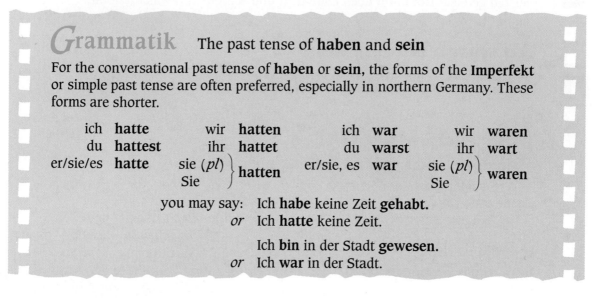

Grammatik The past tense of **haben** and **sein**

For the conversational past tense of **haben** or **sein**, the forms of the **Imperfekt** or simple past tense are often preferred, especially in northern Germany. These forms are shorter.

ich	**hatte**	wir	**hatten**		ich	**war**	wir	**waren**
du	**hattest**	ihr	**hattet**		du	**warst**	ihr	**wart**
er/sie/es	**hatte**	sie (*pl*)	} **hatten**		er/sie, es	**war**	sie (*pl*)	} **waren**
		Sie					Sie	

you may say: Ich **habe** keine Zeit **gehabt.**
or Ich **hatte** keine Zeit.

Ich **bin** in der Stadt **gewesen.**
or Ich **war** in der Stadt.

18 Wo warst du?

Such dir eine Partnerin und frag sie, wo sie in den Ferien war! Dann fragt sie dich. Ihr könnt die Ausdrücke im Kasten gebrauchen, wenn ihr wollt.

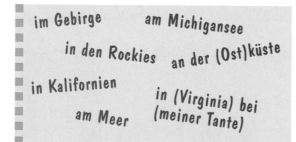

im Gebirge   am Michigansee
in den Rockies   an der (Ost)küste
in Kalifornien
    in (Virginia) bei
am Meer   (meiner Tante)

WORTSCHATZ

noch nie	*never*
schon oft	*often*
auch schon	*already*

19 Warum warst du nicht dort?

Dein Partner war nicht dort und sagt dir warum.

DU **Du warst nicht (im Kino). Warum nicht?**
PARTNER **Ich war nicht im Kino, weil ich (zu viel zu tun hatte).**

Wo?

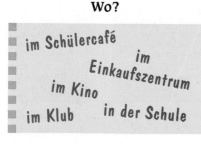

im Schülercafé
    im Einkaufszentrum
im Kino
im Klub   in der Schule

Warum nicht?

Karten fürs   keinen Hunger
Fußballspiel haben   haben
das Wetter   kein Geld haben
schlecht sein   keine Zeit haben
zu viel zu tun haben

Grammatik — The dative case with the prepositions **in** and **an**

In answer to a question beginning with **wo**, the prepositions **in** and **an** (and some others) indicate location and are followed by dative case forms.

1. The preposition **in** can be followed by the name of a city or town, state or country.

   Wo warst du?
   - Ich war in Dresden. (city)
   - Ich war in Sachsen. (state)
   - Ich war in Deutschland. (country)

2. When the name of the country is feminine or used in the plural, the noun phrase is in the dative case.

   Wo warst du?
   - Ich war in der Schweiz.
   - Ich war in der Türkei.
   - Ich war in den Vereinigten Staaten.

3. The preposition **in** is followed by dative case forms with all specific locations, such as areas, buildings, rooms. Note that **im** is a contraction of **in + dem.**

   Wo warst du?
   - Ich war im Gebirge, in den Bergen …
   - Ich war im Museum, im Rathaus, in der Oper …
   - Ich war im Garten, in der Küche …

4. The preposition **an**, *at,* is followed by dative case forms when indicating location. Note that **am** is a contraction of **an + dem.**

   Wo liegt das?
   - Am See, am Meer, an der Nordsee
   - Am Main, an der Elbe

20 Sag mal, wo warst du denn?

Ihr hattet ein besonders langes Wochenende, vier Tage! — Such dir einen Partner! Frag ihn, wo er am letzten Wochenende war und was er dort alles gemacht hat! Danach fragt er dich, und du sagst es ihm. Ihr könnt die Wörter im Kasten in euren Antworten gebrauchen.

> New York   Schweiz
> Stadt   Museum
> Café (Mozart)   Oper
> Eriesee   Gebirge
> Restaurant (Koch)   Kino

21 Für mein Notizbuch

Schreib in dein Notizbuch, wo du letzte Woche warst und was du dort alles gemacht hast!

22 Eine Stadtbesichtigung

Stell dir vor, du warst für zwei Tage zu Besuch in einer deutschen Stadt, in Berlin, Dresden, Frankfurt, Hamburg oder München!

a. Schreib auf, was du alles gesehen oder besichtigt hast! Minimum: 5 Dinge!

b. Such dir einen Partner und frag ihn, wo er war und was er da alles gesehen hat! Dein Partner fragt dich, wo du warst.

c. Such dir einen anderen Partner! Diesmal wart ihr beiden in derselben Stadt, aber ihr habt nicht dasselbe gesehen oder gemacht. Einer von euch ist sehr kulturell interessiert, der andere geht lieber einkaufen, liebt die Natur und Tiere.

Was sehen wir uns gewöhnlich in einer Stadt an?

das Rathaus   die Universität   den Zoo
den Dom   den Marktplatz   den ... Park
das ... Stadion   die Innenstadt
die Einkaufsstraße   den Botanischen Garten
die ...kirche   das Einkaufszentrum
das ...Museum   die Oper

23 Ich war so beschäftigt!

Deine Eltern sind ärgerlich, daß du am Wochenende nur selten zu Hause warst. Aber du hattest so viel zu tun, für die Schule, für deinen Job und mit deinen Freunden.

a. Schreib auf eine Liste, was du alles am Wochenende gemacht hast!

b. Spiel mit einem Partner die Rollen von Vater/Mutter und Sohn/Tochter! Zeig deinem Vater/deiner Mutter die Liste und erzähle, was du alles gemacht hast! Es gibt viele Fragen, die du beantworten mußt, aber am Ende sind deine Eltern stolz auf dich.

c. Vergleiche deine Liste mit der Liste deines Partners! Was habt ihr beide gemacht? Was hat nur einer von euch gemacht?

24 Meine Ferien

Schreib, wo du in den letzten Ferien warst und was du alles gesehen und gemacht hast!

Was hast du in den letzten Ferien gemacht?

We asked several German-speaking people where they spent their last vacation and what they did. Listen. Before you read the interviews, write down your last vacation spot and the activities in which you participated during your vacation.

Hans, *Hamburg*

„Ich hab' gearbeitet, ich hab' ja … trainiert auch, Volleyball trainiert, und ja … mehr eigentlich nicht."

Monika, *Hamburg*

„Ich war in den Ferien in Kanada, und … hab' einen Sprachkurs gemacht, in Englisch. Ich bin nach Montreal gefahren und hab' Toronto und die Niagara Fälle auch gesehen. Hm, ja, was war noch? Ja, ich wollte nach New York, weil … es ist nur sechs Stunden von Montreal entfernt, wo ich gewohnt habe, und das ging dann leider nicht."

Sandra, *Berlin*

„Also, ich war in Spanien, und ich hab' da auch Granada besucht, und ansonsten lag ich eigentlich meistens am Strand, und hab' die Sonne genossen, aber ich hatte da dummerweise eine Sonnenallergie: da ging es dann auch nicht mehr so gut; na ja, also, ich hab' viel Spaß mit meiner Freundin gehabt, und dann waren die Ferien auch schon vorbei."

Brigitte, *Berlin*

„Wir waren, wann war das? … im März … drei Wochen in Midwest City, das ist ein Stadtteil von Oklahoma City, weil wir von unserer Schule aus, von unserem Gymnasium, alle zwei Jahre einen Schüleraustausch machen."

Herr Troger, *St. Ulrich, Österreich*

„Der letzte Urlaub war in Mallorca; da haben wir uns bei einer Radfahrgruppe angeschlossen und sind da eine Woche Rad gefahren. Es war aber eigentlich ein schlechtes Wetter, und trotzdem war das Wetter für uns nicht so schlecht, weil wir mit den Rädern ziemlich nach oben gefahren sind, und wieder runter, und wir waren dann eher froh, wenn es nicht zu heiß war, nicht wahr …"

A.
1. On a map, locate the places where these people went on vacation. Jot these places down on a list along with the reason each gives for his or her trip.
2. Which two different words do Monika and Herr Troger use for "vacation"? Can you figure out the difference between these two words based on who uses them?
3. Three interviewees had some bad luck on their vacation. What happened to each?

B. What do all these vacations have in common? Sandra's and Herr Troger's trips are typical vacation goals for Germans. Why do you think that is?

DRITTE STUFE

Asking how someone liked something, expressing enthusiasm or disappointment, responding enthusiastically or sympathetically

25 Hör gut zu!

Vier Schüler sprechen über ihre Ferien. Wo waren sie? Wem hat es gefallen? Wem hat es nicht gefallen? Warum wohl? Mach dir Notizen! Vergleiche dann deine Notizen mit den Notizen eines Partners!

SO SAGT MAN DAS!

Asking how someone liked something, expressing enthusiasm or disappointment, responding enthusiastically or sympathetically

Here are some ways to ask how someone liked something or some place:

> **Wie war's?**
> **Wie hat dir Dresden gefallen?**
> **Wie hat es dir gefallen?**
> **Hat es dir gefallen?**

If you liked it, you may say:

> **Phantastisch!**
> **Es war echt super!**
> **Es hat mir gut gefallen.**
> **Wahnsinnig gut!**

If you didn't like it, you may say:

> **Na ja, soso!**
> **Nicht besonders.**
> **Es hat mir nicht gefallen.**
> **Es war furchtbar!**

The other person asking may respond enthusiastically:

> **Na, prima!**
> **Ja, Spitze!**
> **Das freut mich!**

Or sympathetically:

> **Schade!**
> **Tut mir leid!**
> **Das tut mir aber leid!**

26 Na, wie war's?

Such dir einen Partner! Stell dir vor, du warst an den Orten, die hier rechts im Kasten stehen! Dein Partner fragt dich, wie es war. Du antwortest, und dein Partner reagiert darauf. — Tauscht dann die Rollen aus!

San Francisco	in den Alleghenies
Meer	Ostküste
Minnesota	Michigansee
Disneyland	Swamps von Florida
Key West	Mojave Wüste

PARTNER **Wo warst du in den Ferien?**
DU **Ich war in/an . . .**
PARTNER **Wie war's?**
DU . . .
PARTNER . . .

Grammatik Personal Pronouns, Dative Case (Summary)

You already know the third person dative pronouns **ihm** and **ihr**. Here are the others. With the verb **gefallen,** you always use dative case forms for the person.

second person		*first person*	
Wie hat es **dir**	gefallen?	Es hat **mir**	gut gefallen.
Wie hat es **euch**	gefallen?	Es hat **uns**	echt prima gefallen.
Wie hat es **Ihnen**	gefallen?	Es hat **mir**	nicht gefallen.
third person			
Wie hat es **dem Sebastian**	gefallen?	Es hat **ihm**	gut gefallen.
Wie hat es **der Beatrice**	gefallen?	Es hat **ihr**	echt prima gefallen.
Wie hat es **den Baumanns**	gefallen?	Es hat **ihnen**	nicht gefallen.

27 Wie hat es ihnen gefallen?

Such dir einen Partner! Du weißt, wo die Baumanns in den Ferien waren. (Das steht hier rechts!) Dein Partner fragt dich, wo sie waren. Du antwortest und sagst ihm, wie es ihnen gefallen hat. — Tauscht dann die Rollen aus!

Sebastian war mit einem Freund in Österreich.

Beatrice war in den Bergen, in den Alpen.

Die Großeltern waren am Rhein und an der Mosel.

Robert war an der Ostsee, auf der Insel Rügen.

Bastis Eltern waren in den USA, in Minnesota.

28 Wie hat es euch gefallen?

Such dir jetzt zwei Partner! Frag sie, wo sie in den Ferien waren! (Sie waren zusammen weg.) Einer antwortet für beide. Dann frag sie, wie es ihnen gefallen hat, und der andere antwortet für beide. Tauscht dann die Rollen aus!

DU **Wo wart ihr denn in den Ferien?**
EIN PARTNER **Wir waren . . .**
DU **Wie hat es . . .**

Grammatik Definite Article, dative plural

1. The dative plural form of the definite article is **den.**

   Es hat **den** Eltern in Amerika echt gut gefallen.

2. The dative plural of almost all nouns end in -**n.** If the nominative plural form already ends in -**n,** the dative plural form is the same.

nominative plural	dative plural
die Eltern	Es hat **den** Eltern gut gefallen.
die Schüler	Es hat **den** Schülern gut gefallen.
die Kinder	Es hat **den** Kindern gut gefallen.

29 Wem hat es gefallen und wem nicht?

Bau Sätze mit den Wörtern im Kasten!

der Stadtbummel		Baumanns	besonders gut	
die Berge		Beatrice	sehr gut	
Amerika	hat	Opa	ganz gut	gefallen
Dresden	haben	Sebastian	nicht besonders	
Tirol		Kinder	nicht so gut	
das Meer		Geschwister	überhaupt nicht	
der Film		Großmutter		
		Schüler		
		ich		

WORTSCHATZ

Basti war mit einem Freund, dem Thomas, in Tirol. Die beiden haben in einer Pension gewohnt und haben oft in einem Café gegessen, im Café Troger.

Wo übernachtet man gewöhnlich?

in einem Privathaus   in einer Pension   in einer Jugendherberge   in einem Hotel

Wo ißt man gewöhnlich?

in einer Imbißstube   in einem Lokal   in einem Gasthof   in einem Restaurant

30 Und du?

Such dir einen Partner! Frag ihn, wo er gewöhnlich übernachtet und wo er gewöhnlich ißt, wenn er mit (seinen Eltern) unterwegs ist!

31 Für mein Notizbuch

Schreib in dein Notizbuch etwas über deine Ferien! Wo bist du gewesen? Was hast du alles gemacht? Wie hat es dir gefallen und warum? Wo hast du übernachtet? Wo hast du gegessen?

32 Bastis Ferien

Sebastian hat einige Fotos von seinen Ferien ausgesucht, die er seinen Klassenkameraden im Film- und Fotoclub zeigen möchte. Spiel die Rolle von Basti und erzähle, wo du warst, was du gemacht hast und wie es dir gefallen hat! Dein Bericht muß zu den Fotos passen. Gebrauche auch die Wörter im Kasten oben rechts.

WORTSCHATZ

Schon bekannt
- jeden Tag
- oft
- einmal
- dreimal
- am Wochenende

Neu
- am letzten Tag
- jeden Abend
- nach dem Mittagessen
- jeden Morgen

1. 2. 3. 4. 5.

33 Klassenprojekt

Teilt eure Deutschklasse in Gruppen von vier oder fünf Leuten! Jede Gruppe hat die Aufgabe, etwas über eure Stadt zu berichten. Nehmt eine Kamera oder eine Videokamera mit! Jede Gruppe muß dann den anderen Gruppen erzählen und zeigen, was sie alles gemacht und gesehen hat.

Loferer Steinberge
St. Ulrich a.P.

Liebe Eltern!
Grüße aus St. Ulrich! Wir
sind erst 3 Tage da und
haben schon viel gesehen.
Nur gestern haben wir ge-
faulenzt, sind nur um den
Pillersee spaziert und haben
im See gebadet. Der ist
aber noch zu kalt!
Alles Gute Euer Basti
P.S. Morgen ist ein Dorffest

Fam.
Hans Baumann
Wolfratshausenerstr. 17
82031 Grünwald

Deutsch!

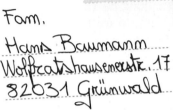

St. Ulrich/Tirol Der Dorfplatz in St. Ulrich am Pillersee hat jetzt einen Brunnen. Am Sonntag, den 4. Juli, um 9 Uhr 45, hat die Dorfplatzeinweihung stattgefunden. Nach einer Messe in der Dorfkirche mit Bischof Eder ist die Dorfgemeinde auf den Dorfplatz marschiert. Nach einer Ansprache von Bürgermeister Schlechter wurde der Dorfplatz von Bischof Eder offiziell eingeweiht.

Die Gastronomie St. Ulrich hatte für eine gute Jause gesorgt, und die Musikkapelle St. Ulrich, unter Leitung von Musikkapellmeister Alois Brüggel, für gute Stimmung und Unterhaltung. (Österreichische Landeszeitung)

SONNTAG, 4. JULI
ca. 9.45 Uhr
DORFPLATZEINWEIHUN
mit anschl.
Schmanggerlfest
der Gastronom
Frühschoppenkonzert
3 Musikkapelle ca. 11.00 Uhr
und musikalischer
Unterhaltung
mit dem TIROL DUO

Getting Started

1. Look at the pictures, then look at the different formats of the texts and match each text with one of the formats below.
   1. excerpt from a brochure/advertisement
   2. announcement
   3. newspaper article
   4. postcard

Based on the formats, what kind of information would you expect to find in each text?

a. report of an event
b. news about someone's vacation

Im Pillerseetal
ist immer was los!

- Pillersee mit Badestrand
- Angeln im fischreichen See
- Tretboote, Ruderboote
- 60 km Wanderwege
- Tennis und Kegelbahnen
- Minigolf und Hallenbad
- Reithalle (Islandpferde)
- 7 Golfplätze in der Nähe

Bischof Eder aus Salzburg

Die Musikkapelle St. Ulrich

Besonders für Kinder!

- Besuch auf einem Bauernhof
- Kindergrillparty
- Kinderdisco
- Ponyreiten mit unseren Ponies Amigo, Bibi und Sarah
- Kinder-Pizzaessen
- Basteln, Malen, Zeichnen, Singen und vieles mehr

Familien- und Sporthotel
Pillerseehof

Thomas u. ich am Pillersee

c. factual information, e.g. time, date
d. promotion of something

2. Does anything in the brochures above help you distinguish immediately between the main idea and the supporting details?

3. Where do you usually find the main idea of a newspaper article?

> **Tip:** Sometimes the main idea is not stated directly, but only implied. You have to make an inference by looking at the supporting details.

4. Skim the postcard. What is the main idea?

A Closer Look

5. What are some of the details Basti writes about in his postcard?

6. Look at the newspaper article more closely. Where did the event that is being reported take place? Is that a large city or a small town? Where is it? If the main idea is the dedication of the fountain, can you find four or five supporting details in the article?

7. Jetzt erzähle von deinen letzten Ferien! Bring entweder Dias, Fotos oder ein Video mit und zeig deinen Mitschülern, wo du warst und was du da alles gemacht hast!

1 Die Stegmüllers aus Düsseldorf haben mit ihren Kindern Melissa (7) und Jochen (9) den Sommerurlaub in St. Ulrich am Pillersee verbracht. Am Ende ihres Urlaubs haben sie den Fragebogen des Fremdenverkehrsvereins ausgefüllt. Lies diesen Fragebogen! Was haben die Stegmüllers abgehakt?

FRAGEBOGEN
Fremdenverkehrsverein St. Ulrich
Liebe Gäste!
Im Interesse aller Gäste bei uns möchten wir von Ihnen erfahren, welche Quartiere und Unterhaltungsmöglichkeiten Sie am meisten benutzt haben und was Ihnen bei uns am besten gefallen hat.

1. Wo haben Sie gewohnt?
   ☐ Hotel ☐ Gasthof ☑ Pension ☐ Privatquartier

2. Wie hat Ihnen die Unterkunft gefallen?
   ☐ ausgezeichnet ☑ sehr gut ☐ gut
   ☐ nicht besonders ☐ nicht gut

3. Wo haben Sie gewöhnlich gegessen?
   ☐ Hotel ☑ Gasthaus ☐ Café ☐ Restaurant ☐ selbst gekocht

4. Wie war die Qualität des Essens in unseren Lokalen?
   ☐ ausgezeichnet ☑ sehr gut ☐ gut ☐ nicht gut

5. Wie haben Sie Ihren Urlaub verbracht? Kreuzen Sie bitte die Dinge an, die Sie am meisten gemacht haben!
   ☑ wandern ☐ angeln ☑ Minigolf
   ☐ bergsteigen ☑ Boot fahren ☐ Tennis
   ☐ spazierengehen ☐ radfahren ☑ Tischtennis
   ☑ baden gehen ☐ reiten ☐ kegeln

6. Was hat den Kindern am meisten Spaß gemacht?
   a. _Ponyreiten_
   b. _Grillparty_
   c. _____

7. Welche Unterhaltungsprogramme haben Ihnen am besten gefallen? Kreuzen Sie bitte nur drei Programme an!
   ☑ Musikabende ☐ Tanzveranstaltungen ☐ Vorträge
   ☑ Theateraufführungen ☐ Dia-Vorführungen

8. Wie lange waren Sie bei uns?
   ☐ eine Woche ☑ zwei Wochen _____

Vielen Dank! Ihr Fremdenverkehrsverein A-6393 St. Ulrich am Pillersee in Tirol Telefon 05354-88176

2 Such dir einen Partner! Diskutiert gemeinsam die folgenden Fragen!

1. Hat es den Stegmüllers in St. Ulrich gefallen? Wenn ja, warum? Wenn nein, warum nicht?
2. Warum, glaubt ihr, hat die Familie in einer Pension gewohnt? In einem Gasthaus gegessen?
3. Warum, glaubt ihr, sind die Stegmüllers nicht bergsteigen gegangen?
4. Was meint ihr: Welche Freizeitbeschäftigungen kosten Geld? Welche nicht?

3 **a.** Setzt euch in kleinen Gruppen zusammen und entwerft einen Fragebogen, der für einen Ferienort in den Vereinigten Staaten (Florida, Kalifornien) bestimmt ist! Gebraucht den Fragebogen von St. Ulrich als Muster! Euer Fragebogen muß auch Auskunft erfragen über: Wohnen, Essen, Freizeit, usw.

b. Stellt euch vor, daß alle in eurer Gruppe die letzten Ferien zusammen verbracht haben! (Die Eltern von einem von euch haben die anderen mitgenommen.) Füllt gemeinsam euern Fragebogen aus!

c. Teilt jetzt leere Fragebögen an die Mitglieder einer anderen Gruppe aus! Die Mitglieder dieser Gruppe fragen euch jetzt über eure Ferien, und ihr antwortet. — Tauscht dann die Rollen aus!

4 Schreib einen Bericht über deine letzten Ferien mit deinen Eltern oder Freunden oder Verwandten, oder du erfindest einen Ferienort! In deinem Bericht mußt du erwähnen, wo du gewohnt hast, wo du gewöhnlich gegessen hast, was für Freizeitbeschäftigungen du gehabt hast und wie dir alles gefallen hat.

5 Listen to the reports and decide what they are all about. Match each report to one of these summaries:

a. description of a town or area
b. description of sightseeing in a town
c. description of activities one can undertake
d. description of a hotel

6 Listen to these people talking about a trip they recently took. Find out where they were and how they liked it.

7

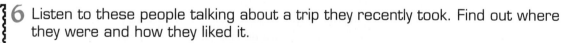

ROLLENSPIEL

Together with two other classmates, role-play the following scene.

You are a travel agent working in a travel agency. You have a customer who wants suggestions from you about where he could spend his vacation and information about what various vacation spots offer. As you make your suggestions, another customer joins in and tells of his experiences at a particular vacation spot. Have some brochures at your disposal, either from German vacation spots or vacation spots in the United States.

KANN ICH'S WIRKLICH?

Can you report past events, talking about activities? (p. 57)

1 How would you ask a classmate what he or she did during his or her vacation?

2 How would you tell someone about the things you did, using the verbs **spielen, lesen, wandern, besuchen, besichtigen, sein, gehen, laufen, fahren,** and **schwimmen?**

3 How would you report what someone else did, using the same verbs?

4 How would you ask someone where he or she was, using two different past tense forms? How would that person answer?

5 How would you say that you didn't have any time, using two different past tense forms?

6 How would you invite someone to tell you
   a. where he or she was?   c. what he or she saw?
   b. what he or she did?   d. how he or she liked it?

Can you report past events, talking about places? (p. 63)

7 How would you say that you were at each of these places? Use complete sentences.

   Dresden, Sachsen, Deutschland, Schweiz, Vereinigte Staaten, Schule, Kirche, Stadt, Museum, Park, Gebirge, Ostsee, Meer, Main

Can you ask someone how he or she liked something and respond enthusiastically or sympathetically? (p. 68)

8 How would you ask someone how they liked the city of Frankfurt? How they liked it in Tirol? How would you say that you liked it? That you didn't like it?

9 How would you respond to someone who
   — tells you that he or she liked his or her vacation?
   — tells you that he or she did not like it?

10 How would you tell someone that your parents liked Dresden but that they didn't like Leipzig?

ERSTE STUFE
REPORTING PAST EVENTS, TALKING ABOUT ACTIVITIES

Was hast du in den Ferien gemacht? *What did you do on your vacation?*
die Ferien (pl) *vacation*
besichtigen *to sightsee, visit a place*
Ich habe (den Dom) besichtigt. *I visited (the cathedral).*
fotografieren *to photograph*
Ich habe ... fotografiert. *I photographed ...*

spazieren *to walk, stroll*
filmen *to film, videotape*
die Videokamera/die Kamera bedienen *to use a video camera/a camera*
ein Video einlegen *to insert a video cassette*
das Video herausnehmen *to take out the video cassette*
die Kamera, -s *camera*
der Film, -e *roll of film*
das Dia, -s *slide*
das Farbbild, -er *color photograph*

der Videorecorder, - *video cassette recorder*

VERBS AND PAST PARTICIPLES

arbeiten, gearbeitet *to work*
faulenzen, gefaulenzt *to be lazy*
laufen, (ist) gelaufen *to run*
er/sie läuft *he/she runs*
bleiben, (ist) geblieben *to stay, remain*
(See p. 59 for a more complete list of past participles.)

ZWEITE STUFE
REPORTING PAST EVENTS, TALKING ABOUT PLACES

Wo bist du gewesen? *Where were you?*
Am (Main). *On (the Main River).*
In (London). *In (London).*
Im (Zoo). *At (the zoo).*
besuchen *to visit (a place)*

der Dom, -e *cathedral*
die Oper, -n *opera house*
das Museum, Museen *museum*
der Römer *name of city hall in Frankfurt*
die Fachwerkhäuser *cross-timbered houses*
die Zeil *name of main shopping street in Frankfurt*
der Main *Main River*

das Goethehaus *Goethe's birthplace*
der See, -n *lake*
um den See *around the lake*

OTHER USEFUL WORDS AND EXPRESSIONS

noch nie *not yet, never*
schon oft *a lot, often*
auch schon *also*

DRITTE STUFE
ASKING HOW SOMEONE LIKED SOMETHING

Wie war's? *How was it?*
Wie hat dir Dresden gefallen? *How did you like Dresden?*
Es hat mir gut gefallen! *I liked it a lot!*
Wie hat es dir gefallen? *How did you like it?*
Hat es dir gefallen? *Did you like it?*
Es hat mir nicht gefallen. *I didn't like it.*
Phantastisch! *Fantastic!*
Echt super! *Really great!*
Wahnsinnig gut! *Extremely well!*
Na ja, soso! *Oh, all right.*
Nicht besonders. *Not especially.*

RESPONDING ENTHUSIASTICALLY OR SYMPATHETICALLY

Das freut mich! *I'm really glad!*
Tut mir leid! *I'm sorry.*
Das tut mir aber leid! *I'm so sorry.*

PERSONAL PRONOUNS, DATIVE CASE

dir *to/for you*
euch *to/for you (plural)*
Ihnen *to/for you (formal)*
mir *to/for me*
uns *to/for us*
ihnen *to/for them*

PLACES TO STAY

übernachten *to spend the night*
in einem/in einer ... *in/at a ...*

das Privathaus, ¨er *private home*
die Pension, -en *inn, bed and breakfast*
die Jugendherberge, -n *youth hostel*
das Hotel, -s *hotel*

PLACES TO EAT

die Imbißstube, -n *snack stand*
das Lokal, -e *small restaurant*
der Gasthof, ¨e *restaurant, inn*
das Restaurant, -s *restaurant*

TIME EXPRESSIONS

am letzten Tag *on the last day*
jeden Abend *every evening*
jeden Morgen *every morning*
nach dem Mittagessen *after lunch*

Komm mit nach

Hamburg!

Hamburg

Einwohner: 1,6 Millionen

Fläche: 755 Quadratkilometer (292 Quadratmeilen; etwa viermal so groß wie der District of Columbia)

Flüsse: Alster, Elbe

Berühmte Gebäude: Rathaus, St. Michaelis-Kirche, Chilehaus

Bedeutende Hamburger: Johannes Brahms (1833-1897, Komponist), Felix Mendelssohn-Bartholdy (1809-1847, Komponist), Carl von Ossietzky (1888-1938, Schriftsteller), Wolfgang Borchert (1921-1947, Schriftsteller), Helene Lange (1848-1930, Frauenrechtlerin)

Industrie: Handel, Verlage, Nahrungsmittel, Chemie

Beliebte Gerichte: Hamburger Aalsuppe, Matjeshering, Scholle

Foto ① Blick auf Hamburg, von der Lombardsbrücke aus gesehen

Hamburg

Die Freie und Hansestadt Hamburg, nach Berlin die größte Stadt Deutschlands, ist auch ein Bundesland. Schon im Mittelalter war die Stadt an der Elbe ein wichtiger Handelsplatz. Heute ist Hamburg, das „Tor zur Welt", Deutschlands bedeutendster Hafen. Die Konzentration von Zeitungen, Verlagen, Rundfunk- und Fernsehanstalten macht Hamburg zum kulturellen Zentrum Norddeutschlands.

2 Touristen machen eine Hafenrundfahrt.

4 In Övelgönne an der Elbe wohnen pensionierte Schiffskapitäne. Typische Haustür

3 Das Hamburger Rathaus, 1886-1897 im Renaissancestil erbaut

Die folgenden drei Kapitel führen uns nach Hamburg, in die Wirtschafts- und Kulturmetropole an der Elbe. Die Schüler in diesen Kapiteln gehen auf eine zweisprachige Schule, das Helene-Lange-Gymnasium.

(5) Villen in Blankenese

(6) Die „Rickmer Rickmers", ein stolzes Segelschiff

(7) Die Speicherstadt, heute eine Freie Handelszone

(8) Maike, Nicolas, Thorsten, Wiebke und David

4
Gesund leben

1 Wie haltet ihr euch fit?

Most German students exercise regularly, pay attention to what they eat and drink, and try to get enough sleep. Do you and your friends try to keep fit? When you talk about fitness, you might praise your friends for what they do well — or express disappointment about what they don't do. There are also other things you need to learn in order to talk with your friends about staying healthy.

In this chapter you will learn

- to express approval and disapproval
- to ask for information and respond emphatically or agree with reservations
- to ask and tell what you may or may not do

And you will

- listen to German students talk about their health and about what they do and don't eat
- read "health tips" offered by German teenagers
- write about what you do to stay healthy
- find out what students do to keep fit

② Es freut mich, daß es dir schmeckt.

③ Ich esse viel Obst und Gemüse.

Los geht's!

Wie fühlst du dich?

Look at the photos that accompany the story.
Who are the students pictured?
What do you think they are talking about?

Wir haben junge Hamburger Gymnasiasten interviewt. Nicolas stellt uns seine Freunde vor.

> **Das ist unsere Clique, Thorsten, ich, Wiebke,
> David und Maike. Wir gehen aufs Helene-Lange-Gymnasium.
> Das ist ein zweisprachiges Gymnasium.**

①

②

INTERVIEWERIN	Kann ich dich mal etwas fragen? Wo kommst du her, und wie fühlst du dich hier in Hamburg?
NICOLAS	Ich komme aus Frankreich. Meine Mutter arbeitet für Air France. Ich bin schon sieben Jahre in Hamburg, und ich fühle mich hier sehr wohl.
INTERVIEWERIN	Hast du kein Heimweh?
NICOLAS	Nein, überhaupt nicht!
INTERVIEWERIN	Das freut mich, daß es dir hier so gut gefällt.

INTERVIEWERIN Ihr seht alle so gesund aus! Könnt ihr mir mal sagen, was ihr für eure Gesundheit tut?

MAIKE Ja, also, ich lebe eigentlich sehr gesund. Ich mache jeden Morgen Gymnastik, und ich jogge, wenn ich Zeit habe. Und ich schlafe auch genug. Jeden Tag gehe ich gewöhnlich um zehn Uhr zu Bett.

INTERVIEWERIN Ich finde es prima, Maike, daß du so gesund lebst.

INTERVIEWERIN Na, David, dann sag uns mal, wie du dich fit hältst!

DAVID Tja, auch Sport, gesund essen, genügend schlafen. Ich spiele Basketball. Ich freue mich, daß ich auch in der Mannschaft bin. Ich fühle mich sehr wohl in der Mannschaft. Aber leider sind wir dieses Jahr nicht so gut.

INTERVIEWERIN Ach, das wird schon wieder!

INTERVIEWERIN Und Thorsten, wie ist es mit dir? Wie lebst du? Wie hältst du dich fit?

THORSTEN Nachmittags, zum Beispiel, spiele ich Basketball. Ich spiele in unserer Mannschaft. Wir trainieren zweimal die Woche, immer montags und donnerstags. Ja, und dann esse ich vernünftig.

Bei Thorsten in der Küche. Maike ist da.

Und was ißt du so?

Ach, alles, was gesund ist: Obst und Gemüse ... und Fisch.

Und Fleisch? Wie steht's mit Fleisch?

Gibt es etwas, was du nicht essen darfst?

Ja, Schokolade.

Warum nicht?

Ich bin allergisch gegen Schokolade.

Schade! Ich esse Schokolade gern.

Hier! Kannst du haben!

Danke schön!

Natürlich esse ich Fleisch! Warum nicht? Aber es muß mager sein!

1 Was passiert hier?

Verstehst du alles, was diese Schüler sagen? Beantworte die Fragen!

1. Where is Nicolas from? Why is he living in Hamburg?
2. What do Maike, David, and Thorsten do to keep fit?
3. What kinds of food does Thorsten eat?
4. What doesn't he eat? Why not?
5. Judging by her comments, what do you think the interviewer's attitude towards staying healthy is?

2 Genauer lesen

Lies den Text noch einmal und beantworte diese Fragen!

1. Wie heißt die Schule? In welcher Stadt ist sie?
2. Wie lange wohnt Nicolas schon in Hamburg?
3. Was für einen Sport macht Maike?
4. Wann geht sie gewöhnlich zu Bett?
5. David nennt drei Sachen, die wichtig sind zum Fithalten. Was sind sie?
6. Was spielt Thorsten? Wie oft?

3 Wer macht was?

On a piece of paper, mark the statements with the initial of the person to whom they most logically apply: N=Nicolas; M=Maike; D=David; T=Thorsten. (Each statement might apply to more than one person.)

1. ===== usually goes to bed at 10:00 pm.
2. ===== doesn't eat chocolate.
3. ===== likes living in Hamburg.
4. ===== eats fruit and vegetables.
5. ===== plays on a basketball team.
6. ===== eats only lean meat.

4 Stimmt oder stimmt nicht?

Wenn der Satz nicht stimmt, schreib die richtige Antwort!

1. Auf dem Helene-Lange-Gymnasium lernen die Schüler keine Sprachen.
2. Nicolas' Mutter arbeitet in Hamburg.
3. Maike geht immer sehr spät zu Bett, um 12 Uhr oder so.
4. David spielt Basketball und ist in der Mannschaft.
5. Thorsten ißt kein Fleisch.
6. Er darf auch keine Schokolade essen.

5 Wie geht der Satz zu Ende?

1. Ich halte mich
2. Ich schlafe
3. Ich gehe um zehn
4. Ich esse
5. Ich mache viel
6. Ich esse auch Fleisch, aber
7. Ich bin allergisch

a. es muß mager sein.
b. fit.
c. gegen Schokolade.
d. genug.
e. vernünftig.
f. Sport.
g. zu Bett.

6 Und du?

Welche Sätze passen auch für dich?

ERSTE STUFE

Expressing approval and disapproval

Gesundheitstips

Ich tu' eigentlich recht viel für meine Gesundheit. Jeden Morgen mache ich Gymnastik, ich trinke keinen Alkohol, und ich rauche auch nicht."

Ganz oben steht bei mir: richtige Ernährung, viel Obst, Gemüse und Salat, wenig Fett. Ich schlafe wenigstens acht Stunden, und ich vermeide die Sonne. Die ist schlecht für meine Haut."

Ich halte mich fit durch Fitneßtraining. Ich trinke keinen Alkohol, ich trinke auch wenig Kaffee. Ich ernähre mich richtig, ja ich esse auch langsam und kaue richtig."

Nach der Schule relaxe ich erst einmal, ich lese etwas, oder ich fahre Rad. Ich kleide mich auch richtig, nicht zu warm und nicht zu kalt!"

WORTSCHATZ

sehr gesund leben	Gymnastik machen	viel Obst essen
viel für die Gesundheit tun	keinen Alkohol trinken	jeden Morgen joggen
vernünftig essen	die Sonne vermeiden	radfahren
genügend schlafen	nicht rauchen	

7 Lebst du gesund?

Lies, was diese Schüler zum Thema Gesundheit sagen! Dann beantworte die Fragen!

1. Welche Gesundheitstips sind dir neu? Schreib die Verben auf, die diese Schüler verwenden, wenn sie über ihre Gesundheit reden! Was bedeuten sie?

2. Schau die Logos oben an! Was bedeuten sie? Schreib einen Satz für jedes Logo — „Die 7 Gebote (*commands*) der Gesundheit!" Paß auf! Wie drückt man im Deutschen die Idee *one, people in general* aus? Welche zwei Modalverben kannst du hier gebrauchen?

8 Hör gut zu!

Der Gesundheitsmuffel: ein Muffel ist ein Mensch, der sich für nichts interessiert. Ein Gesundheitsmuffel ist also jemand, der sich wenig für seine Gesundheit interessiert. Hör mal zu, wie ein Muffel beschreibt, was er alles gegen seine Gesundheit macht! Schreib eine Liste von seinen Lastern (*vices*)!

Ein wenig *G*rammatik

The verb **schlafen** has a stem vowel change in the **du-** and **er/sie**-forms.

Wie lange **schläfst** du?
Er **schläft** acht Stunden.

9 Was tust du für die Gesundheit?

Frag deine Partnerin, was sie für ihre Gesundheit tut! Sie erzählt dir mindestens drei Sachen. Dann tauscht die Rollen aus!

10 Für mein Notizbuch

Schreib in dein Notizbuch, was du für deine Gesundheit tust! Schreib auch, wie oft du verschiedene Sportarten machst, und verwende dabei Wörter wie „ansonsten" (*otherwise*) und „auch", um deinen Text interessanter zu machen!

SO SAGT MAN DAS!

Expressing approval and disapproval

When expressing approval of what a friend or family member does, you might say:

Es ist prima, daß du nicht rauchst.
Ich finde es toll, daß du regelmäßig Sport machst.
Ich freue mich, daß du in der Mannschaft bist.
Ich bin froh, daß es dir hier gefällt.

When expressing disapproval, you might say:

Es ist schade, daß du nicht viel Rad fährst.
Ich finde es nicht gut, daß du so wenig schläfst.

Which of these expressions are new to you? What do you notice about the verbs in the **daß**- clauses?

11 Ich bin froh, daß ...

Markus spricht mit Freunden über seine Gewohnheiten, was er für seine Gesundheit macht und was er nicht macht. Seine Freunde reagieren darauf. Welche Bemerkungen sind logisch?

1. **Markus:** Ich mache regelmäßig Sport!
   a. Ich finde das nicht gut.
   b. Das ist aber schade!
   c. Das ist prima!

2. **Markus:** Ich esse aber nicht richtig.
   a. Ich bin froh, daß du richtig ißt!
   b. Das finde ich nicht gut!
   c. Das freut mich!

3. **Markus:** Ich rauche aber nicht!
   a. Du, das ist aber prima!
   b. Das finde ich nicht gut!
   c. Das ist aber wirklich schade!

4. **Markus:** Und ich spiele in einer Mannschaft.
   a. Das finde ich nicht gut.
   b. Das ist toll!
   c. Das ist aber wirklich schade!

12 Hör gut zu!

Hör zu, wie verschiedene Schüler einem Freund erzählen, was sie machen oder nicht machen, um gesund zu bleiben! Schreib für jedes Gespräch auf, ob der Freund positiv oder negativ darauf reagiert!

13 Sätze bauen

Denk an einen Freund in der Klasse und sag ihm, was du über seine Gewohnheiten denkst!

nicht gut
prima
toll
schade
wirklich gut
wirklich schade
froh

Es ist
Ich bin
Ich finde es

daß du ...

rauchen
nicht rauchen
gesund sein
regelmäßig Sport machen
richtig essen
wenig schlafen
genug schlafen
in einer Mannschaft sein

WORTSCHATZ

—Wie geht's Ihnen, Herr Dingsda?
—Danke, ich . . .

ernähre
mich
richtig

fühle mich wohl

halte mich fit

—Ausgezeichnet, freut mich!

14 Das finde ich ...

Deine Partnerin erzählt dir, was sie für ihre Gesundheit tut und auch welche Laster sie hat. Reagier darauf entweder positiv oder negativ! Schau auf den **So sagt man das!** Kasten und such dir die richtigen Ausdrücke aus! Tauscht dann die Rollen aus! Berichte danach, was deine Klassenkameradin gesagt hat! Alle Mitschüler dürfen darauf reagieren.

Grammatik — Reflexive verbs

1. Reflexive verbs are verbs that require a reflexive pronoun, such as in the sentence *I cut myself.* or *He enjoys himself.* The reflexive verbs used in this section, **sich fühlen, sich freuen, sich ernähren,** and **sich fit halten,** require a reflexive pronoun in the accusative case.

Ich	fühle	**mich**	hier sehr wohl.
Du	fühlst	**dich**	hier nicht wohl.
Er, (sie, man)	fühlt	**sich**	großartig.
Wir	fühlen	**uns**	hier wohl.
Ihr	fühlt	**euch**	hier wohl, ja?
Sie, sie	fühlen	**sich**	hier wohl.

2. In questions, the reflexive pronoun follows the subject pronoun.

> Wie hältst **du dich** fit?
> Wie fühlt **ihr euch** hier in Hamburg?

3. When a reflexive verb is used in a **daß**-clause, the reflexive pronoun also follows the personal pronoun.

> Ich freue mich, daß **du dich** hier wohl fühlst.
> Meine Mutter freut sich, daß **sie sich** fit hält.

Look at the sentences with the verb **sich fit halten.** What do you notice about the **du** and **er/sie**-forms?

---

15 Für mein Notizbuch

Schreib alles in dein Notizbuch, was du machst, was für dich ungesund ist! Reagiere entweder positiv oder negativ auf deine eigenen Laster! Findest du sie okay, oder möchtest du anders leben?

16 Hör gut zu!

Herr Dingsda erzählt seinen Freunden ganz stolz, was er für seine Gesundheit tut. Hör gut zu und schreib auf, was er macht, daß er sich so wohl fühlt!

17 Wie fühlst du dich?

As a waiter in the restaurant „Zum Hirschen" you overhear many conversations, but not everything that's said. Complete these conversations by filling in the correct reflexive pronoun.

1. — Fühlt ihr ===== hier wohl?
   — Ich, ja. Aber mein Bruder freut ===== nicht, hier in München zu sein. Und seine Frau fühlt ===== auch nicht wohl.
2. — Mensch, wie siehst du aus! Du hältst ===== aber fit!
   — Ja. Mein Mann und ich, wir halten ===== fit, und ich fühle ===== dabei sehr wohl!
3. — Fühlen Sie ===== hier in Bayern wohl, Herr Krause?
   — Sehr wohl, danke! Ich freue ===== sehr, hier zu sein.

wo?	wie?
an der Schule	ganz wohl
in der Klasse	nicht wohl
in der Clique	sehr wohl
in dieser Stadt	nicht sehr wohl
in der (Basketball-) mannschaft	großartig
in …	überhaupt nicht wohl
	super-toll

18 Der Gesundheitsfanatiker

Sag deiner Partnerin, was Herr Dingsda wahrscheinlich alles macht, um gesund zu bleiben, zum Beispiel, was er ißt, um sich richtig zu ernähren!

19 Wie fühlt ihr euch?

Such dir einen Klassenkameraden und fragt euch gegenseitig, wie ihr euch fühlt! Verwendet dabei die Wörter im Wortschatzkasten oben, die beschreiben, wie gut oder schlecht man sich fühlen kann!

20 Was erzählen die Schüler?

Lies noch einmal, was die Schüler Maike, Thorsten, David und Nicolas über sich sagen! Wählt mit zwei anderen Mitschülern einen von den vier aus und schreibt eine Zusammenfassung von seinen Aussagen! Einer von euch liest dann allen Mitschülern diese Zusammenfassung vor, ohne den Namen des Schülers zu sagen. Die anderen Mitschüler müssen raten, wen ihr beschreibt.

21 Wo fühlst du dich am wohlsten?

a. Es gibt verschiedene Plätze, wo man sich am wohlsten fühlt. Füll die Tabelle rechts aus! Wie fühlst du dich an den Orten, die oben im Wortschatzkasten aufgelistet sind? Schreib auch warum!

b. Schreib jetzt zwei Sätze in dein Notizbuch und verwende dabei die Information aus deiner Tabelle! Schreib einen Satz darüber, wo du dich am wohlsten fühlst, und einen darüber, wo du dich am unwohlsten fühlst (verwende dabei entweder „weil" oder „denn")!

Wo?	Wie?	Warum?
Schule		
Klasse		
Mannschaft		
Clique		

22 Grüß dich!

Grüß deinen Partner und frag ihn, wie er sich fühlt oder fit hält! Er erzählt dir drei Dinge über sich. Reagier auf seine Aussagen! Tauscht dann die Rollen aus!

Was tust du, um gesund zu leben?

Health habits play an important role in German-speaking cultures. However, the focus and the trends have changed from one generation to the next. Let's find out what these people do for their health.

LANDESKUNDE

Herr Troger, *St. Ulrich*

„Ja, wenn Sie mich fragen, ob ich gesund lebe, muß ich sagen eigentlich schon. Einmal zuallererst darf ich vielleicht sagen, ich rauche nicht, wobei ich aber nicht unbedingt ein Raucherfeind bin. Ich rauche nicht, und ich trinke auch wenig und mache gerne Sport, ich fahre also sehr gern Rad. Im Winter gehen wir zum Langlauf, oder ein bissel Skifahren. Also, ich muß sagen, ich lebe gesund.

Regina, *Bietigheim*

„Ich esse am liebsten sehr viel Obst und Gemüse, weil ich glaub', daß das sehr gesund ist. Ich esse es am liebsten aus dem eigenen Garten, weil ich da weiß, daß es nicht irgendwie gespritzt ist oder mit chemischen Düngemitteln behandelt ist. Fleisch esse ich nicht so gerne, weil ich ... erstens mal, weil ich mir denk' ... ich habe oft Filme im Fernsehen gesehen, wie die Tiere behandelt werden und so weiter, und ich kann ehrlich gesagt auch darauf verzichten, es muß echt nicht sein. Ja, so Schnellimbiß und so was mag ich auch nicht so arg."

Gerd, *Bietigheim*

„Oh, um gesund zu leben ... das ist schwer. Also, ich esse einfach das, was mir Spaß macht. Ich esse halt gerne Obst, und ansonsten viel zum Gesundleben fällt mir eigentlich nicht ein. Also ich fahr' halt Skateboard. Also das bringt auch teilweise Kondition, aber mehr fällt mir halt nicht ein."

A.
1. Which two types of things do these people do to stay healthy? Under each category, list what each person mentions.
2. From where does Regina like to get her food? What does she not like to eat? What reason does she give for this?
3. Does it sound like staying healthy is very important to Gerd? Why or why not?
4. Does Herr Troger do anything different from what the younger interviewees do for their health?

B. A number of America's favorite health pastimes, such as jogging or in-line skating, are becoming increasingly popular among the younger generation in Germany. Eating organic foods is also quite popular. How prevalent are these trends, and the things the interviewees mentioned, among your friends? Do your parents do different kinds of things for their health than you do?

ZWEITE STUFE

Asking for information and responding emphatically or agreeing with reservations

23 Hör gut zu!

Du hörst gerade im Radio eine Sendung über Sport, und es kommen Statistiken darüber, wie oft Deutsche verschiedene Sportarten treiben und wieviel Prozent der Bevölkerung an diesen Sportarten teilnimmt. Mach dir Notizen! Schreib dann mit einer Partnerin die Informationen in eine Tabelle um! Glaubst du, daß diese Tabelle auch für Amerikaner stimmt? Warum? Warum nicht?

	Fußball	Aerobic	Jazztanz	Bodybuilding
Wie oft?				
Wieviel Prozent?				

24 Gesünder leben

a. Der folgende Ausschnitt stammt aus einer Umfrage mit dem Titel „Gesünder leben", die in einem Gesundheitsmagazin erschienen ist. Lies den Fragebogen und, auf einem Stück Papier, fülle den Fragebogen für dich selbst aus!

FRAGEBOGEN

Machen Sie wirklich genug Sport?

1. Wie oft machen Sie Sport?
- ❏ nie
- ❏ fast nie
- ❏ selten
- ❏ manchmal
- ❏ oft
- ❏ sehr oft
- ❏ fast immer
- ❏ immer

2. Wie oft?
- ❏ jeden Tag
- ❏ jeden zweiten Tag
- ❏ einmal am Tag
- ❏ zweimal am Tag
- ❏ einmal in der Woche
- ❏ zweimal in der Woche

Ernähren Sie sich richtig?

3. Ich esse ... Fleisch und Wurst.
- ❏ zu viel
- ❏ viel
- ❏ ziemlich viel
- ❏ wenig
- ❏ ganz wenig
- ❏ kein

4. Ich esse ... Obst und Gemüse.
- ❏ kein
- ❏ wenig
- ❏ genug
- ❏ viel
- ❏ sehr viel
- ❏ nur

b. Such dir einen Partner! Fragt euch gegenseitig über eure Antworten in dem Fragebogen! Oder: Einer fragt über Sport, der andere über Ernährung.

Grammatik The determiner **jeder**

1. You have seen different forms of the word **jeder** throughout this chapter. What does it mean? What endings does it take? What other words or groups of words have you learned that have the same endings?[1]

	masculine	feminine	neuter	plural
Nominative	jeder			
		jede	jedes	alle
Accusative	jeden			
Dative	jedem	jeder	jedem	allen

Ich mache **jeden** Sport.
Ich mag **jedes** Gemüse.
Wir fragen **alle** Klassenkameraden.

2. Look at the two sentences below. Which *case* is used when **jeder** is in a time expression, expressing definite time?[2]

Wir schwimmen **jeden** Montag.
Wir wandern **jedes** Wochenende.

SPRACHTIP

25 **Das mache ich jeden Tag!**

Deine Mutter glaubt nicht, daß du alles tust, was du tun sollst. Sag ihr, daß du das doch tust! Verwende die Zeitausdrücke, die mit jedem Satz gegeben sind! (Begin your sentences with **doch**! where appropriate.)

BEISPIEL   **Du ißt kein Obst. (Tag)**
Doch! Ich esse jeden Tag Obst!

1. Du machst keinen Sport! (Woche)
2. Du ißt selten Obst und Gemüse! (Tag)
3. Du gehst nie schwimmen! (Wochenende)
4. Du sollst deine Großmutter besuchen! (Sonntag)
5. Du gehst selten ins Konzert! (Monat)

26 **Beschreibungen**

Such dir aus Zeitschriften bunte Fotos von Leuten aus, die Sport machen oder etwas Gesundes essen! Beschreib mit ein paar Sätzen, was jede Person macht, und stell dir vor, wie oft die Person die Aktivität macht! Dann reagiere entweder positiv oder negativ darauf! Danach mach folgendes:

a. Zeig deinen Mitschülern dein Foto und beschreibe es ihnen! *oder*
b. Du und deine Mitschüler hängen eure Fotos auf. Dann liest einer von euch eine Beschreibung vor, und die andern versuchen, das Foto zu erraten.

You have heard and seen the word **doch** used a lot by Germans in everyday conversations. One purpose **doch** serves is to soften the impact of a command: **Geh doch für mich einkaufen! Doch** has other meanings as well. If someone erroneously tells you that you don't do something, you can respond positively using **doch**.

Read the following sentences and determine what **doch** means in this context:
Du räumst nie auf!
Doch! Ich räume fast jede Woche auf.

How would you respond if someone said to you **Du ißt überhaupt kein Obst!** or **Du machst nie Sport!**

1. the definite articles; You may also remember seeing **dieser-** words with the same endings.
2. accusative case

SO SAGT MAN DAS!

Asking for information and responding emphatically or agreeing with reservations

You want to find out something specific about some of your friends. There are several ways to initiate your questions. You can say:

Ich habe eine Frage: Ißt du Obst und Gemüse?
Sag mal, trinkst du jeden Tag Milch?
Wie steht's mit Fleisch? **Ißt du eigentlich** viel Fleisch?
Darf ich dich etwas fragen? Wie hältst du dich fit?

To respond emphatically, your friend might say:

Ja, natürlich! or **Na klar!** or **Aber sicher!**

To agree with your statements, but with reservations, your friend might say:

(Du ißt viel Kuchen!)   **Ja, das kann sein, aber** ich esse auch viel Obst!
(Du schaust oft Fernsehen!)   **Das stimmt, aber** ich mache auch Sport!
(Du ißt gern Fleisch?)   **Eigentlich schon, aber** ich esse wenig Fleisch.

How would you begin your questions if you were speaking to two friends? Look at the last three responses. How do we express these same ideas in English?

27 Hör gut zu!

Hör gut zu, wenn Simone, eine Studentin in Krefeld, über die Fitneßgewohnheiten der Deutschen redet. Lies zuerst die englische Zusammenfassung unten, dann hör zu und versuche, die Zusammenfassung zu ergänzen!

1. According to Simone, most Germans ===== in order to stay healthy.
2. Simone says that Germans also enjoy playing ===== and =====, because =====.
3. Although Germans don't =====, they are often =====.
4. Today, Germans avoid ===== more and more, because =====.

28 Was tun die Amerikaner für ihre Gesundheit?

Your school newspaper has asked you to interview your peers regarding their health habits. Think of at least six questions in German that you could ask on this topic. Three should be addressed to the group and three to individuals. Get together in groups of four, use your questions to interview your partners, but initiate your questions appropriately (refer to the **So sagt man das!** box). Then prepare similar questions in order to interview your teacher. Take turns with your classmates finding out his or her health habits.

29 Für mein Notizbuch

Using the information from Activity 28, summarize your findings, in German, in a paragraph which describes what your friends and teacher do to stay healthy.

EIN WENIG LANDESKUNDE

Among the younger generation there are several new trends. For instance, teenagers, far more than their parents, shop and consume foods from **Bioläden,** where they can get everything for **Vollwertkost. Bioläden** specialize in organically grown products, whole-grain foods, and the like. These shops are different from those called **Reformhäuser**, which have been around a lot longer. Usually frequented by older consumers, **Reformhäuser** specialize in products for people with special diets or medical needs. For many people in Germany, healthy eating goes hand in hand with **Umweltbewußtsein.** And don't bother coming to a **Bioladen** without your own bag! Students favor carrying groceries in burlap bags or wicker baskets on the back of their bicycles. They also have to bring their own containers to fill up on bulk products. And you might see a strange sight when shopping at any regular store in Germany: people removing the excess packaging from products they buy and leaving it in a pile at the front of the store. What do you think is going on here?

30 Eigentlich schon, aber ...

You and your partner each write down three of your health-related vices on index cards and then trade cards. Your partner should fuss at you about your bad habits, stating what you do or don't do for your health. You have to agree, but with reservation, using statements from the **So sagt man das!** box.

DRITTE STUFE

Asking and telling what you may or may not do

Für jeden etwas! Oder?

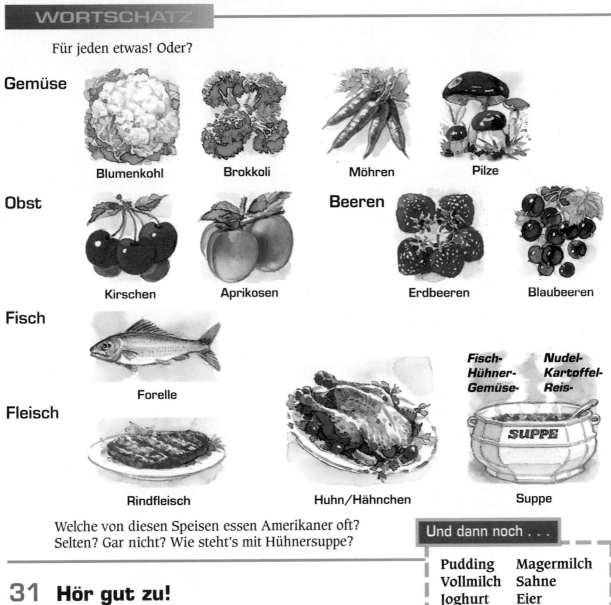

Gemüse

Blumenkohl   Brokkoli   Möhren   Pilze

Obst

Kirschen   Aprikosen

Beeren

Erdbeeren   Blaubeeren

Fisch

Forelle

Fleisch

Rindfleisch   Huhn/Hähnchen

Fisch-
Hühner-
Gemüse-

Nudel-
Kartoffel-
Reis-

SUPPE

Suppe

Welche von diesen Speisen essen Amerikaner oft?
Selten? Gar nicht? Wie steht's mit Hühnersuppe?

Und dann noch . . .

Pudding   Magermilch
Vollmilch   Sahne
Joghurt   Eier
Milch   Butter

31 Hör gut zu!

Schüler erzählen, was sie gern und was sie nicht gern
essen und warum. Mach dir Notizen! Vergleiche deine
Notizen mit den Notizen eines Partners!

32 Was ißt du?

Mach eine Liste von deinen Eßgewohnheiten! Ordne deine Liste in drei Gruppen: **1.** Was
ißt du (sehr) oft? **2.** Was ißt du manchmal? **3.** Was ißt du nie? — Teil diese Information
deinen Klassenkameraden mit!

Warum nicht?

hat zu viele Kalorien
hat zu viel Zucker
hat zu viel Fett
macht dick
nicht gut für die Gesundheit
schmeckt mir nicht
ungesund

Welche Speisen von Seite 97 passen zu diesen Gründen?

BEISPIEL **Ich esse keinen Blumenkohl, weil er mir nicht schmeckt.**

Schon bekannt
Ein wenig *G*rammatik

Do you remember which case forms go with **kein** when it is a direct object?

Ich esse **keinen** Fisch. (der Fisch)
Ich mag **keine** Suppe. (die Suppe)
Ich esse **kein** Gemüse. (das Gemüse)
Ich mag **keine** Möhren. (plural)

33 Was ißt du nicht?

Gibt es etwas, was du nicht gern ißt? Such dir einen Partner! Er fragt dich, was du nicht ißt und warum. Du sagst es ihm.
— Tauscht dann die Rollen aus!

SO SAGT MAN DAS!

Asking and telling what you may or may not do

If you want to know what a friend is allowed to eat or to do, you could ask:

Was darfst du essen?
Darfst du alles essen?
Was darfst du tun?

The answer might be:

Fleisch, Gemüse, ...
Klar! Ich darf alles essen.
Ich darf Auto fahren.

To find out what your friend is not allowed to eat or to do, you could ask:

Was darfst du nicht tun?
Was darfst du nicht essen?

Ich darf nicht joggen.
Ich darf keine Schokolade essen.

What do you think the words **darf** and **darfst** mean? What other verbs do they remind you of?

34 Hör gut zu!

Schüler in Deutschland erzählen, was sie nicht machen dürfen. Hör gut zu! Welche Aussage paßt zu welchem Bild?

a.   b.   c.   d.

35 Klar darf ich das!

Sag deinem Partner, ob du auch die Dinge (von Übung 34) machen darfst oder nicht! Er sagt es dir.

> ### *G*rammatik   The verb **dürfen,** present tense
>
> The verb **dürfen,** *to be allowed* or *permitted to,* has these forms in the present tense:
>
> | | | | | |
> |---|---|---|---|---|
> | Ich | **darf** alles essen! | | Wir | **dürfen** gehen! |
> | Du | **darfst** nicht rauchen! | | Ihr | **dürft** alles essen! |
> | Er/Sie/Es/Man | **darf** nicht joggen! | Sie (pl), Sie | **dürfen** keine Schokolade essen! |

36 Das darf man nicht machen!

Welche Regeln gibt es in eurem Klassenzimmer? Was darf man nicht machen? Schreib eure Klassenregeln auf deutsch, damit auch die Austauschschüler sie verstehen können und nicht in Schwierigkeiten geraten (*get into trouble*)!

37 Blöde Allergien!

Setz dich mit drei Klassenkameraden zusammen! Unterhaltet euch über Allergien! Wer darf gewisse Lebensmittel nicht essen oder trinken und warum? Wer hat Allergien gegen andere Speisen? —Unten stehen ein paar Dinge, gegen die manche Menschen allergisch sind. Sagt den anderen Gruppen, welche Allergien in eurer Gruppe am meisten vorkommen!

allergisch gegen:

Schokolade   Käse   Gräser   Heu

Vollmilch   Erdbeeren   Schimmel (*molds*)   Haustiere (*pets*)

auch gegen die Sonne!

38 Was darfst du zu Hause machen?

a. Schreib drei Sachen auf, die du zu Hause nicht machen darfst! Frag danach deine Partnerin darüber, und sie fragt dann auch dich.

b. Macht jetzt eine Umfrage! Einer geht an die Tafel und fragt ein paar Schüler, was ihre Partner gesagt haben und schreibt dann die Ergebnisse auf. Welches Verbot kommt am häufigsten (*the most*) vor?

Bleibt fit und gesund!

LESETRICK

Activating your background knowledge. Activating your background knowledge (thinking about what you already know) will help you tremendously as you read German. For instance, if someone asked you out of the blue "What does **Am Kanal 24, 96407 Bamberg** mean?," you would probably have a hard time guessing. But if you saw this information in an ad for a pen pal, it would be easier to conclude that it must be an address. Try to activate your background knowledge each time you start reading something in German, even if you are not explicitly told to do so.

Getting Started

1. Judging by the pictures and titles of the readings, what do these authors consider important for staying healthy? Which of these concerns were also addressed by the people who were interviewed for this chapter (see p. 92)? With your classmates, brainstorm for German vocabulary or phrases that you would expect to find in texts on these health topics.

Tip: Some German prefixes carry their own meaning. Whether at the beginning of a noun or verb, they will change the meaning of the word in a certain way. For example, the prefix **auf** at the beginning of a verb often means *up.* You already know the phrases **das Zimmer aufräumen** and **den Hörer auflegen**; if you know the verb **geben,** what do you think the verb **aufgeben** might mean?

Warum ist Dr. Müller-Wohlfahrt nie krank?

Sechs Tips, die für Sie so wichtig sind wie für Boris

1 Richtig aufwärmen. „Nicht gleich loslegen, sondern in jeder Sportart sich vorher gezielt auf Touren bringen" — das rät der „Doc" dringend. Gymnastik und Stretching verhindern Verletzungen. „Am besten einen Sportarzt fragen, was individuell richtig ist."

2 Richtiges Schuhwerk. „Die meisten Sportler brauchen Einlegesohlen nach Maß. Solche Gehhilfen vom orthopädischen Schuhmacher verhindern Zerrungen, Muskelrisse, Ermüdungsbrüche. Eigentlich sollte jeder mit »seiner« Sohle Sport treiben."

3 Richtig essen. „Die italienischen Fußballstars haben die besten Werte, was Spurenelemente, Mineralien, Enzyme betrifft. Die mediterrane Küche ist die ideale Ernährung", schwört der „Doc". „Sie sollten Wert auf ausgewogene und leichte Kost legen".

4 Richtig laufen. „Es kommt auf den Stil an: Mit dem vorderen Mittelfuß aufsetzen, leicht abfedern, den Schritt leicht überlang machen, sich harmonisch nach vorne entwickeln, abrollen. Sie müssen das Gefühl haben, daß Sie vollkommen »rund« und mühelos laufen".

5 Richtig kühlen. Eiswürfel sind out— ideal zum Kühlen von Verletzungen ist „hot ice": Wasser in Gefrierpunktnähe. Verhindert spätere Überwärmung. Besonders effektiv: auf das „hot ice" ein paar Stöße Eisspray. Das garantiert dann dauerhafte Kühlung.

6 Richtig sitzen. Der „Doc" verpaßt seinen Patienten, die viel im Büro sitzen müssen, einen Sitzkeil aus hartem Schaumstoff. „Dadurch ergibt sich von vornherein die richtige Stellung der Wirbelsäule".

100 MARK FÜR NICHTRAUCHER

Foto: Exclusiv

„100 Mark für jeden, der das Rauchen auf-gibt", sagte der Bielefelder Fahrradfabrikant Hans-Werner Schreiber zu seinen Ange-stellten. Gesagt, getan. Jeden Monat zahlt der Fabrikant 100 Mark an seine Nicht-raucher. Das verlockende Angebot wirkte: Zwei Männer und drei Frauen hörten sofort mit dem Rauchen auf. Nach und nach folgten alle anderen Mitarbeiter - bis auf einen. Die Nichtraucher freuen sich natürlich über das zusätzliche Geld. Sven Harter (22 Jahre): „Ich bezahle damit jedes Jahr meinen Urlaub."

HER MIT DEM SALAT!

Eine Mahlzeit ohne Salat, das ist wie Brot ohne Butter oder Tee ohne Zucker, eins gehört zum andern. Das Grün eines Salats erfreut unsere Augen, und ist er noch ganz frisch und knackig, so regt er auch unsern Gaumen an. Ob wir nun den Salat wirklich mögen oder nicht, ist eine andere Frage. Wir essen ihn, ob er uns schmeckt oder nicht. Wir essen ihn, weil er gesund ist. Und wir ziehen den Salat vor, der ohne Pestizide gewachsen ist, denn der ist noch gesünder. Der Salat ist unser gutes Gewissen für den deftigen Schweinsbraten.

2. Read the first sentence of the article about **Nichtraucher.** What is the topic? (*Hint:* What did Hans-Werner promise his employees?)

A Closer Look

3. Before you read the rest of the article on **Nichtraucher**, try to pre-dict: a) how successful the manu-facturer's offer has been, and b) what the employees might do with their 100 DM. Then read the arti-cle to confirm or correct your pre-dictions.

4. Now think about the following questions: a) Was any reason given explicitly for the manufac-turer's offer? b) Was a reason im-plied or hinted at? c) If not, could you assume, using your back-ground knowledge, what the rea-son(s) might be?

5. Read the article about **Salat.** What does the author compare to bread without butter and tea without sugar? According to the author, what is not important when eating salad? If you know that **Gewissen** means *conscience,* what might the last sentence mean? How serious do you think the author is about how Germans view salad?

6. What are the six **Tips** that Dr. Müller-Wohlfahrt offers? Read the boldface print after each number.

7. Read the first tip from Dr. Müller-Wohlfahrt. What two things help prevent injuries? Now skim over the third tip. According to the doctor, which athletes have the best diet? Look at the fifth tip. What is "out"? What is "in"? If you know that **Gefrier**- is freez-ing, what is "hot ice"?

8. Such dir einen Partner. Fragt die Schüler und Lehrer an eurer Schule, wie sie sich fithalten! Schreibt die Resultate auf deutsch um! Schreibt danach einen Bericht über die Ergebnisse! Ent-werft ein Poster mit Tips dazu.

ANWENDUNG

1 You will hear four radio ads trying to persuade you to do different things for your health and fitness. Match each of the summary statements below with one of the ads that you hear.

   a. Du sollst so oft wie möglich Sport machen!
   b. Man soll jeden Tag Obst und Gemüse essen!
   c. Du sollst jeden Tag mindestens sieben Stunden schlafen!
   d. Rauchen ist nicht gesund!

2 Read this letter to Dr. Müller-Meier, health columnist for the Dietzburger Zeitung. Then answer the questions below.

   1. Warum schreibt Hans Giecht?
   2. Was ist sein Problem?
   3. Beschreib sein tägliches Leben!

3 As Dr. Müller-Meier's assistant, you often respond to the letters from his readers. Write a response to Hans Giecht, telling him what to do — or what not to do — in order to improve his health and regain his energy. Your response will appear in next Sunday's "Dietzburger Zeitung."

4 Your younger siblings look to you for advice. How often would you tell them to do or not to do the following?

     Sport machen
     Kuchen essen
     Obst und Gemüse essen
     Milch trinken
     rauchen
     Alkohol trinken
     schwimmen

> Lieber Dr. Müller-Meier!
> Ich weiß nicht, was mit mir los ist! Vielleicht können Sie mir helfen. Ich fühle mich nie so richtig wohl — ich habe immer Kopfschmerzen, oder Magenschmerzen oder irgend etwas! Und das Schlimmste ist — ich habe überhaupt keine Energie! Ich bin Student an der Uni (ich studiere Germanistik), und ich muß jeden Tag lange am Schreibtisch sitzen und lesen und lernen. Ich brauche dafür viel Energie! Was soll ich tun? Ich esse genug, glaube ich — ich esse jeden Tag Brot, Nudeln, Fleisch — was es so eben in der Mensa gibt. Und ich rauche und trinke nicht viel. Ich rauche etwa fünf Zigaretten am Tag, und ich trinke ab und zu abends mit Freunden. Was soll ich tun, um meine Energie zurückzubekommen? Hilfe!!!
>
> Mit bestem Dank
> Hans Giecht

5 You work as an assistant in a clinic. A student who hasn't been feeling well calls you to seek your advice. As he describes his symptoms, you fill out the following form for your records.

Name: _____

Alter: _____

Beruf: _____

Beschwerden: _____
_____

Diagnose: _____
_____

Empfehlung: _____
_____

Unterschrift _____

6 This couch potato obviously needs help. First describe what he is doing wrong, then describe what he should do in order to become fit again.

7 You have the job of planning the weekly menu at your high school cafeteria. You want to make it as healthful as possible, yet also interesting and tasty. Write in German what you think should be included in the lunch menu for one week.

8

ROLLENSPIEL

Do the following activity with a partner or small group.

You work for a German marketing firm and need some good ideas for health-related advertisements to send to your firm back in Germany. Make a list of commercials you see on American television or hear on American radio that reflect health and fitness consciousness. Write down the ad (or the product being advertised) and, in German, tell what the health problem is and the basic message related to its cure. With your partner or group, select the commercial that you think is most effective, write it in German, and present it to the class. Use props and sound effects to make your commercial more interesting and fun. The rest of the class can serve as the "advisory board" in your German firm and select the commercial that they would most like to show on German television.

KANN ICH'S WIRKLICH?

Can you express approval? (p. 88)

1 How would you react if your friend told you that he or she
  a. lives in a healthy way?
  b. eats properly?
  c. exercises regularly?

Can you express disapproval? (p. 88)

2 How would you react if your friend told you that he or she

  a. does not live in a healthy manner?
  b. does not get enough exercise?
  c. doesn't eat right?
  d. gets too little sleep?

Can you ask for information and respond to a question emphatically? (p. 95)

3 How would someone ask you if you

  a. play sports?
  b. eat correctly?
  c. exercise?

4 How would you respond emphatically to the questions in Activity 3 by saying that you

  a. play sports every week?
  b. eat fruit and vegetables every day?
  c. exercise every morning?

Can you agree with reservation? (p. 95)

5 How would you respond in the following situations?
  a. Your mom accuses you of eating too much chocolate, but you know that you also eat a lot of fruit.
  b. Your friend tells you that you watch too much television, but you also exercise three times a week.
  c. Your doctor says that you eat too much meat, but you tell him that you eat only lean meat.

Can you ask and tell what you may and may not do, using dürfen? (p. 98)

6 How would you tell someone that you

  a. may not eat meat?
  b. may not drink alcohol?
  c. may eat cheese?
  d. may not eat chocolate because you are allergic to it?

ERSTE STUFE
EXPRESSING APPROVAL

Es ist prima, daß ...   *It's great that...*
Ich finde es toll, daß ...   *I think it's great that...*
Ich bin froh, daß ...   *I'm happy that...*
Ich freue mich, daß ...   *I'm happy that...*

EXPRESSING DISAPPROVAL

Es ist schade, daß ...   *It's too bad that...*
Ich finde es nicht gut, daß ...   *I think it's bad that...*

FOR YOUR HEALTH

sich fit halten   *to keep fit*
sehr gesund leben   *to live in a very healthy way*
sich ernähren   *to eat and drink*

viel für die Gesundheit tun   *to do a lot for your health*
vernünftig essen   *to eat healthy foods*
genügend schlafen   *to get enough sleep*
er/sie schläft   *he/she sleeps*
Gymnastik machen   *to exercise*
keinen Alkohol trinken   *not to drink alcohol*
die Sonne vermeiden   *to avoid the sun*
nicht rauchen   *not to smoke*
viel Obst essen   *to eat lots of fruit*
jeden Morgen joggen   *to jog every morning*
radfahren (sep)   *to bicycle*

WHERE?

an der Schule   *at school*
in der Klasse   *in class*
in der Clique   *in the clique*
in dieser Stadt   *in this city*

in der (Basketball-) mannschaft   *on the (basketball) team*

TALKING ABOUT HOW YOU FEEL

sich fühlen   *to feel*
ganz wohl   *extremely well*
sehr, nicht, nicht sehr wohl   *very, not, not very well*
überhaupt nicht wohl   *not well at all*
großartig   *wonderful*
super-toll   *really great*

REFLEXIVE PRONOUNS, ACCUSATIVE CASE

mich   *myself*
dich   *yourself*
sich   *herself, himself*
uns   *ourselves*
euch   *yourselves*
sich   *themselves, yourself, yourselves*

ZWEITE STUFE
ASKING FOR INFORMATION

Ich habe eine Frage: ...   *I have a question:...*
Sag mal, ...   *Tell me,...*
(Essen Sie) eigentlich ...?   *Do you really (eat)...?*
Wie steht's mit ...?   *So what about...?*
Darf ich euch etwas fragen?   *May I ask you something?*

RESPONDING EMPHATICALLY

Ja, natürlich!   *Certainly!*
Na klar!   *Of course!*
Doch!   *Yes, I do!*

AGREEING WITH RESERVATIONS

Ja, das kann sein, aber ...   *Yes, maybe, but...*

Das stimmt, aber ...   *That's true, but...*
Eigentlich schon, aber ...   *Well yes, but...*

WHEN?

selten   *seldom*
meistens   *most of the time*
gewöhnlich   *usually*
normalerweise   *normally*

DRITTE STUFE
FOOD ITEMS

die Speise, -n   *food*
der Blumenkohl   *cauliflower*
der Brokkoli   *broccoli*
die Möhre, -n   *carrot*
der Pilz, -e   *mushroom*
die Kirsche, -n   *cherry*
die Aprikose, -n   *apricot*
die Erdbeere, -n   *strawberry*
die Blaubeere, -n   *blueberry*

die Forelle, -n   *trout*
das Rindfleisch   *beef*
das Huhn, -er   *chicken*
der Reis   *rice*

SAYING WHY YOU DON'T EAT SOMETHING

hat zu viel Fett   *has too much fat*
hat zu viele Kalorien   *has too many calories*
macht dick   *is fattening*

nicht gut für die Gesundheit   *not good for your health*
ungesund   *unhealthy*

ASKING OR TELLING WHAT YOU MAY OR MAY NOT DO

dürfen   *to be allowed to, may (for the forms of dürfen, see page 99.)*

5
Gesund essen

① Ich mag Tofu mit Sojasprossen am liebsten.

Since most German students have a late lunch, their two morning snacks — a sandwich, yogurt, or some fruit, and perhaps something to drink, such as milk or juice — are important to them. Do you and your schoolmates have a break during the morning when you can buy something to eat? When you talk about what snacks there are and what you want or prefer to eat or drink, you will need a number of expressions.

In this chapter you will learn

- to express regret and downplay; to express skepticism and make certain
- to call someone's attention to something and respond
- to express preference and strong preference

And you will

- listen to German students talk about their mid-morning snacks
- read about the importance given in Germany to the mid-morning snack
- write about your own choice of snacks
- find out what some German students like to eat

Brötchenpreise
Salami brötchen : 0, 70 M
Käsebrötchen : 0, 70 M
Quarkbrötchen : 0, 30 M
Eibrötchen : 0, 50 M
nicht täglich
Brötchen trocken 0, 30 M

OBST

Banane 0.20
Apfel 0.10
Birne 0.10

② Macht nichts! Dann nehm' ich eben ein Quarkbrötchen.

③ Zum Frühstück ess' ich Brot mit Honig oder Wurst und Käse, manchmal auch ein Ei.

Los geht's!

Wiebkes Pausenbrot

Look at the photos that accompany the story.
In how many different places does this story take place?
Can you name these places by looking at the photos?

 Thorsten   David   Nicolas   Wiebke

Am Helene-Lange-Gymnasium in Hamburg können sich die Schüler in der Pause etwas zu essen und zu trinken kaufen. Alles ist gut, gesund und billig. Die „Verkäuferinnen" sind nämlich die Mütter der Schüler. Sie kaufen alles billig ein, sie bereiten die belegten Brötchen vor und stehen dann auch hinter der Theke.

1.
Ein Eibrötchen!
Ich bedaure, die Eibrötchen sind alle.
Macht nichts! Dann nehm' ich eben eine Banane.
20 Pfennig!

2.
Ich hab' leider nur einen Zehnmarkschein.
Das ist in Ordnung! Ich hab' genug Wechselgeld.
Ich möchte ... eine Milch ... und ein Quarkbrötchen, bitte!

3.
Was ißt du denn da, Wiebke?
Das ist mein Pausenbrot. Das hab' ich mir mitgebracht.
Und, was hast du denn auf dem Brot?
Guck mal! Lecker, nicht?

4.
Und was soll denn das sein, dieses Gemüse?
Tofu mit Sojasprossen!
Igitt! Du ißt wohl vegetarisch, was?
Nö, nicht unbedingt. Manchmal ess' ich auch Fleisch.

108   *hundertacht*   KAPITEL 5   Gesund essen

Heute morgen beim Frühstück.

⑤ Ich hab' hier noch ein Ei, Wiebke. Willst du es?

Nein, danke! Gib es doch dem Bernie! Aber ich nehme jetzt noch ein Stück Brot mit ... hm ...

Hier ist Honig, Marmelade, Wurst ...

Ich nehme mir eine Scheibe Wurst. Der Aufschnitt sieht echt prima aus.

⑥ Tofu ist gesund, Thorsten! Willst du mal probieren?

Schaut mal da, der David! Du, David, wie willst du denn das alles essen? Da brauchst du ja drei Hände!

Hm, wirklich prima! Fast wie Quark.

Einfach: Die Flasche in die Tasche; die Schokolade in die andere Tasche, und jetzt hab' ich meine Hände frei für mein Quarkbrötchen.

Einmal hat Wiebke für ihre Freunde ein prima Mittagessen gemacht.

⑧ Was ist das für eine Suppe?

⑨ Und dann gibt es Huhn, mit Nudeln oder Reis. Hier ist die Soße. Ach ja, und dann gibt es noch Salat, Kopfsalat mit Tomaten.

Eine Gemüsesuppe. Kommt aus dem Kühlschrank! Es ist ein Fertiggericht, man braucht sie nur noch aufwärmen.

Hm, gut! Ich mag Gemüse.

Welches Gemüse magst du am liebsten?

Und zum Nachtisch gibt es Obst. Und nun wünsch' ich euch einen guten Appetit!

Eigentlich alles. Nur Spinat mag ich nicht.

Mensch, da bin ich aber froh, daß ich keinen Spinat gemacht habe.

1 Was passiert hier?

Verstehst du alles, was diese Leute sagen? Beantworte die Fragen!

1. When do the students buy something to eat and drink? Who sells it to them?
2. What does Thorsten ask for? What does he buy? Why?
3. What does Wiebke have on her sandwich?
4. What did Wiebke have for breakfast?
5. What did Wiebke serve her friends the day she made lunch for them?

2 Genauer lesen

Lies den Text noch einmal, und beantworte diese Fragen!

1. Was kostet die Banane?
2. Was hat Wiebke von zu Hause mitgebracht?
3. Was ißt Wiebke zum Frühstück?
4. Wie findet Thorsten den Tofu?
5. Was ißt David alles?
6. Was hat Wiebke für ihre Freunde nicht gemacht?
7. Welches Gemüse mag David nicht?

3 Stimmt oder stimmt nicht?

Wenn der Satz nicht stimmt, schreib die richtige Antwort!

1. Thorsten kauft ein Eibrötchen.
2. Das Eibrötchen kostet zehn Mark.
3. Wiebke hat Tofu mit Sojasprossen auf ihrem Pausenbrot.
4. Wiebke ißt immer vegetarisch.
5. Auf ihrem Frühstücksbrot hat sie immer Honig.
6. Thorsten probiert den Tofu.
7. Wiebke braucht die Gemüsesuppe nur aufwärmen.
8. David mag jedes Gemüse.

4 Was paßt zusammen?

Welche Sätze auf der rechten Seite passen zu den Sätzen auf der linken Seite?

1. Die Eibrötchen sind leider alle.
2. Hier sind zehn Mark.
3. Du ißt wohl nur vegetarisch?
4. Willst du mal den Tofu probieren?
5. Die Suppe schmeckt gut!
6. Was gibt's heute zum Mittagessen?

a. Dann nehme ich eben eine Banane.
b. Das ist ein Fertiggericht, kommt aus dem Kühlschrank.
c. Und du bekommst neun achtzig zurück.
d. Huhn mit Nudeln und Reis.
e. Hm, lecker! Fast wie Quark.
f. Nein, manchmal esse ich auch Fleisch und Wurst.

5 Und du?

Beantworte die Fragen!

1. Kaufst du dein Essen in der Schule, oder bringst du etwas von zu Hause mit?
2. Ißt du nur vegetarisch?
3. Hast du schon mal Tofu mit Sojasprossen gegessen? Wie hat er dir geschmeckt?
4. Magst du Spinat?
5. Was kostet die Milch in deiner Schule?

Was ißt du, was nicht?

We have asked people from around Germany and Austria what kinds of food they usually eat and why. Before you read the responses, think about the most popular and unpopular foods in the United States. What do most teenagers like? Listen to the interviews, then read the texts.

LANDESKUNDE

Jens und Sabine, *Berlin*

Sabine: „Ich esse gerne Nudeln, Gemüse, Obst, besonders in Aufläufen, sehr gern auch Reisgerichte, Risotto, schmeckt sehr gut."
Jens: „Ja, und wir haben uns gerade ein Buch gekauft über italienische Nudelgerichte, weil wir sehr gerne kochen, vor allem italicnisch, wollen wir das einmal ausprobieren."

Heidemarie, *München*

„Also, ich mag die italienische Küche und die chinesische Küche, und, also, chinesisch ist auch manchmal sehr interessant, hat 'nen interessanten Geschmack. Und nicht so gern esse ich Meeresfrüchte und so was mit Meeres ... Fisch und so was zu tun hat."

Gerhard, *St. Ulrich*

„Essen tu' ich alles sehr gern, bis auf Innereien, Fisch weniger. Mehlspeisen essen wir überhaupt sehr gern. Alles, was so Hausmannskost ist, das ist alles gefragt."

A. 1. Which person mentions "home cooking" as his or her favorite? What might a typical home cooked meal in Germany look like? What do you think **Innereien** are, judging by the sound of it? If **Meer** means *sea* or *ocean,* what do you think **Meeresfrüchte** means? Read the interviews again and make a list of the different kinds of foods mentioned. Which foods do people say they like? Which don't they like?

2. Make a list of popular and unpopular foods in the United States. Are there any similarities between the two cultures with respect to food?

B. Both in Germany and Austria it is considered good manners to leave your lower arm (the one you're not eating with) on the edge of the table. It is also polite to eat with your fork in your left hand while holding your knife in your right hand. When your host is serving you food or a drink, you should let him or her know when to stop by saying **Danke!** Otherwise your host will keep on pouring!

ERSTE STUFE

Expressing regret and downplaying; expressing skepticism and making certain

WORTSCHATZ

Was gibt es heute in der Pause? Und wie teuer ist es?

Milch

Kakao

Vanillemilch

Joghurt

Milchverkauf

Hier

Achtung!!

Neue Milchpreise

Milch : 0,65
Kakao : 0,70
Vanille : 0,70
Joghurt : 0,40

Brötchenpreise

1	Salamibrötchen	: 0,70 DM
1	Käsebrötchen	: 0,70 DM
1/2	Quarkbrötchen	: 0,30 DM
1/2	Eibrötchen	: 0,50 DM
	nicht täglich	

OBST

Banane..0,20
Apfel......0,10
Birne....0,10

Welche von diesen Speisen und Getränken kannst du an deiner Schule kaufen? Was kosten sie?

6 Hör gut zu!

Vier Schüler kaufen sich in der Pause etwas zu essen und zu trinken. Schreib auf, was jeder kauft und was das kostet! Wieviel hat jeder Schüler ausgegeben?

	Was?	Wieviel?	insgesamt
1			
2			

7 Und du? Was möchtest du?

Was möchtest du in der Pause essen und trinken? Wähl einige Sachen aus! Du hast nur drei Mark dabei. Sag deinen Mitschülern, was du möchtest! Wieviel Geld bekommst du zurück?

Am Helene-Lange-Gymnasium in Hamburg sorgen die Mütter der Gymnasiasten dafür, daß sich ihre Söhne und Töchter in den beiden Pausen etwas zu essen und zu trinken kaufen können, was gut, nahrhaft und auch billig ist. Und das ist nur möglich, weil die Mütter die Speisen und Getränke preisgünstig einkaufen und die belegten Brötchen selbst vorbereiten. Auch Obst ist immer reichlich vorhanden.

SO SAGT MAN DAS!

Expressing regret and downplaying

When you need to express regret, you could say:

Ich bedaure, die Eibrötchen sind alle.
Es tut mir leid, die Milch kostet jetzt 70 Pfennig.
Was für ein Pech! Kein Joghurt mehr.
Ich hab' **leider** nur Quarkbrötchen.

To respond to an expression of regret and to downplay your response, you could say:

Das macht nichts! *or* **Schon gut!** *or* **Nicht so schlimm!**

To indicate you'll do something else instead, use **eben** or **halt.**

Dann nehm' ich **eben** ein Salamibrötchen.
Dann trink' ich **halt** ein Mineralwasser.

Which of the expressions of regret sounds the most formal? The least formal? How would you express the last two statements in English?

8 Es tut mir leid!

Together with a partner, choose a store that specializes in something, for example food, clothing, instruments, furniture, pets, or gifts. See page 319 for additional vocabulary. Bring in photos or props of things that your shop sells. Your partner will make a shopping list of things she would like to buy at your store. Your partner asks if you have the things on her list. If you happen to be out of stock, express your regret and give a reason why. Your partner then responds, downplaying her response. Role-play your conversation in front of the class.

9 Hör gut zu!

Listen as four children ask their parents about what there is in the refrigerator to eat. Write down which children are satisfied with the parent's answer (and decide to have something else), and which are not.

10 Was für ein Pech!

Such dir einen Partner! Stell dir vor, du bist auf einem Marktplatz, wo es gewöhnlich alles zu kaufen gibt! Aber jetzt ist es Samstag nachmittag, so um halb zwei. Vieles ist schon alle, denn die Stände machen um zwei Uhr zu. — Du bist jetzt der Verkäufer, dein Partner kauft bei dir ein. Tauscht dann die Rollen aus! Gebraucht die Wörter im Kasten, wenn ihr wollt!

SPRACHTIP

Remember that when you ask for certain quantities, you do so by weight: **200 Gramm Wurst, bitte!** How would you ask for two pounds of plums? One kilogram of potatoes?[1]

Brokkoli   Aprikosen
Pflaumen   Möhren
Erdbeeren   Blaubeeren
Wurst   Käse   Birnen
Äpfel   Kartoffeln

1. **Ich möchte bitte zwei Pfund Pflaumen. Ein Kilo Kartoffeln, bitte!**

SO SAGT MAN DAS!

Expressing skepticism and making certain

You may be skeptical about something
you see or hear. You could say:

An answer may be:

> **Was soll denn das sein, dieser
> Quark und dieses Gemüse?**

> **Das ist Tofu, und das sind
> Sojasprossen.**

You want to make certain and ask:

And the response might be:

> Du ißt wohl vegetarisch, **was?**
> Du ißt wohl viel Fleisch, **ja?**
> Du magst Joghurt, **oder?**
> Du magst doch Quark, **nicht wahr?**

> **Ja!** *or* **Nein!**
> **Nicht unbedingt!**
> **Na klar!**
> **Sicher!**

What do you think the first question means? How would you express this idea in
English? What could **dieser** and **dieses** mean? How does adding a question (such
as **was?**) at the end
of the four state-
ments change their
meaning? How is
nicht unbedingt dif-
ferent from the other
responses?[1]

> Was soll denn das sein,
> dieses Gemüse?

Grammatik The demonstrative **dieser**

1. **Dieser, diese, dieses** (*this*), and **diese** (*pl*) (*these*), are called demonstratives. They are used to indicate specific items.

   > Was soll denn das sein, **dieses Gemüse?**
   > Kann ich bitte **diesen Apfel** haben?

2. **Dieser** has the following forms:

	Masculine	*Feminine*	*Neuter*	*Plural*
Nominative	**dieser**	**diese**	**dieses**	**diese**
Accusative	**diesen**	**diese**	**dieses**	**diese**
Dative	**diesem**	**dieser**	**diesem**	**diesen**

What other group of words that you have learned has similar endings?[2]

---

1. **Nicht unbedingt** means *not necessarily* and leaves open the possibility the statement could be true.
2. The definite articles **der, die, das** have the same endings, as well as **jeder.**

11 Im Schulhof gehört

Schreib diese Sätze ab, und setz dabei die richtigen Endungen ein! Vergleiche dann deine Sätze mit den Sätzen eines Partners!

A: Dies ══1══ Eibrötchen sehen lecker aus! Schau!

B: Stimmt! Ich nehme dies ══2══ Brötchen, denn auf dies ══3══ Brötchen liegt mehr Ei drauf!

A: Hm, dies ══4══ Pausenbrot sieht gut aus! Dies ══5══ Sojasprossen, prima! Aber was ist denn dies ══6══ Pudding da drunter?

B: Dies ══7══ Pudding ist Tofu!

A: Willst du mal probieren? Dies ══8══ Schokolade schmeckt echt prima.

B: Nein, danke! Dies ══9══ Apfel schmeckt auch sehr gut.

A: Was ist in dies ══10══ Flasche, David? Orangensaft? Darf ich mal probieren?

B: Hm, dies ══11══ Saft schmeckt lecker. Dies ══12══ Orangensaft kauf' ich mir auch!

12 Hör gut zu!

Three students are asking their friends about the snacks they brought to school. Each also asks his or her friends about their eating habits. Match each of the friend's eating habits with the most appropriate photo below.

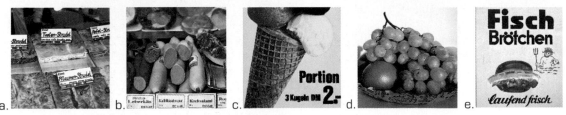

a.　　b.　　c.　　d.　　e.

13 Schreib mal eine Geschichte!

Was sagt Calvin zu seinem Vater? Calvin betrachtet skeptisch, was auf seinem Teller ist. Schreib Sätze, die in die Sprechblasen passen!

14

Take a minute and draw on a piece of paper an item of food that you especially like to eat. Your partner, quite skeptical in nature, asks what it could be. After you tell what it is, she can make a general assumption about your eating habits, giving the statement one of the question tags from the **So sagt man das!** box. Switch roles.

15 Für mein Notizbuch

Was gibt es in deiner Schule zu essen und zu trinken? Was kaufst du, und was kostet das? Was bringst du von zu Hause mit? Oder ißt du nur in der Schulcafeteria?

Wo ruht ihr euch aus?

Getting Started

1. Read the introduction to this article from JUMA. What and who is the focus of the article?
2. Where do you go when you want to get away? What do you like to do there to relax? Do **Ruhe** and **ungestört sein** play a role in your choice?
3. Scan the articles on these pages to find the favorite place for each student. Which place do you think was the most pre-

Hier hab ich meine Ruhe

Mal ganz für sich alleine sein, in Ruhe nachdenken oder lesen. Nicht gestört werden und machen können, was man will. Oder ganz einfach überhaupt nichts tun müssen, herumsitzen und an gar nichts denken. Das alles sind Dinge, die Jugendliche von ihrem Lieblingsplatz erwarten. Sehr viele verschiedene Aspekte sind ihnen wichtig. Genauso wie jeder von ihnen einen ganz bestimmten Platz hat, wohin er sich am liebsten zurückzieht. Dabei ist erstaunlich, wie unterschiedlich diese sein können: Billardsalon oder Café, ein Baum im Wald, ein Strand am Meer, das eigene Zimmer, der Keller im Elternhaus, der Trainingsraum im Fitneß-Studio, eine Bibliothek, die Garage, das Büro, die Schulaula . . . JUMA stellt Euch vier Jugendliche und ihre Lieblingsplätze vor.

Markus (18), Student: „Ich mag dieses Café. Es ist etwas abgelegen, und darum kommen nicht so viele Leute hierher. Das ist genau das Richtige für mich — man ist relativ ungestört. Ich komme zwei bis dreimal pro Woche ins Café. Was ich hier liebe, ist die Atmosphäre: Gedämpftes Licht, schöne alte Möbel, ruhige Leute, das Rascheln von Zeitungen.

Ich trinke Tee oder Kaffee, denke nach, lese Zeitungen oder ein Buch. Ich habe hier auch schon mal versucht, Gedichte zu schreiben. Vielleicht probiere ich es noch einmal. Ob ich gut bin, weiß ich nicht, aber es macht Spaß und lenkt ab. Die Umgebung inspiriert mich jedenfalls. Wie lange ich hier durchschnittlich sitze, kann ich eigentlich nicht so genau sagen. Mindestens eine Stunde, manchmal auch zwei Stunden. Am schönsten ist es, wenn ich genau weiß, daß ich am Nachmittag nichts mehr machen muß. Dann genieße ich meine Zeit so richtig."

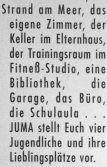

6 JUMA 3/93

Nicole (19), Handelsschülerin: „Mein Lieblingsplatz ist ein alter Turm im Stadtwald. Meistens gehe ich nach der Berufsschule dorthin. Am meisten genieße ich die Ruhe rund um den Turm. Nur wenige Leute kommen wochentags hierher.

Ich kann dort ungestört über alles mögliche nachdenken — über mich selbst, meine Freunde oder über Streß in der Schule. Ab und zu nehme ich auch unseren Hund mit. Auch wenn es verrückt klingt — manchmal unterhalte ich mich dann mit ihm. Ich stelle mir halt vor, daß er mir zuhört.

Dann gibt es Tage, da sitze ich hier und denke über gar nichts nach. Ich genieße einfach die Sonne und freue mich, daß es hier im Wald so schön ist.

Am meisten liebe ich den Platz im Frühling, wenn es grün wird und sich der Wald jede Woche verändert."

Christian (16), Schüler: „Mein Lieblingsplatz ist vielleicht ein bißchen ungewöhnlich. Ich sitze gerne im Schülervertretungs-Büro unserer Schule. Man denkt vielleicht, daß hier viel los ist – ein ständiges Kommen und Gehen von Schülern, deren Interessen wir vertreten sollen – aber das ist gar nicht so. Am liebsten bin ich in den Pausen hier. Draußen toben die Schüler, hier im Büro ist es ruhig. Ich kann nachdenken, mich zwischen den Stunden ein bißchen entspannen. Wenn wir Post von Schülern haben, lese ich deren Briefe. Das lenkt auch von eigenen Problemen ab – man denkt über die Lage seiner Mitschüler nach.

Manchmal verschönere ich auch den Raum ein bißchen, hänge Plakate, Poster und Fotos auf. Auch dabei entspannt man sich, finde ich. Wenn ich hier aus dem Büro komme, habe ich eigentlich immer gute Laune. Und das ist der Zweck eines Lieblingsplatzes, denke ich."

Tanja (19), Auszubildende: „Mein Lieblingsplatz? Ganz einfach: Das ist mein eigenes kleines Zimmer unter dem Dach. Den Raum habe ich seit rund vier Jahren. Davor hatte ich zusammen mit meinen Schwestern ein Zimmer. Das war manchmal ganz schön eng.

In meinem Zimmer bin ich sehr gerne. Besonders dann, wenn ich Ärger an meiner Arbeitsstelle hatte. Ich will dann meine Ruhe haben. Je nach Stimmung liege ich auf meinem Bett, tue gar nichts oder höre Musik per Kopfhörer. Ab und zu lese ich auch, um auf andere Gedanken zu kommen – meistens nichts „Hochgeistiges". Am liebsten so ein paar richtig schöne Liebesromane mit Happy-End.

In den Ferien bummele (herumbummeln: umgangssprachlich für „etwas langsam machen") ich hier oben herum. Lange ausschlafen, meine Flaschensammlung sortieren, alte Zeitschriften durchblättern – das ist richtig schön."

Die interessantesten Lieblingsplätze stellen wir im JUMA vor. Die Gewinner erhalten wertvolle Bücher. Schreibt an:

**Redaktion JUMA
Stichwort: Lieblingsplatz
Frankfurter Straße 128
51065 Köln**

---

dictable? And the most unusual?

A Closer Look

4. Read the articles more carefully. For each student jot down key words and phrases which describe the place and his or her favorite activities.

5. Search each article for occurences of **Ruhe, ruhig**, and **ungestört**. Carefully read the contexts in which these words occur. What, if anything, is the writer seeking peace from? Specific people? Specific situations?

6. Notice the words which express tone in the sentences. Look at the following pairs of sentences and determine how the words in bold print give the second sentence of each pair a slightly different tone.

    a. Das weiß ich nicht.
       Das weiß ich **eigentlich** nicht.
    b. Da sitze ich zwei Stunden.
       Da sitze ich **mindestens** zwei Stunden.
    c. Mein Zimmer war eng.
       Mein Zimmer war **ganz schön** eng.

7. Locate the phrase **ab und zu** in Tanja's statement. What do you think **ab und zu** means?

8. What do you think Nicole means when she says: **Auch wenn es verrückt klingt — manchmal unterhalte ich mich dann mit ihm.**

9. Jeder in der Klasse schreibt an JUMA, unterläßt aber seinen Namen. Beschreib deinen Lieblingsplatz, und was du da gern tust! Zeichne ein Bild dazu, oder mach ein Foto! Häng die Beschreibung und Zeichnung an die Wand. Die Klasse übernimmt die Rolle von der JUMA Redaktion. Wählt die interessantesten Lieblingsplätze aus!

ZWEITE STUFE

Calling someone's attention to something and responding

Was hast du denn auf dem Brot?

Margarine und
Wurst, Aufschnitt

Quark mit
Schnittlauch

Tofu mit
Sojasprossen

Was für Marmelade?

Was für Käse?

Erdbeermarmelade
Himbeermarmelade

Schweizer   Tilsiter
Camembert

Und dann noch . . .

Erdnußbutter
saure Gurken
Thunfischsalat
Schinkensalat
Eiersalat
Mayonnaise

Was hast du gewöhnlich auf deinem Brot?

---

16 Hör gut zu!

Was haben die Schüler gewöhnlich auf ihrem Pausenbrot? — Schreib die Namen von den Schülern auf, und schreib neben den Namen, was jeder Schüler auf seinem Pausenbrot hat!

17 Also, das schmeckt mir!

Was hast du gewöhnlich auf deinem Brot oder Sandwich? Sag es einem Mitschüler! Dann frag einen Mitschüler, was er gewöhnlich ißt, und so weiter!

SO SAGT MAN DAS!

Calling someone's attention to something and responding

If you want to call someone's attention to
something, you may say: And the response may be:

Schau mal!	Ja? Was denn?
Guck mal!	Ja, was bitte?
Sieh mal!	Was ist denn los?
Hör mal!	Was ist?
Hör mal zu!	Was gibt's?

How would you say these expressions in English? Are there other similar expressions in English? How would you call two friends' attention to something? An adult's?

What Germans eat for a particular meal probably differs somewhat from your own habits. For breakfast, **das Frühstück,** they might eat a grain cereal, **das Müsli,** but you will generally find fresh rolls, **Brötchen,** on every table. Germans like to spread butter on them, adding honey, cheese, or even slices of meat or sausage. A boiled egg is also common. Lunch, **das Mittagessen,** is typically the only warm meal of the day, and usually includes meat or fish, potatoes, and a salad. Closing out the day is **das Abendbrot (das Abendessen),** usually a cold, less heavy meal consisting of bread, cold cuts, cheese, salad, and maybe soup, or even some heated-up leftovers from lunch.

18 Was haben alle auf ihrem Pausenbrot?

Die Schüler freuen sich auf die Pause. Sie können miteinander sprechen und auch etwas essen. Lies, was diese Schüler fragen! Achte dabei genau auf die Wörter, die vor dem Wort „Pausenbrot" stehen! Was bedeuten diese Wörter?

SPRACHTIP

There are regional differences in many expressions: **Schau mal!** is used more in the South, **Guck mal!** or even **Kuck mal!** in the North of Germany. **Sieh mal!** is standard but also more formal.

Ein wenig *Grammatik*

You learned in **Kapitel 4** that the prepositions **an** and **in** are followed by the dative case when the phrase indicates location. The same is true for the preposition **auf** (*on, on top of*). To express where something is, you can say:

> **Wo ist der Käse? Er ist schon auf meinem Brot.**

Germans also use **auf** when referring to what is *in* their sandwiches:

> **Und was willst du auf deinem Sandwich?**

— Ist das euer Pausenbrot? Was habt ihr denn auf euerem Pausenbrot?
— Auf unserem Pausenbrot haben wir Käse, Schweizer Käse.

David ißt jetzt sein Pausenbrot. Ich weiß, was er auf seinem Brot hat.

Wiebke ißt ihr Pausenbrot. Weißt du, was sie auf ihrem Pausenbrot hat?

Die Schüler essen ihr Pausenbrot. Was haben sie denn auf ihrem Pausenbrot?

Grammatik The possessives (Summary)

1. You have been using some possessives, such as **mein**, **dein**, **sein**, and **ihr**. Here is a summary and the meaning of all of them.

	Singular			Plural	
my	**mein**		*our*	**unser**	
your	**dein**		*your*	**euer**	
his, its	**sein**		*their*	**ihr**	
her, its	**ihr**				
your, formal	**Ihr**		*your, formal*	**Ihr**	

2. These are the endings you need when you use the possessives, using **mein** as a model. What other group of words has the same endings?[1]

	NOMINATIVE	ACCUSATIVE	DATIVE
masculine	Das ist **mein Kakao.**	Ich mag **meinen Kakao.**	Was ist in **meinem Kakao?**
feminine	Das ist **meine Milch.**	Ich mag **meine Milch.**	in **meiner Milch?**
neuter	Das ist **mein Brötchen.**	Ich mag **mein Brötchen.**	auf **meinem Brötchen?**
plural	Das sind **meine Brötchen.**	Ich mag **meine Brötchen.**	auf **meinen Brötchen?**

3. The dative plural of almost all nouns ends in **-n.**

> Was kaufst du deinen Freund**en**?

If the plural form of the noun already ends in **-n,** no further **-n** is added.

> Was ist auf deinen Brötchen? (das Brötchen, die Brötchen)

19 Wer ißt was?

Schreib, was alle auf ihren Brötchen haben! Gebrauche dabei die richtige Form des Possessivpronomens!

A: David fragt Wiebke: „Was hast du auf ══1══ Brot?"

B: Wiebke antwortet: „Auf ══2══ Brot? Da hab' ich Tofu drauf!"

A: David fragt die Lehrerin: „Was haben Sie auf ══3══ Brötchen, Frau Weber?"

B: „Auf ══4══ Brötchen? Nur Käse."

A: Wiebke fragt David: „Was hat Frau Weber auf ══5══ Brot?"

B: „Auf ══6══ Brot hat sie nur Käse."

A: David fragt Nicolas und Thorsten: „Was habt ihr auf ══7══ Brötchen?"

B: Thorsten antwortet: „Auf ══8══ Brötchen haben wir Quark mit Schnittlauch."

1. the indefinite articles **ein, eine, ein**

20 Hör gut zu!

Hör die folgenden Gespräche während der Pause im Schulhof an! Entscheide für jedes Gespräch, ob der Schüler mit einem Freund, zwei Freunden oder einer älteren Person spricht!

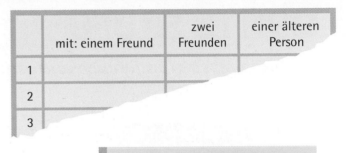

	mit: einem Freund	zwei Freunden	einer älteren Person
1			
2			
3			

21 Ist das dein ...?

Setzt euch in Gruppen von vier oder fünf Personen zusammen! Jeder muß einen oder mehrere Artikel von sich und von anderen Schülern in der Hand haben. Jetzt fragt ihr abwechselnd (*in turns*), wem das gehört.

Ist das dein ...?

Nein, das ist ihr ...

Ist das euer ...?

Das ist nicht mein ...

Heft
Radiergummi
Taschenrechner
Deutschbuch
Spitzer
Schultasche
Brille
Volleyball
Pausenbrot

22 Und auf eurem Sandwich?

You and two friends are at an **Imbißstube** and want to order from the vendor. Unfortunately, it's very crowded and you have to order for your friends. Follow these guidelines:

a. the vendor asks for your order
b. you ask your friends for their wishes
c. they decide and one answers for both
d. the other friend asks you what you want
e. you tell the vendor all of your orders
f. the vendor repeats them

Was möchtest du auf deinem Sandwich?

Schinken
Käse
Quark
mit
Tomaten
Aufschnitt
Erdnußbutter
Marmelade
Mayonnaise
Butter
Senf
Schnittlauch
Sojasprossen

23 Klar! Das ist mein ...

Identify and make a list of several objects you see around you, marking down to whom each belongs. Then describe each item, saying "his/her/their/our... is..." Now go to various students and see if you were right about the ownership: „Das ist doch dein ...?"

24 Was planst du heute fürs Mittagessen?

Fragt euch gegenseitig, ob ihr etwas zum Mittagessen mitgebracht habt oder ob ihr heute in der Cafeteria eßt! Wenn du etwas mitgebracht hast, kannst du allen erklären „Schaut mal!" und zeigen, was du hast. Oder wenn du heute in der Cafeteria ißt, dann sag ihnen „Hört mal zu!" und erkläre ihnen, was du dort essen willst!

WORTSCHATZ

KAUFMANNS

Wir garantieren Qualität
Alle Angebote sind gültig ab Montag, den 3. September

TÄGLICH FRISCH		
Trauben aus Frankr.		kg **4.60**
frische Bohnen		kg **2.90**
Bananen aus Guatem.		kg **3.80**
holländ. Möhren		kg **1.85**
Sauerkraut aus dem Faß		kg **2.10**
Äpfel Schwarzwald		kg **4.10**

TIEFKÜHLKOST AUS UNSERER FLEISCHABTEILUNG	
Fischstäbchen gefroren 300 g Packung **1.99**	**Rindersteak** zart, abgehangen 100 g **1.49**
Rindfleisch mager kg **9.99**	**Holl. Hühner** Kl. A per kg **2.22**
Pommes frites 1000 g Beutel **0.88**	**Schnitzel** vom Schwein 100 g **1.12**
Lamm aus Austral. kg **8.40**	**Spinat** gefroren 500 g Packung **1.78**
Schweinefleisch kg **7.60**	**Schweinekoteletts** 100 g **0.98**
Gemüsesuppe 500 g Packung **2.16**	

IN UNSERER FISCHABTEILUNG
Heilbutt 100 g **1.40**
Forellen 100 g **1.25**
Karpfen 100 g **0.85**

Für Druckfehler keine Haftung!

Auf zu Kaufmanns!

Which of these foods do you recognize? Can you guess the meaning of words you don't know? What does **Tiefkühlkost** mean? Which food items confirm that? Which different places have shipped food to Kaufmanns? Which specialty stores would you go to if you didn't want to go to the **Supermarkt**?

---

25 Abendessen zu viert

a. You and your partner are planning to invite two other friends to dinner and want to serve the following: a fish entrée, two vegetables, potatoes or noodles, and a fruit salad for dessert. Have a look at Kaufmanns' specials. With only twenty marks, decide what and how much to buy of each thing (enough to feed four people). Make a shopping list.

b. Go to Kaufmanns' with your list. Your partner is the vendor. Order everything over the counter. Unfortunately, Kaufmanns' is out of some things on your list. Downplay your disappointment and ask for a different item. Be polite!

SO SAGT MAN DAS!

Expressing preference and strong preference

When asking about someone's preference, you could ask:

> Welche Suppe magst du **lieber**?
> Nudelsuppe oder Gemüsesuppe?
> Welches Fleisch schmeckt dir **besser**? Schwein oder Rind?

Asking for strong preference:

> Welches Gemüse magst du **am liebsten**?
> Welche Suppe schmeckt dir **am besten**?

And the answer may be:

> Nudelsuppe mag ich **lieber**.

> Rind schmeckt mir **besser**.

> **Am liebsten** mag ich Spinat.
> Nudelsuppe schmeckt mir **am besten**.

---

26 Hör gut zu!

Im Schulhof sprechen einige Schüler über Essen und Trinken. Schreib auf, wer was lieber oder am liebsten ißt, wem was besser oder am besten schmeckt!

27 Was schmeckt dir am besten?

Such dir eine Partnerin! Frag sie, was ihr besser schmeckt! Du mußt zwei Dinge nennen, und sie muß auswählen. Frag sie dann, was ihr am besten schmeckt! — Tauscht dann die Rollen aus!

Reis
Äpfel
Fisch
Pudding
Tomaten
Kuchen
Schnitzel
Forelle

oder

Nudeln
Birnen
Fleisch
Joghurt
Möhren
Eis
Steak
Karpfen

28 Eine Umfrage: Was schmeckt euch?

Stellt euch vor, ihr müßt einen Brunch für alle Deutschschüler an der Schule organisieren! Was gibt es alles zu essen? Schreibt eure Gerichte auf ein Poster! — Vergleicht eure Posters und sagt, was euch besser und am besten schmeckt! Fragt auch euern Lehrer, was ihm besser schmeckt. Am Ende wählt ihr das schönste Poster aus.

Was schmeckt Ihnen besser, die Bohnen oder das Kraut?

Wem schmeckt das Rindfleisch?

Was schmeckt dir am besten?

Was schmeckt euch nicht?

Ein wenig *G*rammatik

There are some verbs that are always used with dative case forms, such as **gefallen**.

> Dresden hat **mir** gut gefallen.

The verb **schmecken** can be used with or without a dative object.

> Die Nudeln schmecken gut.
> Die Suppe schmeckt **dem David**.
> Die Soße hat **mir** nicht geschmeckt.

Grammatik The interrogative **welcher**

1. The question word **welcher (welche, welches)**, *which,* asks for specific information concerning two or more choices.

   Welche Suppe möchtest du? Die Nudelsuppe oder die Gemüsesuppe?

2. The interrogative **welcher** is used in front of nouns and has these forms:

	Masculine	*Feminine*	*Neuter*	*Plural*
Nominative	**welcher**	**welche**	**welches**	**welche**
Accusative	**welchen**	**welche**	**welches**	**welche**
Dative	**welchem**	**welcher**	**welchem**	**welchen**

Welcher Joghurt schmeckt gut? **Welches Obst** magst du?
Welchen Salat magst du am liebsten? Auf **welche Schule** gehen diese Schüler?
How would you express the last sentence in English? Of which word and forms
does **welcher** remind you?[1]

29 Welches Obst magst du?

Ask your partner which of these general categories of food
he likes: **Fleisch, Salat, Fisch, Gemüse, Obst,** or **Wurst.**
When your partner says he likes a certain category of
food, find out which foods in that category he likes.

30 Welches magst du lieber?

Behalte (*keep*) den gleichen Partner von Übung 29 und
frag ihn, welche von zwei Speisen er lieber mag oder
welche von zwei Speisen ihm besser schmeckt und warum!

BEISPIEL	DU	**Was magst du lieber, ═══ oder ═══?**
	PARTNER	═══
	DU	**Und welch-═══ magst du am liebsten?**
	PARTNER	═══
	DU	**Und warum?**

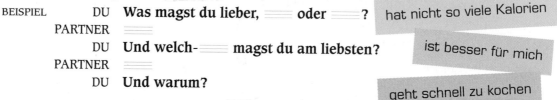

Warum?

schmeckt mir am besten

ist nicht so teuer

ist gesund für mich

hat nicht so viele Kalorien

ist besser für mich

geht schnell zu kochen

EIN WENIG LANDESKUNDE

Für viele Deutsche besteht die Hauptmahlzeit noch immer aus einem warmen Mittagessen,
das gewöhnlich zwischen 12 und 13 Uhr serviert wird. In kleineren Orten schließen die
meisten Geschäfte zur Mittagszeit, und die Schulkinder kommen zu dieser Zeit von der
Schule nach Hause. In größeren Betrieben gibt es Betriebskantinen, die ihren Angestellten
eine kleine Auswahl an warmen Gerichten anbieten. Wer zu Mittag kalt essen möchte, der
muß lange suchen, denn in Restaurants gibt es zur Mittagszeit keine kalte Küche.

1. dieser, jeder

Grammatik — The preposition zu

The preposition **zu** (*to*) is always followed by dative case forms. **Zu** and the definite articles **der** and **dem** contract to **zur** and **zum**.

> Ich gehe jetzt **zum Großvater.** (**zu + dem = zum**)
> Jetzt fahr' ich immer mit dem Moped **zur Schule.** (**zu + der = zur**)
> **Zum Nachtisch** ess' ich gewöhnlich Obst.
> Was gibt's heute **zum Mittagessen?**

Zu has other meanings as well. Look at the last two sentences. Can you guess the meaning of **zu** in these sentences? Which other prepositions are always followed by the dative case?[1]

31 Und du?

Such dir eine Partnerin! Stell ihr diese Fragen! Dann fragt sie dich.

1. Was ißt du gewöhnlich zum Frühstück?
2. Und was trinkst du zum Frühstück?
3. Was ißt du meistens zum Mittagessen?
4. Was eßt ihr gewöhnlich zum Abendessen?
5. Was eßt ihr zu Hause zum Nachtisch?
6. Wenn es bei euch Fleisch gibt, was gibt es dazu?

ein Stück Käse
ein Glas Milch
eine Scheibe Wurst
ein Stück Brot

32 Was ist das für ein ...?

Du gehst mit einem deutschen Schüler durch einen Supermarkt in deiner Stadt. Er sieht sich alles an, weiß aber oft nicht, was das ist, und er hat viele Fragen. Du beantwortest sie. Gebrauch dabei die Wörter in den Kästen! — Tauscht dann die Rollen aus!

PARTNER **Was ist das für (ein ...) ... ?**
DU **Das ist ...**

Antworten

Vanilleeis
Karpfen
Vollkornbrötchen
Salami
Schweinefleisch
Spinat
Vanillejoghurt

Käsekuchen
Erdbeermarmelade
Gemüsesuppe
Tomatensalat

Fragen

Suppe
Kuchen
Salat
Marmelade

Fleisch
Eis
Brötchen
Fisch

Gemüse
Joghurt
Wurst

SPRACHTIP

When asking for a certain kind of information, you have been using the interrogative **was für ein,** as in:
Was für ein Film ist das?

In colloquial German, the interrogative is often split:

Was ist das **für ein** Film?

Was ist das **für eine** Suppe?

33 Für mein Notizbuch

Schreib deinem deutschen Briefpartner, was du gewöhnlich zum Frühstück, Mittagessen und Abendessen ißt! Ist das typisch für die meisten Amerikaner?

1. **bei, mit, nach, von**

ANWENDUNG

1 Bernd und seine Familie sind heute abend im **Café an der Elbe** zum Abend-essen. Sie haben die Speisekarte gelesen und wollen bestellen. Hör ihrem Gespräch gut zu und schreib auf, was jedes Familienmitglied (Bernd, Vater, Mutter, Bernds Schwester Annette) mag, nicht mag, lieber mag und am lieb-sten mag! Stell deine eigene Tabelle her, und füll sie dann aus! Dann beantworte die Fragen!

	mag	mag nicht	mag lieber	mag am liebsten
Bernd				

1. Wer mag nur vegetarische Gerichte?
2. Wer trinkt wohl zu Hause am liebsten Saft? Was meinst du?
3. Glaubst du, daß die Annette auch Krabben mag? Warum oder warum nicht?
4. Glaubst du, daß Bernds Vater ein Stück Kuchen mit Sahne zum Nachtisch möchte? Warum oder warum nicht?

2 Lies diesen Text und beantworte die Fragen!

1. Hier sind einige Tips für eine Party. Was für eine Party soll das sein? Woher weißt du das?
2. Was soll man nach der Kuchenschlacht (*run for the cake*) tun?
3. Was ist „Fleischsalat"? Was soll man mit dem Fleischsalat tun?
4. Was empfiehlt man hier zum Trinken? In welcher Jahreszeit soll man das servieren?

Wenn Kinder feiern...

hat was los zu sein! Von klein auf wünschen sich Kinder Gäste, wenn sie Geburtstag haben: die Spielfreunde, die Kinder aus der Schule. Da sind Eltern gefordert, zu planen, zu organisieren, sich Spiele auszudenken und für Überraschungen zu sorgen, die eine Kinderparty zu einem richtigen Erlebnis machen.

Nach der Kuchenschlacht und dem Spielprogramm kommt Hunger auf — wetten daß? Gegen den gibt es:

Gefüllte Tomaten

Zutaten: 4 feste, mittelgroße Tomaten, wenig Salz, etwas Pfeffer, 200g Fleischsalat, 4 Scheiben Salatgurken, 4 Scheiben hartgekochte Eier, etwas leichte Mayonnaise, einige Salatblätter.

Zubereitung: Tomaten waschen, abtrocknen, einen Deckel abschneiden und vorsichtig mit einem Teelöffel aushöhlen. Die Innenräume mild würzen und gleichmäßig den Fleischsalat ein-füllen. Jede Tomate mit einer Gurken-und Eischeibe belegen, den Tomaten-deckel aufsetzen und mit einigen Tupfern

Mayonnaise versehen. Eine Platte mit gewaschenen Salatblättern auslegen, und die Tomaten daraufsetzen. Dazu steht aufgeschnittenes Stangenbrot bereit.

Was gibt es hier zu trinken? Kinder haben immer Durst, weil ihr Wasserhaushalt einen viel höheren Pegel hat als der von Erwachsenen. Im Sommer, wenn draußen gefeiert wird, gibt es leicht gekühlten Eistee, der mit Orangen- und Zitronensaft angereichert und mit Süßstoff oder wenig Zucker gesüßt wird. Außerdem empfiehlt sich — weil es irgendwie „erwachsen" wirkt — eine Früchte-Bowle.

Früchte-Bowle

Zutaten und Zubereitung: 200g Erdbeeren (auch aufgetaute Tiefkühlerdbeeren), 4 Kiwis, 1 kleine Melone, 4 Orangen, 4 EL Traubenzucker, 2 Päckchen Vanillezucker, Saft von 4 Zitronen, 1 Orangensaft, 2 Flaschen Mineralwasser.

Erdbeeren putzen und in Stückchen schneiden, das Fruchtfleisch der Melone herauslösen und ebenfalls stückeln, Orangen schälen, die Filets zwischen den Häuten herausschneiden. Alle Früchte in ein Bowle-Gefäß geben, mit den Zuckersorten bestreuen und etwa eine Stunde ziehen lassen. Dann mit Orangensaft und Mineralwasser aufgießen, noch einmal gut verrühren — und „Zum Wohl"!

KAPITEL 5   Gesund essen

3 a. Zwei Klassenkameraden und du, ihr plant eine Geburtstagsparty für kleine Kinder. Ihr macht die gefüllten Tomaten und die Früchte-Bowle. Zuerst müßt ihr einkaufen gehen. Schreibt zuerst eine Einkaufsliste! Dann geht ihr zu verschiedenen Geschäften. In jedem Geschäft spielt einer von euch die Rolle vom Verkäufer. Als Kunden seid ihr ab und zu nicht sicher, was verschiedene Sachen sind. Ihr müßt den Verkäufer danach fragen.

b. Dann willst du noch eine Speise für die Party machen. Erzähl deinem Partner, was du machst und was alles drin ist. Dein Partner stellt dir dann Fragen über das Gericht: **Das ist wohl vegetarisch, was?** Dann tauscht ihr die Rollen aus!

4 Du und dein Partner, ihr spielt jetzt ein Spiel, das „Zwanzig Fragen" heißt. Du willst wissen, was für ein Mensch dein Partner ist: Lebt er gesund oder ungesund? Kocht er normalerweise zu Hause? Was kocht er? Zuerst mußt du 20 Fragen auf ein Stück Papier schreiben. Die Fragen müssen nur Ja/Nein - Fragen sein, z.B. **Ißt du gewöhnlich Obst?** Dann stell deinem Partner die Fragen! Du kannst dabei die Fotos verwenden, wenn du willst.

5 Verwende die Information von Übung 4, und schreib einen Bericht über deinen Partner! Was kann er kochen? Ist er Vegetarier, oder ißt er auch Fleisch? Schreib alles über ihn, was du weißt!

6

ROLLENSPIEL

Spiel mit drei Klassenkameraden die folgende Szene der Klasse vor!

Du und ein Freund, ihr habt eine kleine Imbißstube. Entwerft eine Speisekarte für alle Speisen, die ihr verkauft! Illustriert die Speisekarte! Die anderen zwei Schüler sind die Kunden bei euch. Sie müssen sich entscheiden (*to decide*), was sie essen und trinken möchten. Dein Partner oder du, ihr sagt, ob ihr diese Speise noch habt oder nicht. Die zwei Kunden sprechen darüber, was sie wollen und was für Speisen sie normalerweise essen.

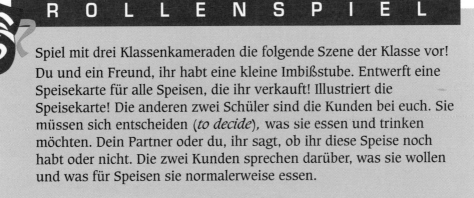

KANN ICH'S WIRKLICH?

Can you express regret and downplay something? (p. 113)

1 How would you tell someone that

a. you're sorry that there isn't any more milk?
b. you're sorry that **Salamibrötchen** now cost 1,50 DM?
c. he or she is out of luck — there isn't any more pudding?
d. you unfortunately only have trout?

2 How would you respond to the above by saying that it doesn't matter or that it is all right?

3 How would you say that you'll just take a **Käsebrot** instead?

4 How would you ask a friend what in the world he has on his sandwich?

Can you express skepticism and make certain? (p. 114)

5 How would you make certain that

a. your friend is a vegetarian?
b. someone you know likes apples?
c. someone you know likes chocolate milk?

6 How might the persons in 5a., 5b., and 5c. above respond to your questions?

Can you call someone's attention to something and respond? (p. 118)

7 How would you point something out to a friend? How would you tell him or her to listen?

8 How would you respond to the above and ask what is going on?

9 How would you ask someone

a. what fish he or she eats often?
b. what fruit there is?
c. what soup costs 3.75 DM?

Can you express preference and strong preference? (p. 123)

10 How would you say that

a. you like grapes?
b. you prefer apples?
c. you like bananas the best?

ERSTE STUFE

EXPRESSING REGRET

Ich bedaure, ...   *I'm sorry,...*
bedauern   *to be sorry about*
Was für ein Pech!   *That's too bad!*
Ich hab' leider nur ...   *I only have...*

DOWNPLAYING

(Das) macht nichts!   *That's all right!*
Schon gut!   *It's okay.*
Nicht so schlimm!   *That's not so bad.*

ADJUSTING

Dann nehm' ich eben ...   *In that case I'll take...*
Dann trink' ich halt ...   *I'll drink ... instead.*

EXPRESSING SKEPTICISM AND MAKING CERTAIN

Was soll denn das sein?   *What's that supposed to be?*
Du ißt wohl vegetarisch, was?   *You eat vegetarian, right?*
Du ißt wohl viel Fleisch, ja?   *You eat a lot of meat, right?*
Du magst Joghurt, oder?   *You like yogurt, don't you?*
Du magst doch Quark, nicht wahr?   *You like quark, don't you?*
Nicht unbedingt!   *Not entirely!/Not necessarily!*

FOOD ITEMS

die Milch   *milk*
der Kakao   *chocolate milk*
die Vanillemilch   *vanilla flavored milk*
der Joghurt   *yogurt*

OTHER USEFUL WORDS AND EXPRESSIONS

dies-   *this*

ZWEITE STUFE

CALLING SOMEONE'S ATTENTION TO SOMETHING AND RESPONDING

Schau mal!   *Look!*
Guck mal!   *Look!*
Sieh mal!   *Look!*
Hör mal!   *Listen!*
Hör mal zu!   *Listen to this!*
Ja? Was denn?   *Okay, what is it?*
Ja, was bitte?   *Yes, what?*
Was ist?   *What is it?*
Was gibt's?   *What is it?*
Was ist denn los?   *What's going on?*

FOOD ITEMS

Was hast du denn auf dem Brot?   *What do you have in your sandwich?*
das Sandwich, -es   *sandwich*
die Margarine   *margarine*
der Quark   *a soft cheese similar to ricotta or cream cheese*
der Schnittlauch   *chives*
der Tofu   *tofu*
die Sojasprossen (pl)   *bean sprouts*
die Marmelade   *marmalade*
die Erdbeermarmelade   *strawberry marmalade*
die Himbeermarmelade   *raspberry marmalade*
der Schweizer Käse   *Swiss cheese*
der Tilsiter Käse   *Tilsiter cheese*
der Camembert Käse   *Camembert cheese*

POSSESSIVE PRONOUNS

Ihr   *your (formal, singular)*
Ihr   *your (formal, plural)*
ihr   *their*
unser   *our*
euer   *your (informal, plural)*

DRITTE STUFE

EXPRESSING PREFERENCES AND STRONG PREFERENCES

Welche Suppe magst du lieber?   *Which soup do you prefer?*
Rind schmeckt mir besser.   *Beef tastes better to me.*
Welches Gemüse magst du am liebsten?   *Which vegetable is your favorite?*
Welche Suppe schmeckt dir am besten?   *Which soup tastes the best to you?*

TALKING ABOUT WHAT YOU EAT AT MEALS

Zum Nachtisch ess' ich ...   *For dessert I eat...*
Zum Mittagessen gibt es ...   *For lunch there is...*

FOOD ITEMS

das Sauerkraut   *sauerkraut*
die Pommes frites (pl)   *French fries*
das Fischstäbchen, -   *fish stick*
der Heilbutt   *halibut*
das Rindersteak, -s   *steak (beef)*
das Schnitzel, -   *cutlet (pork or veal)*
das Schweinekotelett, -s   *pork chop*
das Schweinefleisch   *pork*
das Lammfleisch   *lamb*
die Traube, -n   *grape*
der Karpfen, -   *carp*

6
Gute Besserung!

1 Hast du dich verletzt?

Everyone gets sick or injured occasionally. When that happens, you need to be able to tell someone what is wrong, and you need to know what to do to remedy the situation. You might have to talk to your doctor or pick up a prescription from the pharmacy. In order to communicate what is wrong — or what you or someone else needs — there are several things you should know how to say.

In this chapter you will learn

- to inquire about someone's health and respond; to make suggestions
- to ask about and express pain
- to ask for and give advice; to express hope

And you will

- listen to German students talk about what is wrong with them and how they feel
- read some tips for taking care of yourself in the sun
- write about the last time you were sick and what you did to get better
- find out the difference between an *Apotheke* and a *Drogerie*

② Ich muß unbedingt eine Sonnen- milch benutzen.

③ Ich hoffe, daß sich Maike bald wieder wohl fühlt.

Los geht's!

Maike · David · Thorsten · Nicolas · Wiebke

Was fehlt dir?

Look at the photos that accompany the story.
What do you think is happening?
Why was Maike not at school on this day?
What do the boys do to help her?

David und Thorsten sitzen im Alsterpark. Sie lernen zusammen ihre Englischvokabeln für den Englischtest.

① THORSTEN Wollen wir aufhören?
DAVID Nie! Aber machen wir mal eine Pause!
THORSTEN Okay! Übrigens, wollen wir mal die Maike anrufen? Was meinst du?
DAVID Klar! Die Maike, die war heute nicht in der Schule. Hoffentlich ist sie nicht krank.

② MAIKE Tag, Thorsten! Was gibt's?
THORSTEN Du warst heute nicht in der Schule. Ist was mit dir?
MAIKE Mir ist nicht gut. Mir tut der Hals weh, und ich kann kaum schlucken.

Maike mit ihrer Mutter früh am Morgen

Mir ist so heiß!

Mit Fieber kannst du nicht in die Schule gehen. Deine Stirn ist auch ganz schön heiß. Willst du dich wieder in dein Bett legen? 38,9°! Das ist ganz schön hoch!

Ich glaub', du hast Fieber. Du mußt heute unbedingt zu Hause bleiben!

③ ④

Aber ich hab' heute eine Klassenarbeit!

Ich mess' mal, wie hoch deine Temperatur ist ...

Maike weiter am Telefon

MAIKE Der Hals tut noch weh, aber es geht mir schon besser. Ich glaube, ich habe kein Fieber mehr.

THORSTEN Können wir etwas für dich tun?

MAIKE Ihr könnt mir die Medizin aus der Apotheke holen, aus der Manstein Apotheke. Aber kommt erst vorher hier vorbei! Ihr müßt den Abholschein noch mitnehmen.

In der Apotheke

APOTHEKERIN Guten Tag! Ja bitte?

THORSTEN Einmal die Medizin für Johannsen, bitte! Hier ist der Abholschein.

APOTHEKERIN Einen Moment mal!

THORSTEN Danke! Bin ich Ihnen etwas schuldig?

APOTHEKERIN Nein, es war schon bezahlt. Wiedersehen!

Zu dieser Zeit sind Wiebke und Nicolas in einer Drogerie. Die beiden wollen sich später mit Maike, David und Thorsten treffen und Ball spielen.

WIEBKE Das ist meine Marke. Die nehme ich.

NICOLAS So eine große Tube?

WIEBKE Ja, nach jeder Mahlzeit putze ich mir die Zähne. Schau! Und da geht so eine Tube schnell weg.

NICOLAS Da, Sonnencreme, Schutzfaktor acht!

WIEBKE Das ist nicht hoch genug für mich. Meine Haut ist sehr empfindlich. Ich nehme gewöhnlich Schutzfaktor zwanzig.

NICOLAS Da, sogar fünfundzwanzig! Für dreiundzwanzig Mark neunundneunzig.

WIEBKE Das ist mir zu teuer. Hier ist eine Sonnencreme für zwölf Mark vierzig. Die nehme ich.

1 Was passiert hier?

Verstehst du alles, was diese Schüler sagen? Beantworte die Fragen!

1. Warum rufen Thorsten und David die Maike an?
2. Warum will Maike heute in die Schule gehen? Warum kann sie nicht gehen?
3. Was machen Thorsten und David für Maike? Was müssen sie zuerst tun?
4. Was braucht Wiebke in der Drogerie? Warum braucht sie jeden Artikel?
5. Warum kauft Wiebke die Sonnenmilch nicht?

2 Genauer lesen

Lies den Text noch einmal und beantworte diese Fragen!

1. Was tut Maike weh?
2. Was kann sie kaum tun?
3. Was meint Maikes Mutter, was Maike hat?
4. Wo holen Thorsten und David die Medizin?
5. Was macht die Wiebke nach jeder Mahlzeit?
6. Welchen Schutzfaktor braucht Wiebke gewöhnlich?

3 Was paßt zusammen?

Welche Ausdrücke auf der rechten Seite passen zu den Ausdrücken auf der linken Seite?

1. Maikes Hals tut ihr noch weh, aber
2. Du hast Fieber.
3. Maike war heute nicht in der Schule.
4. Die kostet 23,99 DM.
5. Schutzfaktor acht!
6. Du kannst mir die Medizin aus der Apotheke holen.
7. Machen wir mal eine Pause!

a. Hoffentlich ist sie nicht krank.
b. Okay!
c. es geht ihr schon besser.
d. Du mußt unbedingt zu Hause bleiben.
e. Aber du brauchst erst den Abholschein.
f. Das ist mir zu teuer.
g. Nicht hoch genug für mich.

4 Beschreibungen

Welche Beschreibung paßt zu welcher Person?

1. Maike
2. Thorsten
3. David
4. Nicolas
5. Wiebke
6. Maikes Mutter

a. braucht eine große Tube Zahnpasta, weil sie sich nach jeder Mahlzeit die Zähne putzt.
b. will nicht mit dem Englischlernen aufhören, sondern will nur eine Pause machen.
c. mißt Maikes Temperatur und sagt ihr, daß sie zu Hause bleiben muß.
d. hat heute Halsweh und geht nicht in die Schule.
e. will wissen, warum Wiebke soviel Zahnpasta braucht.
f. spricht mit Maike am Telefon und holt dann für sie die Medizin in der Apotheke.

5 Nacherzählen

Erzähle einem Partner, was in dieser Fotogeschichte passiert!

Was machst du, wenn dir nicht gut ist?

What do German students do when they don't feel well? Is it that different from what we do in the United States? Let's find out.

Trudi, *Bietigheim*

„Also, wenn's mir in der Schule halt schlecht wird, dann geh' ich nach Hause, und wenn ich halt stark krank bin, dann geh' ich zum Arzt."

Tim, *Berlin*

„Es kommt öfters vor, daß ich Magenprobleme habe, daß ich Magen-krämpfe habe. Und dage-gen hab' ich von meinem Arzt ein paar Tabletten bekommen, die ich dann also auch meistens nicht dabei habe, also so schnell wie möglich nach Hause fahre und die Tabletten einnehme."

A. 1. Where does Trudi go when she is sick? What phrases does she use to describe how she feels?

2. What kind of problems does Tim describe? What does he do when he has this problem?

B. You may have heard that Germany has a national health care system. Did you know that the first health care system was introduced in Germany in 1883? Because of this long history, Germans have come to expect that every person has some kind of insurance. If you're an exchange student or visit Germany for any length of time, you are required to have insur-ance in order to stay in the country. For the average German, the amount paid for health insurance is relatively small. The government and employers carry much of the cost in this system.

C. What is the status of health care reform in the United States? Do you think everyone should be insured? Who should pay for it? The individual, the government, or employers? Do you think America's tradition of individualism has influ-enced our views on this issue?

ERSTE STUFE

Inquiring about someone's health and responding; making suggestions

Wie geht's dir denn? Was ist los mit dir?

Mir ist überhaupt nicht gut. Ich glaube, ich bin krank.

Ich habe Halsschmerzen. Ich kann kaum schlucken.

Ich fühl' mich nicht wohl. Mir ist nicht gut.

Kopfschmerzen

Zahnschmerzen

Mir ist so schlecht. Ich habe Fieber.

Mir ist gar nicht gut. Ich hab' eine Erkältung.

Ich hab' Husten und Schnupfen.

Ohrenschmerzen

Bauchschmerzen

6 Hör gut zu!

Vier Schüler erzählen, wie sie sich fühlen. Mach dir Notizen, dann beantworte die folgenden Fragen!

a. Wer hat Halsschmerzen? c. Wer muß in die Apotheke gehen?
b. Wer hat hohes Fieber?   d. Wer fühlt sich heute wohl?

7 Was ist los mit dir?

Was hast du, wenn du krank bist? Schreib auf, was du gewöhnlich hast und wie oft! Such dir dann einen Partner und fragt euch gegenseitig, was ihr manchmal habt!

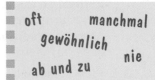

oft   manchmal
gewöhnlich
                nie
ab und zu

SO SAGT MAN DAS!

Inquiring about someone's health and responding

You have used the expression **Wie geht's?** to ask about general well-being. As a response to this question, you used such expressions as **Danke, gut! Danke, es geht! Nicht gut!** and **Miserabel!**

Here are some specific ways to inquire about someone's health.

You may ask:

> **Wie fühlst du dich?**
> **Wie geht es dir?**
> **Ist dir nicht gut?**
> **Ist was mit dir?**
> **Was fehlt dir?**

And the response may be:

> **Ich fühl' mich wohl!**
> **Es geht mir nicht gut!**
> **Mir ist schlecht.**
> **Mir ist nicht gut.**
> **Nichts!**

If someone tells you that he or she is not doing well, you might say:

> **Ach schade!**
> **Gute Besserung!**
> **Hoffentlich geht es dir bald besser!**

How many dative pronouns do you recognize?

Schon bekannt
Ein wenig *G*rammatik

Remember to use the correct reflexive pronouns with **sich wohl fühlen**. It requires a reflexive pronoun in the accusative case. Can you name these pronouns?[1] How would you ask an older person how he or she feels? And two friends?[2]

Pay attention to the dative forms used with these phrases:

> Ist **dir** nicht gut?
> Nein, **mir** ist schlecht.
> Es geht **mir** nicht gut.

When using an adjective to describe how you feel, you use the dative pronoun **mir** to refer to yourself. When asking a friend or family member, you use **dir**.

---

8 Wie fühlst du dich?

Such dir einen Partner! Frag ihn, wie er sich fühlt! Er sagt es dir. — Tauscht dann die Rollen aus! Dann beschreibt dic beiden hier unten!

---

9 Was ist mit ...?

Such dir einen Partner! Dein Partner möchte wissen, was mit jemandem (*someone*) in der Klasse los ist, warum er so schlecht aussieht. Du sagst es ihm. — Tauscht dann die Rollen aus!

1. mich, dich, sich, uns, euch
2. Fühlen Sie sich wohl? Fühlt ihr euch wohl?

Maike

David

Saskia und Finn

10 Was ist los?

Was sagen diese Schüler?

a. Schreib, was diese Schüler sagen! Welche Pronomen kommen in die Lücken?

b. Jetzt schreib, was diese Schüler gesagt haben! Fang so an: Maike hat gesagt, sie fühlt ...

11 Was hast du?

Deine Partnerin war heute nicht in der Schule! Frag sie, warum sie nicht in der Schule war, was sie hat und wie sie sich jetzt fühlt! — Tauscht dann die Rollen aus!

> Schnupfen   Kopfschmerzen
> Husten   Fieber
> Zahnschmerzen   Halsschmerzen
> eine Erkältung

SO SAGT MAN DAS!

Making suggestions

Here are some ways you have learned to make suggestions so far:

Möchtest du ins Kino gehen?   *or*   **Willst du** ins Café Freizeit gehen?

Du kannst für mich Brot **holen.**   *or*   **Kauf** es doch beim Bäcker!

Here are two other ways to make suggestions:

Rufen wir mal die Maike an!
Sollen wir mal die Maike anrufen?

What are the English equivalents of the last two sentences? What purpose does the word **mal** serve in these suggestions?

12 Sollen wir mal …?

Such dir einen Partner! — Du weißt nicht so recht, was du tun sollst, und du fragst deshalb deinen Partner. Gebraucht die Ausdrücke im Kasten! — Tauscht dann die Rollen aus!

DU **Sollen wir mal …?**
PARTNER **Prima Idee!**

Was tun?

in den Alsterpark gehen
die Englischvokabeln lernen
die … anrufen
den … besuchen
zu Hause bleiben
in die Drogerie gehen
in die Apotheke gehen
einkaufen gehen
nach … fahren

Ja?

Prima Idee!
Na klar!
Ja, gern!
Warum nicht?
Machen wir!

Nein?

Es geht nicht.
Ich hab' keine Zeit.
Ich muß zu Hause bleiben.
Ich hab' zu viel zu tun.
Ich …

Schon bekannt
Ein wenig *G*rammatik

Read the following sentence.

Ich soll einkaufen gehen.

What does the modal verb **sollen** mean here? **Sollen** is often used to express obligation, but it has other meanings as well.

Sollen wir ein Eis essen?

In what way is **sollen** being used in the sentence above?[1]

*G*rammatik The inclusive command

1. When making suggestions, the inclusive command can be used. It consists of the **wir**-form of the verb with the verb itself in first position followed by **wir**.

gehen: wir gehen   **Gehen wir** mal ins Kino!
Let's go to the movies!

2. If a verb has a separable prefix, the prefix is at the end of the command.

anrufen: wir rufen an   **Rufen wir** mal Maike **an**!
Let's call Maike!

EIN WENIG LANDESKUNDE

Traditionally, the **Apotheke** and the **Drogerie** in German towns and cities serve two different purposes. If you need medicine, whether prescription or over-the-counter, you go to the **Apotheke.** You can also get vitamins, herbal teas, and other health-related items at the **Apotheke.** If you need shampoo, toothpaste, or other such items, you would go to the **Drogerie.** In many larger cities, the **Drogerie** is being replaced by larger stores that sell everything from toiletries to books.

13 Schade, es geht leider nicht!

Such dir eine Partnerin! Ruf sie an und lade sie ins Kino oder ins Konzert ein! Sie kann aber leider nicht mitgehen. Sie fühlt sich nicht wohl, ihr ist nicht gut. Du fragst sie, was sie hat, und sie sagt es dir. — Tauscht dann die Rollen aus!

14 Für dein Notizbuch

a. Schreib in dein Notizbuch, wann du das letzte Mal krank warst, was du gehabt hast, wie du dich gefühlt hast und wie lange du nicht in der Schule warst!

b. Sag es dann auch einer Partnerin!

1. To make a suggestion.

ZUM LESEN

Viel los unter der Sonne!

Baden-Baden

Bundesland:
Baden-Württemberg
Kfz-Kennzeichen: BAD
Höhe: 183 m ü.d.M. - Einwohnerzahl:
50 000
Postleitzahl: #76530
Telefonvorwahl: 07221

ℹ️ Kurdirektion
(Gäste-Information),
Augustaplatz 1;
Tel.: 27 52 00

14 Baden-Baden

Baden-Baden besitzt als Kurstadt Weltruf.
Seit zweitausend Jahren werden die heißen
Kochsalzquellen genutzt.
Friedrichsbad (→ Marktplatz): Der
Renaissancebau ist eines der prächtigsten
und traditionsreichsten Badehäuser der Welt.
Das „Römisch-Irische Bad" bietet u. a.
Heißluft-Dampfbad, Thermal-Vollbad,
Sprudelbad und Tauchbad.
Römische Badruinen (unter dem →
Römerplatz): Etwa 2000 Jahre alt sind die
Reste einer römischen Badeanlage für die
Legionäre, ein anschauliches Bild antiker
Thermen.

Schwangau

Gesundzeit mit Heubad

Unter dem Motto „Gesundzeit in
Bayern" bietet der heilklimatische

Kurort Schwangau 1994 Gesund-
heitsurlaube von einwöchiger Dauer an.
Darin enthalten sind: ärztliche
Untersuchung mit Gesundzeitplan, drei
medizinische Anwendungen (davon ein
Heubad aus ungedüngtem Bergwiesen-
heu, eine Kneippsche Anwendung, eine
Massage), zweimal Gymnastik, je eine
geführte Wanderung zu den beiden
Königsschlössern Hohenschwangau und
Neuschwanstein. Außerdem gibt es Tips
und Anleitungen vom Gesundheitsbe-
rater. Preis pro Person ab 385 Mark.
Gültig ist die „Gesundzeit" ganzjährig.
Infos: Kurverwaltung Schwangau,
Münchener Str. 2,
87645 Schwangau,
Tel. 08362/8198-0

Bad Rotenfels

Neuer Saunapark lädt ein

Der Thermal-Mineral-Badeort
Gaggenau-Bad Rotenfels im romanti-
schen Murgtal präsentiert bis zum 30.
April 1994 ein Bade- und
Saunavergnügen zum Supersparpreis.
Im Mittelpunkt stehen dabei das
Thermal-Mineral-Badezentrum
Rotherma mit über 600 qm
Wasserfläche und der neue Saunapark
mit einer Größe von über 3000 qm. Das
Sparangebot ab 189 Mark beinhaltet
fünf Übernachtungen mit Frühstück in
Privat- oder Gästehäusern. Weiter sind
vier Thermalbäder und ein
Saunabesuch sowie Kurtaxe enthalten.
Infos: Gaggenau-Tourist-Info,
Rathausstr. 11, 76571
Gaggenau-Bad Rotenfels,
Tel. 07225/62301

Todtmoos

Schlittenhunde unterwegs

Am Wochenende vom 28. bis 30.
Januar 1994 sind in Todtmoos im
Südschwarzwald wieder die Hunde los!
Bei den schon traditionellen
Schlittenhunderennen, die bereits zum
19. Mai in Todtmoos ausgetragen wer-
den, laufen die schnellsten Hunde
Europas. Zu diesem Hundespektakel
hat die Kurverwaltung Todtmoos ein
interessantes Pauschalangebot zusam-
mengestellt: Gültig vom 28. bis 30.
Januar ab 96 Mark für Übernachtung
mit Frühstück in Privatzimmern mit
Dusche und WC. Die Kurtaxe ist im
Preis inbegriffen. Das Pauschalpaket
enthält außerdem die Eintritte für die
Rennen, den großen Countryabend am
29. Januar und den Bustransfer zur
Rennstrecke.
Infos: Kurverwaltung, 79682
Todtmoos, Tel. 07674/534

Bad Wurzach

Moor und vieles mehr

Zur Bad Wurzacher Gesundheitswoche
lädt das älteste Moorheilbad Baden-
Württembergs in der Zeit vom 9. Januar
bis 30. April 1994 ein. Dabei werden
nicht nur Mooranwendungen, sondern
auch Wassergymnastik, Massagen und
Gesundheitsvorträge angeboten. Zur
Behandlung von rheumatischen
Erkrankungen, Bandscheiben- und
Wirbelsäulenschäden,
Gelenkerkrankungen.
Infos: Städtische Kurverwaltung,
Mühltorstr. 1, 88410 Bad Wurzach,
Tel. 07564/302150

LESETRICK

Deciphering charts and graphs.
Charts and graphs can be confus-
ing, even in your native language,
but if you follow a few important steps before
answering any questions, you can master the
information: 1) read titles and subtitles;
2) check for a legend and become familiar with
it; 3) understand what the numbers represent
(percents, parts per thousand, etc.); and 4)
check the source and the way survey questions
are worded. Remember, charts and graphs require careful reading—short cuts won't work.

Getting Started

1. Skim over the headline areas of the chart and
   the articles. What general concern do these
   texts all have in common? Is this information
   about work? fashion? health? leisure? Or
   some combination of topics?
2. Look at the title area of the chart. Notice that
   the chart depicts the results of an **Umfrage**.
   What does the slogan „Bleich ist beautiful"
   tell you to expect of the new trend? Locate
   the legend. What do the colored bars indicate? And the vertical lines? What do the
   numbers represent? Make sure you feel comfortable with the organization of information.

A Closer Look

Tip: If you know how to divide long compound words, you can usually guess their meaning. An -s following a masculine or neuter noun belongs with that word. The same is often true of -n following feminine nouns, as in **Sonnenbaden.** Also be aware of common prefixes, such as **er-** or **be-**. How would you divide **Alterserscheinungen?**

3. Read the two survey questions. What were the results? Try to summarize the data in two sentences.

4. Read the description of Baden-Baden. Give two reasons why it is world famous.

5. Read the articles from **Kuren und Bäder** and, together with a partner, fill out a chart with the following headings as you read: Place, Main Feature of **Kur,** Other Attractions, Cost, and Number of Days.

6. **Kuren** have long been a part of Germany's health traditions. How would you describe a typical **Kur** based on the information from the four descriptions you read? What are the general characteristics of a **Kur?** Is there anything comparable in the United States?

ZWEITE STUFE

Asking about and expressing pain

WORTSCHATZ

Was tut dir weh? — Mir tut / tun ... weh!

Mir tut der
Hals weh.

Der Kopf tut
mir weh.

Der Bauch tut
mir weh.

die Schulter

der Rücken

die Hüfte

die Beine

der Arm

Hast du dich verletzt? Hast du dir etwas gebrochen?

Ich hab' mir den
Fuß gebrochen.

Ich hab' mir den
Knöchel verstaucht.

Ich hab' mir das
Knie verletzt.

15 Hör gut zu!

Was ist mit diesen Leuten los? Schau diese Bilder an und hör gleichzeitig die Kassette an!
Welches Bild paßt zu welcher Beschreibung?

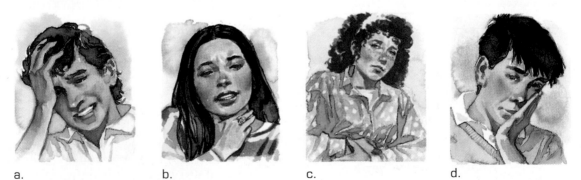

a. b. c. d.

16 Tut dir was weh?

Such dir einen Partner! Frag ihn, was ihm manchmal weh tut! Er muß dir zwei Dinge
sagen, die ihm weh tun. — Tauscht dann die Rollen aus!

SO SAGT MAN DAS!

Asking about and expressing pain

To ask a friend if he or she is hurting, you say:

Tut's weh?
Tut es noch weh?

To inquire what hurts, you ask:

Was tut dir weh?
Tut dir der Kopf weh?

Why do you think the verb form **tut** is used sometimes, and sometimes the form **tun?**[1] What other verb does **weh tun** remind you of?

The response might be:

Au! *or* **Aua! Es tut weh!**
Nein, es geht!

And the response might be:

Die Ohren tun mir weh.
Ja, ich hab' Kopfschmerzen.

Ein wenig Grammatik

The verb **weh tun** acts like a separable prefix verb, with the adverb **weh** in last position in a simple statement. **Tun** is an irregular verb, but you need only two forms in this phrase:

Der Hals **tut** mir weh.
Die Augen **tun** ihm weh.

17 Was tut ihnen weh?

Wie viele Sätze kannst du machen?

BEISPIEL **Meinem Opa tun oft die ... weh.**

Wem?

(mein) Opa
Oma
Mutter
Vater
Bruder
Schwester
Eltern
ich

weh tun

Wie oft?

ab und zu
oft
sehr oft
häufig
manchmal
nie

Was?

Arm	Beine
Schulter	Hals
Ellbogen	Hüfte
Kopf	Hand
Knöchel	Füße
Bauch	Rücken
	Knie

Grammatik Verbs used with dative case forms

There are verbs that require the direct object to be in the dative case.

weh tun	Was tut **dir** weh? — Der Hals tut **mir** weh.
(gut) gehen	Wie geht es **dir?** — Danke, es geht **mir** gut.
gefallen	Dresden hat **dem Frank** gut gefallen.
helfen	Der Robert hilft **seiner Oma** gern.
schmecken	Die Quarkbrötchen schmecken **den Schülern** gut.
fehlen	Was fehlt **dir?** — **Mir** fehlt nichts.

Name all the direct objects in these questions and statements. Can you express these sentences in English?

---

1. **Tut** is used with a singular subject, **tun** if the subject is in the plural.

Grammatik Reflexive verbs used with dative case forms

1. You already know some reflexive verbs that require a reflexive pronoun in the accusative case, such as **sich freuen** and **sich fühlen**.

   Ich freue **mich**, daß du **dich** wohl fühlst.

2. When there is another object, a direct object, in the accusative case, the reflexive pronoun must be in the dative case.

   Ich habe **mir** *das Knie* verletzt.

3. Look at the chart. Are the dative reflexive pronouns the same as the personal pronouns? What difference do you observe?

Ich habe	**mir**	
Du hast	**dir**	
Er/ Sie/Es hat	**sich**	das Bein gebrochen.
Wir haben	**uns**	
Ihr habt	**euch**	
Sie (pl)/Sie haben	**sich**	

4. Also note the use of the definite article with the direct object:

   Ich habe mir **das** Bein gebrochen. *I broke* my *leg.*
   Er hat sich **den** Fuß verstaucht. *He sprained* his *ankle.*

   What do you notice about the positions of the pronoun and the direct object?[1]

18 Sätze bauen

Wie viele Sätze kannst du bauen?

ich wir unser Lehrer du meine Oma ihr	haben habt habe hast hat	uns euch sich mir dir	Ellbogen Arm Knöchel Hand Knie Fuß Daumen Nase	Bein Finger Auge Hüfte	verletzt gebrochen verstaucht

19 Und du?

Lies die folgenden Fragen! Schreib, was für dich zutrifft (*what pertains to you*)!

1. Wie oft verletzt du dich?
2. Was hast du dir schon öfter verletzt?
3. Hast du dir schon einmal etwas verstaucht? Was? Wievielmal?
4. Was hast du dir schon einmal gebrochen?

---

1. The reflexive pronoun precedes the direct object.

20 Hast du dir etwas gebrochen?

Frag jetzt einen Partner, ob er sich schon einmal etwas gebrochen, verstaucht oder verletzt hat! — Tauscht dann die Rollen aus! Erzähl danach deinen Mitschülern, was dein Partner gesagt hat!

WORTSCHATZ

Er wäscht das T-Shirt.

Er wäscht sich die Hände.

Sie kämmt den Hund.

Sie kämmt sich.

21 Wie oft machst du das?

Such dir einen Partner! Frag ihn:

a. wie oft er sich die Hände wäscht
b. wie oft er sein Auto wäscht
c. wie oft er sich die Haare kämmt
d. wie oft er (seine Katze) kämmt
e. wie oft er sich die Zähne putzt
f. wie oft er sein Fahrrad putzt
Danach fragt er dich.

Er putzt die Fenster.

Er putzt sich die Zähne.

wann? und wie oft?

jeden Tag
abends
vor dem Essen
zweimal am Tag
nach dem Essen
morgens
wenn ich (Zeit) habe
nach jeder Mahlzeit
wenn (sie) schmutzig sind

Vorsicht vor Sonnenstrahlen!

Ein Sonnenbad kann ein Genuß sein. Aber zu intensive Sonneneinstrahlung schadet nicht nur der Haut, sondern kann einen Sonnenstich oder sogar Hitzschlag verursachen.

Zu viel Sonne! Was passiert?

Die Symptome eines Sonnenstichs treten schon beim Sonnenbaden oder manchmal kurz danach auf. Die Haut ist heiß und trocken, der Kopf hochrot, der Puls läuft schnell. Die Körpertemperatur ist hoch. Es kommt zu Kopfschmerzen, Ohrensausen — der Patient fühlt sich unwohl.

Wann müssen Sie zum Arzt?

Bei erhöhter Temperatur nach einem Sonnenbad und bei eintretenden Kopfschmerzen unbedingt den Arzt anrufen. Nur er kann die Tätigkeit von Herz und Kreislauf stabilisieren.

Wie kann man sich schützen?

∗Setzen Sie sich nie zu lange intensiver Sonneneinstrahlung aus!

∗Trinken Sie viel Wasser, bis zu vier Liter am Tag, damit Sie genug schwitzen können!

∗Vermeiden Sie körperliche Anstrengung in der Hitze!

∗Vermeiden Sie Alkohol und essen Sie nur leichte Speisen!

Helfen Sonnenschutzmittel?

Einen absolut sicheren Sonnenschutz gibt es nicht. Wenn Sie unbedingt in der Sonne sein müssen, so schützen Sie Ihre Haut mit einer guten Sonnencreme! Eine Creme mit einem hohen Lichtschutzfaktor schützt die Haut vor schädlichen UV-Strahlen!

22 Was hast du verstanden?

Lies den Bericht! Dann diskutier die Antworten zu den folgenden Fragen mit deinen Mitschülern!

1. Was kann zu intensive Sonneneinstrahlung verursachen?
2. Was sind die Symptome eines Sonnenstichs?
3. Wann soll man sofort den Arzt anrufen?
4. Wie kann man sich vor einem Sonnenstich schützen?
5. Wie helfen Sonnenschutzmittel?

23 Hör gut zu!

Ein Schüler kann heute nicht zur Schule kommen, weil er krank ist. Hör zu, als ein Freund ihn anruft und fragt, wie es ihm geht! Schreib dann auf, was dem Schüler fehlt, was er machen soll und wie sein Freund ihm helfen will!

WORTSCHATZ

Was soll ich tun? — Du mußt unbedingt …!

die Sonne vermeiden

Alkohol vermeiden

viel Wasser trinken

nur Sonnencreme mit hohem Lichtschutzfaktor benutzen

nur leichte Speisen essen

den Arzt anrufen

24 Bist du vorsichtig?

Frag deine Partnerin, was sie macht, wenn sie im Sommer in der großen Hitze zu einem Konzert unter freiem Himmel (*open-air concert*) geht! Und was machst du? Wie schützt du dich?

SO SAGT MAN DAS!

Asking for and giving advice

When asking for advice, you say:

> **Was soll ich machen?**
> **Was soll ich bloß tun?**

When giving advice, you say:

> **Du gehst am besten zum Arzt.**
> **Geh doch mal zum Arzt!**
> **Du mußt unbedingt zum Arzt gehen!**

How does **bloß** affect the meaning of the question? How would you say the responses in English?

25 Du mußt unbedingt ...!

Such dir eine Partnerin! — Deine Partnerin hat viele Beschwerden (*complaints*). Du sagst ihr, was sie tun muß. Gebraucht die Ideen in beiden Kästen! Eure Antworten müssen aber stimmen! — Tauscht dann die Rollen aus!

Beschwerden
Was soll ich bloß machen?

> Ich bin krank.
> Ich brauche Medizin.
> Ich glaub', ich hab' einen Sonnenstich.
> Meine Haut ist ja ganz rot.
> Ich fühl' mich nicht wohl.
> Ich bin so müde.
> Ich habe Hunger.
> Meine Stirn ist so heiß.

WORTSCHAT

das Fieber messen	*to measure one's temperature*
müde	*tired*
der Sonnenstich	*sun stroke*
die Haut	*skin*
die Temperatur	*temperature*

Was tun?
Du mußt unbedingt . . .

> die Sonne vermeiden
> den Arzt anrufen
> eine gute Sonnencreme benutzen
> etwas essen
> eine Pause machen
> in die Apotheke gehen
> (dein) Fieber messen
> zu Hause bleiben
> zum Arzt gehen

26 Geh doch mal zum Arzt!

Such dir einen neuen Partner! — Macht jetzt die gleiche Übung noch einmal, aber diesmal mit der **du**-Form des Imperatives!

BEISPIEL
PARTNER **Ich bin so müde.**
DU **Mach doch mal eine Pause!**
PARTNER **Gute Idee!**

Ein wenig *G*rammatik

The verb **messen,** as in **Fieber messen,** has a stem vowel change in the **du**- and **er/sie**-forms.

> **Mißt** du mal mein Fieber?
> Er **mißt** jetzt sein Fieber.

The **du**-command is **miß!**

> **Miß** doch mal deine Temperatur!

SO SAGT MAN DAS!

Expressing hope

To express hope, you may say:

> **Ich hoffe,** du hast kein Fieber.
> **Wir hoffen, daß** du dir nichts gebrochen hast.
> **Hoffentlich** hast du dir nur den Fuß verstaucht.

What do you notice about the word order in the **daß**-clause? What do you think **hoffentlich** means?

27 Hör gut zu!

Nach dem großen Fußballspiel am Samstag sprechen drei Schüler über das Spiel und die Verletzungen. Hör zu und schreib auf, über wen sie reden und welche Schmerzen diese Personen haben! Welche Personen drücken auch Hoffnungen aus?

28 Was hoffst du?

Sprich mit einem Partner am Telefon darüber, wie er sich fühlt und was ihm fehlt! Drück Hoffnungen aus und sage ihm, wie du ihm helfen kannst! Wenn ihr wollt, könnt ihr die Wörter rechts als Hilfe benutzen.

kein Fieber mehr haben

morgen wieder in die Schule gehen können

wieder besser gehen

die Medizin nehmen

der Hals nicht mehr weh tun

nichts gebrochen haben

WORTSCHATZ

Warum kaufst du dir nicht ...?

Sonnencreme

Die Sonnencreme ist mir zu teuer.

Sonnenmilch

Schutzfaktor 8 ist mir nicht hoch genug.

Haarshampoo

Das Shampoo ist mir nicht gut genug.

Zahnpasta

Die Zahnpasta ist mir zu süß.

Seife

Die Seife ist mir zu parfümiert.

Handcreme

Die Handcreme ist mir zu fett.

---

29 Warum kaufst du das nicht?

Such dir eine Partnerin! — Ihr seid in einer Drogerie! Sag ihr, daß du hoffst, daß sie sich etwas kauft, was dir gefällt, aber sie hat für alles eine Ausrede (*an excuse*).

Das ist mir zu teuer!

30 In der Drogerie

Du bist in einer Drogerie. Dein Partner ist der Drogist. Du brauchst drei ganz bestimmte Artikel. Du fragst, ob er diese Artikel hat und was sie kosten. Wenn es einen Artikel nicht gibt, sag, daß du etwas anderes nimmst!

31 Sie wünschen, bitte?

Schreib jetzt mit deinem Partner ein Gespräch, das du mit ihm in der Drogerie gehabt hast! Führt dann dieses Gespräch in der Klasse vor!

Ein wenig *Grammatik*

You also use the dative case forms to express the idea of something being "too expensive, too large, too small for you."

Die Creme ist **mir** zu teuer.
Die Seife ist **ihr** zu parfümiert.

1 Einige Leute erzählen, was sie haben, was ihnen fehlt und was sie brauchen. Wo muß jeder hingehen, um das zu bekommen, was er braucht? (Zum Beispiel: Wenn man Brot braucht, muß man zur Bäckerei.) Schreib auf, wo jeder hingehen muß!

2 Ab und zu mal hat jeder Schmerzen und muß etwas dagegen tun. In diesem Artikel von *Bunte* werden Vorschläge gemacht, wie man mit Schmerzen zurechtkommt.
What is this article about?
  a. If you have pain, think about something like ice cream and the pain won't seem so severe.
  b. If you force yourself to think about something else, your body will forget about the pain and it will go away.
  c. If you concentrate on whatever is causing you pain, it will make it easier for the pain to go away.

Jetzt ein Eis!

Sie lesen diese Überschrift – und plötzlich können Sie gar nicht anders: Immer wieder denken Sie an ein Eis. Und je mehr Sie versuchen, nicht daran zu denken, desto stärker wird der Gedanke. Forscher der Uni Houston haben dieses Phänomen untersucht und festgestellt: Machen Sie es genau andersrum – denken Sie bewußt an etwas, das Sie verdrängen wollen, und Sie werden es bald vergessen. So lassen sich auch Schmerzen „wegdenken". Je mehr Sie sich auf den Schmerz konzentrieren, desto leichter vergeht er.

---

3 Viele Schüler sind heute krank oder haben sich verletzt.
  a. Wie würden (*would*) diese Schüler die Fragen **Wie geht es dir denn?** oder **Was ist los mit dir?** beantworten?
  b. Was sagt der Arzt wahrscheinlich zu diesen Schülern? Gib jedem Schüler einen Ratschlag!

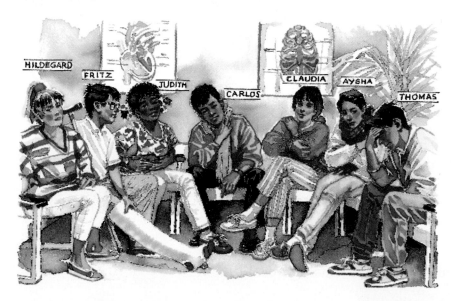

4 Was für Schmerzen hast du gehabt? Was machst du, wenn du Schmerzen hast? Schreib mindestens vier Sätze darüber in dein Notizbuch!

5 You are the health official in a new resort opening up soon. It is your responsibility to prepare a pamphlet informing tourists what they should and should not do in order to stay healthy and safe while they are at the resort, and what they should do in case of sickness or an accident. Work with two other students, your team of health workers, to prepare this document. Use drawings or photos from magazines to illustrate your ideas.

6 Dein Brieffreund in Dresden will wissen, wie dein tägliches (*daily*) Leben in den U.S.A. aussieht. Schreib ihm einen Brief und erzähl ihm alles, was du an einem Tag machst — von früh morgens bis abends!

BEISPIEL   **Ich stehe um 7 Uhr auf (*get up*). Dann wasche ich mich, putze mir die Zähne, . . .**

7 Tell a friend about several things you are planning to do. Your friend expresses hope that you will take care of yourself so that nothing bad happens.

Du willst:

a. acht Stunden in Kalifornien am Strand liegen
b. ein hartes Fußballspiel gegen eine College-Mannschaft spielen
c. eine tolle Party in einer anderen Stadt besuchen
d. heute abend gar nicht für den großen Test lernen

8

ROLLENSPIEL

Work with several students to act out the following situation. You are an **Apotheker** in a German city. Several people come to you during the day and explain their injuries, aches or pains. You listen to their explanations, ask questions to get more specific information, then make recommendations about what they can do to remedy the situation. Take turns playing the **Apotheker.** Bring props to make the situation livelier.

Can you inquire about someone's health and respond? (p. 137)

1 How would you ask someone how he or she is doing? How would you ask if something is wrong?

2 How would you respond to the question above in the following situations?

   a. You have a sore throat and can hardly swallow.
   b. You have an earache.
   c. You have a toothache.
   d. You have a cold, with coughing and a stuffy nose.

Can you make suggestions? (p. 138)

3 How would you tell the following people what they should do?

   a. Hanna / go to the pharmacy
   b. your little brother / not to go to school
   c. your good friend / stay at home
   d. Thorsten and Wiebke / go to the **Drogerie**
   e. you and your friends / go to the movies

Can you ask about and express pain? (p. 143)

4 How would you ask someone what is hurting him or her? How would you say that these people have the following problems?

   a. your mother's arm hurts often
   b. your throat hurts
   c. your sister's head hurts sometimes
   d. your dad's tooth hurts

5 How would you say that you are doing great — that nothing hurts?

Can you ask for and give advice? (p. 147)

6 What advice would you give to these people?

Can you express hope? (p. 148)

7 How would you express hope that

   a. Birgit's throat doesn't hurt anymore
   b. your sister hasn't broken her leg
   c. you don't have a fever anymore
   d. Wiebke can go to school tomorrow

ERSTE STUFE

INQUIRING ABOUT SOMEONE'S HEALTH AND RESPONDING

Wie fühlst du dich?   *How do you feel?*
Wie geht es dir?   *How are you?*
Ist dir nicht gut?   *Are you not feeling well?*
Ist was mit dir?   *Is something wrong?*
Was fehlt dir?   *What's wrong with you?*
Ich fühle mich wohl!   *I feel great!*
Es geht mir (nicht) gut!   *I'm (not) doing well.*
Mir ist schlecht.   *I'm feeling sick.*

Mir ist nicht gut.   *I'm not doing well.*
Ach schade!   *That's too bad.*
Gute Besserung!   *Get well soon!*
Hoffentlich geht es dir bald besser!   *I hope you'll get better soon.*

TALKING ABOUT HEALTH

Ich kann kaum schlucken.   *I can hardly swallow.*
Ich habe Husten und Schnupfen.   *I have a cough and stuffy nose.*
das Fieber   *fever*
die Erkältung   *cold*
die Halsschmerzen, (pl)   *sore throat*

die Kopfschmerzen, (pl)   *headache*
die Zahnschmerzen, (pl)   *toothache*
die Ohrenschmerzen, (pl)   *earache*
die Bauchschmerzen, (pl)   *stomachache*
krank   *sick*

WHAT TO DO WHEN YOU ARE SICK

zu Hause bleiben   *to stay at home*
in die Drogerie gehen   *to go to the drugstore*
in die Apotheke gehen   *to go to the pharmacy*

ZWEITE STUFE

ASKING ABOUT AND EXPRESSING PAIN

Tut's weh?   *Does it hurt?*
Au!, Aua!   *Ouch!*
Es tut weh!   *It hurts!*
Was tut dir weh?   *What hurts?*
Tut dir ... weh?   *Does your...hurt?*
... tut mir weh.   *My...hurts.*
der Hals, ¨e   *throat*
der Kopf, ¨e   *head*
der Bauch, ¨e   *stomach*
die Schulter, -n   *shoulder*
der Rücken, -   *back*

die Hüfte, -n   *hip*
das Bein, -e   *leg*
der Arm, -e   *arm*
der Fuß, ¨e   *foot*
der Knöchel, -   *ankle*
das Knie, -   *knee*
sich etwas brechen   *to break something*
  er/sie/es bricht sich   *he/she/it breaks*
sich verstauchen   *to sprain (something)*
sich verletzen   *to injure (oneself)*

REFLEXIVE PRONOUNS, DATIVE CASE

See p. 144

VERBS THAT CAN BE BOTH REFLEXIVE AND NON-REFLEXIVE

(sich) waschen   *to wash*
  er/sie/es wäscht   *he/she/it washes*
(sich) kämmen   *to comb*
(sich) putzen   *to clean*
sich die Zähne putzen   *to brush one's teeth*

DRITTE STUFE

TALKING ABOUT HEALTH

nur leichte Speisen essen   *to only eat light foods*
Ich bin so müde.   *I am so tired.*
Ich habe Hunger.   *I am hungry.*
der Arzt, ¨e   *doctor*
der Lichtschutzfaktor, -en   *sun protection factor*
der Sonnenstich, -e   *sunstroke*
die Haut   *skin*

die Temperatur   *temperature*
Fieber messen   *to take one's temperature*
  er/sie/es mißt   *he/she measures*

EXPRESSING HOPE

Ich hoffe, (daß) ...   *I hope that...*
hoffentlich ...   *hopefully...*

OTHER USEFUL WORDS

die Sonnenmilch   *sun tan oil*
die Sonnencreme   *sun tan oil*
das Shampoo, -s   *shampoo*
die Zahnpasta   *toothpaste*
die Seife, -n   *soap*
die Handcreme   *hand cream*
süß   *sweet*
fett   *greasy*
parfümiert   *perfumed*

Komm mit nach

Stuttgart!

Stuttgart

Einwohner: 550 000

Flüsse: Neckar

Berühmte Gebäude: Schloß Solitude, Stiftskirche, Weißenhofsiedlung, Staatsgalerie

Bedeutende Stuttgarter: Georg Wilhelm Friedrich Hegel (1770-1831, Philosoph), Wilhelm Hauff (1802-27, Schriftsteller), Robert Bosch (1861-1942, Erfinder), Marcia Haydée (1937-, Choreographin)

Industrie: Automobilindustrie, Elektrotechnik, Maschinenbau, Textilindustrie, Verlage

Beliebte Gerichte: Spätzle, Maultaschen, Flädlesuppe

Foto (1) Stuttgart, in einem Talkessel gelegen, ist von Obstgärten und Weinbergen umrahmt

Stuttgart

Stuttgart, die Hauptstadt des südwestdeutschen Bundeslandes Baden-Württemberg, hat viele Attraktionen. Institutionen wie die Staatsgalerie, die Württembergische Landesbibliothek, das Stuttgarter Ballett, sowie der Süddeutsche Rundfunk bezeugen die kulturelle Bedeutung dieser Stadt. Der Großraum Stuttgart ist außerdem ein Industriestandort ersten Ranges. Neben Weltfirmen in der Automobilbranche gibt es hier auch hunderte von hochspezialisierten kleinen Betrieben in den Bereichen Feinmechanik und Maschinenbau.

② Vor der Staatsgalerie eine Bronzefigur von Henry Moore

④ Die Königstraße, eine populäre Einkaufsstraße in der Stuttgarter Innenstadt

③ Der Blumenmarkt auf dem Schillerplatz

In den Kapiteln 7, 8, und 9 besuchen wir Stuttgart, die Großstadt zwischen „Wald und Reben". Dort treffen wir Boris, Katrin, Roland und Judith, die auf das Dillmann-Gymnasium gehen.

5 Schloßplatz mit dem Neuen Schloß

6 Boris, Katrin, Roland und Judith

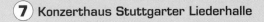

7 Konzerthaus Stuttgarter Liederhalle

8 Weinberge am Neckar

7

Stadt oder Land?

① Eine Großstadt hat viele Vorteile. Da ist immer viel los.

Students usually like the places where they have lived and grown up. However, each place may offer advantages as well as disadvantages. Students also have very specific dreams about their future. — In order to talk about that, there are several things that you should know how to say.

In this chapter you will learn

- to express preference and give a reason
- to express wishes
- to agree with reservations; to justify your answers

And you will

- listen to German students talk about where they live and what they like or dislike about it
- read about where students live and about their wishes and dreams for the future
- write about the advantages and disadvantages of living in your community
- find out what German students wish for the future

② Wir haben ein schönes Haus mit einem großen Garten.

③ Wohnst du lieber in der Stadt oder auf dem Land?

Los geht's!

Das Interview

Look at the photos that accompany the story.
What do you think is happening?

Katrin   Frank   Bettina   Judith

KATRIN   Hallo! — Hallo, darf ich dich mal etwas fragen? Und dürfen wir dich filmen?

FRANK   Ja, schon. Aber erst mal, worum geht's?

> Wir machen eine Umfrage für unsern Deutschunterricht. Ich möchte dich fragen, wo du wohnst, wohnst du gern dort und warum oder warum nicht?

KATRIN   Aber erst mal, wie heißt du?

FRANK   Ja, ich heiße Frank Härtle, und ich wohne hier in Stuttgart — wir, das ist meine Mutter und ich, meine Mutter ist geschieden. Wir haben eine nette Wohnung in der Innenstadt.

KATRIN   Und du wohnst gern in der Stadt?

FRANK   Ja, eigentlich schon. Alles ist eben in der Nähe, die Geschäfte und so ...

> Ja, das sind schon Vorteile, wenn man in der Stadt wohnt. Aber leider gibt es auch Nachteile. Es sind oft zu viele Leute in der Stadt. Und der Verkehr ist größer, und damit ist die Luft auch schmutziger als in der Umgebung. Aber, ehrlich gesagt, ich möchte nicht fort von hier, nicht fort von Stuttgart!

KATRIN   Wo wohnst du, und wie gefällt dir dein Wohnort?

BETTINA   Ich heiße Bettina, und ich wohne in der Umgebung von Stuttgart, in Bietigheim. Also, ich möchte nicht in einer großen Stadt wie Stuttgart wohnen. Ich ziehe eine kleine Stadt wie Bietigheim vor. Das Leben ist hier ruhiger, wir haben weniger Verkehr, und die Luft ist hier besser als in einer großen Stadt.

BETTINA Tja, was wünsche ich mir noch? Was es hier in Bietigheim nicht gibt, gibt es in Stuttgart. Und Stuttgart ist mit der Bahn nur fünfundzwanzig Minuten entfernt.

KATRIN Vielen Dank, Bettina! Das war ein toller Bericht!

BETTINA Das freut mich. Viel Glück! Tschüs!

Bei Katrin zu Hause

Hallo! Übrigens, ich bin die Katrin. Und das ist die Judith, eine Klassenkameradin von mir.

Hallo, Oma, Opa! Meine Großeltern wohnen auch bei uns. Sie sind gern im Garten, immer aktiv! Ja, hier bin ich zu Hause. Ein schönes Haus, nicht? — Komm! Meine Eltern sind nicht da. Sie arbeiten.

Wie viele Zimmer habt ihr denn?

Ach ja, was haben wir? Eine Küche, ein großes Wohnzimmer, vier Schlafzimmer, ja ... ein Badezimmer und zwei Toiletten. — Aber komm! Ich zeig' dir mein Zimmer.

Toll! Ein eigenes Zimmer!

Ja, das ist schon prima! Aber ich wünsch' mir noch so viele Dinge: einen größeren Schreibtisch, einen bequemeren Sessel und einen größeren Schrank für meine vielen Klamotten.

Wirklich? Der ist doch groß genug!

1 Was passiert hier?

Verstehst du alles, was diese Leute sagen? Beantworte die Fragen!

1. Wer macht eine Umfrage?
2. Wofür ist diese Umfrage?
3. Wen hat Katrin interviewt?
4. Woher ist Frank?
5. Wo wohnt Bettina?
6. Was hast du über Katrins Familie gehört?
7. Und über Katrins Haus?
8. Was wünscht sich Katrin?

2 Genauer lesen

Lies den Text noch einmal und beantworte diese Fragen!

1. Frank wohnt gern in Stuttgart. — Welche Vorteile hat Stuttgart?
2. Er nennt auch drei Nachteile. Was sind diese?
3. Bettina zieht das Leben in einer Kleinstadt vor. Welche Vorteile nennt sie?
4. Was tut Bettina, wenn sie etwas braucht, was es in ihrer Stadt nicht gibt?

3 Was ist richtig?

Ergänze die folgenden Aussagen mit der besten Antwort!

1. Frank wohnt ___ .
   a. in Bietigheim   **b.** bei seiner Mutter   **c.** gern in einer Kleinstadt.
2. Es gibt in Stuttgart Nachteile wie ___ .
   a. viel Verkehr   **b.** nicht genug Geschäfte   **c.** bessere Luft
3. Bettina fährt nach Stuttgart ___ .
   a. ..., wenn es viel Lärm in Bietigheim gibt   **b.** mit der Bahn   **c.** ..., weil es ruhiger ist
4. Katrin wünscht sich ___ .
   a. einen größeren Schrank   **b.** immer mehr Klamotten   **c.** ihr eigenes Zimmer

4 Ein Interview

Beantworte die folgenden Fragen auf deutsch, bitte!

1. How does Katrin initiate her interview with Frank? What does she say? How does he respond?
2. What does Frank want to know first? What does he ask her?
3. What does Katrin give as a reason for the interview?
4. What does Katrin say to Bettina at the close of the interview?
5. Using your answers to these questions as a guide, write a "framework" for an interview that you will do later in this chapter.

5 Und du?

Das Leben in einer Großstadt hat Vorteile (*advantages*) und Nachteile (*disadvantages*), auch das Leben auf dem Land. Wohnst du in der Stadt oder auf dem Land? In einer Großstadt oder in einer Kleinstadt? Welche Vorteile und Nachteile hat dein Wohnort? Schreib sie auf!

Expressing preference and giving a reason

Wo wohnst du lieber?
In der Stadt oder auf dem Land?

Diese Frage haben wir zwei jungen **L**euten gestellt.
Lies, was sie gesagt haben!

Britta
17 Jahre

„Ich heiße Britta Wegener, bin 17 Jahre alt und gehe hier auf die Oberschule in Weißensee. Weißensee ist ein Stadtteil hier im Osten Berlins, also — ich meine auch im früheren Osten."

Wohnst du gern hier in Weißensee?

„Eigentlich schon, aber ... na ja, die Gegend sieht im Moment noch nicht sehr schön aus. Unsere Häuser sind alt, alles sieht halt noch ziemlich grau aus und ist nicht so piekfein wie im Westen."

Möchtest du lieber woanders wohnen?

„Nö. Berlin gefällt mir. Berlin ist eine internationale Stadt; hier ist eben immer was los! Mir gefällt zum Beispiel Berlin besser als Hamburg oder sogar München. Berlin hat so viele Seen und Kanäle. Wir können segeln und Kajak fahren, im Winter können wir sogar Ski laufen auf unserm Teufelsberg.[1] Und es gibt billige öffentliche Verkehrsmittel: U-Bahn, S-Bahn, Busse."

Norbert
17 Jahre

„Ich bin Norbert Seemüller, bin 17 Jahre und lerne Schreiner. Ich bin im zweiten Lehrjahr. Ich wohne auf dem Land außerhalb von Besigheim."

Wo wohnst du? Und bist du dort zufrieden?

„Ja, klar! Ich wohne bei meinen Eltern, und wir haben ein schönes Haus mit einem großen Garten. Ja, und ich habe meine Lehrstelle hier — ich muß noch ein Jahr lernen, bis ich meine Gesellenprüfung machen kann."

Du möchtest also nicht woanders wohnen, zum Beispiel in Stuttgart?

„Nein. Und warum denn? Ich hab' hier halt alles, was ich brauche: eine schöne Umgebung, viel mehr Platz als in der Stadt. Ja, was noch? Die Luft ist eben hier viel sauberer als in einer großen Stadt und der Verkehr geringer. Ja, ich bin hier schon sehr zufrieden."

---

1. The **Teufelsberg,** an artificial mountain in the Grunewald section of Berlin, was built after World War II from the rubble of the destroyed city. Now beautifully landscaped, it is the sight of many sports events, grass-skiing in the summer, and skiing and sledding in the winter.

6 Ein Fragebogen: Britta und Norbert

Nimm ein Blatt Papier zur Hand und mach deinen eigenen Fragebogen! Schreib auf, was du über Britta und Norbert gelesen hast!

1. Nachname
2. Alter
3. Wohnort
4. Beschreibung des Wohnorts
5. Vorteile des Wohnorts
6. Nachteile des Wohnorts

	Britta	Norbert
Nachname		
Alter		

7 Britta oder Norbert?

Such dir einen Partner! — Nimm deinen ausgefüllten Fragebogen zur Hand und sag deinem Partner, was du alles über Britta weißt! — Dann sagt dir dein Partner, was er über Norbert weiß. Stimmt das, was dein Partner sagt?

WORTSCHATZ

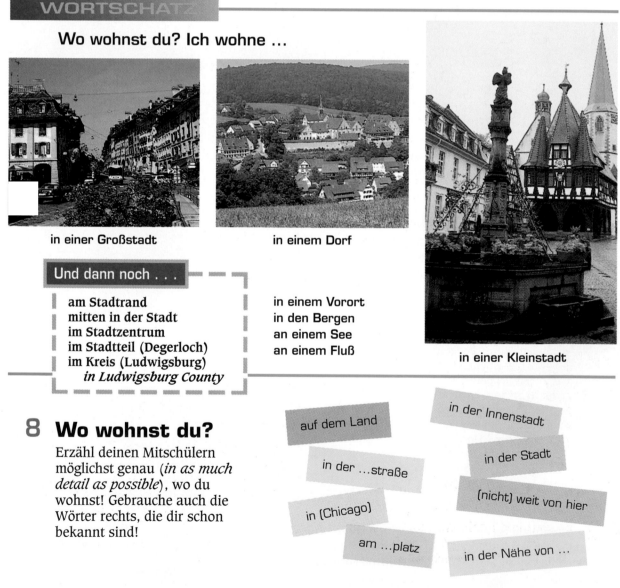

Wo wohnst du? Ich wohne ...

in einer Großstadt

in einem Dorf

in einer Kleinstadt

Und dann noch . . .

am Stadtrand
mitten in der Stadt
im Stadtzentrum
im Stadtteil (Degerloch)
im Kreis (Ludwigsburg)
in Ludwigsburg County

in einem Vorort
in den Bergen
an einem See
an einem Fluß

8 Wo wohnst du?

Erzähl deinen Mitschülern möglichst genau (*in as much detail as possible*), wo du wohnst! Gebrauche auch die Wörter rechts, die dir schon bekannt sind!

auf dem Land

in der Innenstadt

in der ...straße

in der Stadt

in (Chicago)

(nicht) weit von hier

am ...platz

in der Nähe von ...

SO SAGT MAN DAS!

Expressing preference and giving a reason

You already know some ways to express preference and favorites:

> **Ich sehe lieber einen Actionfilm.**
> **Am liebsten lese ich Science-fiction.**
> **Mein Lieblingsstar ist Tom Cruise.**

Here are some other ways to express preference:

> **Mir gefällt Berlin besser als Hamburg.**
> **Ich finde die Innenstadt von Hamburg schöner.**
> **Ich ziehe eine kleine Stadt wie Bietigheim vor.**

You may also want to give a reason for your preference:

> **Ich wohne lieber in einem Dorf. Da ist die Luft besser.**
> **Wir ziehen die Stadt vor, weil da einfach mehr los ist.**

Which words or phrases help to make a comparison and show preference? What might the verb **vorziehen** mean? Where is the conjugated verb in a **weil**-clause?

WORTSCHATZ

─────── Vorteile ───────		─────── Nachteile ───────	
Land:	**Stadt:**	**Stadt:**	**Land:**
Wohnungen billiger	mehr los	mehr Menschen	weniger Geschäfte
Umgebung schöner	mehr zu tun	Wohnungen teurer	weniger los
weniger Verkehr	Geschäfte in der Nähe	mehr Verkehr	keine Theater, Museen
weniger Lärm	Theater, Museen,	Lärm größer	keine Oper, kein Ballett
Luft sauberer	Oper, Ballett	Luft schmutziger	keine U-Bahn oder
Leben ruhiger	öffentliche Verkehrsmittel		S-Bahn
	(Bus, U-Bahn)		

---

9 Hör gut zu!

In der Radiosendung „Guten Morgen!" diskutieren zwei Zuhörer über das Thema: Stadt oder Land? Vorteile oder Nachteile. Schreib die Vorteile und Nachteile auf, die diese Leute für jeden dieser Orte erwähnen!

1. Stuttgart
2. Bietigheim
3. Eßlingen
4. Schönaich

10 Für mein Notizbuch

Schreib in dein Notizbuch

a. warum dir dein Wohnort gefällt!
b. warum dir dein Wohnort besser gefällt als dein Nachbarort!

Grammatik Comparative forms of adjectives

1. Words such as *larger, cleaner,* and *more beautiful* are called comparatives. In English, most comparatives have the ending *-er.* In German, all comparatives end in **-er.**

Positive	Comparative
Die Umgebung ist schön.	**Die Umgebung hier ist aber schöner.**
Die Wohnungen sind billig.	**Die Wohnungen hier sind billiger.**

2. Most one-syllable adjectives with stem-vowels **a**, **o**, **u**, add an umlaut in the comparative:

alt **älter**   groß **größer**   jung **jünger**

3. As in English, some comparative forms are completely different from the positive forms.

gern **lieber**   gut **besser**   viel **mehr**

4. To compare two things that are equal, the words **so ... wie** are used:

Die Luft ist hier **so** schlecht **wie** in der Großstadt.

5. To compare two things that are not equal, the comparative form and the word **als** are used.

Die Luft ist hier **schlechter als** in der Großstadt.

11 Wo ist es schöner?

Setzt euch in Gruppen von vier oder fünf Personen zusammen! Ihr vergleicht euren Heimatort mit einem Nachbarort.

a. Macht zuerst zusammen eine Liste mit Vor- und Nachteilen von euerm Heimatort! Dann macht eine Liste mit Vor- und Nachteilen von dem Nachbarort! Schreibt dann alle Vor- und Nachteile auf kleine Karteikarten. Legt die Karten in vier Stapel (*piles*)!

b. Ein Partner in der Gruppe fragt dann einen anderen Schüler, welchen Ort er schöner findet. Dieser Schüler gibt eine Antwort und zieht (*draws*) eine Karte von einem der vier Stapel. Er sagt dann seinen Grund dafür.

c. Macht weiter, bis alle ihre Meinungen gesagt haben!

> BEISPIEL   DU   **Welche Stadt gefällt dir besser, Denver oder Colorado Springs?**
> PARTNER   **Colorado Springs** (Zieh eine Karte!)
> **... , weil es dort weniger Verkehr gibt.**

12 Und du? Wo wohnst du lieber?

Am Anfang des Kapitels hast du einen Grundriß (*framework*) für ein Interview gemacht. Verwende ihn jetzt, um deine Partnerin zu interviewen. Frag sie, wo sie wohnt, wie es ihr dort gefällt und welche Vor- und Nachteile ihr Wohnort hat! Möchte sie lieber woanders wohnen? Wo und warum?

Wo wohnst du lieber? Auf dem Land? In der Stadt?

LANDESKUNDE

Where do teenagers in Germany like to live? In the big cities, in the country, or somewhere in between? We asked many students about their preferences and this is what some of them said.

Ilse, *Wedel*

„Ja, also, ich wohne gerne in Wedel, weil Wedel also 'ne nette Kleinstadt ist, es ist nicht allzu dreckig, es ist nicht dieser Streß mit dem vielen Verkehr, und … es ist einfach lustig. Man kann viel unternehmen, dafür, daß es so 'ne Kleinstadt ist, und … na ja, es ist einfach nett hier."

Iwan, *Bietigheim*

„Also, ich würde lieber in 'ner Kleinstadt wohnen, so wie hier in Bietigheim, weil hier es doch ruhiger ist, und es ist besser … ich meine besser für kleine Kinder, weil die besser hier aufwachsen können als in der Großstadt. In 'ner großen Stadt ist auch schlecht, daß die Luftverschmutzung dort groß ist. Aber andererseits, in der großen Stadt kann man natürlich alles bekommen, was in der kleinen Stadt nicht zu haben ist."

Hans, *Hamburg*

„Ja, Hamburg ist schön, hat viele grüne Flächen, aber ich würde eigentlich auch mal gerne auf dem Lande leben, für 'ne Weile auf jeden Fall, weil hier eben viel Verkehr ist, stickige Luft auch, eben typische Großstadt."

Heide, *Berlin*

„Ich leb' eigentlich gerne in Berlin, obwohl Berlin sowohl Nachteile als auch Vorteile hat. Die Nachteile sind halt, daß immer relativ schlechtes Wetter ist, und dann die Luft stickig ist und man Kopfschmerzen hat. Aber dann der Vorteil ist auch, daß in Berlin immer relativ viel los ist, so konzertmäßig und partymäßig, und von daher ganz schön ist, hier zu leben."

A. 1. What do you think a **Kleinstadt** is? And a **Großstadt**? In which categories do the places where these students live belong?

2. Which advantages and disadvantages does each student mention? What seems to be the big disadvantage to living in a large city, according to most of these students? Did that surprise you?

3. Think about where you live and places you've visited in the United States. What would you say are the advantages and disadvantages of living in a) cities, b) small towns, and c) the country? Are they similar to what these students said?

B. Germany's population density is 583 people per square mile compared to sixty-nine per square mile in the United States. How do you think Germany's population density might affect Germans' daily lives, their habits and their concerns? Write a short essay on this question. Be sure to include any facts or first-hand information from Germans which help to illustrate the effects of Germany's dense population.

Expressing wishes

Nicco, 15
„Ich wünsch' mir erst mal ein eigenes Zimmer mit neuen Möbeln, eine größere Stereoanlage und vor allem meinen eigenen Fernseher mit einem Video-Recorder."

Nadine, 16
„Ich möchte gern mal ein großes aber gemütliches Haus haben mit bequemen Möbeln. Dann wünsch' ich mir einen großen Garten mit vielen Blumen und Sträuchern und vielen Bäumen, und ein kleiner Pool wäre auch nicht schlecht."

Sven, 17
„Meine Wünsche? Ja, einen guten Wagen, einen tollen Job, später einmal eine nette Frau, gute Freunde, ja, ich wünsch' mir mal ein schönes Leben. Warum nicht?"

André, 16
„Was ich mir wünsche und was ich dringend brauche sind gute Noten in der Schule, damit ich später eine gute Ausbildung bekomme und einmal einen guten Job."

Jeanine, 16
„Mein großer Wunsch ist ein guter Schulabschluß, das heißt bei mir ein gutes Abitur, damit ich einen Platz an der Uni bekomme und studieren kann. Dann wünsch' ich mir einen netten Freundeskreis, ein schönes Familienleben und vor allem ein gutes und sicheres Einkommen."

Britta, 16
„Ich wünsche mir und meinen Mitmenschen vor allem eine saubere Umwelt und ein friedliches Leben, ohne Armut, ohne Hunger und ohne Krieg."

13 Wer wünscht sich was?

Lies, was sich diese Schüler wünschen und beantworte die Fragen!
1. Welche Schüler wünschen sich mehr materielle Dinge? Welche nicht?
2. Mit welchen Schülern kannst du dich identifizieren? Warum?

Ein wenig *Grammatik*

Look again at the first interview above. What do you notice about the pronoun that follows the verb **wünschen**? Here, **wünschen** is used reflexively (**sich wünschen**), and the reflexive pronoun is always in the dative case.

Was wünschst du **dir**?
Ich wünsche **mir** einen großen Garten.

SO SAGT MAN DAS!

Expressing wishes

When asking someone about his or her wishes, you may ask:

> **Was möchtest du gern mal haben?**
> *or* **Was wünschst du dir mal?**

And the answer may be:

Ich möchte gern mal einen tollen Wagen!
Ich wünsche mir mal eine schöne Wohnung!

> **Und was wünscht ihr euch?**

Wir wünschen uns ein eigenes Zimmer.

Name the noun phrases in the right-hand column. What are the genders of the three nouns? How do you know? To how many people is the third question addressed?

Für mein Traumhaus wünsch' ich mir

einen kleinen Pool

einen Garten mit Blumen,
Sträuchern und Bäumen

auch:

eine moderne Küche
ein nettes Wohnzimmer
ein gemütliches Eßzimmer
ein hübsches Schlafzimmer
ein eigenes Badezimmer
einen hellen Flur
zwei Toiletten
einen kühlen Keller
eine ruhige Terrasse

Ich wünsch' mir auch:

eine gute Ausbildung *a good education*
einen tollen Job *a great job*
ein friedliches Leben *a peaceful life*
eine saubere Umwelt *a clean environment*
ein sicheres Einkommen *a secure income*
keine Armut *no poverty*
keinen Hunger *no hunger*
keinen Krieg *no war*

Sag deinen Klassenkameraden, was du dir wünschst!

---

14 Hör gut zu!

Hör zu, was sich diese Schüler wünschen! Wer wünscht sich was? Schreib zuerst die Namen auf, die du hörst! Dann schreib neben jeden Namen, was sich diese Person wünscht!

15 Was sind deine Wunschträume?

Such dir einen Partner! Er fragt dich nach deinen Wunschträumen, und du sagst ihm, was du dir wünschst. Tauscht dann die Rollen aus!

Was du dir wünschst:

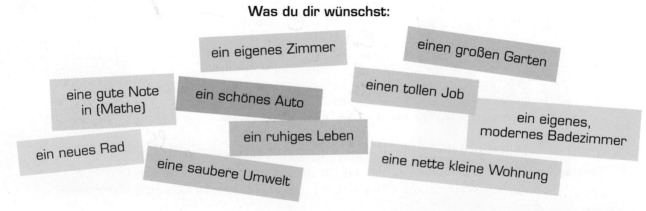

ein eigenes Zimmer

einen großen Garten

eine gute Note in (Mathe)

ein schönes Auto

einen tollen Job

ein eigenes, modernes Badezimmer

ein neues Rad

ein ruhiges Leben

eine nette kleine Wohnung

eine saubere Umwelt

Grammatik Adjective endings following **ein**-words

1. Adjectives following **ein**-words (**ein, kein,** and the possessives **mein, dein, sein, ihr,** etc.) have these endings:

Nominative	Das ist ein	**groß** er	**Garten.**	*masculine nouns*
Accusative	Ich wünsche mir einen	**groß** en	**Garten.**	
Nominative	Das ist eine	**nett** e	**Wohnung.**	*feminine nouns*
Accusative	Ich wünsche mir eine	**nett** e	**Wohnung.**	
Nominative	Das ist ein	**schön** es	**Zimmer.**	*neuter nouns*
Accusative	Ich wünsche mir ein	**schön** es	**Zimmer.**	
Nominative	Das sind keine **modern** en	**Möbel.**		*plural nouns*
Accusative	Ich möchte keine **modern** en	**Möbel.**		

2. Since **ein** has no plural form itself, the plural adjective ending is **e** in both the nominative and the accusative.

	Singular		Plural	
Nominative	**Das ist ein toll** er **Garten!**		**Das sind toll** e **Gärten!**	
Accusative	**Ich habe eine neu** e **Lampe.**		**Ich habe zwei neu** e **Lampen.**	

3. In the dative case, the adjective endings are **-en** for nouns of all gender and for plural nouns.

	einem	**klein** en **Vorort**	
Ich möchte mal in	einer	**groß** en **Stadt**	**wohnen.**
	einem	**schön** en **Haus**	
		groß en **Städten**	

4. When more than one adjective is used, both have the same ending.

   Das ist aber ein schön**es**, klein**es** Haus, nicht?

16 Was wünschen sich diese Schüler?

Schreib, was sich diese Schüler wünschen und setz dabei die richtigen Endungen ein!

Ich habe alles, was ich brauche. Wir haben eine nett _e_ Wohnung in einem groß _en_ Mietshaus. Die Wohnung hat ein gemütlich _es_ Wohnzimmer, zwei schön _e_ Schlafzimmer, eine groß _es_ Küche und ein modern _en_ Badezimmer. Wir haben sogar einen schön _en_, klein _en_ Garten.

Bettina wünscht sich ein ruhig _es_ Leben; sie zieht eine klein _e_ Stadt vor. In einer klein _en_ Stadt ist die Luft besser, sagt sie.

17 Ein Briefpartner schreibt

Stell dir vor, dein Briefpartner aus Deutschland hat dir geschrieben! Lies das Ende seines Briefes! Dann beantworte die Fragen!

1. What is Jochen talking about in the first part of the letter?
2. How does Jochen describe where he lives?
3. Does he have his own room?
4. What is special about the cellar?

immer Tennis spielen.

Nun, genug über Sport. Jetzt möchte ich deine Fragen beantworten. Also, wir wohnen in einem kleinen Vorort von Stuttgart, in Eßlingen. Dort haben wir ein schönes Haus mit einem großen Garten. Wir haben eine moderne Küche, ein sonniges Wohnzimmer und drei große Schlafzimmer. Mein Bruder und ich, wir haben jeder unser eigenes Schlafzimmer.

Ach ja, im Keller haben wir einen schönen Hobbyraum.

Schreib mal, wie Du wohnst!

Viele Grüße

Dein Jochen

18 Lieber Jochen!

Schreib deinem Briefpartner Jochen, wie du wohnst! Lies danach deinem Partner deinen Brief vor, und er tut das gleiche (*the same*)!

19 Für mein Notizbuch

Überleg dir (*think about*), was du dir wirklich einmal wünschst, und schreib deine Wünsche in dein Notizbuch!

Wo wohnst du?

Stadtrand
Kleinstadt
Vorort
Dorf
Großstadt

Was habt ihr?

Haus
Wohnung
Garten
Schlafzimmer
Wohnzimmer
Küche
Toilette
Bad
Terrasse
Garage

Und dein Traumhaus?

Getting Started

1. Do you think having one's own room might be something German teenagers dream about? Considering what you have learned about the kinds of clothes German teens wear and their lifestyles in general, could you make any predictions about what a **Traumzimmer** would look like? Or would it depend on the individual?

2. Skim quickly over the readings. What theme do they all have in common? What are the different formats? How will you adjust your reading strategy to get the most out of each text?

A Closer Look

3. Read the paragraph about **Kinderzimmer.** Convert the size of the average child's room in Germany from square meters to square feet (1 square meter equals approximately 11 square feet). Do you think the average child's room in the United States

MEIN TRAUMHAUS IST AUS SCHOKOLADE

Kinderzimmer in deutschen Mietwohnungen sind zwischen 8 und 12 Quadratmeter groß. Zieht man die notwendigen Flächen für Bett, Schrank und Tisch ab, bleiben 1,20m x 1,80m für Spiel und Bewegung übrig. In Wohn- und Schlafzimmern, tagsüber meistens leer, dürfen nur wenige Kinder spielen.

Keine Grenzen für die Fantasie: Mit viel Eifer und Energie entstanden die Objekte der Kinder

Traumhaus

Mein Traumhaus ist aus Schokolade,
und im Schwimmbecken fließt Limonade.
Aus Marzipan sind die Gardinen,
und das Bett ist aus Rosinen.
Mein Sofa ist aus Kaubonbons,
und daran hängen Luftballons.
Die Treppe ist aus Joghurteis,
da lauf' ich rauf mit sehr viel Fleiß.
Zwei Türme, die sind auch noch dran,
worin man sehr gut zeichnen kann.

16 JUMA 1/92

TEST

(von Susi, Anette, Dani und Julie aus München. Alle Vier sind 14 Jahre alt.)

Was bist Du für ein Wohntyp?

1. Stell Dir vor, Du kannst Dein neues Bett selber aussuchen. Was wählst Du?
- a) Ein rosarotes Himmelbett in Herzform.
- b) Eine neonfarbene Couch.
- c) Du würdest am liebsten auf dem Fußboden schlafen, weil das alle tun.
- d) Dir ist das Design egal — Hauptsache bequem.

2. Wie würdest Du Dich bei einem Umzug verhalten?
- a) Der Umzug ist Dir egal. Hauptsache, Dein Teddybär kommt mit.
- b) Du würdest Deinen Hamster mit Punkfrisur mitnehmen. Was sonst!
- c) Du nimmst keine Möbel mit. Du kaufst neue, die gerade „in" sind.
- d) Du nimmst alles Brauchbare mit, was Dir zur Verfügung steht.

3. Du brauchst Geld und mußt etwas verkaufen. Wovon trennst Du Dich als erstes?
- a) Von dem Drahtbett, das Dir ein Freund geschenkt hat.
- b) Von dem braunen Kleiderschrank, den Deine Eltern gekauft haben.
- c) Von Deiner Zahnbürste, weil Zähneputzen „uncool" ist.
- d) Von Deinem Computer, weil er schädlich für Dich ist.

4. Du bist umgezogen. Mit wem freundest Du Dich zuerst an?
- a) Mit Lisa, weil sie eine schöne Kuschelecke hat.
- b) Mit dem Punker von nebenan, weil Du seine Klamotten „cool" findest.
- c) Mit dem Typen, der den Schaukelstuhl (siehe Bild) entworfen hat, weil Du solche Sachen gut findest.
- d) Mit Hannelore, weil sie Dir giftfreie Farbe für Deine Wände geschenkt hat.

5. Du hast nach Deiner dritten Mahnung die Miete noch nicht gezahlt. Nun klingelt der Vermieter. Wie verhältst Du Dich?
- a) Du versuchst, ihn mit echten Tränen einzuschüchtern.
- b) Du vertreibst ihn mit einem Heavy-Metal-Song.
- c) Du sagst: „Mann, ich bin Kick-Boxer. Das schwöre ich Dir!"
- d) Du bietest ihm Deinen selbstgebackenen Bio-Kuchen an.

Lösung

Du hast **a)** am meisten angekreuzt. Du bist ein verspielter Schmuse-Typ. Dein Zimmer würdest Du am liebsten nur mit Stofftieren einrichten. *Du träumst davon, in einem großen Stofftier zu leben.*

Du hast **b)** am meisten angekreuzt. Du liebst grelle Farben und Verrücktes. Sanfte Farben findest Du langweilig. *Bist Du vielleicht ein Punker?*

Du hast **c)** am meisten angekreuzt. Du magst moderne Möbel, die nicht unbedingt bequem sein müssen. *Man findet bei Dir das Nagelbett eines Fakirs — wenn es gerade modern ist.*

Du hast **d)** am meisten angekreuzt. Du bist der praktische Öko-Typ. Du faßt nichts an, was Du nicht vorher desinfiziert hast. Wer mit Dir reden will, muß sich mindestens fünfmal täglich waschen. *Frage: Übertreibst Du da nicht ein bißchen?*

---

is bigger or smaller? What about your own room?

4. Now read the poem slowly two times. Then listen as a classmate reads it aloud. What is it about? What terms does the writer use in his or her description? Could you sketch the **Traumhaus?**

5. Look at the self-test. Who wrote it, and what is it designed to reveal?

6. Read the first three questions of the test once. Then look back at the individual sentences and try to guess the meanings of the following words from the words on the right. First determine the part of speech, then look for clues to its meaning.

sich vorstellen	*to sell*
Himmelbett	*to choose*
Umzug	*to imagine*
sich verhalten	*harmful*
verkaufen	*move*
wählen	*to behave*
schädlich	*canopy bed*

7. Reread the questions and answer them for yourself. Follow the same procedure with questions four and five and the solutions. What type are you?

Kuschelecke	*non-toxic*
giftfrei	*to intimidate*
anbieten	*to offer*
vertreiben	*to drive away*
einschüchtern	*quiet corner*
Schmuse-Typ	*to furnish*
einrichten	*cuddly type*

8. Schreib jetzt nach dem Muster unten dein eigenes, fünfzeiliges Gedicht über dein Traumhaus!

a noun	*Apfel*
two adjectives	*rot, vergiftet*
three verbs	*essen, schmecken, geben*
an idea	*Ein schöner Apfel ist nicht immer gut.*
a noun	*Schein*

DRITTE STUFE

Agreeing with reservations; justifying your answers

WORTSCHATZ

Was produziert Lärm?

LKWs (Lastkraftwagen)

Flugzeuge

Motorräder

Und dann noch . . .

PKWs (Personenkraft-
wagen)
Mofas und Mopeds
Busse
zuviel Verkehr
Motorboote

Man produziert auch Lärm, wenn man ...

zu schnell in die Kurven fährt

die Autotür oder den Kofferraumdeckel zuschlägt

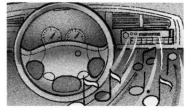

das Autoradio zu laut spielt

Sieh dir die Illustrationen an! Was kann man tun, um
Lärm zu vermeiden?

langsam fahren

den Motor abstellen

nicht hupen

20 Hör gut zu!

Zwei Schüler, Markus und Ute, sprechen über den Lärm in ihrer Stadt. Markus nennt einige
Probleme, und Ute macht Vorschläge (*suggestions*), wie man das Problem lösen (*solve*)
kann. Wie reagiert Markus auf Utes Vorschläge? Hör dem Gespräch zweimal zu! Schreib
zuerst die Probleme auf, die Markus erwähnt! Dann schreib Utes Vorschläge auf und wie
Markus darauf reagiert!

Der Lärm wird größer!

Der Lärm in unseren größeren Städten nimmt zu.

Mehr als 50 Prozent der Bevölkerung fühlt sich durch Lärm belästigt. Verkehrslärm steht mit 70% an erster Stelle. Lastkraftwagen und Busse verursachen einen größeren Lärm als Personenkraftwagen. Unsere motorisierten Zweiräder, besonders die Leichtkrafträder und Motorräder, machen einen größeren Lärm als zum Beispiel Mofas und Mopeds. Als Kraftfahrer können Sie aber durch ein lärmbewußtes Verhalten zur Lärmminderung beitragen.

Hier sind einige Tips:

- Vermeiden Sie Kavalierstarts!
- Fahren Sie nicht zu schnell in Kurven!
- Schlagen Sie Ihre offene Autotür und den Kofferraumdeckel nicht zu!
- Drehen Sie Ihr Autoradio auf Normalstärke!
- Machen Sie keine unnötigen Fahrten, vor allem in Wohngebieten!
- Stellen Sie den Motor an Bahnübergängen ab!
- Beachten Sie strikt die Geschwindigkeitsbeschränkungen aus Lärmschutzgründen!

21 Was tun, um Lärm zu beseitigen?

Beantworte die folgenden Fragen!

1. Welcher Lärm belästigt die Bevölkerung am meisten?
2. Welche Fahrzeuge machen den größten Lärm? Welche machen weniger Lärm?
3. Bist du ein Lärmmuffel? — Was tust du selbst, um Verkehrslärm zu mindern? Schau dir die Tips an und nenne zwei Dinge, die du selbst tust!

SO SAGT MAN DAS!

Agreeing with reservations

If someone wants to know about your preference, he or she might ask:

> **Findest du Boston schöner als New York?**
> **Ich finde die Innenstadt von Baltimore schöner. Du auch?**
> **Wohnst du auch lieber in der Stadt als auf dem Land?**
> **Das Leben auf dem Land ist todlangweilig, nicht wahr?**

In your answer, you may want to express reservations by saying:

> **Ja schon, aber ... (Boston hat im Winter mehr Schnee).**
> **Ja, aber ... (New York hat bessere Theater).**
> **Eigentlich schon, aber ... (in einer Großstadt gibt es schönere Museen).**
> **Ja, ich stimme dir zwar zu, aber ... (es ist viel gesünder).**

Which words or phrases show that the speaker has reservations?

22 Eigentlich schon, aber …

Schreib drei Dinge auf einen Zettel, die du in deiner Heimatstadt schön findest. Deine Partnerin schreibt drei Nachteile auf. Sag ihr jetzt, was du über deine Heimatstadt denkst! Sie stimmt dir zwar zu, aber sie hat dazu auch etwas anderes zu sagen. — Tauscht dann die Rollen aus!

Grammatik   Adjective endings of comparatives

Read the following pairs of sentences.

Adjectives before nouns	Comparatives before nouns
Das ist ein **groß** er Garten.	Aber dort ist ein viel **größer** er Garten!
Wir haben einen **groß** en Garten.	Schmitts haben einen **größer** en Garten.
Frank hat ein **klein** es Zimmer.	Sein Bruder hat ein **kleiner** es Zimmer.
Wir wohnen in einer **klein** en Stadt.	Webers wohnen in einer **kleiner** en Stadt!
Meiers haben keine **modern** en Möbel.	Sie wollen keine **moderner** en Möbel.

What do you notice about the endings of the comparative forms of adjectives?[1]

23 Was glaubt Peter?

Peter glaubt, in der Stadt ist alles besser. Schreib auf, was er sagt!

1. In der Stadt gibt es modern*ere* Häuser!
2. Ihr wohnt bestimmt in einer bess*eren* Gegend.
3. In der Stadt gibt es immer größ*ere* Wohnungen.
4. Hier gibt es auch ein bess*eres* Theater.
5. Es gibt auch einen schön*eren* Tennisplatz als bei uns.

24 Ich stimme dir zwar zu, aber … !

Such dir eine Partnerin! — Du sagst deiner Partnerin etwas über deine Wohnung. Deine Partnerin stimmt dir zuerst zu, aber dann sagt sie, daß bei ihr doch alles besser, schöner oder größer ist! Tauscht dann die Rollen aus!

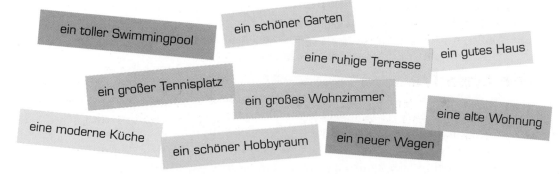

ein toller Swimmingpool · ein schöner Garten · eine ruhige Terrasse · ein gutes Haus · ein großer Tennisplatz · ein großes Wohnzimmer · eine alte Wohnung · eine moderne Küche · ein schöner Hobbyraum · ein neuer Wagen

1. The endings are the same for both comparative and positive adjectives.

25 Nach Gründen suchen

Lies noch einmal, was Britta und Norbert auf Seite 163 gesagt haben! Such beim Lesen die Gründe heraus, die die Wörter „eben" und „halt" enthalten! Welche Aufgabe, glaubst du, erfüllen diese beiden Wörter?

SO SAGT MAN DAS!

Justifying your answers

If someone asked you about your preferences, for example:

Warum gefällt es dir in Stuttgart besser als in Bietigheim?

You might answer:

Mir gefällt es in Stuttgart besser, weil da **halt** alles in der Nähe ist. Hier kann man **eben** schnell einmal ins Theater gehen.

Eben and **halt** are often used when giving a reason, justifying something, or giving an explanation.

26 Ein guter Grund?

Für jede Aussage auf der linken Seite gibt es einen guten Grund auf der rechten Seite. Für jeden Grund gebrauche entweder „eben" oder „halt".

1. Wir wohnen jetzt in einer kleinen Stadt in der Nähe von Stuttgart.
2. Wir wohnen jetzt in einer wirklich schönen Gegend.
3. Wir haben jetzt viel mehr Platz, und einen Garten. Die Großeltern können jetzt auch bei uns wohnen.
4. Ich hab' jetzt mein eigenes Zimmer.
5. Und einen kleinen Swimmingpool haben wir auch!

a. Da hab' ich alles, was ich brauche.
b. Da kann ich schnell mal schwimmen gehen.
c. Da können wir alle zusammen sein.
d. Aber da sind die Häuser und die Wohnungen teurer.
e. Die Luft ist da viel besser als in Stuttgart.

27 Bei uns ist alles besser, oder?

a. Bildet zuerst zwei Gruppen! Eure Aufgabe ist, etwas über eure Gegend zu berichten oder über eine Gegend, in der ihr gern wohnen möchtet. Welche Vor- und Nachteile bietet diese Gegend?
b. Dann trägt jemand aus der Gruppe den Bericht vor, den ihr gemeinsam erarbeitet habt. Die Mitglieder der anderen Gruppe dürfen sich dabei Notizen machen.
c. Sprecht eure Vorbehalte (*reservations*) aus!

28 Für mein Notizbuch

Frag zuerst deine Eltern (oder andere Verwandte oder Bekannte), ob sie gern oder nicht gern in deiner Gegend wohnen! Welche Vor- und Nachteile erwähnen sie? Schreib danach in dein Notizbuch, was sie gesagt haben!

1 Ein paar Leute sagen, wo sie lieber wohnen und warum. Mach eine Tabelle wie diese und füll sie dann aus!

Person	wo?	warum?
1		
2		

 2 Vergleiche (*compare*) mit deinem Partner diese zwei Illustrationen. Erzählt einander alles, was ihr bemerkt!

BEISPIEL **Die Küche im Haus in der Stadt ist kleiner als die Küche im Haus auf dem Land.**

 3 Zeichne dein Traumhaus! Zeichne zuerst das Haus auf ein großes Blatt Papier! Danach beschreibe deinem Partner das Haus! Dein Partner hört dir zu und zeichnet dein Traumhaus. Vergleicht dann die beiden Zeichnungen! Hat dein Partner alles richtig gehört? Dann erzählt dir dein Partner, wie sein Traumhaus aussieht, und du zeichnest sein Traumhaus auf ein Blatt Papier.

 4 Was machst du in zehn Jahren? Was für eine Welt soll das sein? Du schreibst jetzt einen Bericht für dein Schuljahrbuch über dich selbst und die Welt in zehn Jahren. Auf was für einen Job hoffst du? Wo willst du wohnen? In was für einem Haus willst du wohnen? Was für ein Auto möchtest du haben? Was für eine Welt wünschst du dir? Schreib mindestens zehn Sätze!

5 Lies den Text unten und beantworte die folgenden Fragen!

1. Worüber berichtet der Text?
2. Wo ist der Garten?
3. Was wächst im Garten?
4. Wie finden die Schüler den Garten? Warum? Was sagen sie?
5. Was, meinst du, lernen die Schüler von der „Schule im Garten"?

SCHULE IM GARTEN

Schüler ziehen mit Spaten, Hacken, Heckenscheren und Schubkarren hinaus ins Freie, um an „ihrer" Oase zu arbeiten. Und wie die blüht und wächst! Es gibt Gemüse- und Blumenbeete sowie einen Kräutergarten. Die Schüler beliefern die Schulküche mit Zwiebeln, Karotten, Tomaten, Kartoffeln und Erdbeeren. Nicht nur der Garten, auch die Klassenzimmer werden immer grüner: Im Sommer gibt es dort jetzt frische Blumensträuße. Die jungen Hobbygärtner sind ganz begeistert. „Die Penne (Schule) macht viel mehr Spaß, weil etwas ganz Eigenes entsteht", meint Lizzy. „Klar kostet das Arbeit, aber dann siehst du etwas wachsen, kannst riechen, es anschauen." Am Ende kann man einiges sogar schmecken, essen und davon satt werden.

6 Die Schüler im Bericht haben einen Garten gepflanzt, um ihr Schulerlebnis zu verbessern (*improve*). Was kannst du tun, um deine Schule oder dein Schulerlebnis zu verbessern? Such dir zwei Klassenkameraden! Ihr macht ein Poster von allem, was ihr wünscht, um die Schule zu verbessern. Auf der linken Seite schreibt die Verbesserungsvorschläge auf, und auf der rechten Seite schreibt Ideen, wie ihr diese Wünsche erfüllen könnt! Dann erzählt euren Klassenkameraden etwas über eure Ideen!

7

ROLLENSPIEL

Using props, role-play the following scene in front of the class.

You and three of your classmates are participants in a television talk-show. The topic of the day is "The best place in the world to live." One of you will play the role of the host and ask questions of the others, who will play the guests. Everyone in the class writes the name of a large city anywhere in the world on a slip of paper and puts it in a box. Each guest draws a city from the box. He or she must think of some reasons and justifications for why he or she thinks this city is the best place in the world to live. The host will ask specific questions about the guest's interests to try to find out more information about why each person thinks he or she lives in the best place in the world.

Can you express preference and give a reason?
(p. 165)

1 How would you say you prefer to live in the following places and give a reason for it?

a. in a small town
b. in a big city
c. in the country
d. in the mountains
e. by a river
f. by a lake

2 How would you ask a friend's opinion about different locations, using the following expressions?

a. **lieber**
b. **gefallen**

Can you express your wishes, and ask others about their own?
(p. 168)

3 How would you say you wish for the following things?

a. a television and a VCR
b. a great job
c. a secure income
d. a peaceful life
e. a clean environment
f. no war

4 How would you ask someone what he or she wishes for?

Can you agree with reservations?
(p. 175)

5 How would you say to your friend that you agree that he or she does everything possible to avoid making excessive noise, but that you have the following reservations? He or she...

a. drives too fast around curves
b. slams the car door
c. plays the car radio too loud

Can you justify your answers, using halt and eben? (p. 177)

6 How would you now tell your friend he or she actually does make too much noise, and use the same arguments to justify your opinion?

ERSTE STUFE

EXPRESSING PREFERENCE

Mir gefällt ... besser als ...
I like... better than...
vorziehen *(sep)* *to prefer*
Ich ziehe ... vor *I prefer...*
so ... wie *as... as*
(schlechter) als *(worse) than*
älter *older*
größer *bigger*
jünger *younger*

TALKING ABOUT WHERE YOU LIVE

in einer Großstadt *in a big city*

in einem Vorort *in a suburb*
der Vorort, -e *suburb*
in einer Kleinstadt *in a town*
in einem Dorf *in a village*
das Dorf, ¨er *village*
in den Bergen *in the mountains*
der Berg, -e *mountain*
an einem See *on a lake*
der See, -n *lake*
an einem Fluß *on a river*
der Fluß, Flüsse *river*

LIVING IN YOUR COMMUNITY

der Vorteil, -e *advantage*

der Nachteil, -e *disadvantage*
öffentliche Verkehrsmittel (pl)
public transportation
die Wohnung, -en *apartment*
die Umgebung, -en *surrounding area*
der Verkehr *traffic*
der Lärm *noise*
die Luft *air*
das Leben *life*
sauber *clean*
schmutzig *dirty*
ruhig *calm*

ZWEITE STUFE

AROUND THE HOUSE

das Haus, ¨er *house*
der Flur, -e *hallway*
das Wohnzimmer, - *living room*
das Eßzimmer, - *dining room*
die Küche, -n *kitchen*
das Schlafzimmer, - *bedroom*
das Badezimmer, - *bathroom*
die Toilette, -n *bathroom, toilet*
der Keller, - *cellar*
die Terrasse, -n *terrace, porch*
der Garten, ¨ *garden, yard*

der Pool, -s *pool*
der Strauch, ¨er *bush*
der Baum, ¨e *tree*

EXPRESSING WISHES

sich wünschen *to wish*
Was wünschst du dir (mal)?
What would you wish for?
Ich wünsche mir ... *I wish for...*
die Ausbildung, -en *education*
der Job, -s *job*

das Einkommen *income*
die Umwelt *environment*
die Armut *poverty*
der Krieg, -e *war*

USEFUL WORDS FOR DESCRIBING THINGS

friedlich *peaceful*
gemütlich *comfortable, cozy*
hell *bright*
sicher *secure*
eigen *(one's) own*

DRITTE STUFE

TALKING ABOUT NOISE POLLUTION

der Lärm *noise*
Was produziert Lärm? *What produces noise?*
der Lastkraftwagen (LKW), - *truck*
das Flugzeug, -e *airplane*
das Motorrad, ¨er *motorcycle*
langsam *slow, slowly*
abstellen (sep) *to switch off*
der Motor, -en *motor*
Stellen Sie den Motor ab! *Turn your engine off!*
hupen *to honk the horn*

Du fährst zu schnell in die Kurve! *You're taking the curve too fast!*
Er schlägt die Autotür (den Kofferraumdeckel) zu! *He's slamming the car door (the trunk)!*
He, Sie da! Sie spielen das Autoradio zu laut! *Hey you there! You're playing your radio too loud!*

AGREEING, BUT WITH RESERVATIONS

Ja schon, aber ... *Well yes, but...*

Eigentlich schon, aber ... *I suppose so, but...*
Ja, ich stimme dir zwar zu, aber ... *Yes, I do agree with you, but...*

GIVING REASONS OR JUSTIFICATIONS

halt: Die Kleinstadt gefällt mir gut, weil es da halt ruhiger ist. *I like a small town because it's just quieter there.*
eben: Man kann eben den Großstadtlärm vermeiden. *You can really avoid big city noise.*

8
Mode? Ja oder nein?

1 Kauf dir ja nichts aus Acryl!

German students, like you and other American students, dress for the occasion; the outfit for school is likely to be different from the outfit for a bike ride or a picnic. The look and the style of the clothes they wear is heavily influenced by American styles. In order to talk about clothes and express specific interest in clothes, you need to know several new expressions as well as specific vocabulary.

In this chapter you will learn

- to describe clothes
- to express interest, disinterest, and indifference; to make and accept compliments
- to persuade and dissuade

And you will

- listen to students talk about clothes
- read about the kinds of clothes German students like to wear
- write your own clothing ads
- find out what German students think about fashion and clothes

② Dieser fesche Rollkragenpulli steht dir gut!

③ Für Mode interessier' ich mich besonders.

Los geht's!

Katrin

Judith

Roland

Boris

Ein starkes Outfit

Look at the photos on the left. What might the topic of
the conversation be? Now look at the photos on the right.
What is the topic there? What roles do the two boys play?

①

> Was machst du denn da?
> Willst du verreisen?

> Nö! Ich muß mal
> ein bißchen Ordnung in
> meine Sachen bringen und
> sehen, was ich hab'.

②

> Das Zeug da muß ich waschen, und
> das kommt in die Reinigung. Und das dort
> möchte ich am liebsten wegwerfen.

③

> Hm! Diesen Pulli willst du wirklich wegwerfen?

> Ja, schau! Er paßt mir nicht.
> Er ist mir viel zu weit, und er ist aus
> Acryl! Kauf dir nie etwas aus Acryl! Ich
> kaufe mir jetzt auch nur noch Sachen
> aus Baumwolle oder Wolle.

> Wie findest du meine grüne Bluse?

> Die ist echt stark, und
> sie steht dir gut. Sie paßt gut
> zu der weißen Jeans. Das ist ein
> echt heißes Outfit!

> Meinst du?

> Ja, wirklich! Du
> interessierst dich eben mehr
> für Mode als ich.

1 Was passiert hier?

Verstehst du alles, was diese Leute sagen? Beantworte die Fragen!

1. What is this text about?
2. Why does Judith think that Katrin is going on a trip?
3. What does Katrin intend to do with her clothes?
4. What are her favorite materials? What clothes will she never buy again?
5. Which one of the two girls is interested in fashion? How does that show?
6. What does Judith's brother like to wear?
7. Whom do the girls seem to like and why?
8. What does this person like about Katrin?

2 Stimmt oder stimmt nicht?

Wenn der Satz nicht stimmt, schreib die richtige Antwort!

1. Katrin möchte verreisen.
2. Sie möchte den Pulli in die Reinigung geben.
3. Sie kauft sich jetzt nur noch Klamotten aus Acryl.
4. Katrin interessiert sich sehr für Mode.
5. Der Roland trägt am liebsten Schwarz.
6. Die Katrin mag den Boris nicht.
7. Der Boris ist ein lässiger Typ.

3 Welche Sätze passen zusammen?

Welche Sätze auf der rechten Seite passen zu den Sätzen auf der linken Seite?

1. Katrin bringt Ordnung in ihre Klamotten.
2. Der grüne Pullover paßt ihr nicht.
3. Judiths grüne Bluse paßt gut zu der weißen Jeans.
4. Der Roland ist ein richtiger Mode-Freak.

a. Das ist ein heißes Outfit.
b. Er ist stolz auf seine Klamotten.
c. Sie möchte sehen, was sie hat.
d. Er ist ihr viel zu weit, und er ist aus Acryl.

4 Welche Wörter passen in die Lücken?

1. Ich muß mal __1__ in meine Klamotten bringen.
2. Das muß ich waschen, und das muß in die __2__.
3. Diesen Pullover willst du __3__?
4. Der Roland ist ein __4__ Mode-Freak.
5. Er ist __5__ auf seine Klamotten.
6. Mode ist für ihn ziemlich __6__.
7. Der Boris ist ein wirklich lässiger __7__.

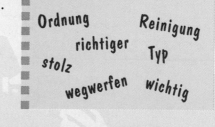

Ordnung   Reinigung
richtiger   Typ
stolz
wegwerfen   wichtig

5 Und du?

Wie beschreibst du dich selbst? Was ist dein Stil? Gebrauche drei Adjektive aus dem Kasten, um dich zu beschreiben.

modisch   einfach
sportlich   schick   lässig
elegant   verrückt   natürlich
fesch   cool   fetzig

Was trägst du am liebsten?

We asked several teenagers the question **Was trägst du am liebsten und warum?** Based on what you already know about what German students like to wear, think about the kinds of clothing these teenagers might mention. What reasons might they give for wearing certain kinds of clothing? Listen to and then read the interviews.

Monika, *Hamburg*

„Also ich wechsle mein Outfit auch je nach Gelegenheit. Entweder zieh' ich mich total gruftimäßig an oder siebziger Jahrestil, wie man es jetzt so sieht. Oder, na ja, ich geh' halt ganz normal zeckig, ganz normal richtig links."

Rosi, *Berlin*

„Ich trage am liebsten 'ne Jeans und T-Shirt, also, weil es ist in der Schule so, da zieht keiner schicke Sachen an, also mit Kleidern nur wenige Ausnahmen, ich fühl' mich dann am wohlsten."

Jens, *Berlin*

„Also, was ich gerne anziehe, kann ich nicht sagen. Ich ... kleide mich gerne sportlich, weil ich fein nicht so mag, weil es was Besonderes ist. Meine Lieblingsfarbe ist Dunkelblau."

Uli, *München*

„Also Kleidung muß natürlich bequem sein, in erster Linie, und es unterscheidet sich natürlich, ob ich abends weggehe mit Freunden oder ob ich arbeite. Also wenn man mich jetzt sieht, das ist eine typisch bequeme Arbeitsklamotte, sag' ich mal, die ich anhab', also mit Turnschuhen, in denen ich bequem laufen kann, weil ich doch viel unterwegs bin. Wenn ich abends weggehe, zieh' ich mich gerne etwas feiner an, also sprich weg, so daß ich meine, ich sehe besser aus, in dann engen Hosen oder mal ein ausgeschnittenes T-Shirt."

A. 1. What kind of clothing do each of these people say they like to wear the best? What kind of reasons do they give for their choices? Which person says he or she likes to dress up? Who mentions comfort? The athletic look? Does Uli make a distinction between clothes she wears every day and clothes she wears when she goes out in the evening? What does she say? Describe the two outfits she wears.

2. With a partner choose one of the interviews above and jot down a few notes about what that person said. Then summarize in German (in your own words) the interview. Describe that person to your classmates using the phrase **Diese Person ...** to identify him or her. Let your classmates guess which person you are describing.

B. What do these people's statements and their choice of clothes tell you about them? Do you think their parents would make the same choices? How does their taste in clothes compare to yours and your friends'?

6 Hast du alles verstanden?

Lies zuerst den Text unten, und dann beantworte die Fragen!

1. Was ist heute in der jungen Mode anders als früher?
2. Die Jugend experimentiert. Wie zeigt sich das?
3. Nenne die Adjektive, die diese Modeartikel beschreiben!

WORTSCHATZ

Was ist heute „in"?

Früher hat es in der jungen Mode gewöhnlich nur zwei Stile gegeben: konservativ und modisch. Und heute? — Heute geht alles. Die Jugend von heute experimentiert und kombiniert: Hosen aus den 60er Jahren mit geblümten Hemden aus den 70er Jahren. Und farblich? Alles geht! Aber Schwarz ist zur Zeit „in".

Richtig cool ist die schwarze Jeans und das bunte Shirt darüber, das am besten offen bleibt.

Jeans 129,40
Shirt 80,90

Für jeden sportlichen Typ: Käppis! Am liebsten natürlich von US-Baseball-Mannschaften.

Käppis ab 28,00

Immer noch „in": Die schon klassischen Turnschuhe gibt's jetzt in tollen Farben.

Turnschuhe 79,60

Echt toll ist dieser blaue Blazer und das lässige, weite Hemd darunter.

Blazer 189,00
Hemd 69,80

Lässig für den kalten Winter: diese gefütterte Wind- und Wetterjacke über der Jeansweste und dem karierten Wollhemd.

Windjacke 186,00
Jeansweste 96,00
Wollhemd

Diese bunten Krawatten passen besonders gut zu dem blauen Jeansshirt.

Krawatten ab 27,00

Dieser bunte Anorak sieht auch von hinten scharf aus – ein Anorak mit Patches! Darunter trägt man, was man will. Dieses witzige T-Shirt vielleicht?

Anorak 109,00
T-Shirt 39,90

Welche Adjektive beschreiben die Kleidungsstücke von deinen Klassenkameraden?

7 Hör gut zu!

Ein Schüler beschreibt die Kleidung von vier neuen Klassenkameraden. Mach dir Notizen (zum Beispiel Adjektive) über die verschiedenen Kleidungsstile! Wer von den Klassenkameraden kleidet sich a. modisch? b. sportlich? c. witzig? d. konservativ?

8 Du und dein Partner

Du und dein Partner, ihr müßt euch jeder einen Artikel aus der Reklameseite (Seite 188) heraussuchen. Was gefällt euch? Was nicht? Was kauft sich dann jeder von euch?

SO SAGT MAN DAS!

Describing clothes

When describing clothes, as well as other things, you want to use adjectives in your description.

> **Diese schwarze Jeans und das bunte Shirt sind echt cool.**
> **Für den kalten Winter bei uns brauch' ich diese gefütterte Windjacke.**
> **Dieser bunte Anorak sieht sehr gut aus.**

Identify the adjectives in the noun phrases above. Why do you think **schwarze**, **bunte**, and **gefütterte** have an -**e** ending, but **kalten** an -**en** ending?

*G*rammatik Adjectives following **der** and **dieser**-words

1. Adjectives following **der** and **dieser**-words (**dieser, jeder, welcher**) have these endings.

Nominative: Dieser bunt e Anorak sieht toll aus.	*Masculine*
Accusative: Diesen bunt en Anorak kauf' ich mir.	
Nominative: Die schwarz e Jacke ist echt cool.	*Feminine*
Accusative: Die schwarz e Jacke kauf' ich mir auch.	
Nominative: Das weit e Hemd ist lässig.	*Neuter*
Accusative: Das weit e Hemd trag' ich gern.	
Nominative: Diese bunt en Krawatten sehen gut aus.	*Plural*
Accusative: Diese bunt en Krawatten mag ich nicht.	

2. In the dative case, the adjective endings are -**en** for all nouns of all genders, and for the plural.

> *Dative:* Das paßt echt gut zu ⎰ diesem grün en Anorak.
> dieser weiß en Jacke.
> diesem bunt en Hemd.
> diesen bunt en Turnschuhen.

3. When more than one adjective is used to describe a noun, all adjectives have the same ending: Du willst diese schöne, grüne Bluse wegwerfen?

9 Leute beschreiben

Setz dich mit einer Partnerin zusammen, und sprecht über die Leute in den Fotos! Welche Kleidungsstücke gefallen euch? Welche nicht? Sagt auch, welche Farben diese Kleidungsstücke haben!

Farben

Schon bekannt

rot   blau
weiß
grün   gelb
schwarz
grau   braun

Und dann noch . . .

feuerrot
wollweiß
türkisblau
olivgrün
knallgelb
hellbraun
dunkelgrau
tiefschwarz

10 Waschen? In die Reinigung? Oder wegwerfen?

Katrin bringt Ordnung in ihre Klamotten. Aber was soll sie nur mit den vielen Klamotten tun? Welche Stücke soll sie waschen? Welche soll sie in die Reinigung bringen? Welche soll sie wegwerfen? Sag deinen Mitschülern, was Katrin machen soll!

waschen?

wegwerfen?

in die Reinigung bringen?

11 Hör gut zu!

Hör zu, wie Erik ein Outfit von seinem Freund Otto beschreibt! Otto trägt nämlich gern ganz verrückte Klamotten. Mach eine Skizze von Ottos Outfit, in Farbe natürlich! Vergleiche dann deine Skizze mit denen deiner Mitschüler! Wer hat den schönsten Otto gezeichnet?

12 Reklame für Klamotten

Jeder in der Klasse muß eine Reklameseite aus einem Katalog mit in die Klasse bringen. Sprecht über die einzelnen Artikel! Was gefällt euch? Was gefällt euch nicht? Wo gibt es diese Sachen? Wie teuer sind sie?

13 Typen wie der Boris?

Bildet Gruppen von drei Personen! Jede Gruppe muß einen Mode-Freak haben, der gern „verrückte" Kleidung trägt. Wenn keiner ein Mode-Freak sein will, verwendet die beste Otto-Zeichnung! Sprecht jetzt über euren Mode-Freak oder Otto!

a. Beschreibt das Outfit!
b. Sagt, was euch besonders gefällt oder überhaupt nicht gefällt!
c. Wie passen die Klamotten?

bei Beck

im Kaufhaus

bei Karstadt

zum Geburtstag

zu Weihnachten

EIN WENIG LANDESKUNDE

Heutzutage ist es fast unmöglich, junge Deutsche der Kleidung nach von jungen Amerikanern zu unterscheiden: die Jugend ist in ihrer Freizeit locker und lässig gekleidet.

Beim Sport legen die jungen Deutschen vielleicht ein bißchen mehr Wert auf richtige Kleidung. Man wandert in bequemen Wanderhosen mit den richtigen Schuhen dazu, man reitet in Reithosen und Stiefeln und man spielt Tennis in Weiß — vielleicht auch deshalb, weil man viele Tennisplätze nur im weißen Outfit betreten darf.

In manchen Gegenden, besonders in Bayern und in Österreich, trägt die Jugend auch Tracht, besonders an Sonntagen oder zu Festtagen, wie zum Beispiel beim Besuch von Volksfesten.

LERNTRICK

It is important to listen not only for meaning, but also for other cues that may be helpful, such as gender cues. You already know that indefinite articles can clue you in to the gender of a noun:

Nimmst du ein<u>en</u> Saft?

Ja, bitte, <u>der</u> Saft schmeckt wunderbar.

Dieser-words can also give you clues about a noun's gender. If someone asks: **Wie gefällt dir dieses blaue Hemd?** the ending **-es** on **dieses** tells you that **Hemd** is a neuter noun, and you can begin to think of an appropriate response:

Du, das Hemd gefällt mir gut. Ich finde es stark.

14 Dieses Hemd gefällt mir!

Get together with three other classmates. Find something about each person's outfit that you really like and tell him or her how much you like it. Then find out where each person bought that clothing article. Your classmate will tell you where he or she bought it or if he or she received it as a present. Try to find out how much it costs. The phrases above can help.

BEISPIEL   DU   **Das Kleid gefällt mir sehr. Wo hast du es gekauft?**

PARTNER **Ich hab' das nicht gekauft, ich hab' es zum Geburtstag bekommen.**

15 Der tolle Sommerjob

Du hast einen Sommerjob in der Reklameabteilung eines Kaufhauses bekommen. Du arbeitest in der Layout-Abteilung. Such dir einen Partner und entwerft (*create*) zusammen eure eigene Reklameseite! Schneidet Artikel aus einem Katalog aus, klebt (*glue*) sie auf ein Blatt Papier und beschreibt die Artikel!

Expressing interest, disinterest, and indifference; making and accepting compliments

HAST DU INTERESSE AN MODE?

Roland
„Mode ist für mich ziemlich wichtig. Ich trag' eigentlich schon, was ‚in' ist. Im Moment trage ich Schwarz.“

Lin
„Es ist mir ziemlich egal, was ich anhab'. Es muß nur sauber sein. Ich lieb' aber fetzige Klamotten, bedruckte T-Shirts und Jacken mit bunten Prints.“

Stefan
„Mode? — Nein. Ich zieh' mir auch Klamotten an, die nicht in Mode sind. Ich kauf' mir zum Beispiel viele Klamotten auf dem Trödelmarkt, weil sie dort billiger sind.“

Johanna
„Ja, für Mode interessiere ich mich schon ein bißchen. Die Kleidung muß mir auch gut passen und gut stehen. Ich trag' furchtbar gern Kleider. Und zu diesem braunen Kleid trag' ich schwarze Strümpfe und schwarze Schuhe mit hohen Hacken.“

Sandra
„Ich interessier' mich schon für Mode. Vor allem müssen die Farben passen. Zum blauen Hemd zum Beispiel passen die grüne Jacke und diese weiße Jeans. Toll! Was?“

16 Verschiedene Interessen

Lies, was diese jungen Leute über Mode sagen! Beantworte die folgenden Fragen!

1. Wer interessiert sich für Mode? Wer nicht?
2. Wie drücken die Schüler ihr Interesse oder Desinteresse aus? Was sagen sie?
3. Wer ist dir sympathisch? Warum?

Was trägst du zu deinen Klamotten? Ich trage ...

Socken

Schuhe mit flachen
Absätzen

Schuhe mit hohen
Absätzen

Strümpfe

Was gefällt dir ...

diese gepunktete Jeans?
oder gestreifte, abgeschnit-
tene Jeans?

die ärmellose Bluse?

diese weiche Lederjacke?

Und dann noch . . .

bedruckt	monoton
einfarbig	mehrfarbig
gemustert	locker

SO SAGT MAN DAS!

Expressing interest, disinterest, and indifference

When asking about someone's
interests, you ask:

Interessierst du dich für Mode?
Wofür interessierst du dich?

When expressing disinterest, you may
answer:

Mode interessiert mich nicht.
Ich hab' kein Interesse an Mode.

When expressing interest, you say:

Mode interessiert mich sehr.
Ich interessiere mich für Mode.

When expressing indifference, you
may say:

Mode ist mir egal.

Which of the two questions is more general? What do you notice about the verb
interessieren? What case follows the preposition **für**?[1]

1. **Für** is always followed by accusative case forms.

17 Hör gut zu!

1. Schüler berichten über ihre Interessen. Hör dir die Berichte zweimal an!
   a. Schreib zuerst auf, welche Interessen jeder Schüler hat!
   b. Dann schreib die Gründe neben die Interessen der einzelnen Schüler!
2. Such dir dann einen Schüler aus und erzähl deinem Partner von ihm!

18 Man kann sich für vieles interessieren

Mach eine Liste mit mindestens drei Dingen, für die du dich interessierst und für die du dich nicht interessierst! Schreib auch Gründe dafür auf! Hier sind einige Ideen:

Umwelt — die Natur lieben

Geografie — gern reisen

Kameras — gern fotografieren

Bücher — gern lesen

Sport — gern aktiv sein

Ein wenig Grammatik

Sich interessieren (*to be interested*) requires a reflexive pronoun in the accusative case. To talk about your or someone else's interest *in* something, the preposition **für** is used:

Ich interessiere mich für alte Autos.

How would you ask two classmates what they are interested in? How might they respond?[1]

19 Wofür interessierst du dich?

Such dir eine Partnerin! Frag sie nach ihren Interessen und Desinteressen! In ihrer Antwort muß sie dir auch einen Grund nennen. Verwende dabei die Information von Übung 18! — Tauscht dann die Rollen aus!

20 Was trägst du gern?

Frag einen Mitschüler, was er gern im Sommer trägt! Er sagt es dir. Dann darf er auch einen Mitschüler fragen, was dieser gern im Sommer, im Winter, usw. trägt. Frag auch, was deine Lehrerin gerne trägt!

Ein wenig Grammatik

The verb **tragen,** *to wear,* has a stem vowel change in the **du**- and **er/sie/es**-forms:

Was **trägst du** gern?
Und was **trägt** Roland?

There is no umlaut in the **du**-command.

Trag dieses Kleid nicht!

SO SAGT MAN DAS!
Making and accepting compliments

When making a compliment, you could say:

Deine Jeans steht dir gut.
Sie paßt dir auch echt gut.
Und diese Jacke paßt dir prima!
Sie paßt gut zu deiner blauen Bluse.

And the responses might be:

Meinst du wirklich?
Ist sie mir nicht zu eng?
Ehrlich?
Echt?

How would you reassure your friend that you really meant it?

1. Wofür interessiert ihr euch? Wir interessieren uns für Politik.

Grammatik   Further uses of the dative case

1. In **Kapitel 6** you learned that there are certain verbs that are usually used with dative case forms, such as **passen**, *to fit,* and **(gut) stehen**, *to look (good).*

> Diese Jeans paßt **dir** sehr gut.
> Dieses fetzige Outfit steht **deinem Bruder** gut.

2. Dative case forms are always used after the preposition **zu.**

> Das grüne Hemd paßt gut **zu dieser blauen Jacke.**

3. When expressing personal comfort, dative case forms are also usually used.

> Diese Jacke ist **mir** viel zu eng.
> Sind **dir** diese Schuhe nicht zu groß?

21 Tolle Outfits, nicht wahr?

Du bist mit deiner Partnerin in der Stadt, und ihr seht diese Leute auf dem Marktplatz. Erzählt euch gegenseitig, was diese Leute tragen und wie ihnen die Kleidung paßt! Gefällt euch ihre Kleidung? Ist sie zu konservativ oder zu fetzig?

zu kurz
zu eng
zu klein
zu monoton

zu lang
zu weit
zu groß
zu bunt

zu fetzig
zu teuer
zu konservativ
zu unpraktisch

22 Komplimente machen

Such dir einen Partner und bewundere, was er anhat! Mach ihm Komplimente! — Tauscht dann die Rollen aus!

23 Für mein Notizbuch

Schreib in dein Notizbuch, ob du dich für Mode interessierst! Schreib, was du gern trägst und warum, und welche von deinen Klamotten besonders gut zusammenpassen oder dir gut stehen!

24 Dein Job: Modefachmann oder Modefachfrau

Du arbeitest in einem Modegeschäft. Ein Kunde hat keine Ahnung, was er sich kaufen soll. Er weiß nicht, was ihm gut steht und was nicht, was ihm gut paßt und was nicht, und welche Farben er tragen soll. Du berätst (*advise*) ihn. Entwickelt ein Rollenspiel und spielt es der Klasse vor!

25 Aus dem Modekatalog

Lies die folgende Werbung aus dem Katalog der Firma Berger! Dann beantworte die Fragen!

1. Welche Kleidungsstücke sind für Frauen? Für Männer? Für beide?
2. Welche Kleidungsstücke sind aus Naturfasern? Aus Kunstfasern?
3. Such dir zwei Angebote aus, und sag einem Partner, warum du diese Sachen haben möchtest!

7 **Fischerhose.** Mit Gummibund. Reine Baumwolle. **74.-**

13 **Shorts.** Gestreift. Mit Reißverschluß. 100% Baumwolle. **22.50**

19 **Minirock.** Reine Baumwolle. Mit Gürtelschlaufen. Ohne Gürtel. **25.-**

21 **Jeans-Röhre.** 5 Taschen. 98% Baumwolle, 2% Elasthan. Ohne Gürtel. **39.50**

23 **Jeans-Jacke.** Bund verstellbar. Denim. Stonewashed. **67.-**

31 **Hemdbluse.** Mit 2 Brusttaschen. 100% Viskose. **35.-**

37 **Rollkragen-Pullover.** Lang. 80% Polyacryl, 20% Wolle. **35.95**

41 **Rock.** 67% Polyester, 33% Viskose. Ohne Gürtel. **69.95**

43 **Steghose.** Mit Gürtelschlaufen. 63% Polyester, 30% Wolle, 7% sonstige Fasern. **79.95**

47 **Träger-Top.** Einfarbig. Mit Knöpfen. Hinten elastisch. 100% Viskose. **15.-**

101 **Parka.** Mit Brusttaschen. Ärmel mit Gummibund. 65% Polyester, 35% Baumwolle. **15.-**

103 **Jeans.** Fetzig u. fransig, wie's junge Leute mögen. Denim. Reine Baumwolle, stone-washed. **39.95**

108 **Jacke.** Mit vielen Taschen. Vorn mit Reißverschluß und Druckknöpfen. 100% Nylon. **49.95**

112 **Sakko.** Leichte Qualität. 55% Leinen, 45% Baumwolle. **89.-**

116 **Shorts.** Mit Bundfalten, Gürtelschlaufen, Taschen und Gesäßtasche. Ohne Gürtel. 100% Baumwolle. **35.-**

126 **Anzug.** Zweireiher. 2 Innentaschen, 1 Gesäßtasche. 55% Leinen, 45% Baumwolle. Ohne Gürtel. **129.-**

127 **Anzug.** Einreiher. 4 Innentaschen. 67% Polyester, 33% Viskose. Ohne Gürtel. **209.-**

134 **Bundfaltenhose.** Vollwaschbar, mit Reißverschluß. 100% Polyester. **59.-**

der Faltenrock

das Trägerhemd

die Steghose

der Sakko

der Anzug

der Blouson

Aus welchem Material?

Aus Naturfasern:
Wolle *wool*
Baumwolle *cotton*
Leinen *linen*
Seide *silk*
Viskose

Und dann noch . . .

Aus Kunstfasern:
Polyester, Acryl,
Polyacryl, Nylon,
Kunstseide

mit kurzen Ärmeln

mit Kapuze

mit Gesäßtasche

mit Schlaufen

mit Reißverschluß

mit Knöpfen

mit Druckknöpfen

Welches von diesen Kleidungsstücken hast du auch? Aus welchem Material ist es?
Schau dir die Werbung auf Seite 196 an! Welche Kleidungsstücke haben
Reißverschlüsse, Knöpfe oder Taschen?

---

26 Hör gut zu!

Schüler sprechen über ihre Einkäufe. Wer von diesen Schülern will sich etwas kaufen und
wer nicht? Warum? Warum nicht? Mach dir Notizen!

27 Was möchtest du dir kaufen?

Such dir eine Partnerin! Nenne ihr zwei Angebote aus dem Berger-Katalog und sag ihr,
warum du dir diese Sachen kaufen möchtest!

BEISPIEL **Ich möchte mir die Jacke kaufen, die Nummer hundertacht, weil sie viele
Taschen hat und auch einen Reißverschluß und Druckknöpfe.**

28 Was trägt dein Klassenkamerad?

Such dir einen Partner und beschreibe seine Kleidung! Sag ihm, was dir gefällt und warum,
und sag ihm, was dir nicht gefällt und warum nicht! — Tauscht dann die Rollen aus!

29 Soll ich das kaufen?

Such dir einen Kleidungsartikel aus dem Katalog oder aus dem Wortschatz aus, und sag deiner Partnerin, daß du dir diesen Artikel kaufen möchtest! Sie hat ihre eigene Meinung über diesen Artikel. Sie stimmt dir zu oder auch nicht und sagt dir, warum. Versuch es, sie zu überzeugen (*convince*)!

30 Aus welchem Material ist eure Kleidung?

Bildet kleine Gruppen und fragt euch gegenseitig, aus welchem Material eure Kleidungsstücke sind! Sind sie aus Naturfasern? Aus Kunst- oder Mischfasern?

Ein wenig *Grammatik*

The verb **kaufen** is often used with a reflexive pronoun in the dative case.

Kauf dir doch ein Wollhemd!

Do you remember the reflexive pronouns?[1] How would you tell two friends to buy themselves jackets? How would you say you want to buy yourself shoes?[2]

aus Polyester
aus Kunstseide

aus Seide:
Seidenhemden, Seidenschals

aus Wolle:
Wollhemden, Wolljacken

aus Leinen:
Leinensakko, Leinenhosen

aus Baumwolle:
Baumwollsocken, Baumwollhosen

31 Eine Auswahl aus deinem Katalog

Such dir zu Hause einen Katalog mit Kleidungsreklame heraus! Dann such dir zwei Kleidungsstücke aus, für die du dich interessierst und zwei, für die du dich nicht interessierst! Bring die Reklame mit in den Deutschunterricht! Sag deiner Gruppe, für welche Klamotten du dich interessierst und warum, und für welche du dich nicht interessierst und warum! Erwähne Farbe, Material und Preis!

1. **mir, dir, sich, uns, euch, sich.** 2. **Kauft euch Jacken! Ich kaufe mir Schuhe.**

32 Hör gut zu!

Listen as four different students talk about what they like to do and under what conditions they usually do this. For each description you hear, match the activity with the condition the student mentions. Then listen again and write what you hear.

1. Mit dem Auto fahren
2. segeln
3. Schach spielen
4. Lebensmittel einkaufen

a. I visit Grandma
b. my bicycle is broken
c. it rains
d. it's warm and sunny

33 Das mache ich, wenn …

Finde heraus, welche Satzteile logisch zusammenpassen, und verbinde sie dann mit einem wenn-Satz!

Ich gehe ins Kino.
Wir spielen alle Volleyball.
Ich muß mein Zimmer aufräumen.
Wir gehen ins Restaurant.
Ich fahre nach Deutschland.
Ich gehe nicht in die Schule.

Wir haben großen Hunger.
Das Wetter ist wunderbar.
Es ist Weihnachten.
Ich habe genug Geld.
Dort ist Chaos.
Das Wetter ist schlecht.

Ein wenig *G*rammatik

Read the following sentences:

**Ich spiele gern Fußball, wenn das Wetter schön ist.
Aber ich bastle zu Hause, wenn es regnet.**

What do you think the conjunction **wenn** means? How would you say these two sentences in English? Here, the conjunction **wenn** has the meaning of *whenever.* Don't confuse this word with the question-word **wann,** which asks about specific time. What do you notice about the word order in clauses beginning with **wenn?**[1] What other conjunctions have you seen which have the same word-order rule?[2]

34 Was trägst du, wenn …?

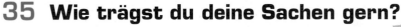

Sag deiner Partnerin, welche Klamotten du gern trägst, wenn du …

BEISPIEL **Ich trage … , wenn ich Sport mache.**

a. Sport machst
b. zur Schule gehst
c. arbeitest
d. zu Hause bist
e. in ein Konzert gehst
f. auf eine Fete gehst

35 Wie trägst du deine Sachen gern?

Sag deinem Partner, wie du deine Sachen gern trägst!

einfarbig *oder* mehrfarbig

weiter *oder* enger

länger *oder* kürzer

einfach *oder* gemustert

36 Für mein Notizbuch

Schreib in dein Notizbuch etwas über deine Kleidung! Deine Beschreibung muß folgende Fragen beantworten:

a. Wofür interessierst du dich und warum?
b. Was für Sachen kaufst du dir gewöhnlich und warum?
c. Wie gut müssen die Sachen passen, und welche Farben magst du gern?
d. Aus welchem Material sind deine Sachen und warum?

1. The conjugated verb is in last position. 2. **weil, daß,** and **ob.**

ZUM LESEN

Was bedeutet „reich und schön sein"?

LESETRICK

Understanding relationships between and within sentences.

Cohesive devices are words or phrases that help "glue" a text together and show relationships between ideas, such as time sequence or cause and effect. Cohesive devices can be pronouns, conjunctions (**aber, wenn**), or adverbs (**leider, danach**). Read the following sentences: *My mother is a banker. My mother does volunteer work. My mother is a banker, but she also does volunteer work.* Several words in the last sentence help tie the two ideas together. *But* is a conjunction that joins the two sentences, and *she* is a pronoun that refers back to (and thus forms a connection to) the subject of the first sentence.

Getting Started

1. Read the title, subtitle, and introduction to the list of results from the text on the left. What kind of article is this? What question is the focus of the article? Choose a German noun that would sum up your answer to this question. Now answer the question by completing this statement: **Um reich zu sein, muß man ...**

2. Look at the survey summary list. With a partner, see how many words you can understand. Can you identify the three false cognates?

Eltern—UMFRAGE

Reich ist, wer nix mehr lernen muß!

Realschüler, 12 Jahre

Neben Geld gibt es ganz andere Güter, die den Menschen reich machen – das finden unsere Kinder. Nachdenkenswertes Ergebnis der neuesten ELTERN-Umfrage

*D*as Wichtigste, was man braucht, um sich reich zu fühlen, ist die Zufriedenheit. Aber leider hat man immer neue Wünsche, die nicht erfüllt werden.

Orientierungsstufenschülerin, 12 Jahre

*T*olle Klamotten und ein schnelles Auto, damit jeder sieht, daß da einer kommt, der Mäuse in der Tasche hat.

Hauptschüler, 13 Jahre

*I*ch brauche nichts, um reich zu sein. Ich fühl' mich sauwohl, besonders wenn ich mit meinen Eltern in Urlaub fahre.

Gesamtschüler, 11 Jahre

*E*inen tollen Bungalow mit viel Kunst an den Wänden. Möglichst ein Bild von Chagall und eines von Hundertwasser.

Gymnasiast, 15 Jahre

*E*ine saubere Umwelt. Was hab' ich vom Geld, wenn ich in Dreck ersticke?

Gymnasiastin, 14 Jahre

*E*inen Computer, damit ich immer genau ausrechnen kann, wieviel ich noch habe und wieviel ich ausgeben darf.

Gesamtschüler, 13 Jahre

*E*ine gute Gesundheit, sonst hat man nichts von all dem Geld und Luxus.

Hauptschülerin, 13 Jahre

Großes Herz und volle Kasse

ELTERN fragte 1880 Schülerinnen und Schüler, zehn bis 16 Jahre alt: Was muß man haben, um reich zu sein? Am häufigsten genannt:

1. soziale Einstellung (Hilfsbereitschaft, Großzügigkeit);
2. materieller Besitz (Geld, Aktien, Häuser, Fabriken);
3. Luxusgüter (teuerste Autos, Yachten, Schmuck, Kunstsammlungen);
4. gesunde Umwelt;
5. kluger Steuerberater;
6. Personal (Diener, Köchin, Chauffeur);
7. liebevoller Lebenspartner;
8. gute Freunde;
9. Bescheidenheit und Zufriedenheit;
10. Kinder;
11. Titel (Professor, Doktor, Minister);
12. Gesundheit

Tina

Das Mädchen aus dem Katalog

Zur Zeit arbeitet Tina (18) als Modell für eine Agentur. Was sagen sie, ihre Eltern, und ihre Freunde dazu? Tina meint: „Es macht mir Spaß. Ich mag meinen Nebenjob, denn man kann reisen und lernt viele interessante Leute kennen." Ihre Eltern freuen sich, Tina auf Fotos für Werbung oder Moden-schauen zu sehen. Andererseits sagen sie: „Vergiß die Schule nicht. Sie ist wichtiger als gutes Aussehen." Und die Freunde? „Die finden mich ganz normal, auch wenn ich Modell bin. Am Anfang, als ich einen Schönheits-wettbewerb gewonnen hatte, gab es sehr viele häßliche Bemerkungen. Viele Mädchen waren neidisch. Ich war darüber sehr geschockt. Denn ich habe doch meine Persönlichkeit nicht verändert. Und ein guter Charakter ist für mich bei Freunden viel wichtiger als Schönheit. Wenn man gut aussieht, hat man viel-leicht nicht so viele Freunde, wie man glaubt." Simona (16), Tinas Freundin, sagt: „Ich finde wichtig, daß Tina trotz ihres Erfolgs als Modell genauso nett wie früher ist. Natürlich, sie ist wirklich sehr hübsch, und manche unserer Mitschüler denken: ‚Sie ist bestimmt eingebildet und arrogant.' Aber ich glaube, sehr viele Jugendliche sind neidisch oder haben Vorur-teile. Wenn wir zusammen einkaufen gehen, wird Tina von vielen Jungen bewun-dert. Manchmal ist Schönheit auch lästig. Man fällt überall auf. Vielleicht möchten schöne Menschen viel lieber ganz normal aussehen und in ein Café gehen, ohne angestarrt zu werden."

3. Skim the survey responses to get the gist of each student's an-swer. Most answers contain one noun which sums up the per-son's opinion. Can you identify these words?

A Closer Look

4. What does the thirteen-year-old girl say about health? How does the word **sonst** affect the mean-ing of the sentence?

> **Tip:** If you see a word that looks like a form for *the* (**der, die, das**, etc.), but it is not followed by a noun, it is usually a pronoun. Try translating it as either *who* or *that*.

5. Look at the two 13-year-old boys' responses. What function does **damit** (*so that*) serve in their answers?

6. What does the eleven-year-old boy say about being rich? How does **besonders** affect the meaning of his sentence?

7. Now skim the article *Tina*. Who is the article about? On which characteristic of this person does the article focus?

8. Reread the article. What is Tina's job? Does she like it? What do her parents think about her job?

9. Do you think that Tina has an easy life because she is pretty? Which sentence(s) from the arti-cle can support your answer?

10. Together with your classmates, think of ten answers to the *Eltern* survey question. Form groups of four and, using these choices, design your own questionnaire. Be sure to include instructions on how people should fill out your form. Each person will survey four people (including oneself). With your group, tally the re-sults, then do the same with your class as a whole. With the final results each group will design a summary chart like the one from the *Eltern* survey.

ANWENDUNG

1 Katrin sagt ihren Freunden Judith und Boris, was sie kaufen und nicht kaufen sollen. Sie gibt auch Gründe dafür. Hör gut zu und schreib auf, was Judith und Boris kaufen und nicht kaufen sollen, und aus welchen Gründen!

2 Auf Seite 196 sind einige Sachen aus einem Modekatalog abgebildet. Schau dir mit einer Freundin diese Sachen an! Jeder von euch möchte zwei Sachen bestellen (*order*). Schau dir jetzt die Bestellkarte an und beantworte die folgenden Fragen zusammen mit einem Partner!

1. What would you write in the columns with these labels: Bestellnummer? Größe? Anzahl/Menge? Gesamtpreis? Abb. Seite?
2. What should you do if you want to receive your order within three weeks?
3. What are the different possibilities for paying for your merchandise?
4. What information should you not forget (**Bitte nicht vergessen!**) to include?
5. What on the form tells you that you may order the merchandise more quickly?

3 Such dir drei Sachen aus dem Katalog, Seite 196, aus! Schreib die Information auf, die du brauchst, um diese Sachen zu bestellen!

4 Du möchtest die drei Sachen schneller bekommen. Ruf die Nummer an, die auf der Bestellkarte steht, und sag der Verkäuferin (deiner Partnerin), was du bestellen möchtest! Die Verkäuferin stellt Fragen, und du beantwortest sie, um die Bestellkarte auszufüllen.

5 Deine Oma möchte dir etwas kaufen, aber sie weiß nicht genau, was dir gefällt. Schreib ihr einen Brief, und beschreib darin das neue „Outfit", das du gestern im Kaufhaus gesehen hast!

6 Such dir einen Partner für dieses kleine Projekt! Entwerft zusammen eine Reklameseite, auf der ihr eure Lieblingskleidungsstücke zeichnet und genau beschreibt! Gebraucht dabei so viele Details wie nur möglich! — Zeigt eure Reklame den anderen Mitschülern! Wer hat die beste Reklameseite?

7

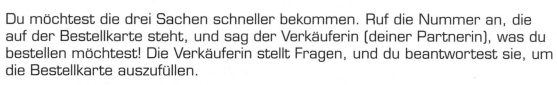

ROLLENSPIEL

Get together with a classmate and role-play the following scene.

You are a salesperson in the clothing department of a large department store. A customer with really bizarre taste wants to buy certain items of clothing that either do not fit, do not match, or are simply not the right style for this person. Your job is to convince the customer to buy the right clothes, without being offensive.

Can you describe clothes, using adjectives? (p. 189)

1 How would you ask a friend what he or she likes to wear?

2 How might your friend respond if he or she likes to wear the following clothes?

    a. black jeans and a colorful shirt/blouse
    b. a red skirt with white stockings and brown shoes
    c. a striped shirt and a leather bomber jacket
    d. a blue wool blazer and grey pants

Can you ask someone about his or her interests and disinterests? Can you express indifference? (p. 193)

3 How would you ask a friend what he or she is interested in?

4 How might your friend respond

    a. that he or she is interested in soccer?
    b. that he or she has no interest in fashion?
    c. that he or she is indifferent to sports?

Can you make and accept compliments? (p. 194)

5 How would you make the following compliments to someone?

    a. this jacket looks great on you
    b. these socks go very well with your grey pants

6 How would that person respond?

Can you persuade and dissuade? (p. 198)

7 How would you try to persuade someone to buy a silk shirt or blouse?

8 How might that person respond

    a. that silk shirts/blouses are too expensive for him or her?
    b. that he or she doesn't like silk shirts/blouses?
    c. that he or she is not sure?

ERSTE STUFE
DESCRIBING CLOTHING

Wo hast du die neuen Stiefel gekauft? *Where did you buy the new boots?*
das Käppi, -s *(baseball) cap*
die Krawatte, -n *tie*
die Wind-, Wetterjacke, -n *windbreaker*
der Blazer, - *blazer*
das Wollhemd, -en *wool shirt*

der Anorak, -s *parka*
die Jeansweste, -n *jeans vest*

der Typ, -en *guy, type*
der Stil, -e *style*

USEFUL ADJECTIVES FOR DESCRIBING CLOTHING

konservativ *conservative*
modisch *fashionable*

cool *cool*
geblümt *flowery*
kariert *checked*
scharf *sharp*
gefüttert *padded*
sportlich *sporty*
bunt *colorful*
witzig *fun*
darunter *under it, underneath*
darüber *over it*
von hinten *from behind*

ZWEITE STUFE
EXPRESSING INTEREST

Die schöne Bluse paßt (toll) zu dem blauen Rock. *The nice blouse goes (really) well with the blue skirt.*
Interessierst du dich für Mode? *Are you interested in fashion?*
Wofür interessierst du dich? *What are you interested in?*

MORE CLOTHING AND DESCRIPTIONS

die Lederjacke, -n *leather jacket*
die Socke, -n *sock*

der Strumpf, ⸚e *stocking*
Schuhe mit flachen und hohen Absätzen *flats, high heels*
ärmellos *sleeveless*
abgeschnitten *cut-off*
weich *soft*
fetzig *really sharp*
tragen *to wear, carry*
    du trägst
    er/sie/es trägt

EXPRESSING DISINTEREST

Mode interessiert mich nicht. *Fashion doesn't interest me.*

Ich hab' kein Interesse an Mode. *I'm not interested in fashion.*

EXPRESSING INDIFFERENCE

Mode ist mir egal. *I don't care about fashion.*

MAKING AND ACCEPTING COMPLIMENTS

Das steht dir prima! *That looks great on you!*
Das ist dir zu eng. *It's too tight on you.*
Echt? *Really?*

DRITTE STUFE
PERSUADING AND DISSUADING

Kauf dir doch ...! *Why don't you just buy...*
Trag doch mal ...! *Go ahead and wear...*
Kauf dir ja kein ...! *Just don't buy...*
Trag ja nichts aus ...! *Just don't wear anything made of...*

MORE CLOTHING

der Faltenrock, ⸚e *pleated skirt*

die Steghose, -n *stirrup pants*
das Trägerhemd, -en *camisole*
der Sakko, -s *business jacket*
der Blouson, -s *bomber jacket*
der Anzug, ⸚e *suit*
die Kapuze, -n *hood*
das Seidenhemd, -en *silk shirt*
die Gesäßtasche, -n *back pocket*
die Tasche, -n *pocket*
die Schlaufe, -n *belt loop*
der Reißverschluß, -verschlüsse *zipper*
der Knopf, ⸚e *button*
der Druckknopf, ⸚e *snap*

mit langen, kurzen Ärmeln *with long, short sleeves*

TALKING ABOUT THE MATERIAL

aus Naturfasern *made from natural fibers*
die Wolle *wool*
die echte Seide *real silk*
das Leinen *linen*

OTHER USEFUL WORDS

wenn (conj.) *whenever*

Wohin in die Ferien?

1 Ich schlage vor, wir fahren nach Bayern.

Germans enjoy their vacations, whether they spend them at home or traveling abroad. But sometimes vacation plans fall through for one reason or another and have to be improvised, as with the teenagers in this chapter. When you talk about vacations and vacation plans, there are words and expressions that you need to know.

In this chapter you will learn

- to express indecision; to ask for and make suggestions
- to express doubt, conviction, and resignation
- to ask for and give directions

And you will

- listen to students talk about places to go on their vacation and how to get around
- read about various vacation spots
- write about your own vacation plans and ways to get around in your community
- discover why Germans consider vacations a necessity and not a luxury

② Das Bürgerhaus? Das ist gleich hier rechts um die Ecke.

③ Die Brücke ist kaputt?! Da kann man wohl nichts machen.

Los geht's!

Verpatzte Ferien

Look at the photos on the left. Judging by Katrin's expressions, what might be happening in the story? Who is she speaking with? Now look at the photos on the right. What are the characters doing in each picture?

Boris   **Katrin**   **Judith**   **Roland**

Mutter   **Vater**

①

KATRIN	Ja, was macht ihr denn? Ihr seht fern so früh am Nachmittag!
MUTTER	Wir haben eben den österreichischen Wetterbericht gesehen. Unsere Reise nach Tirol ist wahrscheinlich ins Wasser gefallen.
KATRIN	Bist du sicher? Warum? Was ist passiert?

②

VATER	Die hatten ein Hochwasser, und die Brücke auf der Straße nach Mittersill ist kaputt.
KATRIN	Da gibt's doch bestimmt eine andere Straße.
VATER	Eben nicht.
KATRIN	Ruf doch mal an!
VATER	Das hab' ich schon zweimal probiert. Ich bezweifle, daß ich jetzt durchkomme.

③

Katrin Simon. Ja, der ist da. Einen Moment!

④

VATER	Simon. Ja. Ja. Ja, das haben wir eben zufällig im Fernsehen gesehen. Glauben Sie, daß bis Freitag ... Ja, das ist sehr schade. Wir sind alle sehr enttäuscht. Aber da kann man nichts machen ... Gut! Vielleicht klappt's im nächsten Jahr ... Gut, Herr Mooslechner. Ade!

Katrin mit ihren Freunden

"Touristen" in Bietigheim

1 Was passiert hier?

Verstehst du alles in der Fotostory? Beantworte die Fragen!

1. Why is Katrin surprised when she comes home?
2. Why do her parents feel disappointed?
3. Why can't the family go where it wanted to go?
4. Why doesn't Katrin's father call Austria again?
5. Who is calling and why?
6. What are Katrin and her three friends talking about?
7. What idea does one of her friends come up with?

2 Stimmt oder stimmt nicht?

Wenn der Satz nicht stimmt, schreib die richtige Antwort!

1. Katrin wollte mit ihrer Familie nach Österreich fahren.
2. Aber Österreich hatte furchtbar viel Regen.
3. Es gibt viele Straßen nach Mittersill.
4. Katrins Vater hat Herrn Mooslechner angerufen.
5. Die vier Freunde fahren jetzt nach Würzburg.
6. Am Ende spielen sie Touristen in einer kleinen Stadt in der Nähe von Stuttgart.

3 Was paßt zusammen?

Welche Ausdrücke auf der rechten Seite passen zu den Satzanfängen auf der linken Seite?

1. Die Reise nach Tirol
2. Die Brücke nach Mittersill
3. Österreich hatte
4. Katrin und ihre Eltern
5. Aber da kann man nichts
6. Katrin will die Pfingstferien
7. Nach Würzburg fahren
8. Jetzt spielen die Freunde

a. Hochwasser.
b. kann nicht stattfinden.
c. ist kaputt.
d. kostet zu viel Geld.
e. machen.
f. nicht zu Hause verbringen.
g. sind enttäuscht.
h. Touristen in Bietigheim.

4 Genauer lesen

Lies den Text noch einmal und beantworte diese Fragen!

1. Which word in the text expresses "probability"?
2. Which word expresses "doubt"?
3. Which words and phrase express "disappointment"?
4. Which phrase expresses "resignation"?
5. Which phrases are used to "make a proposal"?

5 Welche Wörter passen in die Lücken?

Welches Wort aus dem Kasten paßt in welche Lücke?

1. Katrins Eltern haben früh am Nachmittag __1__ .
2. Im Wetterbericht haben sie __2__ , daß Österreich Hochwasser __3__ .
3. Katrin fragt, was __4__ ist.
4. Ihr Vater sagt, die Reise ist ins Wasser __5__ .
5. Die Familie ist __6__ , aber vielleicht __7__ die Reise im nächsten Jahr.

> enttäuscht
> klappt
> ferngesehen
> gesehen
> passiert
> gefallen hatte

Wohin fährst du in den nächsten Ferien?

We asked students from around Germany where they were planning to go during their next school holidays. Before you read their answers, think about where students in the United States usually go or what they like to do during summer vacation. Come up with a list of the top ten most popular vacation spots for U.S. teenagers. Then listen to the interviews and read the texts.

Paolo, *Stuttgart*

„Also meistens verbring' ich meine Ferien in Italien aufgrund dessen, daß ich selber Italiener bin, aus Salerno komm', die Amalfi Küste gerne besuch', zum Beispiel Capri oder Pompeji, Paestum, das gehört ja alles dazu, das ist ['ne] sehr schöne Gegend."

Gabi und Anja, *München*

Gabi: „Also ich, wir fahren in den Ferien zusammen eine Woche zum Reiten auf einen Bauernhof, in Niederbayern, ja, in den Urlaub."
Anja: „Ja, weil wir sehr gern reiten. Jetzt fahren wir zusammen weg." *Gabi:* „Genau. Und ich fahr' dann noch zwei Wochen nach Bad Gastein, in Österreich, auf Wandern und Schwimmen."
Anja: „Und ich fahr' a bissel vielleicht auch noch mit 'ner anderen Freundin auch noch nach Österreich, auch auf 'n Dorf, auch zum Wandern, Schwimmen."
Gabi: „Und nach den Ferien fahr' ich acht Wochen nach Washington D.C. — einen Schüleraustausch, Englisch lernen."

Gerd, *Bietigheim*

„Also meistens fahr' ich in den Ferien überhaupt nicht in den Urlaub. Ich mach' halt dann 'nen Ferienjob und verdien' mir 'n bißchen Geld dazu. Da kann ich mir halt dann 'ne neue Gitarre oder 'nen neuen Verstärker, oder halt irgendwas kaufen, was ich halt haben möchte."

A. 1. Three of these students mention specific places where they are going. What are they? Which of these students mentions three different trips? Are all three trips vacations? What does the fourth student say he or she is going to do during vacation?

2. What do each of these students plan to do in each of the places they talked about?

3. How do their plans compare to what you thought most teenagers in the United States would do for summer vacation? Did any German teenagers mention something that was on your list of most popular vacation spots?

B. High school students in Germany attend school year round. Although each **Bundesland** has its own schedule, students typically have one or two weeks off for fall holidays, two weeks for Christmas, two weeks in the spring, and six weeks off during the summer. The summer vacation dates for **Bundesländer** are staggered, with the beginning dates about one week apart. Knowing that Germany is very densely populated, can you guess why this is done? How does this vacation schedule compare with your schedule? Who has more vacation time? What do you think the advantages and disadvantages of year-round school might be?

Expressing indecision, asking for and making suggestions

6 Hör gut zu!

Hör dir die Beschreibung von jedem der sieben Ferienangebote an! Welches Angebot paßt zu welchem Foto? Trag die Lösung in den Rabattcoupon rechts unten ein!

URLAUB IN LETZTER MINUTE
Unsere heißen Reisetips

Für diese Kurzreisen sind noch Plätze erhältlich. Rufen Sie an und kommen Sie dann persönlich vorbei, um sich Ihren Platz zu sichern! Mit einem richtig ausgefüllten Coupon erhalten Sie 10% Rabatt:

1. Mit der Bahn drei Tage an die Nordsee in das kleine Fischerdorf Bensersiel. In diesem Dorf direkt an der Küste sind noch Zimmer frei. Entspannen Sie im Hallenbad, beim Reiten und Strandwandern. Ein Besuch im Buddelschiffmuseum lohnt sich!

2. Einmalig preiswert! Eine Drei-Tage-Busfahrt nach Dresden und in die Sächsische Schweiz. In Dresden besuchen Sie den berühmten Zwinger, und Sie erleben die einmalig schönen Sandsteinfelsen der Bastei.

3. Eine Tagesfahrt an den Bodensee nach Unteruhldingen und weiter mit dem Schiff auf die Insel Mainau, wo Sie unter Palmen spazieren und die Blumenwelt bewundern können. Abfahrt: 6.00.

4. Eine Wochenendfahrt (Sa/So) in die Schweiz. Übernachtung in Brienz. Am nächsten Vormittag mit der Bergbahn aufs Brienzer Rothorn, die Schweizer Bergwelt genießen. Ein Superangebot!

5. Sonderfahrt mit dem Bus nach Ulm zum bekannten Fischerstechen auf der Donau. Am Vormittag Gelegenheit zum Messebesuch im Dom. Mittagessen in einem soliden Gasthaus. Das Fischerstechen beginnt um 14 h. Rückkehr gegen 19.30 h.

6. Drei Tage mit dem Bus durch die schönsten Täler in der Schweiz. Im Emmental Besichtigung eines typischen Bauernhauses und Besuch einer Käserei.

7. Drei Tage (Di. - Do.) mit dem Bus nach Österreich, nach Alpbach in Tirol. Sehr preisgünstig. Ideal für Bergwanderer und solche, die's noch werden wollen!

10% RABATT!
1. _____
2. _____
3. _____
4. _____
5. _____
6. _____
7. _____

7 Wohin geht's?

Lies die Reisetips und beantworte die Fragen!

1. Schreib auf, wohin diese sieben Reisen gehen!
2. Für wie viele Tage ist jede Reise?
3. Welche Reisen führen ans Meer oder an einen See? Welche in die Berge? Welche sind Stadtbesichtigungen?
4. Für welche Reise interessierst du dich? Warum?

Beliebte
Verkehrsmittel:

die Bahn

das Flugzeug

das Schiff

Wohin gehst
du in den
Ferien?

auf den Tennisplatz

ins Hallenbad

Wer steigt auf einen
Berg? Aufs Brienzer
Rothorn? Auf die
Zugspitze?

Mit welchem Verkehrsmittel fährst du gewöhnlich in die Ferien?
Und was machst du in den Ferien? Wohin gehst du?

SO SAGT MAN DAS!

Expressing indecision, asking for and making suggestions

When expressing indecision about your plans, you could say:

Was machen wir jetzt?
Was sollen wir bloß machen?

If you need specific suggestions, you might ask:

Wohin fahren wir? Hast du eine Idee? *or* **Was schlägst du vor?**

When making suggestions, you might say:

Wir können mal an die Nordsee fahren.
or **Fahren wir mal in die Schweiz!**
or **Ich schlage vor, daß wir mal in die Schweiz fahren.**
or **Ich bin dafür, daß wir an den Rhein fahren.**

Which of these expressions are new to you?

Ein wenig *G*rammatik

Many mountains in the German-speaking countries are named **(das) Horn** or **(die) Spitze**, as in **Matterhorn** and **Zugspitze**. Sometimes mountains are also named for near-by towns. In this case, the ending **-er** is added to the name of the town. For example, near the town of **Brienz** is the **Brienzer Rothorn**.

8 Wohin jetzt?

Katrins Familie kann nicht nach Mittersill fahren. Katrin hat die Reisetips gelesen und schlägt den Eltern ein paar Kurzreisen vor. Die Eltern haben keine große Lust dazu. Spiel die Rolle von Katrin, und such dir einen Partner für die Rolle von Katrins Vater oder Mutter!

Grammatik
Expressing direction: The prepositions **nach, an, in,** and **auf**

To express directions toward a place, German uses different prepositions depending on the nature of the place. The prepositions **nach, an, in,** and **auf** all convey here the meaning of "to a place."

1. The preposition **nach** is used with names of cities, states, countries, and islands that are not preceded by an article (such as **die Schweiz**).

Wohin fahren wir?		
	Nach Ulm.	(*city*)
	Fahren wir mal **nach Bayern!**	(*state*)
	Ich fahre **nach Österreich.**	(*country*)
	Fahren wir heute **nach Mainau!**	(*island*)

2. The preposition **in** is used with the names of countries and geographic areas that require the use of the definite article.

Wohin fahrt ihr?		
	Ich fahre mal **in die Schweiz.**	
	Wir fliegen **in die Vereinigten Staaten.**	(*countries*)
	Wir fahren **in die Berge, in die Alpen.**	(*areas*)
	Ihr fahrt **in den Schwarzwald?**	

3. The preposition **an** is used when referring to bodies of water.

Wohin fahrt ihr?		
	Ich fahre **an die Nordsee.**	
	Wir fahren **an den Rhein.**	(*bodies of water*)
	Wir fahren **an den Bodensee.**	

4. The preposition **auf** is used when referring to heights or flat surfaces.

Was macht ihr?	Wir steigen **auf einen Berg, aufs Brienzer Rothorn.**
Wohin geht ihr jetzt?	**Auf den Tennisplatz.**

5. The prepositions **an, auf,** and **in** form contractions with the definite article **das.**

$$an + das = \textbf{ans} \qquad auf + das = \textbf{aufs} \qquad in + das = \textbf{ins}$$

Which case is used with noun phrases following **in, an,** and **auf** to express going somewhere?[1]

9 Deine Reiseziele?

nach (Kalifornien)

an den (Michigansee)

in die (Blue Ridge) Mountains

an den Strand in (Mississippi)

auf den (Pikes) Peak

a. Schreib fünf Reiseziele auf einen Zettel! Diese Ziele können in Deutschland, in den Vereinigten Staaten oder irgendwo anders sein! Schreib auch auf, was du an jedem Ziel machen möchtest! Danach ordne deine Reiseziele! Wohin fährst du zuerst? Danach? Zuletzt? Mit wem fährst du? Im Kasten stehen ein paar Reiseziele in den Vereinigten Staaten.

b. Such dir eine Partnerin! Frag sie über ihre Reisepläne für den nächsten Sommer! Frag sie, wohin sie fährt und mit wem, und ob sie mit dem Auto fährt oder fliegt! Frag sie auch, was sie überall macht!

1. the accusative case

10 Franks Reisepläne

Frank und seine Familie (sie wohnen in Stuttgart) haben für die großen Ferien eine lange Reise geplant. Schau auf diese Karte, auf die Frank die Reiseziele eingetragen hat! Sag, wohin er fährt, und was er an jedem Ort bestimmt macht!

Die Reiseroute

1. München
2. Starnberger See
3. Garmisch
4. Tirol/Innsbruck
5. Zürich/Zürichsee
6. Bodensee
7. Schwarzwald
8. Frankfurt/Main
9. Hamburg
10. Lübeck/Ostsee
11. Insel Rügen
12. Potsdam
13. nach Hause

EIN WENIG LANDESKUNDE

Die Deutschen machen gerne Urlaub. Sie sind viel und gewöhnlich sehr lange unterwegs. Wie fahren die Deutschen in den Urlaub? Hier ist eine kleine Statistik darüber.

mit dem Auto	62,6%
mit dem Flugzeug	17,6%
mit der Bahn	8,6%
mit dem Bus	11,2%

11 Meine Sommerreise

a. Plane deine Sommerreise! Schreib auf, wohin du fahren und was du dort machen möchtest!
b. Dann erzähle deinen Klassenkameraden von deiner geplanten Reise! Zeig ihnen deine Reiseroute auf einer Landkarte!

12 Im Reisebüro

Du arbeitest in einem Reisebüro. Dein Partner ist ein Kunde. Er ist sehr enttäuscht, denn er kann nicht dorthin fahren, wohin er fahren wollte. Du schlägst ihm ein anderes Reiseziel vor und erzählst ihm, was er dort alles machen kann! Gefällt ihm dein Vorschlag? Wenn nicht, schlag etwas anderes vor! Bring Reisebroschüren mit in die Klasse, die du den Kunden zeigen kannst! — Tauscht dann die Rollen aus!

Expressing doubt, conviction, and resignation

13 Warum so unsicher?

Lies den Text und beantworte die folgenden Fragen!

1. Warum kann Boris vielleicht nicht nach Italien fahren?
2. Warum hat es Nadine dieses Jahr schwer, sich für einen Ferienort zu entscheiden?
3. Warum fliegt Katrins Familie gern nach Spanien?

WEISST DU SCHON,

BORIS

„Ja, das ist so 'ne Sache. Wir wollen nach Italien, an die Adria. Aber meine Eltern haben zu spät gebucht, und wir glauben nicht, daß wir noch eine Unterkunft bekommen, also etwas, was einigermaßen preiswert ist. In teuren Hotels, da bin ich sicher, gibt's bestimmt noch Zimmer. Aber so viel Geld wollen wir auch wieder nicht ausgeben."

WO DU DIE FERIEN

NADINE

„Also ich hab's dieses Jahr sehr schwer. Ich kann von der Schule aus einen Segelkurs am Gardasee, also in Italien, mitmachen. Aber ich weiß nicht, ob das so eine gute Idee ist. Im Kurs sprechen alle Deutsch, und ich bezweifle, daß ich dort mein Italienisch verbessern kann. Also, ich fahr' wohl lieber mit meinen Eltern nach Südfrankreich. Dort kann ich auch segeln, und ich kann ganz bestimmt mein Französisch verbessern. Ich hab' in Französisch bloß 'ne Vier. Schlecht, was?"

VERBRINGST?

KATRIN

„Ja, wie ihr wißt, ist unsere Reise ins Wasser gefallen. Ins Hochwasser! Ich bezweifle, daß meine Eltern in den Bergen Urlaub machen wollen. Das Wetter ist eben zu unsicher. Ich bin nicht sicher, ob wir wieder in die Staaten fliegen, wie letztes Jahr. Das war eine sehr teure Reise. Aber vielleicht geht's nach Spanien. Dort gibt's viel Sonne, das könnt ihr mir glauben! Wir waren schon zweimal dort. Wir fahren immer ans Meer, an die Costa Brava und so. Echt super-toll!"

Ich fahr' ans Meer, denn dort kann ich ...

segeln

windsurfen

tauchen

angeln

Boot fahren

In unserm Hotel gibt es ...

einen Pool

einen Golfplatz

einen Sandstrand

einen Fitneßraum

eine Diskothek

einen Tennisplatz

eine Liegewiese

eine Sauna

einen Whirlpool

einen Fernsehraum

1. Wo übernachtest du gewöhnlich, wenn du mit deinen Eltern in die Ferien fährst?
2. Was gibt es gewöhnlich in dem Hotel oder Motel, wo ihr übernachtet?
3. Was machst du, wenn du an einem See oder am Meer Ferien machst?

Und dann noch . . .

rudern
schnorcheln
Kajak fahren
Tretboot fahren
River Rafting
  machen
Motorboot fahren

SO SAGT MAN DAS!

Expressing doubt, conviction, and resignation

When expressing doubt, you might say:

Ich weiß nicht, ob (wir die Reise schon gebucht haben).
Ich bezweifle, daß (es dort einen Golfplatz gibt).
Ich bin nicht sicher, daß (wir dort surfen können).

When expressing resignation, you might say:

Da kann man nichts machen.
or **Das ist leider so.**

When expressing conviction, you might say:

Du kannst mir glauben, daß (es dort einen Golfplatz gibt).
Ich bin sicher, daß (wir dort surfen können).

What do you think the conjunction **ob** means in the first sentence?

14 Hör gut zu!

Einige Leute unterhalten sich über ihre Pläne für die Ferien und drücken dabei Zweifel (*doubts*) aus. Schreib zuerst auf, woran sie zweifeln und danach, ob ihre Gesprächspartner zustimmen oder eine andere Meinung haben!

15 Optimist? Pessimist?

Du und deine Partnerin, ihr streitet euch (*argue*) über eure Reiseziele. Sie bezweifelt, was du ihr sagst, aber du bist sicher, daß es an dem Ferienort alles gibt, was sie gern möchte. — Tauscht dann die Rollen aus!

DU **Wohin fährst du denn?**
PARTNERIN **Wir ...**
DU **Dort kannst du/gibt es bestimmt ...**
PARTNERIN **Ich weiß nicht, ob ...**
DU **Aber ich bin sicher, daß ...**
PARTNERIN **...**

Ein wenig Grammatik

The conjunction **ob** means *if* or *whether.* Look at the **So sagt man das!** box. What do you notice about the position of the verb in **ob**-clauses? What other conjunctions require verb-last position?[1]

Was?

teure Hotels

eine Unterkunft bekommen

eine Diskothek

viel Geld ausgeben

segeln/tauchen

einen Pool

Deutsch sprechen

Grammatik   Expressing direction and location (Summary)

Read these two blocks of sentences carefully. Which group refers to location? Which to direction? Which question word is used to elicit responses like the ones on the left? And on the right?

Wir fahren nach Frankfurt.	**Ich war auch schon mal in Frankfurt.**
Roland fährt in die Schweiz.	**Ich war auch schon in der Schweiz.**
Boris fliegt in die Vereinigten Staaten.	**Ich war letztes Jahr in den Vereinigten Staaten.**
Katrin fährt an die Nordsee.*	**Ich war auch schon an der Nordsee.**
Wir fahren morgen an den Bodensee.*	**Ich bin auch schon am Bodensee gewesen.**
Roland fährt aufs Brienzer Rothorn.	**Ich war auch schon mal auf dem Brienzer Rothorn.**

*Note the two meanings of the word **See: die See** means *sea,* **der See** means *lake.*

1. To answer a **wo**-question (a question that asks about location), dative case forms are used after the prepositions **an, in, auf,** and some others.

Wo warst du in den Ferien? Ich war **an der Nordsee.**

2. To answer a **wohin**-question (a question that asks about direction), accusative case forms are used after these prepositions.

Wohin fährst du? Ich fahre an **die Nordsee.**

1. **weil** and **daß**

16 Hör gut zu!

Einige Freunde haben angerufen und eine Nachricht auf dem Anrufbeantworter hinterlassen. Rufen sie aus dem Ferienort an oder auf dem Weg dahin? Mach dir Notizen!

	aus dem Ferienort	auf dem Weg dorthin
Katja		
Bernd		

17 Franks Reise

Frank ist von seiner Reise zurück. Er war mit seinen Eltern an allen Orten, die er auf der Landkarte eingetragen hat. — Schau auf die Karte auf Seite 215 und erzähle, wo Frank überall gewesen ist und was er wahrscheinlich dort gemacht hat!

18 Für mein Notizbuch

Wohin fährst du mit deinen Eltern oder Verwandten in die nächsten Ferien, oder wohin möchtest du mal fahren? — Beschreibe eine kurze Reise, die drei verschiedene Reiseziele hat! Erwähne:

a. mit wem du fährst
b. wohin ihr fahrt
c. wie ihr dorthin kommt
d. wo ihr übernachtet
e. was ihr dort alles tun könnt

19 Deine Pläne diskutieren

Such dir einen Partner! Erzähle ihm von deiner Reise!

20 Du arbeitest als Reiseberater

Du arbeitest in einem Reisebüro. Deine Partnerin, eine Kundin, möchte mit dir ihre Ferienpläne besprechen, eine Reise planen und bei dir buchen. Sie hat Fragen über verschiedene Reiseziele. Sie möchte zum Beispiel wissen, was sie an jedem Reiseort unternehmen kann. Als Reiseberater bist du bestens informiert, denn du bist schon überall gewesen und kannst deshalb ihre Fragen beantworten. Schreibt ein Rollenspiel und führt es der Klasse vor!

DRITTE STUFE

Asking for and giving directions

Stadtrundgang durch Bietigheim

Parken Sie Ihren Wagen auf dem Parkplatz am Japangarten. Von hier aus sind es nur zwei Gehminuten in die Stadt.

Vom Parkplatz gehen Sie auf der Holzgartenstraße über unser kleines Flüßchen, die Metter, und Sie kommen direkt in die Hauptstraße und damit in die Fußgängerzone in der Innenstadt.

An der Hauptstraße gehen Sie nach links. Vor Ihnen sehen Sie jetzt das

1. **Parkplatz**
2. **Stadttor**
3. **Backhaus**
4. **Bürgerhaus**
5. **Kachelsches Haus**
6. **Posthalterei**
7. **Marktbrunnen**
8. **Rathaus**
9. **Hormoldhaus**
10. **Evangelische Stadtkirche**
11. **Kleines Bürgerhaus**
12. **Bietigheimer Schloß**

einzige noch guterhaltene Stadttor. (Es hat einmal vier davon gegeben.) Das imposante Mauerwerk stammt aus dem Ende des 14. Jahrhunderts.

Sie gehen jetzt weiter durch dieses Tor, immer die Hauptstraße entlang bis zur Fräuleinstraße, wo Sie rechts in die Fräuleinstraße einbiegen. An der Ecke Schieringsbrunnerstraße sehen Sie das alte Backhaus auf der rechten Seite. Früher war dieses Haus außerhalb der Stadt.

Nach etwa 60 Metern kommen Sie zur Schieringerstraße. Hier biegen Sie links ein. Auf der linken Seite, Nr. 20, ist das stattliche Bürgerhaus, ein Fachwerkhaus aus dem 17. Jahrhundert.

Neben dem Bürgerhaus befindet sich das Kachelsche Haus, ein repräsentatives Wohnhaus aus dem 16. Jahrhundert.

Schräg gegenüber vom Kachelschen Haus ist die alte Posthalterei, ein schönes Fachwerkhaus aus dem 18. Jahrhundert.

Jetzt kommen Sie bald wieder auf die Hauptstraße. Sie gehen nach rechts, und gleich ein paar Schritte weiter kommen Sie zum Bietigheimer Rathaus mit dem schönen Marktbrunnen davor.

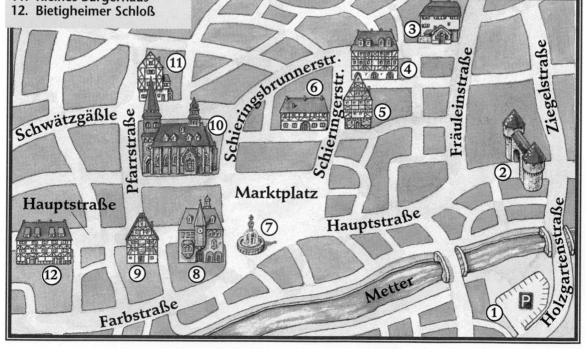

21 In Bietigheim

Lies zuerst den Text auf Seite 220! Dann such dir einen Partner, und beantwortet zusammen diese Fragen! Seht euch dabei den Stadtplan von Bietigheim an!

1. Wo kann man den Wagen parken, wenn man die Innenstadt von Bietigheim besuchen will?
2. Wie kommt man vom Parkplatz in die Hauptstraße?
3. Wie kommt man jetzt zum Stadttor?
4. Wie kommt man vom Stadttor in die Fräuleinstraße?
5. Wo steht das Alte Backhaus?
6. Wo ist das Bürgerhaus?
7. Wo befindet sich das Kachelsche Haus?
8. Wo ist die Posthalterei?
9. Wohin kommt man, wenn man wieder rechts in die Hauptstraße einbiegt?

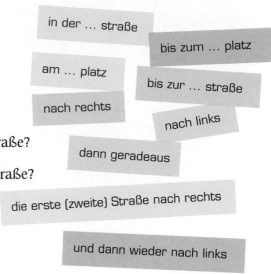

in der ... straße

bis zum ... platz

am ... platz

bis zur ... straße

nach rechts

nach links

dann geradeaus

die erste (zweite) Straße nach rechts

und dann wieder nach links

WORTSCHATZ

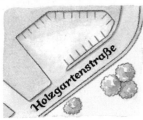

Der Parkplatz befindet sich an der Holzgartenstraße.

Die Metter läuft zwischen der Innenstadt und dem Palmengarten entlang.

Gehen Sie links um die Ecke; dann kommen Sie zum Stadttor!

Die Hauptstraße führt durch das Stadttor.

Das Rathaus ist aus dem 16. Jahrhundert.

Vor dem Rathaus steht der Ulrichsbrunnen.

Dieses Fachwerkhaus stammt aus dem 17. Jahrhundert.

Dieses Wohnhaus ist beim Rathaus.

Can you identify the prepositions above? What do you think they mean and how would you express them in English? What case follows each of these prepositions?

22 Hör gut zu!

Du hörst drei Kurzbeschreibungen von einem Rundgang durch Bietigheim. Schau auf die Stadtkarte und schreib auf, wo sich der Tourist am Ende der Beschreibung befindet!

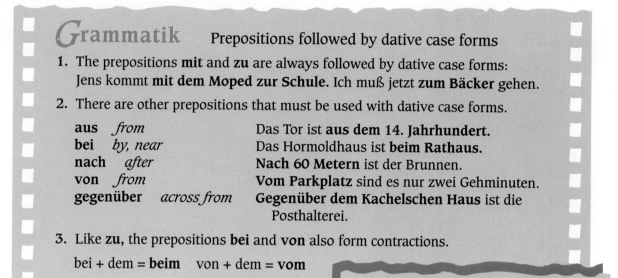

1. The prepositions **mit** and **zu** are always followed by dative case forms:
   Jens kommt **mit dem Moped zur Schule**. Ich muß jetzt **zum Bäcker** gehen.

2. There are other prepositions that must be used with dative case forms.

aus	*from*	Das Tor ist **aus dem 14. Jahrhundert**.
bei	*by, near*	Das Hormoldhaus ist **beim Rathaus**.
nach	*after*	**Nach 60 Metern** ist der Brunnen.
von	*from*	**Vom Parkplatz** sind es nur zwei Gehminuten.
gegenüber	*across from*	**Gegenüber dem Kachelschen Haus** ist die Posthalterei.

3. Like **zu**, the prepositions **bei** and **von** also form contractions.

   bei + dem = **beim**   von + dem = **vom**

23   Eine kurze Beschreibung

Your German pen pal is coming to visit. Send him a short description of your town. Rewrite your note with dative prepositions and the correct articles.

... Also, die Amtrakstation ist gar nicht weit vom Stadtzentrum. ⎯⎯ d⎯ Station bis zur Innenstadt sind es nur zehn Minuten zu Fuß. Da ist das alte Rathaus. Es stammt ⎯⎯ d⎯ neunzehnten Jahrhundert. Das ist schon alt in den Vereinigten Staaten! ⎯⎯ d⎯ Rathaus, direkt daneben, siehst du das alte Postgebäude. Auf der anderen Straßenseite, ⎯⎯ d⎯ Rathaus, ist ein schöner Park. Dort spiele ich Baseball ⎯⎯ d⎯ Schule.

SO SAGT MAN DAS!

Asking for and giving directions

When asking for directions, you might ask:

   Entschuldigung! Wo ist bitte das Rathaus?

or   **Wie komme ich bitte zum Stadttor?**

or   **Verzeihung! Wissen Sie vielleicht, wie ich zur Post komme?**

When giving directions, you might say:

   Sie biegen hier rechts ein. Dann kommen Sie zum Rathaus.
   Das ist hier rechts um die Ecke.

   Tut mir leid. Ich weiß es leider nicht. Ich bin nicht von hier.

What do the prepositions **zum** and **zur** indicate? Look at the responses on the right. How would you say them in English?

---

1. **für** and **gegen**

24 Verzeihung! Wissen Sie, wo …?

Zwei Partner sind Touristen. Du kennst dich in Bietigheim aus, und gibst ihnen Auskunft.

Hier sind die Partner: Sie wollen dorthin:

1. am Rathaus   Evangelische Stadtkirche
2. auf dem Parkplatz   Fußgängerzone
3. in der Fräuleinstraße   Marktbrunnen
4. bei der Stadtkirche   Hormoldhaus

25 Touristen in der Stadt

Zwei verschiedene Gruppen von Touristen sprechen dich auf dem Parkplatz in Bietigheim an. Eine Gruppe möchte zur Evangelischen Stadtkirche, die andere zum Bietigheimer Schloß. Sag ihnen, wie man dahin kommt!

26 Für mein Notizbuch

Schreib in dein Notizbuch

a. wie du mit dem Rad von zu Hause zur Schule kommst!
b. wie du von zu Hause zu einem Freund kommst!

> ### Ein wenig *Grammatik*
>
> In this chapter you learned that the prepositions **in**, **an** and **auf** can be followed by either accusative or dative noun phrases. Do you remember in which instances the accusative forms are used? And the dative forms? Here are three other prepositions that also follow this rule:
>
> **vor**   *in front of*
> **neben**   *next to*
> **zwischen** *between*
>
> Like **in**, **an**, and **auf**, these prepositions must be used with the accusative case when indicating direction and with the dative case when indicating location.

27 Geh vor den Schreibtisch!

Take turns with your classmates giving different students commands to move around your classroom. Use the prepositions **an**, **vor**, **zwischen**, and **neben**. Each student will do what you tell him or her. When he or she is in the proper place, that student will tell the class where he or she is now located using these same prepositions.

BEISPIEL   DU **Geh an die Tafel!** *(classmate walks to the chalkboard)*
         MITSCHÜLER **Ich stehe an der Tafel.**

28 So kommst du zu mir!

Du hast eine Party und lädst ein paar Klassenkameraden ein. Zwei Klassenkameraden wissen gar nicht, wo du wohnst. Du hast für sie auf einem Zettel eine Route vorbereitet, wie sie am besten zu dir kommen. Gib ihnen den Zettel und erklär es ihnen persönlich!

29 Ein Klassenprojekt: Unser Ort

An diesem Projekt können zwei oder drei Gruppen arbeiten, je nach Größe eurer Stadt. Jede Gruppe hat die Aufgabe, ein Layout zu erstellen, das eure Stadt zeigt.

a. Bereitet das Layout vor, zeichnet die wichtigsten Straßen und Gebäude ein und beschriftet diese!
b. Die fertigen Layouts dienen dann als offizielle Stadtkarte in euerm Informationszentrum. Ein Mitglied eurer Gruppe arbeitet im Infocenter und die andern in der Gruppe sind Touristen, die Auskunft nach verschiedenen Zielen in euerm Ort erfragen. Die Touristen wollen auch wissen, wie alt einige Gebäude sind.

ZUM LESEN

Was ist dein Lieblingsreiseziel?

Distinguishing between fact and opinion. It is important to notice when an author is expressing a personal opinion or value as opposed to conveying facts. Understanding the values held by a group of people is a key to getting along in that culture. Here are some expressions that indicate when an author is giving a personal opinion:

Ich finde ...

Ich glaube ...

Für mich ...

Es soll ... sein.

Ich meine ...

Getting Started

1. Read the following sentences and determine which ones are fact and which are opinion.
   a. Solche Ferien sind besser als nach Mallorca zu fahren.
   b. Nachts machen wir Waldspiele.
   c. Keine Autos fahren vorbei.
   d. Ein Ferienparadies soll ein Urlaub mit Freunden sein.
2. Look at the title, subtitle, and drawings on these two pages. What is the article about? Scan the article. What kind of information is summarized here?
3. Now read the summary of results **Tiere sind Trumpf**. What are the ten most popular vacations for German teenagers?
4. Does this survey focus on facts or opinions? If the question were

Gesucht: Bauernhof zum Ausschlafen
Realschüler, 14 Jahre

Wo Mädchen und Jungen am liebsten Ferien machen

„Für die meisten Menschen ist wohl Hawaii der Urlaubstraum. Für mich ist es das Dorf, wo meine Großmutter wohnt. Da ist ein See mit dem Paddelboot von meinem Opa. Ich habe dort mehrere Freunde. Und Großmutter kocht nur, was mir wirklich schmeckt."
Realschülerin, 13 Jahre

„Es ist und bleibt ein Bauernhof. Es soll ein Urlaub mit Freunden, ohne Eltern sein. Man kann bei der Arbeit freiwillig helfen. Alles, was ich nicht muß wie in der Schule, macht mir Freude. Nachts darf ich mit Freunden schon mal auf dem Heuboden schlafen. Dann hört man plötzlich was. Ist es eine Maus oder ein Siebenschläfer oder ein Marder oder eine der vielen Katzen vom Hof? Dann wird's einem ganz gruselig. Solche Ferien sind besser als nach Mallorca zu müssen in den Ölsardinensitzen."
Realschüler, 13 Jahre

„Mein Ideal ist ein Pfadfinderlager. Nachts machen wir Waldspiele

Tiere sind Trumpf
Eltern fragte 2220 Schülerinnen und Schüler acht bis 16 Jahre alt. Was ist für dich ein Ferienparadies? Am häufigsten genannt wurden:
1. Bauernhof, Reiterhof
2. bei Großeltern oder anderen Verwandten
3. Zelten, Jugendlager, Wohnmobil
4. Trampen
5. Strand an südlichen Meeren
6. zu Hause (Ausschlafen)
7. Bergtour
8. Aktivferien (Surfen, Klettern, Angeln)
9. USA/Kanada (Nationalparks, Disney World)
10. Abenteuerreise (Dschungel, Wüste, Vulkane)

Rund zehn Prozent der Befragten bringen zum Ausdruck, daß für sie der Ferienort eigentlich Nebensache ist—sie empfinden es als viel wichtiger, daß die Eltern Zeit haben, entspannt und gutgelaunt sind.

mit Taschenlampen. Wir haben ein Lagerfeuer. Wenn der Wind ums Zelt heult, kuschelt man sich in seinen Schlafsack."
Realschüler, 14 Jahre

„Für mich muß es ganz, ganz weit weg sein. Wenn ich wieder zu Hause bin, kann ich allen meinen Freunden erzählen, wie weit weg ich war."
Hauptschüler, 14 Jahre

„Meine Eltern gehen immer ins Reisebüro und suchen sich was

Tolles aus. Meistens Urlaubsziele, wo sich Menschenmassen zusammenballen: Mallorca, Gran Canaria, Italien, Kreta, Meran usw. Mein Urlaubstraum aber ist ein kleiner See mit nettem Strand und dahinter etwas weg ein Dorf. Auf dem Strand steht mein Zelt, und daneben liegt mein Paddelboot. Leider habe ich weder ein Boot noch ein Zelt. Nur Träume."

Gymnasiastin, 15 Jahre

„Für mich sind die schönsten Ferien, wenn wir eine Fahrradtour machen. An einem Fluß vorbei und über Waldwege. Daran sieht man, daß es im Urlaub nicht die Super-Luxus-Hotels machen, um echte Freude zu kriegen."

Gymnasiast, 13 Jahre

„Wo keine Abgase sind. Wo man nachts schlafen kann, weil keine Autos und Lastwagen vorbeidonnern."

Realschüler, 13 Jahre

„Viele Urlaubsparadiese kann man erleben, wenn man eine Radtour macht. Am schönsten war für mich der Weg von Passau nach Wien. Im Flugzeug, im Auto, im Bus sieht man doch alles nur hinter Glasscheiben. Aber auf dem Fahrrad ist alles ganz nahe. Die wunderbarsten Waldwege kann man fahren, und an Flüssen und Bächen vorbei."

Realschüler, 15 Jahre

„Wir haben in der Lüneburger Heide ein kleines Ferienhaus. Das ist unser Urlaubsparadies. Wir wandern oder fahren mit einem Pferdewagen durch die Heide. Meine Eltern, meine Schwester und ich, wir fühlen uns dort sehr wohl. Nur manchmal ist es ein bißchen langweilig. Aber diese Stille ist am besten für die Erholung, für mich vom Schulstreß, für meine Eltern von der Firma."

Gymnasiastin, 14 Jahre

„Ein Bauernhof wie in dem Roman ‚Herbstmilch!' So ganz urgemütlich. Betten mit karierten hohen Plümos in einem ganz kleinen Zimmer mit zwei ganz kleinen Fenstern. Aus den Ställen hört man das Vieh brüllen. Pferde sind da und Schafe. Es ist einfach wunderbar, mitten in der Landwirtschaft zu leben. Abends sitzen alle an einem langen Holztisch und essen aus einem Topf und aus einer Pfanne. Es gibt herrliche Suppe, leckere Braten, feine Nachtische und viel Obst. Alles ist deftig gekocht. Und abends sitzen wir an einem alten Kamin. Ja, so erträume ich mir das."

Gymnasiastin, 15 Jahre

Wo warst du in den letzten Ferien? would the answers be facts or opinions?

5. Skim the interviews. For each interview, jot down the student's age, the main idea (in this case, usually the vacation place or the people with whom the vacation is spent), and one specific fact supporting that person's opinion.

A Closer Look

6. What does the thirteen-year-old **Realschülerin** think most people would describe as a vacation paradise? How does her own opinion differ?

7. What does the thirteen-year-old **Gymnasiast** like about bicycle tours? Which parts of his response are opinion and which are fact?

Tip: You may not know the expression **weder ... noch,** but you can guess its meaning from context because you know the word **leider.**

---

8. How does the fifteen-year-old **Gymnasiastin**'s idea differ from her parents' idea about a vacation paradise? What does she say about a boat and tent? Is this a fact or opinion?

9. Where does the fourteen-year-old **Gymnasiastin**'s family have a vacation house? What is the only drawback, in her opinion?

10. You have probably formed some impressions and opinions of your own about the readings on these pages. How many of these students do you think are city-dwellers? (Why do you think so?) How many of them are describing vacations they have actually taken, and how many are describing a "daydream?" Which tells you more about a person: his or her real life or his or her hopes and dreams?

1 The German exchange student who lived with your family last summer calls you early one morning and tells you about her trip to Austria. Take notes so that you can tell the rest of your family about her vacation.

2 Schau die Tabelle unten an und dann diese Aussagen! Wenn eine Aussage nicht stimmt, ändere sie so, damit sie stimmt!
1. Die deutschen Jugendlichen fahren am liebsten nach Frankreich.
2. Die 17-19jährigen fahren nicht so oft nach Portugal wie die 14-16jährigen.
3. Die Niederlande sind ein sehr beliebtes Reiseziel.
4. Deutsche Jugendliche fahren lieber nach Jugoslawien als nach Spanien.
5. Nicht sehr viele Jugendliche fahren nach London.
6. Die 14-28jährigen fahren genauso oft nach Dänemark wie nach Griechenland.

Das Ausland steht an erster Stelle

Wohin geht die Haupturlaubsreise der Jugendlichen? Im Inland bleibt nur jeder fünfte. Hier sind vor allem die Küsten von Schleswig-Holstein attraktiv.

Renner sind die Auslandsreisen. Spanien, Frankreich und Italien stehen an den ersten Stellen (siehe Tabelle).

In Spanien ist „schwer was los"

Die Niederlande, Italien, Jugoslawien und die Türkei sind für Deutsche preisgünstig. Großbritannien, Österreich, Italien, Griechenland und die USA bieten nach Ansicht von deutschen Jugendlichen gute Möglichkeiten, neue Leute kennenzulernen. Die Inseln Spaniens, Italien, Jugoslawien, Griechenland und die Türkei bieten eine prima Urlaubsatmosphäre. In Großbritannien, Spanien und Italien ist „schwer was los".

In die Sonne, ans Meer

Was ist entscheidend bei der Wahl des Urlaubsortes? Die deutschen Jugendlichen zögern nicht lange: Meer und schöne Strände zum Baden, viel Sonne und günstige Preise nennen sie zuerst. Freundliche Einheimische und viel Abwechslung vom Alltag sowie eine schöne Landschaft und interessante Kultur im Gastland sind ebenfalls wichtig.

Die Eltern entscheiden

Bei den 14- bis 19jährigen entscheiden oft die Eltern das Urlaubsziel, die auch meist die Organisation der Reise in die Hand nehmen und für die Kosten aufkommen. Allein reisen nur 15 Prozent der 14- bis 16jährigen und acht Prozent der 17- bis 19jährigen. Die anderen reisen mit Eltern, Gleichaltrigen, einer Jugendgruppe oder einem Verein. Mit der Freundin oder dem Freund verreisen 9 Prozent der 14- bis 16jährigen und 17 Prozent der 17- bis 19jährigen.

Welche Aktivitäten am Urlaubsort?

Auf der Hitliste der Urlaubsaktivitäten steht Schwimmen ganz oben. Beliebt sind auch Ausflüge in die Umgebung, Einkaufsbummel und Gespräche mit anderen Menschen. Einfach faulenzen, sich sonnen oder ausruhen sind weit weniger wichtig als bei Erwachsenen.

Die wichtigsten Reiseziele der deutschen Jugendlichen im Ausland (1993)			
	14-28 Jahre	14-16 Jahre	17-19 Jahre
Spanien (Inseln und Festland):	17,9	12	20
Frankreich:	11,4	7	12
Italien (mit Inseln):	10,8	7	13
Jugoslawien:	5,9	5	6
Griechenland:	5,4	3	3
Österreich:	5,4	7	6
Dänemark:	4,0	6	5
Portugal:	4,0	-	2
Niederlande:	3,7	2	6
Großbritannien:	3,5	7	6

(alle Angaben in Prozent; durch andere Reiseziele und Mehrfachnennungen ergeben sich keine 100 Prozent)

3 Lies den Artikel auf Seite 226 und beantworte die Fragen auf Englisch!

1. What is the topic of the article?

2. According to the report, what are the different advantages each country has to offer as a vacation spot?

3. Do more Germans choose to travel to another country or to stay within Germany for their vacations? What statistics support your answer?

4. According to the article, do most teenagers travel alone or with friends and family? How does the article support its conclusion to this question?

5. Which activity is the most popular among teenage vacationers?

6. Look back at the table on page 224 that summarizes students' dream vacations. Read the table and compare it with the table on page 226. How could you explain the different results?

4 a. Drei Schüler nehmen Stift und Notizblock in die Hand und befragen alle Schüler in der Klasse, was jeder für die zwei „heißesten" Ferienstaaten in den USA hält. Die drei Schüler schreiben die Resultate an die Tafel und nennen dann die drei Lieblingsreisestaaten der ganzen Klasse. Dann fragt euch gegenseitig, warum ihr diese Staaten wohl gewählt habt!

b. Jeder schreibt jetzt einen kurzen Bericht, der die Information aus der Umfrage wiedergibt.

5 Get together with three other classmates. Each of you chooses (without telling others) one place to go or thing to do in your home town. Each begins by suggesting to the others his or her desire and tries to persuade them to come along. The other two should try to express some reservation about the idea. Everyone gets a turn to suggest and persuade. In the end, all of you must agree on one thing to do together.

6 Each student writes on a card one place where he or she would never want to be stuck on vacation (it must be a general place that everyone will recognize). All cards go into a hat and are then redistributed. The place you pick is where you actually have to go for one whole week of your precious vacation! Now write a postcard in German filled with doubt, displeasure and resignation to your best friend who is back home leading the grand life.

7

R O L L E N S P I E L

With two partners, pick a vacation spot in the United States which you will have to present to a group of German students who are prospective travelers to the United States. Market and "sell" the spot, making it as attractive as possible. Get photos of the area, find out the main attractions and conveniences. Orient your presentation to the interests of German students. Then make your presentation to the class.

ANWENDUNG

zweihundertsiebenundzwanzig **227**

KANN ICH'S WIRKLICH?

Can you express indecision? (p. 213)

Can you ask for and make suggestions? (p. 213)

1 How would you ask someone what you should do?

2 How would you ask your friends for specific suggestions on what you all could do this evening?

3 How would your friend suggest that you go to these places?
  a. to Switzerland
  b. to New York
  c. to Lake Constance **(der Bodensee)**

4 How might your friends respond if
  a. they like the idea
  b. they do not like the idea

Can you express doubt, conviction, and resignation? (p. 217)

5 How would you convey to a friend
  a. that you doubt you will be able to go on vacation?
  b. that you are sure you will go to Florida?

6 How would you say to someone that it will rain all summer and that unfortunately nothing can be done about it?

Can you ask for and give directions? (p. 222)

7 How would you ask your teacher how to get to the post office?

8 How would you give directions to someone
  a. who needs to go to the post office from your school?
  b. who is looking for the shopping center?

9 How would you answer if someone asked you for directions, but you were new in town?

WORTSCHATZ

ERSTE STUFE
EXPRESSING INDECISION

Was machen wir jetzt? *What are we going to do now?*
Was soll ich bloß machen? *Well, what am I supposed to do?*

TALKING ABOUT GOING ON VACATION

das Verkehrsmittel, - *transportation*
die Bahn, -en *train*
das Flugzeug, -e *airplane*
das Schiff, -e *ship*

der Urlaub, -e *vacation (time off from work)*
die See, -n *ocean, sea*
  die Nordsee *the North Sea*
das Hallenbad, ¨er *indoor pool*
der Tennisplatz, ¨e *tennis court*
steigen *to climb*

ASKING FOR AND MAKING SUGGESTIONS

Wohin fahren wir? *Where are we going?*
Hast du eine Idee? *Do you have an idea?*

Was schlägst du vor? *What do you suggest?*
Ich schlage vor, daß ... *I suggest that...*
Ich bin dafür, daß ... *I am for doing...*
Fahren wir nach ... ! *Let's go to... !*

USEFUL PREPOSITIONS FOR EXPRESSING DIRECTION

nach *to, toward*
an *to, at*
in *in, into*
auf *to, onto*

ZWEITE STUFE
WORDS FOR DESCRIBING A VACATION BY THE WATER

das Meer, -e *ocean*
segeln *to sail*
windsurfen *to wind surf*
tauchen *to dive*
angeln *to fish*
Boot fahren *to go for a boat ride*
das Boot, -e *boat*

HOTEL ACTIVITIES

die Liegewiese, -n *lawn for relaxing and sunning*

der Golfplatz, ¨e *golf course*
der Strand, ¨e *beach*
der Sandstrand, ¨e *sand beach*
die Sauna, -s *sauna*
der Fitneßraum, ¨e *training and weight room*
der Whirlpool, -s *whirlpool*
die Diskothek, -en *discothek*
der Fernsehraum, ¨e *TV room*

EXPRESSING DOUBT

Ich weiß nicht, ob ... *I don't know whether...*
Ich bezweifle, daß ... *I doubt that...*

Ich bin nicht sicher, daß/ob ... *I'm not sure that/whether...*

EXPRESSING CONVICTION

Ich bin sicher, daß ... *I am certain that...*
Das kannst du mir glauben! *You can believe me on that!*

EXPRESSING RESIGNATION

Da kann man nichts machen. *There's nothing you can do.*
Das ist leider so. *That's the way it is unfortunately.*

DRITTE STUFE
ASKING FOR AND GIVING DIRECTIONS

Entschuldigung! *Excuse me!*
Verzeihung! *Pardon me!*
Das ist hier um die Ecke. *That's right around the corner.*
die Ecke, -n *corner*
Biegen Sie hier ein! *Turn in here!*
Tut mir leid. Ich bin nicht von hier. *I'm sorry. I'm not from here.*

DESCRIBING A CITY

der Parkplatz, ¨e *parking lot*

das Stadttor, -e *city gate*
die Hauptstraße, -n *main street*
aus dem (16.) Jahrhundert *from the (16th) century*
der Brunnen, - *fountain*
das Wohnhaus, ¨er *residence*
Das Fachwerkhaus ist aus dem fünfzehnten Jahrhundert. *The half-timbered house is from the fifteenth century.*
aus *from, out of*
bei *by, near*
nach *after*
von *from, of*
gegenüber *across from*

durch *through*
um *around*
neben *next to*
vor *in front of*
zwischen *between*

OTHER USEFUL WORDS AND EXPRESSIONS

Das ist gerade passiert. *That just happened.*
kaputt *ruined, broken*
eine andere, ein anderer, ein anderes *another (a different) one*
eben nicht *actually not*
das Jahrhundert, -e *century*

Komm mit nach

Berlin!

Berlin

Einwohner: 3,4 Millionen

Flüsse: Spree, Havel

Berühmte Gebäude: Kaiser-Wilhelm-Gedächtniskirche, Schloß Charlottenburg, Pergamon-Museum, Brandenburger Tor, Reichstag, Kongreßhalle, Nationalgalerie

Bedeutende Berliner: Wilhelm von Humboldt (1767-1835, Diplomat und Linguist), Alexander von Humboldt (1769-1859, Naturforscher), Rahel Varnhagen (1771-1833, Schriftstellerin), Karl Friedrich Schinkel (1781-1841, Architekt), Werner von Siemens (1816-1892, Erfinder), Kurt Tucholsky (1890-1935, Schriftsteller), George Grosz (1893-1959, Maler), Marlene Dietrich (1901-1992, Schauspielerin)

Industrie: Elektrotechnik, Textilindustrie, Metallindustrie, Verlage, Pharmazeutische Industrie

Beliebte Gerichte: Berliner Pfannkuchen, Eisbein, Buletten, Grüner Aal

Foto ① Das nach der Kriegszerstörung wieder aufgebaute Reichstagsgebäude

Berlin

Berlin, das jahrzehntelang geteilt und dessen westlicher Teil von der kommunistischen DDR umgeben war, ist seit 1990 Hauptstadt des vereinten Deutschlands. Die größte deutsche Stadt ist zugleich eine Kulturmetropole von Weltruf. Die Vitalität dieser Stadt, die die Zerstörungen im Zweiten Weltkrieg ebenso überstand wie den Bau der Berliner Mauer, macht Berlin so faszinierend.

④ **Die Kaiser-Wilhelm-Gedächtniskirche am Kurfürstendamm**

② **Das Brandenburger Tor ist das Wahrzeichen Berlins.**

③ **Mahnmal für die Opfer der Berliner Mauer**

6 Das berühmte Café Kranzler am „Ku'damm"

5 „Orgel-Hermi",
ein typischer
Berliner
Leierkasten-
mann

*Die letzten Kapitel in un-
serem Buch zeigen uns
Berlin, die alte und neue
deutsche Hauptstadt. Die
sechs Schüler in diesen
Kapiteln gehen aufs Max-
Beckmann-Gymnasium
in Reinickendorf.*

7 Sandra, Astrid, Andreas,
Binh, Ismar und Lars

10
Viele Interessen!

1 Das gibt's doch nicht!

What do German-speaking teenagers do when they need a break from homework? Though television in the German-speaking countries is different from American television, it is a source of information and entertainment for those teenagers who are tired of hitting the books. Cars are another area of interest to many teenagers. Most of them look forward to getting a driver's license and with it a certain amount of independence. To talk about these interests, you need to know a number of words and expressions.

In this chapter you will learn

- to ask about and express interest
- to ask for and give permission; to ask for information and express an assumption
- to express surprise, agreement, and disagreement; to talk about plans

And you will

- listen to students talk about television and cars
- read excerpts from a German television guide
- write about your interests in television and cars
- find out how the German television companies operate, and what is required to obtain a German driver's license

② Ich interessier' mich für Ratesendungen.

② Ich werde mir mal so einen tollen Wagen kaufen — ein Solarmobil!

Solarmobil
Karlsruhe e.V.

HOTEL KÜBLER
Karlsruhe

Los geht's!

Mensch, zieh die Handbremse an!

Look at the photos on these two pages. What are the boys
doing at first? What topics do you think they are discussing?

1 — Du, Ismar, laß mal sehen! Das kann doch nicht stimmen. Du hast dich ganz bestimmt verrechnet. Ich meine ...

Hier, du darfst nachrechnen.

2 — Ich meine, wir sind müde. Machen wir mal eine kleine Pause!

Du, ich hab' ein ganz anderes Ergebnis. Das gibt's doch nicht! Was machen wir jetzt?

Einverstanden! — Schauen wir mal, was es jetzt im Fernsehen gibt! Um diese Zeit kommt gewöhnlich nichts Besonderes.

3 — Du hast bestimmt recht, aber schauen wir mal! — Habt ihr ein Fernsehmagazin?

Ja schon. Aber ich weiß nicht, wo es liegt. Gib mir lieber mal die Fernbedienung rüber!

Hier!

Danke! Schauen wir mal, was es im Ersten Programm gibt!

4 — Ach, etwas über die Umwelt. Normalerweise interessiert mich so was, aber nicht jetzt. Mach weiter!

Etwas über Politik! Das interessiert mich wenig.

Da stimm' ich dir zu.

1 Was passiert hier?

Verstehst du alles, was diese Leute in der Foto-Story sagen? Beantworte die Fragen!

1. What are Andreas and Ismar doing at the beginning?
2. Why do they take a break? What do they do during the break?
3. What do you find out about Andreas and Ismar's interests in television?
4. Who interrupts them? What does Andreas get reminded of?
5. Does Ismar know a lot about cars? How do you know?
6. What happens at the end? What do you think is going to happen next?

2 Genauer lesen

Lies den Text noch einmal und beantworte diese Fragen!

1. Which phrases express compliments? Interest? Permission? Surprise? Agreement? Making suggestions?

3 Was paßt zusammen?

Welche Ausdrücke auf der rechten Seite beenden die Satzanfänge auf der linken Seite?

1. Du hast dich verrechnet, denn ...
2. Andreas will die Fernbedienung, denn ...
3. Ismar braucht das Fernsehmagazin, denn ...
4. Andreas interessiert sich für ältere Spielfilme, denn ...
5. Ismar darf bald Auto fahren, denn ...

a. sie sind oft sehr lustig.
b. ich habe ein anderes Ergebnis.
c. in einem halben Jahr kann er den Führerschein machen.
d. er will wissen, was jetzt am Nachmittag kommt.
e. er will das Fernsehgerät einschalten.

4 Stimmt oder stimmt nicht?

Wenn der Satz nicht stimmt, schreib die richtige Antwort!

1. Die Jungen haben das gleiche Ergebnis in den Matheaufgaben.
2. Am Nachmittag kommen Sendungen im Fernsehen, für die sie sich interessieren.
3. Ismar schaut im Fernsehmagazin nach, um zu sehen, was am Nachmittag läuft.
4. Normalerweise interessiert sich Ismar für Umweltprobleme.
5. Ismar und Andreas sehen die gleichen Filme gern.
6. Ismar versteht viel von Autos.
7. Er hat auch schon seinen Führerschein.

5 Welche Wörter passen?

Welche Wörter aus dem Kasten passen in die Zusammenfassung des Foto-Romans?

Andreas und Ismar machen __1__ in Mathe zusammen. Sie machen __2__, weil sie müde sind. Sie wollen __3__ schauen aber finden __4__ nicht und versuchen mit der __5__ herauszufinden, was es im Ersten Programm gibt. Normalerweise interessieren sie sich für __6__, die mit der Umwelt zu tun haben, aber heute nicht. Sie wollen lieber einen __7__ oder Sport schauen. Die Mutter kommt und erinnert (*reminds*) Andreas daran, __8__ heute noch sauberzumachen. Sie machen das zusammen und sprechen über Autos, Autofahren und __9__.

das Auto   Actionfilm
das Fernsehmagazin
den Führerschein
Fernsehen   eine Pause
Fernbedienung
Sendungen   Hausaufgaben

Asking about and expressing interest

Wer guckt was?

Lies, worüber sich Ismar und Andreas unterhalten und beantworte die Fragen!

ISMAR Für welche Sendungen interessierst du dich am meisten?

ANDREAS Das ist leicht zu sagen, wofür ich mich interessiere: für Nachrichtensendungen und ab und zu vielleicht mal für einen tollen Krimi.

ISMAR Dann bist du ein wirklich typischer Fernsehgucker. — Schau, hier ist eine Statistik über die beliebtesten Fernsehsendungen der Deutschen.

ANDREAS Das gibt's doch nicht! — Interessant! Und wofür interessierst du dich?

ISMAR Wir sehen uns zu Hause Nachrichten, Sport und Politik an. Und danach diskutieren wir immer heftig über alles …

ANDREAS Das find' ich toll! — Aber jetzt checken wir schnell mal das Nachmittagsprogramm durch!

„Ich freu' mich schon immer auf ,Tatort'. Das läuft sonntags um 20 Uhr 15 im Ersten Programm."

1. Wofür interessiert sich Andreas? Worauf freut sich Ismar?
2. Warum ist Andreas ein typischer Fernsehzuschauer?
3. Für welche Sendungen interessiert sich Ismars Familie?
4. Was passiert gewöhnlich nach einer Sendung bei ihm zu Hause?
5. Für welche Sendungen interessieren sich die Deutschen am meisten? Am wenigsten?
6. Welche amerikanischen Sendungen passen in diese Kategorien?

Die TV-Hits der Deutschen	
Nachrichtensendungen	74%
Kriminalfilme	57%
Wetterbericht	50%
Ratesendungen/Spielshows	43%
Sportübertragungen	43%
Tier-/Natursendungen	42%
Familiensendungen	42%
Lustspiele/Komödien	39%
Wildwest-/Abenteuerfilme	37%
Gesundheits-/Medizinthemen	37%
Talkshows	36%
Politikerdiskussionen	36%

6 Hör gut zu!

Für welche Fernsehsendungen interessieren sich diese Leute und warum? Mach dir Notizen! Vergleiche dann deine Notizen mit den Notizen deiner Mitschüler!

die Nachrichten, Nachrichtensendungen

der Wetterbericht

Sportsendungen, Sportübertragungen

Natursendungen

Ratesendungen

Diskussionen über Politik

Und dann noch . . .

Familiensendungen	Tiersendungen
Kriminalfilme	Lustspiele
Wildwestfilme	Komödien
Abenteuerfilme	Sendungen über
Spielshows	Gesundheit
Talkshows	Werbesendungen

Für welche Sendungen interessierst du dich? Sag es deinen Klassenkameraden!

7 Wofür interessiert sich Ismar und warum?

Was paßt zusammen?

Ismar interessiert sich für ...

den Wetterbericht

die Nachrichten

Sportsendungen

Kriminalfilme

Natursendungen

Komödien

weil er ...

gern lustige Sachen sieht

Tiere furchtbar gern hat

sie sehr spannend findet

wissen möchte, was in der Welt passiert

nur bei gutem Wetter im Gebirge wandert

selbst gern Sport macht

SO SAGT MAN DAS!

Schon bekannt

Asking about and expressing interest

You already know several ways of asking someone about his or her interests:

Was für Interessen hast du?
Wofür interessierst du dich?

and of expressing your interests:

Ich interessiere mich für Sport.

8 Wofür interessierst du dich und warum?

Bevor du mit deinem Partner die vielen Sendungen durchcheckst, frag ihn, wofür er sich besonders interessiert und warum! Danach sag ihm, wofür du dich interessierst und warum!

Grammatik Verbs with prepositions; **wo-** and **da-**compounds

1. As in English, German verbs are often followed by prepositions which convey specific meanings. Think of some examples in English. In German, you have to pay attention to the case (accusative or dative) that follows a preposition. Look at the sentences below. Which case follows each preposition?

> **sprechen über: Die Jungen sprechen über das Ergebnis.**
> **sich freuen auf: Andreas freut sich auf den Krimi.**
> **sich interessieren für: Er interessiert sich für lustige Filme.**

2. When using verbs with prepositions in a question or response, you must do the following:

   a. When referring to people, use the preposition plus the question word **wen** in your questions: **Für wen interessierst du dich?**

   > **Ich interessiere mich für ihn, den Ralph.**

   b. When referring to things or ideas, you use a **wo-**compound (**wo** + preposition) in your question:

   > **Wofür interessierst du dich?**   **Ich interessiere mich für Politik.**

   If you want to refer to the thing or idea in a statement using a pronoun (*it*), you have to use a **da-**compound (**da** + preposition):

   > **Ich interessiere mich für Politik. – Ja? Ich interessiere mich auch dafür.**
   > **Er freut sich auf den Krimi. — Ich freue mich auch darauf.**

3. If a preposition begins with a vowel, an **r** is inserted between **wo** and **da** and the preposition to facilitate pronunciation:

   > **auf: worauf, darauf**   **über: worüber, darüber**

9 Wie viele Sätze kannst du bauen?

ich meine Freunde und ich, wir meine Eltern mein Freund	sprechen diskutieren s. freuen s. interessieren	gewöhnlich immer ab und zu ganz selten	auf für über	die Nachrichten Sportsendungen Natursendungen Ratesendungen Krimis Kultursendungen Problemfilme Kindersendungen Werbung

10 Wofür interessierst du dich?

Frag deine Partnerin, wofür sie sich interessiert! Sag ihr, ob du dich auch dafür interessierst oder nicht!

11 Was gucken wir?

Du möchtest mit deiner Partnerin heute abend Fernsehen gucken. Du weißt aber nicht genau, wofür sie sich interessiert. Habt ihr die gleichen Interessen? Auf welches Programm freust du dich? Und sie?

12 Für mein Notizbuch

Schreib in dein Notizbuch, für welche Sendungen du dich interessierst und was du gewöhnlich guckst! Wann kommen deine Lieblingssendungen? Auf welchem Fernsehsender (*channel*)? Gibt es eine Sendung, auf die du dich besonders freust?

13 Werbung im Fernsehen

Rang	Werbeartikel
1	Fast-foods
2	Geschirrspülmittel
3	Waschpulver
4	Kaffee
5	Video-Spiele
6	Textilien
7	Rasierklingen

Guck dir mal die Werbesendungen im Fernsehen an! Für welche Artikel werben die Sender am meisten? — Mach eine Rangliste mit Werbeartikeln, wie im Beispiel links! Erwähne auch deine Lieblingswerbung und beschreibe sie! Berichte deiner Klasse über dein Ergebnis!

SO	ÜBERSICHT	
18.00 ZDF	Ein Heim für Tiere Bobby hat zwei Zuhause.	60 Min.
18.00 RTL	Mord ist ihr Hobby mit Angela Lansbury	45 Min.
19.00 3SAT	heute	30 Min.
19.00 RTL	Hans Meiser Audience Participation Show	70 Min.
20.00 BR3	Die Sterngucker Sind wir allein im Universum?	45 Min.
20.00 N3	Der amerikan. Bürgerkrieg Letzter Teil: Robert E. Lee	60 Min.
20.00 SW3	Agatha Christie Krimiserie: Hercule Poirot	60 Min.
20.00 PRO 7	Matlock Krimiserie	45 Min.
22.15 ZDF	Die Sport-Reportage	30 Min.
22.30 SAT1	Fußball Berichte der 1. Liga	30 Min.

EIN WENIG LANDESKUNDE

In Germany there are public and private television companies. The public companies are financed by a monthly viewing fee based upon the number of TV sets in use in each household. The fee amounts to DM 23,80 a month. The programming of the public companies is scrutinized by a quasi-governmental agency, the **Rundfunk- und Fernsehrat,** that is composed of various interest groups. The two public television companies are **ARD,** producing the **Erstes Programm,** and the **ZDF,** producing the **Zweites Programm.** The **ARD** also produces regional programming, the **Regionalprogramm,** or the **Drittes Programm.** Advertising on these stations is restricted to two 15-minute periods a day.

A number of private TV companies that emerged in the eighties are financed by commercials. The most prominent companies are **RTL** and **SAT 1.** These private stations transmit, above all, sports, entertainment programs, and often controversial series. Other popular private companies are **PRO 7, n-tv, MTV,** and **Eurosport.**

ARD

ZDF

RTL

SAT.1

PRO 7

3 SAT

RTL 2

VOX

Was machst du, um zu relaxen?

You've learned a lot already about the way German-speaking students like to spend their free time. Now we've asked people from around Germany what they do after school or work in order to relax and unwind. Think about what you've learned so far about Germans' free time interests. Then think about what you and your friends do after school or after work to relax. Afterwards, listen to the interviews, then read the text.

Sabine, *Berlin*

„In der Freizeit viel lesen, schwimmen gehen, Sport, und ich würde gern mal Fallschirmspringen, diese Tandemsprünge würde ich gerne mal machen. Und was ich vor allen Dingen in der Freizeit mache, ist Schlafen, das finde ich ganz besonders schön."

Philipp, *Stuttgart*

„In der Freizeit, also da fahr' ich speziell Rollerblade und fahr' Mountainbike, und das hab' ich mitgekriegt, weil mal welche aus Amerika da waren — von dem Film ‚Rollerboys', und dann hab' ich das angefangen. Rollerblade zu fahren macht mir ziemlich Spaß, ich finde das irgendwie ... andere Welten für mich, und das macht mir sehr viel Spaß. Mit [meinem Freund] speziell mach' ich hobbymäßig Computer, und da möchten wir später mal auch beruflich einsteigen."

Uwe, *Hamburg*

„So, ich mach' Hausaufgaben, mit sehr viel Musik dazwischen, und, ja dann entweder treff' ich mich mit meinen Freunden, spiel' Basketball oder Fußball, oder etliches, ja, oder ich faulenze einfach, leg' mich aufs Bett und schlafe."

A. 1. Write the names of the people interviewed on a piece of paper and next to each the activities or hobbies that he or she talks about.
2. What does Sabine like to do best? What phrase does she use to describe that? Name one thing Sabine would like to do, but has not yet done.
3. What else does Uwe like to do when he's doing homework?
4. When did Philipp first become interested in in-line skating?
5. Scan through the activities again. Which other activities are mentioned which are also popular in the United States? Based on what you already knew about German culture, were you surprised that so many trends popular in the United States are also popular in Germany?

B. 1. People often think the habits of other cultures are somewhat "strange" and difficult to understand. At some time in your life, you may have heard this about German culture. However, once people get to know the other culture (as you've gotten to know German culture) they find it's not so very different from their own. What's your impression? Think about everything you've learned about Germany so far. Are there more similarities between our two cultures or are there more differences?
2. Write an essay in German stating your own opinion. Be sure to support your opinion with several examples based on what you've learned in the **Landeskunde** sections.

ZUM LESEN

Was läuft im Fernsehen?

Getting Started

1. Judging by their format, what kind of texts are these?
2. With your classmates, think of five different kinds of information that you would usually find in a TV schedule at home and list these on the board.

> **Tip:** When reading a schedule you are usually looking for specific information, for instance, dates or times. To orient yourself, you need to scan the schedule to find out what kind of information is given and where it is located.

3. Locate the following kinds of information in the **Fernsehprogramm** excerpts:
   a. times
   b. channels
   c. types of shows
   d. length of shows
   e. day/date
   To what do the initials **ARD**, **ZDF**, etc. refer? If you had time

SAMSTAG 10-20 UHR

13.20 RTL Serie — Der Prinz von Bel-Air
Ist die Katze unterwegs, tanzten die Mäuse auf den Tischen – da macht Bel-Air keine Ausnahme

Will (M. hinten) sitzt ganz schön in der Klemme: Phil muß helfen

Vivian und Phil sind für zwei Tage unterwegs. Hilary übernimmt in ihrer Abwesenheit die Aufsicht über die Kinder. Will nutzt die Gelegenheit für einen Abstecher in die Stadt, läßt sich zu einem Billardspiel mit Einsatz überreden – und verliert prompt 500 Dollar. **25 Min.**

17.25 ARD Serie — Praxis Bülowbogen
„Schuldgefühle" plagen Thomas: Nach dem Autounfall bleibt Freundin Susanne gelähmt

Behandeln Thomas: Dr. Katrin (l.) und Peter Brockmann (M.)

Seit Susanne durch seine Schuld im Rollstuhl sitzen muß, hat sich Thomas' ganzes Leben verändert. Er kümmert sich rührend um seine Freundin. Doch sie ist überzeugt, daß er sie eines Tags verlassen wird. **65 Min.**

70 TV GUIDE   **FILMB**

13.15 PRO 7 Doku — Im Reich der wilden Tiere
Auf Flußpferdfang in Afrika und Karibus in Kanada

Flußpferden sieht man nicht an, wie gefährlich sie werden können. Die Wildhüter des Krüger-Nationalparks haben eine spezielle Fangmethode entwickelt: Eine schwere Straßenbaumaschine schützt die Männer bei ihrem gefährlichen Job. Bei den kanadischen Karibus versuchen die Wissenschaftler, der hohen Sterblichkeit unter den Jungtieren auf die Spur zu kommen. **55 Min.**

Hippopotamus amphibius – das Flußpferd und seine Drohgebärde

15.00 EURO. Sport
Eishockey WM live!
Aus der Olympiahalle, München: Zweiter der Gruppe B gegen den Dritten der Gruppe A

Die Vorrunde ist ausgespielt. Nun werden im K.O.-System die Endspielgegner ermittelt: Die ersten vier Teams der beiden Vorrundengruppen kommen weiter. Die Deutschen haben bei dieser WM mit Heimvorteil gute Chancen. **180 Min.**

Eine Spielszene der Begegnung BRD – Kanada

16.09 ZDF Serie
Raumschiff Enterprise
„Illusion oder Wirklichkeit": Ein schwarzes Loch im Universum zieht die Enterprise magisch an

Opfer einer fremden Geisteskraft: Picard, Haskell, Data (o.)

Bei dem Versuch, ein Schwarzes Loch im All näher zu untersuchen, wird die Enterprise verschlungen. Gleich darauf kommt es zu seltsamen Sinnestäuschungen: Die Mannschaft kämpft gegen ein romulanisches Kriegsschiff, das gar nicht existiert! **51 Min.**

11.30 ZDF Kinder
Der Junge mit dem großen schwarzen Hund
Ulf und der Neufundländer – eine schwierige Freundschaft

Im Schrebergarten von Oskar hat Nepomuk genug Auslauf

Ulf ist zehn und will schon lange einen eigenen Hund. Eines Tages läuft ihm ein schwarzer Neufundländer hinterher. Ulf gibt ihm den Namen Nepomuk und nimmt ihn mit nach Hause. Seine Eltern sind nicht gerade begeistert, aber für eine Nacht darf er bleiben. **75 Min.**

---

between 3:00pm and 5:30pm on Saturday, what could you watch on German TV?

A Closer Look

4. If you're reading this section of the TV guide you probably want to figure out what these shows are about or if you've already seen them. For the following shows, look at the photos and read the captions, titles and subtitles: a science fiction series, an American sit-com, a documentary, and a children's TV show. Then, based on this information alone, predict what each show or episode is about.

5. Read the previews of these shows to confirm or adapt your original prediction. How close were you in predicting the content of the show?

6. Previews of TV shows never give the ending away. However, based on everything you know about the shows so far and on your own knowledge of different kinds of shows, predict the endings for the following shows. Then write, in German, one or two concluding sentences for each summary.
   a. *Raumschiff Enterprise*
   b. *Der Junge mit …*
   c. *Praxis Bülowbogen*
   d. *Der Prinz von Bel-Air*

7. Write a preview for one episode of your favorite show. Write one sentence about the main idea of the episode and four sentences which develop the main idea. Use connecting words such as those in the texts on these pages. Be sure not to give away the ending!

8. Write a movie and TV trivia quiz. Everyone will write three trivia questions in German on three separate cards and then put all the cards in a container. Divide up into two teams and play trivia.

Asking for and giving permission; asking for information and expressing an assumption

Fernseh-Hits in Deutschland 1991

Rang	Sendung	Datum	Anstalt	Zuschauer (Mio)
1	Wetten daß . . ?	13. 4.	ZDF	17,56
2	Wetten daß . . ?	2. 3.	ZDF	17,50
3	Die Rudi Carrell Show	26. 1.	ARD	16,60
4	ARD-Sport Extra: EM-Quali-fikation Deutschland–Wales	16. 10.	ARD	16,43
5	Die Rudi Carrell Show	26. 10.	ARD	16,12
6	Die Rudi Carrell Show	20. 4.	ARD	15,90
7	Wetten daß . . ?	14. 12.	ZDF	15,89
8	Wetten daß . . ?	2. 11.	ZDF	15,72
9	Das Traumschiff	1. 1.	ZDF	15,57
10	Die Rudi Carrell Show	7. 12.	ARD	15,51
11	ZDF-Sport Extra: Fußball Belgien – BRD	20. 11.	ZDF	15,38
12	Tagesschau	3. 2.	ARD	15,35
13	Tagesschau	20. 1.	ARD	15,25
14	Derrick	15. 3.	ZDF	15,09
15	Ein Fall für zwei	25. 1.	ZDF	14,76

Quelle: Media Control GmbH

Die erfolgreichsten Sendungen

In den Fernsehanstalten weiß man morgens ganz genau, für welche Fernsehprogramme sich die meisten Haushalte am Abend zuvor interessiert haben, denn für alle Sendungen werden die Einschaltquoten gemessen.

Solche Statistiken sind heutzutage für alle Fernsehanstalten für die Planung von neuen Programmen unentbehrlich. Auch wollen die Werbesponsoren diese Einschaltquoten wissen.

Die Gesellschaft für Konsum-, Markt- und Absatzforschung (GfK) in Nürnberg ermittelt diese Einschaltquoten. Fernsehgeräte von ausgewählten Haushalten werden mit kleinen Computern versehen, die der Zentrale sekundengenau anzeigen, wann und wie viele Haushalte die verschiedenen Fernsehprogramme eingeschaltet haben.

PRO 7 und RTL haben das jüngste Publikum

Wenn im Vorabendprogramm die „Real Ghostbusters" oder „Lassie", die „Little Wizards" oder „Doogie Howser" auftauchen, dann ist entweder PRO 7, RTL 2 oder der Kabelkanal eingeschaltet, die Sender mit dem „jüngsten" Publikum (siehe Tabelle rechts). Vor allem Kinder und Jugendliche sehen sich die US-Produktionen an — und die Werbespots für „McDonald's", „Murmel-Mikado" und das Elektronikspiel „Super Nintendo".

Aber Vorsicht mit diesen Zahlen! Die „jüngsten" TV-Sender haben zwar die meisten Zuschauer unter 50 Jahren, doch ist ihr Marktanteil wesentlich geringer als der von ARD und ZDF.

HITPARADE der „jüngsten" TV-Sender im Juni 1993

RANG	SENDER	ZUSCHAUER	
		unter 50 Jahre	uber 50 Jahre
1	PRO 7	76,6%	23,3%
2	RTL 2	74,4%	25,6%
3	KABK	65,1%	34,9%
4	VOX	56,1%	43,9%
5	RTL	56,1%	44,0%
6	DSF	54,5%	45,5%
7	SAT.1	51,2%	48,8%
8	NTV	45,8%	58,3%
9	ARD	43,7%	56,3%
10	ZDF	35,4%	64,6%

14 Beliebte Sendungen

Lies die beiden Artikel und beantworte die Fragen!

1. Was haben beide Artikel gemeinsam (*in common*)?
2. Für wen sind die Einschaltquoten von Interesse und warum?
3. Welche Sendungen sehen sich die jüngeren Zuschauer an? Auf welchen TV-Sendern kommen diese Sendungen?
4. Welche sind die beiden größten deutschen Fernsehanstalten?

WORTSCHATZ

- 68 cm, 2×30 Watt
- Kabeltuner für 39 Programme
- LED-Programmanzeige
- Kopfhöreranschluß
- Fernbedienung
- mit Videotext

Stereo-Farbfernsehgerät

Dieser **Fernseh- und Videowagen** kommt mit zwei **Ablagefächern** für Ihre **Videocassetten**

Diese **Fernbedienung** steuert bequem Ihr Gerät.

Eine **Zimmerantenne** für UHF und VHF

Dieser **Stereo-Kopfhörer** kommt mit einem Lautstärkeregler

15 Hör gut zu!

Rolf has just bought himself a new entertainment system with all the latest features. On a separate piece of paper, draw the outlines of a **Fernseh- und Videowagen**. Then listen to Rolf's description and sketch what you hear. Draw in all the equipment and features he mentions and pay attention to where the features are located.

16 Und du?

Beantworte die Fragen!

1. Was für ein Fernsehgerät habt ihr? Wie groß ist es?
2. Wie viele Programme könnt ihr empfangen (*receive*)?
3. Welche Ausstattung (*features*) hat euer Fernsehgerät?
4. Habt ihr Kabelfernsehen oder eine Zimmerantenne?
5. Wie steuert ihr euer Fernsehgerät?
6. Wie viele Fernsehgeräte habt ihr? Wo stehen sie?
7. Wann gebrauchst du einen Kopfhörer?
8. Hast du einen eigenen Fernseher? Wenn ja, was für einen?

SO SAGT MAN DAS!

Asking for and giving permission

You have been using the helping verbs **dürfen** and **können** in questions such as:

> **Warum darfst du keine Bananen essen?**
> **Kann ich bitte Andrea sprechen?**

When asking for permission, you could say:

> **Darf ich (bitte) das Fernsehgerät einschalten?**

> **Kann ich bitte mal die Fernbedienung haben?**

> **He, du! Laß mich mal das Fernsehmagazin sehen!**

When giving permission, you may say:

> **Ja, natürlich! Bitte schön!**

> **Bitte! Hier!**

> **Gern! Hier ist es!**

Which one of these questions seems to be the most formal or polite?

17 Laß mal ...!

Frag deinen Partner, ob du die folgenden Sachen sehen oder haben darfst! Er erlaubt es dir.

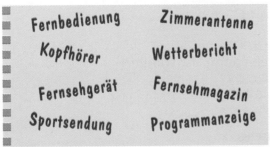

Fernbedienung   Zimmerantenne
Kopfhörer   Wetterbericht
Fernsehgerät   Fernsehmagazin
Sportsendung   Programmanzeige

> ### Ein wenig *Grammatik*
>
> One of the many meanings of the verb **lassen** is *to let,* in questions and statements asking for permission.
>
> > **Laß mich bitte mal sehen!**
> > **Läßt du mich bitte fernsehen?**
>
> The verb **lassen** has a stem vowel change in the **du**- and **er/sie**-forms.

SO SAGT MAN DAS!

Asking for information and expressing an assumption

You already know one way of asking for information using *yes/no* questions:

Hat das Gerät eine Fernbedienung?

Here is another way of asking a *yes/no* question, using an **ob**-clause:

Wissen Sie, ob das Gerät eine LED-Programmanzeige hat?
Können Sie mir sagen, ob das Gerät einen Kopfhöreranschluß hat?

As a response, you may express an assumption by saying:

Ich glaube schon, daß (er eine LED-Programmanzeige hat).
Ich meine doch, daß (das Gerät einen Kopfhöreranschluß hat).

What position does the conjugated verb occupy in the **daß**-clause? And in the **ob**-clause? How would you ask a friend the above questions, using **ob**-clauses? What about two friends?

18 Du brauchst Information

Du brauchst einen neuen Fernseher*, aber bevor du ihn kaufst, hast du viele Fragen. Spielt die Rollen von Kunde und Verkäufer mit einem Klassenkameraden und frag, welche Ausstattung der Fernseher hat!

BEISPIEL   KUNDE   **Können Sie mir sagen, ob ...**

19 Weißt du, ob ...?

Die neue Fernsehsaison beginnt bald. Du möchtest etwas über deine Lieblingssendung wissen. Dein Partner hat ein Fernsehprogramm von zu Hause mitgebracht. Du möchtest folgendes wissen (verwende dabei ob-*clauses*):

a. wann die Sendung kommt
b. um welche Zeit sie kommt
c. wer wieder mitspielt

BEISPIEL   DU   **Weißt du, ob . . . noch am Samstag kommt?**

Ausstattung
Farbfernsehgerät
Stereogerät
Kabeltuner
LED-Programmanzeige
Fernbedienung
Kopfhöreranschluß

20 Und du?

Eure Schule macht eine Umfrage über die Fernsehgewohnheiten (*viewing habits*) von Schülern! Beantworte die Fragen des Reporters der Schülerzeitung! Such dir einen Partner und spielt die Rollen von Reporter und Schüler! Mach dir Notizen!

1. Wieviel Zeit verbringst du vor dem Fernsehgerät?
2. Welches Programm siehst du am meisten?
3. Zu welcher Zeit siehst du fern?
4. Welches sind deine Lieblingssendungen? Warum?
5. Welche Sendungen siehst du dir nur ab und zu an? Warum?
6. Wofür interessierst du dich überhaupt nicht?
7. Schaust du dir die Werbespots an? Warum? Warum nicht?

***Fernseher** is a popular way of referring to a **Fernsehgerät**.

21 Was steht im Fernsehprogramm?

Lies, was Andreas über das Fernsehprogramm sagt! Was bedeuten die Wörter **montags**, **dienstags**, usw.?

> Montags läuft immer eine Krimiserie. Die kommt abends im ARD. Dienstags kommt auf SAT 1 das „Glücksrad" ... und samstags kommt im ZDF immer „Das aktuelle Sport-Studio."

WORTSCHATZ

montags   freitags
dienstags   samstags
mittwochs   sonntags
donnerstags

22 Was läuft so im Fernsehen?

Dein Partner, ein deutscher Austauschschüler, möchte wissen, wann in der Woche im Fernsehen etwas läuft, wofür er sich vielleicht interessiert. Sieh in deinem Fernsehmagazin nach und sag es ihm! Tauscht dann die Rollen aus!

BEISPIEL   PARTNER   **Was läuft denn samstags so im Fernsehen?**

DU   **Samstags läuft fast nie etwas Besonderes. Aber sonntags läuft immer ...**

*Ein wenig **Grammatik***

The verb **laufen**, *to walk* or *run*, is also used to talk about what *is on* TV. How would you say the following sentence in English?

Läuft *60 Minutes* noch am Sonntag?

Laufen has a stem-vowel change in the **du** and **er/sie**-forms:

Läufst du schnell zum Zeitungsstand? Ich will sehen, was im Fernsehen läuft.

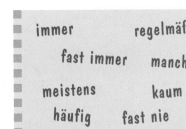

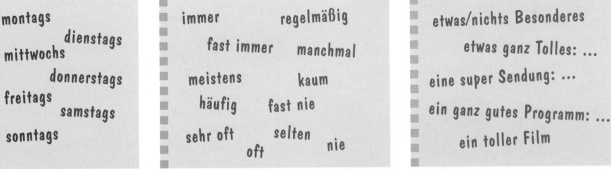

Wann?

montags
    dienstags
mittwochs
    donnerstags
freitags
    samstags
sonntags

Wie oft?

immer   regelmäßig
fast immer   manchmal
meistens   kaum
häufig   fast nie
sehr oft   selten
   oft   nie

Was?

etwas/nichts Besonderes
etwas ganz Tolles: ...
eine super Sendung: ...
ein ganz gutes Programm: ...
ein toller Film

23 Eine Reportage

Du mußt jetzt einen kurzen Bericht über die Fernsehgewohnheiten von deinem Partner, einem typischen Schüler, für deine Schülerzeitung schreiben. Schau auf deine Notizen von Übung 20, und schreib einen kurzen Bericht über ihn!

DRITTE STUFE

Expressing surprise, agreement, and disagreement; talking about plans

Autofahren kostet viel Geld!

Für einen neuen Wagen muß man heute so um die 20 000 Mark auf den Tisch legen, und der Preis kann noch höher sein, wenn man sich eine Menge Auto-Extras dazu kauft, wie zum Beispiel eine Servolenkung oder Breitreifen. Auch sind die monatlichen Unterhaltungskosten ziemlich hoch, was die Statistik nebenan beweist.

1. Wie viele Extras haben deutsche PKWs?
2. Wieviel muß der Autofahrer monatlich für sein Auto zahlen?

Beliebte Auto-Extras
Von je 100 Pkw haben als Sonderausstattung:

Radio 94
44 Metallic-Lack
35 Schiebedach
28 Servolenkung
26 Zentralverriegelung
26 Wärmedämmendes Glas
22 Breitreifen
21 Leichtmetallräder
12 Automatik
12 Anhängerkupplung
10 Elektrische Fensterheber
8 ABS
Quelle: DAT   © Globus 9133

Was Autofahren wirklich kostet
Monatsausgaben 1992 für einen VW Golf CL 1,8
Beispielrechnung für einen Neuwagen, der 20 000 km pro Jahr zurücklegt und 5 Jahre behalten wird

Kfz-Steuer 20
25 Nebenausgaben
33 Waschen, Pflege
Versicherung 50
Wartung, Reparaturen, Reifen 70 Garage
139
Öl, Benzin 191
Wertverlust 229 DM
insgesamt 757 DM
Quelle: ADAC   9680   © Globus

Jedes Auto hat ...

Scheinwerfer

Scheibenwischer

eine Fußbremse

eine Handbremse

Es gibt auch Extras, zum Beispiel . . .

eine Klimaanlage

ein Schiebedach

Breitreifen

Und dann noch . . .

ein Stereo-Radio, einen Kassettenspieler
eine Automatik   *automatic transmission*
eine Servolenkung   *power steering*
Servobremsen   *power brakes*
ein 5-Gang Getriebe   *five-speed transmission*
eine Zentralverriegelung   *automatic locks*
eine Alarmanlage   *an alarm system*
Sitzschoner   *seat covers*
Alufelgen   *aluminum rims*
Rallyestreifen   *rally stripes*
Aufkleber   *(bumper) stickers*

24 Hör gut zu!

Zwei Leute beschreiben ihre Autos. Mach dir Notizen! Welche Extras haben beide Autos? Welche Extras hat ein Auto, die das andere nicht hat?

25 Und du?

Such dir eine Partnerin und tauscht Informationen zu den folgenden zwei Fragen aus!

1. Welche Ausstattung hat euer Auto zu Hause?
2. Was für ein Auto wünschst du dir einmal? Was für ein Auto muß es sein? Welche Extras muß es haben? Welche Extras brauchst du nicht?

SO SAGT MAN DAS!

Expressing surprise, agreement, and disagreement

You already know many expressions to express surprise, such as:

Was? Wirklich?

Here are some others:

Das ist ja unglaublich!
Das ist nicht möglich!
Das gibt's doch nicht!

You also know many expressions for expressing agreement, such as:

Gut! Na klar! Gern! Ja, das stimmt!

Here are some others:

Da stimm' ich dir zu!
Da hast du (bestimmt) recht!
Einverstanden!

When expressing disagreement, you may say:

Das finde ich nicht.
Das stimmt (überhaupt) nicht!

---

26 Ja, das gibt's doch nicht!

Bring Werbung für Autos mit in die Klasse! Zeig deinem Partner, welches Auto du dir gern kaufen möchtest und warum! Dein Partner ist überrascht, daß dieses Auto nicht viele Extras hat. Du sagst ihm, daß du das nicht brauchst und nennst einen Grund dafür. Dein Partner stimmt dir zu oder auch nicht.

BEISPIEL   DU **Ich möchte mir gern dieses Auto kaufen; es sieht toll aus und ist nicht so teuer.**

PARTNER **Aber schau! Es hat keine (Klimaanlage). Das gibt's doch nicht!**

DU **Ich brauch' keine. Es ist nicht so heiß bei uns.**

PARTNER **Da hast du recht.** *oder* **Das finde ich nicht. Ich ...**

Schon bekannt
Ein wenig *G*rammatik

Remember to use **kein,** *not, not any, no,* to negate a noun rather than an entire sentence.

Es hat **keine** Klimaanlage.
Ich brauche **kein** Schiebedach.

EIN WENIG LANDESKUNDE

In Deutschland muß man 18 Jahre alt sein, um den Führerschein für einen PKW machen zu können. Jeder Bewerber muß erst einmal eine Fahrschule besuchen. Der theoretische Unterricht besteht aus mindestens zehn Doppelstunden zu je 90 Minuten. Für die Fahrpraxis sind heute 20 normale Fahrstunden vorgeschrieben und zehn Sonderfahrten — auf Landstraßen, auf der Autobahn, auch Fahrten bei Regen und in der Nacht. Um den Führerschein zu bekommen, braucht man also ziemlich viel Zeit — und auch viel Geld. Die Durchschnittskosten für einen PKW-Führerschein liegen heute bei DM 3 000,00. — Wie bekommt man einen Führerschein in den Vereinigten Staaten?

SO SAGT MAN DAS!

Talking about plans

You have been talking about plans in sentences that contain a word referring to future time, such as:

Morgen gehe ich schwimmen. or **Wir gehen am Samstag ins Kino.**

If you want to express your future plans in a very definite manner, you can say:

Ich werde mir einmal einen tollen Wagen kaufen.
In einem halben Jahr werde ich den Führerschein machen.

Name the verbs used in each of these two sentences. Which one is the conjugated verb? The infinitive? How would you say these sentences in English?

27 Hör gut zu!

Zwei Schüler unterhalten sich übers Fernsehen und über Autos. Hör ihrem Gespräch gut zu, und schreib nur die Dinge auf, die jeder ganz bestimmt machen wird!

Was?
ein Auto

mit einem Schiebedach
mit einer Klimaanlage
mit Zentralverriegelung
mit einer Alarmanlage
mit ...

28 Was wirst du dir kaufen?

Du sagst einem Partner, was du dir ganz bestimmt kaufen wirst. Er ist überrascht, aber du gibst ihm einen guten Grund.

BEISPIEL	DU	**Ich werde mir mal ein Auto mit einem Schiebedach kaufen.**
	PARTNER	**Wirklich? Was willst du denn mit einem Schiebedach?**
	DU	**Ein Schiebedach ist sehr praktisch — Luft und Sonne können ins Auto!**
	PARTNER	**Das finde ich nicht. Ich meine, daß ...**

einen Fernseher

mit einer Fernbedienung
mit einem Kabeltuner
mit einer LED-Anzeige
mit ...

1. Future time can be expressed by using the present tense with a word indicating future time, such as **morgen, nächste Woche**, etc.

   Morgen gehen wir schwimmen.

2. Another way to express future events is to use the verb **werden** as an auxiliary verb together with another verb in the infinitive.

   In einem halben Jahr werde ich den Führerschein machen.

3. The present tense forms of **werden** are:

ich	werde	wir	werden
du	wirst	ihr	werdet
er, sie, es, man	wird	sie, Sie	werden

4. In clauses beginning with **daß, ob, wenn, weil**, the conjugated form of **werden** is in last position, preceded by the infinitive.

   Ich weiß nicht, ob ich mir diesen Wagen kaufen werde.

29 Was wirst du tun?

Dein Partner macht eine Bemerkung, oder er fragt dich etwas. Du sagst ihm, was du tun wirst. Denk an so viele Antworten wie möglich!

PARTNER **Du bist wirklich sehr müde.**

DU **Das stimmt! Und ich werde gleich mal eine kleine Pause machen.**

30 Du und dein Partner

1. Frag deinen Partner, was er sich dieses Wochenende im Fernsehen ganz bestimmt ansehen wird! Er nennt dir mindestens drei Sendungen, und er sagt dir auch, warum er sich diese Programme ansehen wird.
2. Dein Partner fragt dich, was für ein Auto du dir einmal kaufen wirst. Du sagst es ihm, und du sagst ihm auch, was für eine Ausstattung und welche Extras es haben wird und warum.
3. Frag deine Partnerin, ob sie schon ihren Führerschein hat oder wann sie ihn machen wird! Frag sie auch, wie man sich auf den amerikanischen Führerschein vorbereiten muß! Würdest du lieber den deutschen Führerschein machen? Warum oder warum nicht?

31 Wie geht's meinem Brieffreund?

Schreib deinem Brieffreund über deine Freizeitinteressen, besonders übers Fernsehen! Schreib ihm etwas über deine Fernsehgewohnheiten und über deine Lieblingssendungen! Und wenn du dich für Autos interessierst, schreib ihm, was für ein Auto du dir einmal kaufen wirst!

1 Umfrage halten! The German channel ZDF is planning a satellite feed into German classes across the United States, and they have hired you to do market research of TV viewing habits. In groups of three, choose one of the categories below and design a questionnaire with at least three questions relating to your topic. Poll the class, tally your results in the group and present them (in German) to the class.

- Fernsehkonsum (wie viele Stunden? an welchen Tagen? usw.)
- beliebte und unbeliebte Programme
- beliebte Werbesendungen
- Sportsendungen
- Musiksendungen
- Spielfilme
- Serien (*Sit-coms*)
- Spielshows

2 Your partner will describe to you the dream car he or she will one day buy (using **werden**). As your partner describes it, draw a picture according to his or her description. When you're finished, find out if you understood everything by describing the drawing in front of you back to your partner. Then switch roles. Below are types of cars and features your dream car might have.

Aufkleber (bumper stickers)   Schiebedach   Rallyestreifen   Kombiwagen (station wagon)

große Boxen (big loudspeakers)   Sportwagen   Truck

Breitreifen   Kabriolett (convertible)   Alufelgen (mag wheels)

3 Listen to the Bauer family discuss the evening lineup on TV. As you listen, look at the schedule on page 242 and fill in a grid like the one on the right. For each time slot write in the channel the family decides to watch.

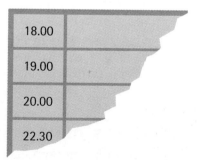

18.00	
19.00	
20.00	
22.30	

4 Lies, was die Leute auf Seite 255 über die Vorteile und Nachteile vom Kabelfernsehen sagen! Danach beantworte die folgenden Fragen!

1. Which people mention an advantage of cable TV? Which mention a disadvantage? What are the specific advantages and disadvantages?
2. Which of the five statements can be interpreted either way?
3. If **glotzen** means *to stare blankly*, what is Rudolf trying to say?
4. Which two people express a generalization? *(Hint:* which German pronoun expresses the idea of *people in general?)* Which verbs are used in these generalizations?

5 Schreib in dein Notizbuch deine eigene Meinung zum Thema: Was sind die Vorteile und Nachteile vom Kabelfernsehen?

6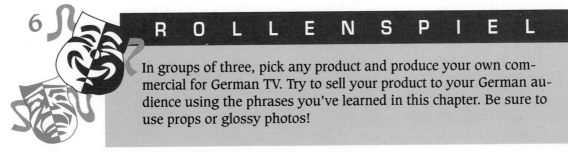

ROLLENSPIEL

In groups of three, pick any product and produce your own commercial for German TV. Try to sell your product to your German audience using the phrases you've learned in this chapter. Be sure to use props or glossy photos!

KANN ICH'S WIRKLICH?

Can you ask about and express interests? (p. 240)

1 How would you ask a friend, using a **wo**-expression,

  a. what his or her interests are?
  b. what he or she is talking about?
  c. what he or she is looking forward to?

2 How would you ask your friend who he or she is interested in?

3 How would you say, using a **da**-expression, that

  a. that interests you?
  b. you don't talk about that?
  c. you are looking forward to that?

Can you ask for and give permission? (p. 247)

4 How would you politely ask someone if you may turn on the TV? How might that person respond?

5 How might you be less polite when asking to have the headphones?

Can you ask for information and express an assumption? (p. 248)

6 How would you ask

  a. a classmate if he or she knows whether you have German today, using an **ob**-clause? How would that person answer that he or she thinks you have class, using a **daß**-clause?

  b. a salesman if a particular car has a lot of extras? How would he respond?

Can you express surprise, agreement, and disagreement? (p. 251)

7 How would you respond if someone told you that

  a. he or she won $10,000,000 in a sweepstakes?
  b. winning $10,000,000 is difficult?
  c. winning $10,000,000 is very easy?

Can you talk about plans? (p. 252)

8 How would you say that

  a. you will get your driver's license in a year?
  b. your sister will travel to Berlin soon?

9 How would you ask a friend if he will buy himself a color TV-set?

ERSTE STUFE
TALKING ABOUT TELEVISION PROGRAMS

Sehen wir nachher fern? *Are we going to watch TV afterwards?*
fernsehen (sep) *to watch TV*
Fernseh gucken *to watch TV (colloquial)*
die Sendung, -en *show, program*

das Programm, -e *schedule of shows*
der Sender, - *station, transmitter, channel*
die Nachrichten (pl) *the news*
der Wetterbericht, -e *weather report*
die Sportübertragung, -en *sport telecast*

die Übertragung, -en *telecast, transmission*
die Natursendung, -en *nature program*
die Ratesendung, -en *quiz show*
eine Diskussion über Politik *political discussion*
die Diskussion, -en *discussion*
wo- and **da-**compounds (see page 241)

ZWEITE STUFE
TALKING ABOUT A TV SET

Habt ihr ein Farbfernsehgerät zu Hause? *Do you have a color television set at home?*
das Stereo-Farbfernsehgerät, -e *color stereo television set*
der Fernseher, - *television*
die Fernbedienung, -en *remote control*
der (Stereo-)Kopfhörer, - *(stereo) headphones*
die Zimmerantenne, -n *indoor antenna*
der Lautstärkeregler, - *volume control*
der Fernseh- und Videowagen, - *TV and video cart*
das Ablagefach, ̈er *storage shelf*

die Videocassette, -n *video cassette*

ASKING FOR AND GIVING PERMISSION

Darf ich (bitte) ...? *May I (please)...?*
Kann ich bitte ...? *Can I (please)...?*
Laß mich mal ... *Let me...*
Ja, natürlich! *Yes, of course!*
Bitte! Hier! *Here you go!*
Gern! Hier ist es! *Here! I insist!*
lassen *to let, allow*
er/sie läßt *he/she lets, allows*

ASKING FOR INFORMATION

Weißt du, ob ...? *Do you know whether...?*

Können Sie mir sagen, ob ...? *Can you tell me whether...?*
Was läuft im Fernsehen? *What's on TV?*

EXPRESSING AN ASSUMPTION

Ich glaube schon, daß ... *I do believe that...*
Ich meine doch, daß ... *I really think that...*

EXPRESSING RECURRING TIME: DAYS OF THE WEEK

montags *Mondays*
dienstags *Tuesdays*
mittwochs *Wednesdays*
donnerstags *Thursdays*
freitags *Fridays*
samstags *Saturdays*
sonntags *Sundays*

DRITTE STUFE
TALKING ABOUT CARS

der Scheinwerfer, - *headlight*
der Scheibenwischer, - *windshield wiper*
die (Fuß-, Hand-)Bremse, -n *(foot, hand) brake*
die Klimaanlage, -n *air conditioning*
das Schiebedach, ̈er *sunroof*
der Breitreifen, - *wide tire*
der Führerschein, -e *driver's license*

EXPRESSING SURPRISE

Das ist ja unglaublich! *That's really unbelievable!*
(Das ist) nicht möglich! *(That's) impossible!*
Das gibt's doch nicht! *There's just no way!*

EXPRESSING AGREEMENT AND DISAGREEMENT

Da stimm' ich dir zu! *I agree with you on that!*
Da hast du (bestimmt) recht! *You're right about that!*

Einverstanden! *Agreed!*
Das finde ich nicht. *I don't think so.*
Das stimmt (überhaupt) nicht! *That's not right (at all)!*

TALKING ABOUT PLANS

Ich werde mir einen tollen Wagen kaufen. *I'm going to buy myself a great car.*
werden *will*
du wirst *you will*
er/sie/es wird *he/she will*

11

Mit Oma ins Restaurant

1 Ich bin dafür, daß wir etwas in der Stadt unternehmen.

Going to a play, a concert, or an opera, or even going to a nice restaurant is something special. That is especially true if it marks an occasion to celebrate — an anniversary, a birthday, or another family event. If you had to make plans in Germany for a special occasion, you would need to know several new expressions in German.

In this chapter you will learn

- to ask for, make, and respond to suggestions
- to express hearsay
- to order in a restaurant; to express good wishes

And you will

- listen to students talk about their plans to attend cultural events and to go out for dinner
- read excerpts from city guides and restaurant menus
- write about your cultural and culinary tastes
- find out what cultural events are offered in cities and what kinds of specialties Germans like to eat

2 Ich würde gern mal in ein typisches Berliner Lokal gehen.

3 Der Fisch soll hier ausgezeichnet sein.

Los geht's!

Andreas

Astrid

Oma

Bedienung

Vater

Mutter

 Pläne für Omas Geburtstag

Look at the photos on these two pages. Who do you think these people are and what do you think they are doing?

ASTRID	Hier ist etwas, was Oma vielleicht gefallen würde, ein Sommerkonzert in der Philharmonie.
ANDREAS	Ja, Musik mag sie gerne. Vati möchte ja am liebsten nach Schwerin fahren, um dort essen zu gehen.
ASTRID	Wirklich? Bei diesem Verkehr? Ich bin dafür, daß wir hier etwas unternehmen.
ANDREAS	Ich schlage vor, daß ich die Oma mal fragen werde, was sie am liebsten machen möchte.
ASTRID	Das ist doch keine Überraschung mehr!
ANDREAS	Das weiß ich.
ASTRID	Na gut! Wie du meinst.

ANDREAS	Hallo, Omi! Ich hab' dir ein paar Blumen mitgebracht, aus unserm Garten.
OMA	Hallo, Andreas! Schön, daß du mich besuchst.
ANDREAS	Du hast doch Geburtstag, Omi. Astrid und ich, wir möchten wissen, was du am liebsten machen möchtest. Da läuft so viel.
OMA	Ach, ich liebe so viele Dinge.
ANDREAS	Eben! Nun, Omi, sag schon! Möchtest du vielleicht ein Konzert besuchen, oder möchtest du in eine Oper oder Operette gehen?
OMA	Ich möchte gern ins Theater gehen, aber nicht im Sommer, sondern später, wenn es kühler ist.

ANDREAS	Möchtest du vielleicht in ein griechisches oder italienisches Restaurant? Oder wie wär's mit einem typischen Berliner Lokal?
OMA	Ich würde am liebsten in ein Lokal gehen, wo wir draußen sitzen können.
ANDREAS	Prima, Oma! Aber, sag nichts dem Vati, daß ich dich gefragt habe! Tschüs!
OMA	Auf Wiedersehen, Andreas! Und noch mal vielen Dank für die Blumen!

> Ja, hier ist Schmidt. Ich möchte einen Tisch bestellen, beziehungsweise reservieren, für Samstag, für 12 Uhr 30, und wir sind fünf Personen ... Ja, der Name ist Schmidt, mit d-t. Danke! Tschüs!

HOTEL-RESTAURANT
HAUS *Dannenberg* AM SEE
ENDHALTESTELLE BUS 13 & 14 · ☎ 431 30 91

BEDIENUNG	So, bitte schön, die Karte! Möchten Sie zuerst etwas trinken?
MUTTER	Ich hätte gern einen Weißwein, aber trocken.
OMA	Ich auch.
ASTRID	Ein Mineralwasser, bitte!
ANDREAS	Und ich hätte gern einen Apfelsaft.
VATER	Für mich ein Bier, ein alkoholfreies, bitte!

Der Fisch hier soll sehr gut sein, hab' ich gehört. Worauf hättest du denn Appetit, Mutter?

Ich nehme mal die Seezunge.

Ich würde gern das Wiener Schnitzel essen, aber ich weiß nicht, ob ich Salzkartoffeln oder Pommes frites dazu bestellen soll.

Ich würde die Salzkartoffeln nehmen.

Ja, du!

BEDIENUNG	Haben Sie schon gewählt?
VATER	Ja, ich denke, wir sind so weit.
MUTTER	Ja, ich hätte gern ein Schweinerückensteak, mit Käse überbacken.
OMA	Ich nehme die Seezunge mit Salzkartoffeln und Salat.
VATER	Bringen Sie mir bitte das Seebarschfilet mit Salzkartoffeln und einem kleinen Salat!
ASTRID	Ich hätte gerne ... Königsberger Klopse und einen kleinen gemischten Salat.
ANDREAS	Und ich hätte gern das Wiener Schnitzel, aber mit Pommes, bitte!

VATER	Also, jetzt trinken wir erst einmal auf dein Wohl, Mutter. Alles Gute!
MUTTER	Zum Wohl! Und bleib uns recht lange gesund!
OMA	Zum Wohle, meine Lieben!
ASTRID	Prost, Oma! Alles Gute!
ANDREAS	Alles Gute, Oma! Prost!

1 Was passiert hier?

Verstehst du alles, was diese Leute sagen? Beantworte die Fragen!

1. For whom are Astrid and Andreas making plans?
2. What does their father want to do? What does Astrid suggest?
3. Why does Andreas go to Oma's?
4. What does Oma like to do on her birthday?
5. Why is Oma not to say anything about Andreas' visit?
6. What does Andreas do after he gets home from Oma's?
7. What does the family order first in the restaurant?
8. What has the father heard about this place?
9. What does Andreas have trouble deciding about?
10. What kinds of side dishes do they order?
11. What happens at the end of the story?

2 Stimmt oder stimmt nicht?

Wenn der Satz nicht stimmt, schreib die richtige Antwort!

1. Der Vater würde am liebsten zu Omas Geburtstag nach Schwerin fahren.
2. Astrid möchte lieber etwas in Berlin unternehmen.
3. Die Oma würde gern mal in eine Oper gehen.
4. Sie würde aber auch gern in ein griechisches Lokal gehen.
5. Andreas bestellt einen Tisch für vier Personen.
6. Andreas' Vater trinkt im Restaurant ein alkoholfreies Bier.
7. Als Hauptgericht bestellt sich die Oma Königsberger Klopse.
8. Alle trinken auf Vaters Wohl.

3 Welche Sätze passen zusammen?

Welche Satzteile auf der rechten Seite passen zu den Satzteilen auf der linken Seite?

1. Die beiden Geschwister planen etwas Besonderes,
2. Ihr Vater möchte nach Schwerin fahren
3. Andreas schlägt vor,
4. Die Oma freut sich sehr,
5. Andreas möchte die Omi fragen, was sie zum Geburtstag tun will,
6. Am liebsten möchte die Oma in ein Lokal gehen,
7. Die Oma soll dem Vater nichts von Andreas' Besuch bei ihr sagen,

a. daß Andreas sie besucht und ihr Blumen mitbringt.
b. daß er die Oma besucht und sie fragt, was sie tun will.
c. denn die Geburtstagsfeier soll eine Überraschung sein.
d. denn in Berlin läuft so viel.
e. und dort ins Restaurant gehen.
f. weil ihre Oma bald Geburtstag hat.
g. wo sie alle draußen sitzen können.

4 Was paßt?

Welches Wort im Kasten paßt zu welchem Ausdruck unten?

1. Musik ≡≡≡
2. eine Operette ≡≡≡
3. den Geburtstag ≡≡≡
4. mit dem Auto ≡≡≡
5. in ein Konzert ≡≡≡
6. einen Tisch ≡≡≡
7. Appetit ≡≡≡
8. auf das Wohl ≡≡≡
9. Blumen ≡≡≡

feiern   hören   haben   trinken
reservieren   wegfahren
gehen   sehen   mitbringen

Für welche kulturellen Veranstaltungen interessierst du dich?

We asked people from around Germany what kinds of cultural interests they have. Listen to the interviews, then read the texts.

Herr und Frau Heine, *Goslar*

„Ja, also Kultur ... wir gehen ganz gerne mal in ein Konzert, ins Theater ... und das ist natürlich etwas, was man in der Kleinstadt nicht so hat, das ist ganz klar. In der Kleinstadt müssen wir eine Fahrzeit von ein bis eineinhalb Stunden rechnen, um in die nächstgrößere Stadt zu kommen, die dann etwa so 250 bis 500 000 Einwohner hat. In der Großstadt Berlin, oder in 'ner anderen Stadt der Größe oder ähnlicher Größe, wär' das eben so, daß man ein viel höheres Angebot in der Stadt an Kulturangeboten bekommt — da sind Museen, Theater, Schauspielhäuser, Konzerte. Die Philharmonie hier hab' ich vor einigen Monaten das erste Mal besuchen können, das ist schon sehr beeindruckend, überwältigend, auch vom Klang her."

Günther, *Berlin*

„Zu Konzerten und Ausstellungseröffnungen, und zwar Martin Gropius Bau ‚Amerikanische Kunst im zwanzigsten Jahrhundert'. Zu sowas. Ab und zu ein Musical, aber eher selten, eigentlich Konzerte mehr."

Claudia und Ursel, *Düsseldorf*

Claudia: „Also, wir zeigen eigentlich sehr vielseitige Interessen, zum Beispiel auch Kino oder Theater, und ..."
Ursel: „Dann abends gehen wir auch ganz gerne in 'ne Disko zum Beispiel."
Claudia: „Oder wir sind hier nach Hamburg gekommen, um uns das *Phantom der Oper* anzuschauen, also Musicals auch, also das ist eigentlich sehr breit gefächert."

A. 1. What different kinds of cultural events do these people mention?
2. Reread Mr. Heine's interview. To what is he referring when he says **Das ist etwas, was man in einer Kleinstadt nicht hat?** What does a city like Berlin have to offer? What phrase does he use to sum this up and make a comparison?

B. Berlin has always been a diverse city with something exciting for everyone. Since unification there is more to see in Berlin than ever. How many of the places below do you recognize? Test your cultural and geographic savvy by matching each name with one of the photos below.

Das Pergamon Museum

Schloß Charlottenburg

Die Weltzeituhr am Alexanderplatz

Mahnmal (Opfer der Mauer)

Asking for, making, and responding to suggestions

KONZERTE

OPER & THEATER

Berlin ist eine Reise wert.

Ein deutsches Sprichwort heißt: „Wer die Wahl hat, hat die Qual." Das trifft besonders auf Berlin zu, denn die neue Metropole Deutschlands macht es den Berlinern selbst und den vielen Besuchern nicht leicht, sich für einige von den vielen kulturellen Möglichkeiten zu entscheiden, die diese Stadt bietet. Sie wollen Berlin ja nicht nur sehen, sondern es auch wirklich erleben.

Ein kleiner Auszug aus dem kulturellen Programm:

BERLINER SYMPHONIKER

Sonntag, 5.9., 16 Uhr
SFB, Großer Sendesaal

1. Konzert für die ganze Familie. In Zusammenarbeit mit dem JugendKulturService.

„Geschichten von Trollen, Abenteuern und Lügen"

Dirigentin: **Konstantia Gourzi** – Moderatorinnen: **Imke Fischbeck-Griese: Ulrike Föster-Greig:** Peer-Gynt-Suite Nr. 1 op. 46, Peer-Gynt-Suite Nr. 2 op. 55.

Karten zum Preise von DM 7,- erhältlich bei den Bezirksämtern, Abteilung Jugendpflege, über das „Theater der Schulen", den JugendKulturService - Telefon 242 44 65, bei den bekannten Vorverkaufskassen und im Kartenbüro der Berliner Symphoniker. Telefon: 8 82 52, 87, Mo.-Fr.10-14 Uhr.

Sa, 4.9., Deutschlandhalle, 20 Uhr Berlin 88,8 präsentiert

«Das Phantom Traumpaar ist zurück»

Peter Hofmann
Anna Maria **Kaufmann**

singen

Musical Classics

mit Mitgliedern des

NDR-Sinfonieorchesters
Leitung:

Carl Robert Helg

BERLINER DOM

Sonnabend, 4. August, 19.30 Uhr
Streichkonzert
Israel Camerata
Women's String Orchestra
Werke von Bach u.a.

Sonntag, 5. August, 17 Uhr
Orgelkonzert
Dr. Dieter Hiller (Berlin)
Werke von Schumann, Liszt, Guilmant u.a.

		Deutsche Oper Berlin	Staatsoper Unter den Linden	Theater am Kurfürstendamm	Komödie	Hansa Theater	Berliner Kammerspiele
		Charlottenburg, Bismarck-str. 35, ☎ 3 41 02 49; 34 38-1 (Zentrale); Ⓤ Dt. Oper; Bus: 101	Mitte, Unter den Linden 7, ☎ 2 00 47 62; Ⓤ Ⓢ Friedrichstraße; Bus: 100, 157	Charlottenburg, Kurfürstendamm 206, ☎ 8 82 78 93; Ⓤ Uhlandstraße; Bus: 119, 129	Charlottenburg, Kurfürstendamm 206, ☎ 8 82 78 93; Ⓤ Uhlandstraße; Bus: 119, 129	Tiergarten, Alt-Moabit 48, ☎ 3 91 44 60; Ⓤ Turmstraße; Bus: 101, 123, 245	Tiergarten, Alt-Moabit 99, ☎ 3 91 55 43; Ⓤ Turmstraße; Bus: 123, 245
2.	Do	19.30 Aida (in ital. Sprache)	20.00 Romeo und Julia (in ital. Sprache)	Keine Vorstellung	20.00 Ausreißer	20.00 Don Camillo und Peppone	19.00 Andorra
3.	Fr	19.30 Ballett: Dornröschen	19.30 Hoffmanns Erzählungen	20.00 Herr im Haus bin ich (Premiere)	20.00 Ausreißer	20.00 Don Camillo und Peppone	19.00 Andorra
4.	Sa	18.30 Liederabend (siehe 'Konzerte')	19.30 Ballett: Nacht/ Verklärte Nacht/Der wunderbare Mandarin	20.00 Herr im Haus bin ich	20.00 Ausreißer	19.00 Don Camillo und Peppone	19.00 Andorra
5.	So	17.00: Der Ring des Nibelungen: Götterdämmerung	19.00: Ballett: Nacht/ Verklärte Nacht/Der wunderbare Mandarin	20.00 Herr im Haus bin ich	18.00 Ausreißer	15.30 Don Camillo und Peppone	Keine Vorstellung

5 Viel zu tun in Berlin!

Lies den Text „Berlin ist eine Reise wert", und beantworte die folgenden Fragen!

1. Was bedeutet das Sprichwort „Wer die Wahl hat, hat die Qual"?
2. In welcher Weise paßt das Sprichwort zu Berlin?
3. Für welche kulturellen Veranstaltungen ist dieser Auszug aus dem Berlin Programm?
4. Wohin mußt du gehen, wenn du folgendes sehen oder hören willst?
    a. am Sonnabend „Herr im Haus bin ich"
    b. am Donnerstag „Romeo und Julia"
    c. am Sonntag das Orgelkonzert

Was kann man in Berlin alles sehen?

Die Zauberflöte
von
Wolfgang A. Mozart

eine Oper

Die Fledermaus
von
Johann Strauß

eine Operette

Andorra
von
Max Frisch

ein Schauspiel/Theaterstück

Der Nußknacker
von
Tschaikowsky

ein Ballett

Oklahoma
von
Hammerstein

ein Musical

Und dann noch . . .

in den Zoo gehen
in den Zirkus gehen
ein Symphoniekonzert hören
ein Chorkonzert hören
ins Kabarett gehen

Und man kann Stadtrundfahrten machen — mit dem Bus oder mit dem Schiff — und sich die vielen kulturellen Baudenkmäler Berlins ansehen.

Busausflug   Ausflugsschiff   Anschlag für Ausflüge   Berliner Synagoge

6 Was kann man alles machen?

Erzähl deinen Freunden alles, was man in Berlin machen kann, indem (*by connecting*) du die Verben mit den richtigen Hauptwörtern verbindest.

Man kann ...

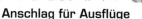

in den Zoo
den Dom
eine Stadtrundfahrt
ein Symphoniekonzert
ein Schauspiel
ins Kabarett
Baudenkmäler
eine Kunstausstellung
ein Schloß

gehen
machen
besichtigen
besuchen
sehen
hören

7 Hör gut zu!

Einige Schüler erzählen, für welche kulturellen Veranstaltungen sie sich interessieren und warum. Wähle für jede Beschreibung eine Aktivität aus dem Wortschatzkasten auf Seite 265 aus, die dieser Person besonders gefallen würde!

8 Hast du einen Vorschlag?

Ulf und Beate machen gerade Pläne für heute abend, aber Ulf ist gar nicht sicher, wie das ablaufen soll und fragt nach Vorschlägen. Für jede Antwort schreib eine passende Frage!

ULF ====

BEATE **Gehen wir ins Konzert!**

ULF ====

BEATE **Du kannst schon die Konzertkarten abholen.**

ULF ====

BEATE **Tja, kauf sie am besten im Musikgeschäft!**

ULF ====

BEATE **Na, ich schlage vor, daß wir um sechs dahin fahren.**

ULF ====

BEATE **Ich? Ich möchte mal einfach nach Hause fahren. Also, bis dann!**

9 Ich schlage vor, ...

Du bist mit deiner Familie und einigen Freunden in Berlin, und alle wollen etwas Tolles unternehmen. Als einziger, der Deutsch spricht, mußt du eurem Reiseleiter Vorschläge machen. Schau den Wortschatzkasten auf Seite 265 an, und sage, für welche Veranstaltungen sich deine Eltern interessieren und für welche sich deine Freunde interessieren! Teile deine Ideen deinen Mitschülern mit! Danach mach dem Reiseleiter vier Vorschläge, und schreib sie auf ein Blatt Papier!

SO SAGT MAN DAS!

Asking for, making, and responding to suggestions

Here are some new ways of asking for, making, and responding to suggestions:

You could ask for a suggestion by saying:

> **Was sollen wir mit der Oma machen? Wofür bist du?**

And you could make a suggestion by saying:

> **Ich bin dafür, daß wir in Berlin etwas unternehmen.**

When making suggestions, you might say:

> **Würdest du gern mal in ein italienisches Restaurant gehen?**
> **Wie wär's mit einem typischen Berliner Lokal?**

When responding to suggestions, you might say:

> **Nein, ich würde am liebsten in ein deutsches Lokal gehen.**
> **Das wär' nicht schlecht.**

Identify the verb forms in the second and third questions and answers. Of what do these constructions remind you? How would you express these in English? Which case always follows the preposition **mit**?[1]

---

1. **Mit** is always followed by the dative case.

10 Hör gut zu!

Verschiedene Schüler versuchen, mit Freunden Pläne zu machen. Die Schüler machen einige Vorschläge. Für jedes Gespräch, das du hörst, entscheide dich, ob der Freund mit dem Vorschlag einverstanden ist oder nicht.

---

*G*rammatik   The **würde**-forms

1. Using a form of **würde** followed by **gern, lieber,** or **am liebsten** and an infinitive lets you make suggestions and express wishes in a new way.

   Würdest du gern mal in ein italienisches Restaurant **gehen?**
   Ich würde gern mal wieder eine Scholle **essen.**

2. Here are the **würde**-forms:

ich	**würde**	wir	**würden**
du	**würdest**	ihr	**würdet**
er, sie, es	**würde**	sie, Sie	**würden**

---

11 Wer möchte was?

Wofür würdet ihr euch (du, deine Familie und Freunde) in Berlin interessieren?

Meine Eltern	bin dafür	daß wir	eine Stadtrundfahrt machen
Mein Bruder	ist dafür	gern mal	ein Konzert im Berliner Dom hören
Meine Schwester	sind dafür	am liebsten	eine Ausstellung besuchen
Ich	würde		die Mauerreste sehen
Meine Freunde	würden		einen Ausflug nach Potsdam machen
und ich, wir			Schloß Sanssouci besichtigen
			in den Zirkus gehen
			in ein typisches Berliner Restaurant gehen

EIN WENIG LANDESKUNDE

In Germany the arts are state supported. This enables most cities and even smaller towns to offer most cultural events at reasonable prices. The arts receive such generous support due to a long tradition of art patronage in German-speaking countries.

High school students can also take advantage of inexpensive tickets that schools acquire to performances that are not sold out, and university students can make use of sharply reduced tickets at the box office just prior to performances.

---

12 Was würdest du gern mal tun?

Frag deinen Partner, was er mal gern in Berlin tun würde und warum! Er muß dir drei verschiedene Dinge aufzählen! — Danach fragt er dich.

Berliner und ausländische Küche

Friedrich
Altberliner Restaurant
Neue deutsche & vegetarische Küche
Büffet & Veranstaltungsservice
auch außer Haus
Täglich 16-1 Uhr·Küche 16-24 Uhr
Tel.: 421 65 27
Sophie-Charlotten-Str. 80
1000 Berlin 19

SURYA
INDISCHES RESTAURANT
Genießen Sie in indischer
Atmosphäre unsere Spezialitäten,
Huhn, Lamm, vegetarische
Speisen zu kleinen Preisen.
Grolmanstr. 22 · 10623 Berlin-Charlottenbg.
(am Savignyplatz) ☎ 312 91 23
täglich geöffnet 12.00 - 1.00 Uhr

CHINA RESTAURANT
»HO LIN WAH«
Chinesische Spezialitäten und
»DIM SAM«-Köstlichkeiten.
Auch außer Haus Verkauf.
Täglich von 12 bis 24 Uhr geöffnet.
Kurfürstendamm 218   Tel. 8 82 11 71
(in der Passage)   8 82 32 71

... von 11-24 (außer montags; Küche bis 23 Uhr): Folgen Sie einer Empfehlung: Schisch-Kebab - Lammlachs, 24 Stunden in einer Spezialmarinade eingelegt, die einen besonderen Geschmack verspricht. Er wird auf Lavastein gegrillt und mit gebratenen Kartoffeln oder Reis, dazu Sesamsauce und gemischter frischer Salat auf ägyptische Art, serviert für DM 25,-. Restaurant El Pharao-Wiesenbaude, Steglitz, Goerzallee 1 ☎ 8 33 78 74.

... von 11-24 Uhr: Ausgewählte Köstlichkeiten, mediterrane Delikatessen, Vollwertkost und vegetarische Speisen erwarten Sie im Restaurant Seaside, Reinickendorf, An der Mühle 5-9, Reservierung ☎ 3 61 90 27.

... von 12-24 Uhr: (Küche bis 22 Uhr): deutsche und internationale Spezialitäten sowie zahlreiche Fischgerichte im gepflegten Restaurant mit maritimer Einrichtung. Yachthafen-Restaurant Blau-Rot, das Restaurant mit Terrasse direkt an der Havel. Spandau, Scharfe Lanke 103-107, Reservierung: ☎ 3 61 90 21.

... von 12-24 Uhr: türkische Köstlichkeiten in Berlins erstem türkischen Speiserestaurant Istanbul. Charlottenburg, Knesebeckstr. 77 ☎ 8 83 27 77.

... von 12-1 Uhr: gutbürgerliche Küche und vorzügliche Pfannengerichte, z.B.: 1/2 Bauernente mit Rotkohl und Kartoffelkloß für DM 25,60. Restaurant Hardtke, Wilmersdorf, Hubertusallee 48 ☎ 8 92 58 48.

... ab 18 Uhr: herzhafte Spezialitäten im rustikalen Pferdestall im Haus Dannenberg am See. Reinickendorf, Alt-Heiligensee 52-54 ☎ 4 31 30 91.

... von 9-14 Uhr: Brunch im Sommergarten (nur bei schönem Wetter) - warme Braten, deftige Wurst- und Käsespezialitäten, Schinken, Lachs, Eier, Rollmops, Salate, dazu süßer Aufstrich und Obst, außerdem Cornflakes oder Müsli und Rote Grütze, Kaffee, Tee oder Fruchtsaft für DM 16,90, 1/2 Portion DM 9,90. Britzer Mühle, Neukölln, Buckower Damm 130, neben der restaurierten Mühle am Britzer Garten ☎ 6 04 10 05.

RESTAURANTS

13 Lies diese Anzeigen und beantworte die Fragen!

1. Wohin kann man gehen, wenn man chinesisch essen will?
2. Wo bekommt man neue deutsche und vegetarische Küche?
3. Was bekommt man alles im Restaurant „Blau-Rot"?
4. Was bekommt man zum Brunch im Sommergarten? Nenne fünf Gerichte!
5. Was für ein Restaurant ist „Istanbul"? Was gibt es dort?
6. Wo kann man indische Atmosphäre genießen und indisch essen?

Ausländische und deutsche Spezialitäten:

Was gibt's zum Brunch?

eine chinesische Spezialität ist Peking Ente

eine ägyptische Köstlichkeit ist Schisch-Kebab

mediterrane Delikatessen sind Hummer, Austern, Krabben

deftige Wurst- und Käsespezialitäten

rohen Schinken

marinierten Lachs

Rote Grütze

geräucherten Fisch

kalten Braten

ägyptisch	italienisch
chinesisch	mexikanisch
deutsch	russisch
französisch	spanisch
griechisch	türkisch
indisch	typisch Berlin

eine gutbürgerliche Küche: Pfannengerichte, z.B. Mastente mit Rotkohl und Kartoffelkloß

14 Typische Gerichte

Nenne drei typische Gerichte der Länder, für die im Kasten ein Adjektiv steht!

BEISPIEL   **Ein typisches französisches Gericht ist ...**

15 Worauf hast du Appetit?

Ihr seid den ganzen Tag in Berlin herumgelaufen und habt viel gesehen. Ihr habt großen Hunger und wollt essen gehen. Aber wohin? Die Auswahl ist so furchtbar groß! Mach deinem Partner einen Vorschlag von den Restaurants auf Seite 268! Akzeptiert er ihn? Oder würde er lieber woanders essen? Warum oder warum nicht? Frag ihn mal!

16 Hör gut zu!

Zwei Berliner Schüler unterhalten sich darüber, in welches Lokal sie zum Essen gehen wollen. Schreib die verschiedenen Möglichkeiten auf, über die sie sprechen! Wohin gehen sie schließlich und warum?

17 Ißt du mal gern ein ausländisches Gericht?

Frag deinen Partner, welche ausländische Küche er am liebsten mag und warum! Schau in den Kasten rechts als Hilfe! Dann soll er dich fragen!

SO SAGT MAN DAS!

Expressing hearsay

To pass on something that you have heard, you may say in informal conversation:

Ich habe gehört, daß das Essen dort sehr gut ist.
Man hat mir gesagt, daß die Musik dort toll sein soll.
Der Fisch **soll** dort ausgezeichnet **sein.**

How would you express these ideas in English?

EIN WENIG LANDESKUNDE

In den deutschen Großstädten hat es schon immer eine große Anzahl von ausländischen Restaurants gegeben. Ausländische Besucher sollen sich wie zu Hause fühlen, und die Deutschen wollen die internationale Küche genießen.

Heute kann man auch sehr viele ausländische Restaurants und Lokale in kleinen Städten und Dörfern finden, besonders italienische, griechische und türkische Lokale. Und diese findet man sogar in Häusern, die typisch deutsch aussehen, und wo früher mal ein deutsches Lokal war.

18 Hör gut zu!

Two students from Potsdam are visiting Berlin. Listen as they discuss a restaurant where they might go for dinner and what they have heard about it from their friends. For each category, write what they heard from their friends.

Essen	Bedienung	Atmosphäre	Preise

19 Wo sollen wir heute abend hingehen?

Together with your partner, decide where you might take a German visitor out for dinner in your town or a large city nearby. Make a suggestion and tell him or her the things you have heard about the restaurant. Your partner will also make a suggestion and say what he or she has heard. Come to a consensus and share your results with your classmates. Ask them if they have heard anything about the restaurant you decided on.

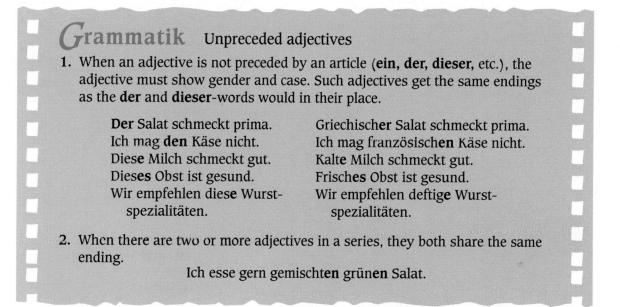

Grammatik Unpreceded adjectives

1. When an adjective is not preceded by an article (**ein, der, dieser,** etc.), the adjective must show gender and case. Such adjectives get the same endings as the **der** and **dieser**-words would in their place.

   Der Salat schmeckt prima. Griechisch**er** Salat schmeckt prima.
   Ich mag **den** Käse nicht. Ich mag französisch**en** Käse nicht.
   Dies**e** Milch schmeckt gut. Kalt**e** Milch schmeckt gut.
   Dies**es** Obst ist gesund. Frisch**es** Obst ist gesund.
   Wir empfehlen dies**e** Wurst- Wir empfehlen deftig**e** Wurst-
   spezialitäten. spezialitäten.

2. When there are two or more adjectives in a series, they both share the same ending.

   Ich esse gern gemischt**en** grün**en** Salat.

20 Internationales Essen!

It's German-American Day and the German chancellor's personal chef is coming to your class to cook an international meal. Tell him one thing you like and one thing you don't like from the list of possibilities. (Be sure to use the correct adjective endings!)

bulgarisch	Schisch-Kebab	
kalifornisch	Salat	
italienisch	Eis	
hausgemacht	Wurst	
polnisch	Lachs	schmeckt mir (nicht).
griechisch	Brot	
norwegisch	Käse	
französisch	Spezialitäten	
deutsch	Gulasch	
türkisch	Trauben	
ungarisch	Kuchen	

21 Für mein Notizbuch

Schreib auf, was für Spezialitäten du am liebsten ißt, was du gewöhnlich zum Brunch ißt und welche Spezialitäten du nicht gern ißt!

Ordering in a restaurant; expressing good wishes

HOTEL-RESTAURANT
HAUS *Dannenberg* AM SEE
Speisenkarte

VORSPEISEN
Gefülltes Ei auf Gemüsesalat	5,40
Geräuchertes Forellenfilet	6,50

SUPPEN
Nudelsuppe mit Huhn	4,20
Frische Gemüsesuppe	4,00

BEILAGEN
Portion Sauerkraut	3,80
Portion Pommes frites	3,50
Portion Gemüse	4,20
Salatteller	4,50
Kloß	3,00
Scheibe Brot	0,70

HAUPTGERICHTE

FISCHGERICHTE
Mit Lachs gefüllte Seezungenröllchen mit Brokkoli-Rahmsauce	25,00
Filets vom Babysteinbutt mit Walnußsauce auf einem Gemüsebett serviert	22,50
Gegrilltes Seebarschfilet m. Salzkartoffeln und gemischtem Gemüse	24,60
Frische Seezunge nach Art des Hauses m. Salzkartoffeln u. gem. Salat	26,50

FLEISCHGERICHTE
Wiener Schnitzel m. Salzkartoffeln oder Pommes frites	22,50
Königsberger Klopse m. Nudeln und gemischtem Salat	16,80
Ungarisches Gulasch mit Kloß	11,90
Frische mecklenburgische Mastente mit Kartoffelkloß	18,50
Schweinerückensteak mit Kräuterbutter u. Pommes frites	21,30

NACHSPEISEN
Rote Grütze mit Vanillesauce	4,60
Apfelstrudel	3,80
Frische Erdbeeren mit Sahne	6,90

GETRÄNKE

WARME GETRÄNKE
1 Tasse Kaffee	3,80
1 Kännchen Kaffee	6,00
1 Tasse Tee	3,80
1 Tasse Kaffee Hag	4,30

ALKOHOLFREIE GETRÄNKE
Mineralwasser	0,3l	3,80
Apfelsaft	0,4l	3,60
Orangensaft	0,3l	3,00
Fruchtlimo	0,3l	3,00

ALKOHOLISCHE GETRÄNKE
Verlangen Sie bitte unsere Getränkekarte

22 Was steht auf der Speisekarte?

Such dir einen Partner! Stellt euch gegenseitig Fragen über die Speisekarte* von „Haus Dannenberg am See"!

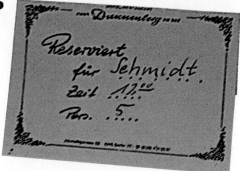

1. Was für ein Gericht ist (Seezunge)?
2. Was für Suppen gibt es?
3. Was für Hauptgerichte gibt es?
4. Welche Fischgerichte gibt es? Welche Fleischgerichte?
5. Welche Beilagen gibt es? Und was für Getränke? Nenne drei!
6. Welche Vor- und Nachspeisen gibt es? Nenne eine Vorspeise und eine Nachspeise!

WORTSCHATZ

Was bestellt man gewöhnlich in einem Restaurant?

eine Vorspeise

gefülltes Ei

ein Hauptgericht

Schweinerückensteak mit Kartoffelkroketten

eine Beilage

Klöße

eine Nachspeise

Rote Grütze

ein Getränk

Spezi

Und dann noch …
Bratkartoffeln
gemischter Salat
eine Scheibe Brot
Erdbeeren mit Sahne

Was bestellst du gewöhnlich?

23 Beantworte die Fragen!

Such dir einen anderen Partner und beantwortet abwechselnd diese Fragen!

1. Was möchtest du dir bestellen? Welche Vorspeise? Eine Suppe? Welches Gericht? Eine Beilage dazu? Welche Nachspeise? Welches Getränk?
2. Welches von diesen Gerichten möchtest du am liebsten essen? Warum? Welches möchtest du nicht essen? Warum nicht?

*Both words **Speisenkarte** (usually printed on a German menu) and **Speisekarte** are acceptable, the latter being used in everyday speech.

SO SAGT MAN DAS!

Ordering in a restaurant

You have been using various expressions to order food in a restaurant.
Here are some other ways to order:

The waitperson may ask:

Haben Sie schon gewählt?

Und was hätten Sie gern?

You could order by saying:

Ja, bringen Sie mir bitte das Seebarschfilet!

Ich hätte gern das Wiener Schnitzel.

Identify the verb forms in the last question and response. What do these verb forms remind you of? Do these statements refer to the past? What do you think these forms express? How would the waitperson ask several customers at the same time for their order?

24 Hör gut zu!

Die Schüler aus der Beckmann Oberschule machen heute ihre Schulfeier und fahren zum Haus Dannenberg am See. Hör zu, wie sie ihr Essen und ihre Getränke bestellen! Schreib auf, was drei Schüler bestellen, und dann beantworte diese Fragen!

1. Wer bestellt nur ein Hauptgericht?
2. Wer möchte auch eine Beilage zum Hauptgericht?
3. Wer bestellt keinen Nachtisch?

25 Was hättet ihr gern?

Such dir vier Partner! Frag drei von ihnen, was jeder gern zu essen oder zu trinken hätte! Jeder Partner wählt etwas auf der Speisekarte aus. Du gibst die Bestellung weiter an den vierten Partner. — Tauscht dann die Rollen aus!

SPRACHTIP

When ordering from a menu, Germans normally use the definite article before the name of the dish, even though the item may not be listed with an article.

Here is how the dish may be listed on the menu:

Geräuchertes Forellenfilet

Gegrilltes Seebarschfilet

Frische Erdbeeren

Here is how you would order that dish:

Ich hätte gern das geräucherte Filet.

Das gegrillte Seebarschfilet, bitte!

Ich nehme die frischen Erdbeeren.

Grammatik   The **hätte**-forms

When ordering a meal you can use the **hätte**-forms together with **gern** or **lieber**.

Ich **hätte gern** eine Suppe.
Was **hättest** du denn **gern**?
Andreas **hätte gern** Rote Grütze.

Wir **hätten gern** Bratkartoffeln.
Und was **hättet** ihr **gern** dazu?
Die Kinder **hätten lieber** einen Salat.

From what verb are the **hätte** forms derived? How are they like the imperfect form of this verb? What is different? How would you express **hätte gern** in English?

26 Und was hätten Sie gern?

Du bist mit deinem Partner in einem guten Restaurant in Berlin. Du feierst deinen Geburtstag und bestellst dir deshalb ein großes Essen, mit Vorspeise, Hauptgericht, Beilage, Nachspeise und Getränk. Ein dritter Schüler übernimmt die Rolle der Bedienung. Was bestellst du alles? Was bestellt dein Partner? Entwickelt ein Rollenspiel und spielt die Szene der Klasse vor!

27 Hör gut zu!

Einige Gruppen feiern heute im Haus Dannenberg am See. Als Kellner hörst du verschiedene Gespräche. Was feiert jede Gruppe, und was ist das Verhältnis (*relationship*) der Leute in jeder Gruppe zueinander? Sind es Familienmitglieder, Freunde oder Geschäftsleute (*business people*)?

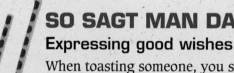

SO SAGT MAN DAS!
Expressing good wishes

When toasting someone, you say:

Zum Wohl!
Auf dein Wohl!
Prost!
Auf euer Wohl!

Before beginning your meal, you say:

Guten Appetit!
Mahlzeit!

In response to a toast you say:

Prost!
Zum Wohl!
Auf Ihr Wohl!
Danke! Zum Wohl!

In response you can say:

Danke! Dir auch!
oder **Danke, gleichfalls!**
oder **Mahlzeit! Guten Appetit!**

Which of these expressions would you use with an older person whom you do not know well? Which ones would you use with friends and family?

---

28 Zum Wohl!

Du bist mit verschiedenen Leuten in einem Restaurant. Du trinkst auf ihr Wohl. Was sagst du zu ihnen? Was sagst du ...

a. zu einem Freund?   **c.** zu zwei Klassenkameraden?
b. zu deinen Eltern?   **d.** zu deiner Deutschlehrerin?

29 Wir gehen zusammen aus

At the end of the school year you and your classmates and German teacher go out to a German restaurant where the waitstaff speaks German. With the people at your table and/or the waiter

— discuss what you will order and why
— suggest to your friends what they should order
— order your food and drink
— toast each other

— begin the meal with good wishes
— talk about how the food tastes
— order dessert and more drinks
— ask for and pay the bill
— arrange for a decent tip!

Das Leben im fremden Land

Getting Started

> **Weißt du noch?** Always look at the title before you begin to read a story or poem.

1. Who are the two people in the title of this story? What does **seltsam** mean? And **komisch**? Knowing that there are two people in the story, can you guess the purpose of the dashes?

2. Use your background knowledge about ethnic groups in Germany and the United States to come up with three possible characteristics of life for Turks in Germany. How do you think they fit into society?

Seltsamer Deutscher, komischer Türke

- Grüßgott! Du fahren mich das Adresse?

- Ja mei, wozu sind wir denn da, geben's mir mal den Zettel her . . . (halblaut) Mehmet Öztürk. Klugstr. 19. (laut) Aha, die Klugstraße, in Neuhausen ist die. Steigen S' ein, ich bring Sie hin! (abgewendet) Also, Sepp, Servus. Ich fahr' grad mal nach Neuhausen rüber, vielleicht sehn wir uns noch, die Nacht . . .

- (Sepp: Wenn nicht, funk mich halt an!)

- Dein Auto gutes Auto. Ich arbeite auch in der BMW. Schichtarbeit. Nach der Arbeit mit Kollegen Bier trinken gehen. Jetzt Alkohol trinken, nix Auto fahren.

- Mit wem sind Sie denn zum Biertrinken gegangen — mit deutschen oder türkischen Kollegen?

- Türkische Kollegen. Deutsche Kollegen sagen immer: Keine Zeit, keine Zeit! Meine alte Freunde erzählen, 1960, 1965, 1968 Deutsche immer freundlich; aber jetzt nix freundlich, immer schimpfen, immer sagen „Kanacke" . . .

- Tja, schön ist das nicht, wie sich manche Deutsche im Alltag gegenüber Türken benehmen . . .
(Pause)

- Scheißwetter! Die ganze Nacht regnet's schon! Würden Sie mal bitte mit dem Tuch hier das Fenster abwischen. Damit ich an der Kreuzung die rechte Seite sehen kann. So, es reicht schon, danke schön.

- In Türkei jetzt sehr heiß, sehr schön, immer Sonne.

- Jaja, das glaube ich Ihnen schon, daß in der Türkei sehr schönes Wetter ist . . .

- Deutschland immer Regen, kalt. Die Deutsche sagen immer „Türken raus!" — warum? Wir keine schlechte Menschen. Wir immer arbeiten.

- Tja, wissen Sie, die Frage kann ich auch nicht so recht beantworten. Wir sind alle Menschen, da mach' ich überhaupt keinen Unterschied, ob einer Türke ist, Grieche oder Deutscher . . .

- Sie sind aber ein guter deutsche Mensch. Du sagen nicht, Ausländer nehmen mir Arbeit weg.

- Ja mei, es gibt halt solche und solche . . . Wir alle versuchen eben, irgendwie über die Runden zu kommen. So, jetzt sind wir gleich da!
- Du sehr gut fahren Auto!
- Danke für das Kompliment!
- Was muß ich bezahlen?
- Yediseksen ediyor arkadasim?
- Was bitte?
- Dedim ya yediseksen ediyor.
- Hier nehmen Sie, 10 Mark, reicht es?
- Moment mal, ich hab's Ihnen doch schon auf türkisch gesagt. Sagen Sie, sind Sie jetzt eigentlich Türke, oder was!
- Hm, um ehrlich zu sein . . . Ich muß Ihnen gestehen, ich bin gar kein Türke, äh, ich bin Deutscher, also ich meine . . .
- Ja um Gottes willen, wieso haben Sie dann die ganze Zeit dieses Theater gespielt?
- Tja, ich wollt' eben mal ausprobieren, wie ein deutscher Taxifahrer einen türkischen Fahrgast behandelt und wollt' mal wissen, wie Sie auf mein Verhalten reagieren würden. Aber sagen Sie mal, was haben Sie da gerade zu mir gesagt? War das tatsächlich Türkisch? Jetzt sagen Sie bloß, Sie sind wirklich Türke!
- Ja, ja, ich bin ein Türke.
- Aber warum sprechen Sie denn so ausgezeichnet Deutsch?
- Tja, ganz einfach. Ich lebe seit 23 Jahren hier in Deutschland, beziehungsweise, ich bin hier geboren.
- Ja! Da mußte mein Versuch ja danebengehen! Es war trotzdem eine lustige Fahrt, oder?
- Jaja, kann man wohl sagen.
- Hier, das Geld. Stimmt schon so! Also dann — Viel Glück noch heut nacht! Wiedersehen!
- Ja, danke, danke! Wiederschaun!

- (aus dem Hintergrund) Hallo, sind Sie frei?
- Ja freilich. Steigen Sie ein!
  Hab gerade so einen „komischen Türken" gefahren . . .
- Jaja. Unsere Kanacken sind halt so komisch!

Cengiz Kip

3. Complete steps 1 and 2 of the strategy outlined in the **Lese-trick** box. In one sentence, summarize what the story is about thus far. Where is it taking place? Which character do you think is the Turk? Which is the German?

A Closer Look

> **Tip:** Summarizing the action of a story every paragraph or so will help you determine how much you understand and what you might need to read again.

4. Complete steps 3 and 4 of the reading strategy. As you read through the third time, try to summarize the action or topics of the dialogue at regular intervals. What are some of the topics of conversation between the German and the Turk?

5. What is the sudden twist in the dialogue? Who is the passenger really and why is he riding in a taxi?

6. Why does the passenger's experiment fail? How does the passenger react when he finds out who the driver really is? What is he so surprised about?

7. What do you think the point of this story is? That is, what message is the author trying to get across? What happens in the final scene to illustrate the author's point?

8. Schreib eine Zusammenfassung (*summary*) von der Geschichte, die du gerade gelesen hast, mit sieben bis acht Sätzen! Verwende dabei so viele *connecting words* wie möglich, zum Beispiel Pronomen (er, sie, es usw.) und Zeitausdrücke (zuerst, dann, zuletzt usw.)!

ANWENDUNG

1 Einige Touristen sprechen über ihre Pläne für Berlin. Hör gut zu! Was wollen sie sich ansehen? Was schlagen sie vor? — Schreib auf, wo jeder gern mal hingehen würde! Aber was tun sie wirklich?

2 Ein Slogan heißt: Berlin ist eine Reise wert! Sieh dir diesen Auszug für Stadtrundfahrten aus dem Berlin Programm an! Welche Sehenswürdigkeiten kennst du schon?
Schlag deinem Partner vor, was du dir gern mit ihm ansehen würdest! Was meint er dazu? Hat er bessere Vorschläge?

3 Schreib drei Sehenswürdigkeiten auf, die du dir gern einmal ansehen würdest! Schreib auch auf, warum du daran interessiert bist!

Tägliche Stadtrundfahrten Daily Sightseeingtours + Potsdam

Tickets in Ihrem Hotel und am Bus/ in your hotel and at the bus

In unserer **BBS** City Tour zeigen und erklären wir unter anderem:
In our **BBS** City Tour you will see and have explained among others:

* Gedächtniskirche
* Europa Center
* KaDeWe
* Urania
* Checkpoint Charlie
* Gendarmenmarkt
* Schauspielhaus
* Deutscher Dom
* Französischer Dom
* Friedrichsw. Kirche
* Nicolaiviertel
* Rotes Rathaus
* Alexanderplatz
* T.V.Tower
* Museumsinsel

* Siegessäule
* Schloß Bellevue
* Berliner Dom
* Staatsbibliothek
* Humboldt Universität
* Unter den Linden
* Staatsoper
* Kronprinzenpalais
* Prinzessinnenpalais
* St. Hedwigs Kathedrale
* Forum Fredericianum
* Brandenburger Tor
* Reichstag
* Haus der Kulturen
* Tiergarten

* Charlottenburger Tor
* Technische Universität
* Ernst-Reuter-Platz
* Deutsche Oper
* Rathaus Charlottenburg
* Schloß Charlottenburg
* Ägyptisches Museum
* Funkturm
* ICC
* Messegelände
* Ku'damm Carée
* Kempinski
* Ku'damm Eck
* Kurfürstendamm
* Café Kranzler

Kinderermäßigung / child reduction: Außer/except Kombi-Ticket

0-6 Jahre/years: frei/free
7-13 Jahre/years: Ermäßigung/reduction 50%
Ausflüge/excursions: Ermäßigung/reduction DM 10,-

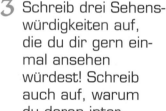

Zeit	Tour	Häufigkeit	Std.	Preis
10.00	Gr. / Big Berlin-Tour	täglich / daily	3	38,-
11.00	Berlin City-Tour	täglich / daily	2	30,-
11.30	Berlin in Kürze/in brief	täglich / daily	1,5	25,-
13.30	Berlin City-Tour	täglich / daily	2	30,-
14.00	* Potsdam / Sanssouci[1]	täglich / daily	ca. 4	49,-
14.00	Super Berlin-Tour incl. Pergamon-Museum	täglich / daily	4	45,-
14.30	Berlin in Kürze/in brief	täglich / daily	1,5	25,-
16.00	Berlin City-Tour	täglich / daily	2	30,-
21.00	Nightclub-Tour	Sa / Sat	ca. 5	99,-
Superspar/Discount Ticket		täglich / daily		79,-
10.00 Gr./ Big Berlin Tour + 14.00 Potsdam / Sanssouci	POTSDAM 1993 1000 JAHRE			69,-
Kinder / children				

Berlin–Touren: Kinderermäßigung / Reduction for children 0 bis 6 Jahre / Years gratis / free of charge, 7-13 Jahre / Years 50%.
Ausflüge / Excursions: Kinderermäßigung / Reduction for children DM 10,-
* **Platzreservierung erforderlich / Advance booking required.**
[1] Siehe Tourbeschreibung / see description.

Abfahrt aller Rundfahrten/ Departure of all tours:
Kurfürstendamm 216 / Fasanenstr., Nähe / near U-Bhf. Uhlandstr.
Tel. (030) 883 10 15 · Fax (030) 882 56 18 · Telex 184 642

BBS   Berliner Bären Stadtrundfahrt GmbH
Rankestraße 35 · D-10789 Berlin · Tel. 213 40 77 · Fax 213 73 54 · Telex 183 794 bbs · Alexanderplatz · D-10178 Berlin · Tel. 242 43 62

4 Such dir eine Partnerin! Schlag ihr vor, daß sie sich mit dir die Sehenswürdigkeiten ansieht, die du dir ausgesucht hast! Sag ihr auch, was du darüber schon gehört hast! Geht sie mit dir mit? Sie muß ihre Antwort begründen.

5 Schau mit drei Partnern die Speisekarte hier rechts an! Sprecht darüber, was ihr über die Gerichte gehört habt und was ihr bestellen wollt! Vergeßt auch die Getränke nicht! Dann beginnt das Essen mit den passenden Wünschen.

Binding Bier

Aus der Pfanne und vom Grill:

Rumpsteak
mit hausgemachter Kräuterbutter oder geröst. Zwiebelringen, Röstkartoffeln u. gem. Salat 18.- DM

Pfeffersteak
mit frischem grünen Pfeffer in Sahnesauce und Röstkartoffeln 20.50 DM

Mixed Grill
mit Rinder- u. Schweinefilet, kl. Kalbssteak, Grillwürstchen, Bratkartoffeln und gem. Salat 21.50 DM

Wiener Schnitzel
mit Gemüsen der Saison, Röstkartoffeln oder Pommes frites 18.50 DM

Cordon bleu
Kalbsschnitzel mit gek. Schinken u. Käse gefüllt, Bratkartoffeln u. gem. Salat 19.50 DM

Jägersteak „nach Art des Hauses"
mit frischen Champignons, Zwiebeln, Bratkartoffeln u. gem. Salat 13.- DM

Wildspezialitäten
Frischer Fisch

Hausgemachter Apfelstrudel
mit Vanilleeis oder Vanillesoße u. Sahne

6

R O L L E N S P I E L

Groups of six split into pairs of three: travelers and travel agents. Both groups should review by themselves what they know about famous Berlin places and reasons they have heard for going there. Set up rows of desks to simulate a travel agency. The travelers then have to go to the agents and ask about some sights they have heard of. The agents should corroborate that information, urging the travelers to go there (or not) and make suggestions of their own. The travel agents tell the travelers which of the city tours listed on page 278 they should take in order to see those sights, what time the tours are and how much they cost.

Can you ask for, make, and respond to suggestions?
(p. 266)

1 How would you ask a friend what he or she would like to do? Think of three different ways!

2 How would you tell a friend you are in favor of eating at a Chinese restaurant? How would you ask your friend if he or she would like that, using **würde?**

3 How would your friend respond that it wouldn't be bad, but that he or she would rather eat at a Mexican restaurant? How would you then say: "What about 'Los Compadres'?"

Can you express hearsay? (p. 270)

4 How would you say

a. that you heard the food is very good at Hardtke's?
b. that Klaus told you the pizza was excellent at "La Bussola"?
c. that the service is supposed to be very bad at "Jean-Marc's"?

Can you order in a restaurant? (p. 274)

5 How would a waiter ask you

a. if you have made your choice?
b. what you would like?

6 How would you say

a. that you would like a bottle of mineral water?
b. "Please bring me the goulash!"?

7 How would you ask your sister if she would prefer French fries?

Can you express good wishes? (p. 275)

8 How would you say "Enjoy your meal!" to someone? How would that person respond?

9 How would you toast

a. a friend?
b. a group of friends?
c. a teacher?

How would those persons respond?

ERSTE STUFE

ASKING FOR, MAKING, AND RESPONDING TO SUGGESTIONS

Würdest du gern mal ...?
Wouldn't you like to...?
Wie wär's mit ...? *How about...?*
Ich bin dafür, daß ... *I prefer that ...*

Nein, ich würde am liebsten ...
No, I would rather...
Das wär' nicht schlecht. *That wouldn't be bad.*

TALKING ABOUT CULTURAL EVENTS

die Operette, -n *operetta*
das Schauspiel, -e *play*
das Theaterstück, -e *play*

das Ballett, -e *ballet*
das Musical, -s *musical*
die Stadtrundfahrt, -en *city tour*
das Baudenkmal, ¨er *monument*
die Synagoge, -n *synagogue*
der Ausflug, ¨e *excursion*
der Anschlag, ¨e *announcement*
würde *would*
  du würdest
  er/sie/es würde

ZWEITE STUFE

EXPRESSING HEARSAY

Ich habe gehört, daß ... *I heard that...*
Man hat mir gesagt, daß ... *Someone told me that...*
Der Fisch soll prima sein. *The fish is supposed to be great.*

DESCRIBING INTERNATIONAL FOODS

chinesisch *Chinese*
mediterran *Mediterranean*
ägyptisch *Egyptian*
italienisch *Italian*
französisch *French*
griechisch *Greek*
indisch *(Asian) Indian*
mexikanisch *Mexican*

russisch *Russian*
spanisch *Spanish*
türkisch *Turkish*
ausländisch *foreign*

TALKING ABOUT GERMAN AND INTERNATIONAL FOODS

die Köstlichkeit, -en *delicacy*
die Delikatesse, -n *delicacy*
die Peking Ente, -n *Peking duck*
die Mastente, -n *fattened duck*
das Schisch-Kebab *shish kebab*
der Hummer, - *lobster*
die Auster, -n *oyster*
die Krabbe, -n *crab*
der Lachs, -e *salmon*
gut bürgerliche Küche *good home-cooked cuisine*
die Küche *cuisine*

der Schinken *ham*
das Pfannengericht, -e *pan-cooked entrée*
der Braten, - *roast*
der Rotkohl *red cabbage*
der Kloß, ¨e *dumpling*
der Knoblauch *garlic*
Rote Grütze *red berry dessert*

WAYS TO DESCRIBE FOOD

deftig *robust*
herzhaft *hearty*
roh *raw*
mariniert *marinated*
würzig *spicy*
scharf *spicy, hot*
mild *mild*
gebraten *fried*
gegrillt *grilled*
geräuchert *smoked*

DRITTE STUFE

ORDERING IN A RESTAURANT

Bringen Sie mir bitte ... *Please bring me...*
Ich hätte gern ... *I would like...*

ORDERING FROM FOOD CATEGORIES

die Vorspeise, -n *appetizer*
die Beilage, -n *side dish*
das Hauptgericht, -e *main dish*
die Nachspeise, -n *dessert*
das Getränk, -e *drink*

MORE GERMAN SPECIALTIES

das Schweinerückensteak, -s *pork loin steak*
das Wiener Schnitzel, - *veal cutlet*
das Seebarschfilet, -s *filet of perch*
die Kroketten (pl) *potato croquettes*
die Bratkartoffeln (pl) *fried potatoes*
das gefüllte Ei, -er *deviled egg*
das Spezi, -s *mix of cola and lime soda*

EXPRESSING GOOD WISHES

Zum Wohl! *To your health!*
Auf dein/Ihr/euer Wohl! *To your health!*
Prost! *Cheers!*
Guten Appetit! *Bon appétit!*
Mahlzeit! *Bon appétit!*
Danke! Dir/Ihnen auch! *Thank you! The same to you!*
Danke, gleichfalls! *Thank you and the same to you!*

12

Die Reinickendorfer Clique

Allianz ⊕ Reiseführer

Deutschland · O...

Reiseführer

Erlebnis
Berlin

MIT LUFTPOST
PAR AVION
BY
MAIL

① Wir haben die meiste Zeit am Strand verbracht. Es war toll!

German teenagers often get together at someone's home to talk, to listen to music, and to just have fun. This is especially true after a long summer vacation when everyone wants to see each other again and talk about the events of the past six weeks. If you were to get together with some German friends, there are many things you would want to talk about.

In this chapter you will learn

- to report past events; to ask for, make, and respond to suggestions
- to order food, to express hearsay and regret; to persuade and dissuade
- to ask for and give advice; to express preference; to express interest, disinterest and indifference

And you will

- listen to reports about vacations, favorite foods, and clothes
- read about vacation resorts, international cuisine, and clothes
- write about vacation plans and interesting vacation experiences
- find out where Germans like to spend their vacations, what clothes they take, and what kinds of cuisine they enjoy

② Wohin gehen wir? Was schlägst du vor?

③ Ich hab' gehört, der Ismar hat die belegten Brote gemacht. Stimmt's?

Echt toll, Ismar!

Look at the photos on these two pages.
What are these students doing? What do you
think they are talking about?

Andreas

Astrid

Ismar

Lars   **Binh**

ASTRID Das machst du echt toll, Ismar! Du wirst bestimmt mal ein bekannter Chefkoch werden!

ISMAR Du wirst es mir nicht glauben, aber Kochen macht mir großen Spaß. Du mußt mal zu uns kommen, dann mach' ich für dich ein bosnisches Gericht, Ćevapčići. Echt super!

ASTRID Du mußt mich eben mal einladen.

ISMAR Mach' ich!

ANDREAS Hm, prima! Das sieht echt lecker aus.

ASTRID Hat Ismar gemacht. — He, Finger weg! Du darfst dir nichts vom Teller nehmen.

ANDREAS Ich hab' aber Hunger.

ASTRID Pech gehabt!

ASTRID Na gut! Ich mach' dir ein belegtes Brot. Was willst du denn drauf haben?

ANDREAS Käse und Schinken! Doppelt gemoppelt hält besser.

ASTRID So, hier! Schwirr ab!

> Hallo, Sandra! Was, du weißt nicht, wie du herkommst? ... Ach so, du kommst mit dem Rad. Ja, du biegst von der Müller Straße rechts in die Ungarn Straße rein ... fährst diese geradeaus bis zur Basler Straße. Ja ... da biegst du links hinein ... fährst diese weiter geradeaus ...

ANDREAS Hallo! — Das ist also dein neues Moped. Echt super! Wie lange hast du es jetzt schon?

LARS Seit ich den Führerschein hab', also seit Anfang der Ferien. Gefällt dir, was?

ANDREAS Ich mach' den Vierer in sechs Monaten. Du läßt mich doch dann mal fahren, oder?

LARS Na klar!

ANDREAS So, kommt rein! Ismar ist schon da, schwer am Arbeiten, und Sandra wird auch gleich da sein.

1 Was passiert hier?

Verstehst du alles, was diese Schüler sagen? Beantworte die folgenden Fragen!

1. Why are these students getting together? Where is the story taking place?
2. What are Astrid and Ismar discussing in the opening scene?
3. Why does Astrid say **Pech gehabt** to Andreas? What does Astrid do for him instead?
4. Why is Sandra calling? What kind of information does Andreas give her?
5. What do Andreas and Lars discuss when Lars and Binh arrive? What kind of deal does Andreas make with Lars?
6. Why does Binh mention bananas?
7. In what way does Lars look different today? Does Ismar believe the reason Lars gives for the change?
8. What does Astrid say to Binh about her jacket?
9. Why does Andreas ask Binh about her arm? What happened to her?
10. In what way does Astrid compliment Ismar at the end of the story?

2 Genauer Lesen

a. Lies den Text noch einmal! Such die Wörter oder Ausdrücke aus, die das Folgende ausdrücken!

1. compliments or praise
2. a warning or reprimand
3. surprise
4. concern for someone else

b. Beantworte die folgenden Fragen!
1. Astrid makes a prediction. What is it?
2. What wish does Astrid express? What words does she use to say this?
3. Several people instruct others to do something. Find at least three examples.
4. Find three instances in which people ask for specific information. Which phrases do they use to do this?

3 Welche Sätze passen zusammen?

Welche Nebensätze auf der rechten Seite passen zu den Satzanfängen auf der linken Seite?

1. Du darfst dir nichts vom Teller nehmen,
2. Du darfst noch nicht Moped fahren,
3. Ich darf das nicht essen,
4. Ich trage heute mal etwas anderes,
5. Der Arm tut mir weh,
6. Das schmeckt echt gut,

a. denn ich bin vom Rad gefallen.
b. weil du alles mit viel Liebe vorbereitet hast.
c. denn ich bin dagegen allergisch.
d. denn das ist für unsere Gäste.
e. weil du noch keinen Führerschein hast.
f. weil ich es satt habe, immer in denselben Klamotten herumzulaufen.

4 Nacherzählung

Erzähl die Geschichte nach, indem du die folgenden Sätze in die richtige Reihenfolge bringst! Zuerst hilft Ismar der Astrid in der Küche.

— Am Ende sitzen alle am Tisch und essen.
— Danach ruft die Sandra an.
— Andreas findet es toll und möchte bald damit fahren.
— Andreas sagt Sandra, wie man zu ihm kommt.
— Später sprechen die Schüler über das Essen, Klamotten, und wie Binh sich verletzt hat.
— Dann kommt der Andreas und will schon ein Sandwich probieren.
— Kurz danach kommen Lars und Binh mit dem Moped an.
— Das geht aber nicht. Astrid macht ihm aber schnell ein belegtes Brot.

Welche ausländische Küche hast du gern?

What kinds of ethnic cuisine do Germans enjoy? Before you read the responses below, think about what you know about popular foods in Germany. Which foreign cuisine do you think is the most popular among German teenagers?

Werner, *Berlin*

„Ja, ausländische Küche ... würde ich sagen mit Vorliebe italienisch, Spaghetti in jeder Variante, mit Tomatensoßen, mit Cremesoßen, mit Joghurtsoßen, und alles, was zur italienischen Küche dazugehört."

Margit, *Stuttgart*

„Ich interessier' mich am meisten für die italienische Küche, koch' das auch sehr gern, les' gerne viel darüber. Am meisten viel Nudelgerichte oder auch spezielle Nachspeisen von dort, weil die sehr schmackhaft sind, und sehr variationsreich auch."

Monika, *Hamburg*

„Ich esse gerne chinesisch, griechisch, ja auch italienisch, weil es ist ... schmeckt halt gut. Und Fast food esse ich auch gerne, weil so schön viele Kalorien drin sind. Wenn du richtig gut Fast food essen willst, mußt du nach Berlin, und dann gehst du ins Hard Rock Café, und dann bestellst du dir 'nen Hamburger."

Hans, *Hamburg*

„Amerikanische Küche mag ich eigentlich nicht, kein Fast food, kein Big Mac, mal ab und zu, aber eben so typisch deutsche Gerichte mag ich auch eigentlich gerne, Kartoffeln mit 'nem Steak und Bohnen ... und, ja, eigentlich alles."

A. 1. Which ethnic cuisines do these people say they like? Which is the most popular cuisine? Is this what you guessed beforehand?
2. What does Hans think of as American food? Why might he think this? How do you feel about this stereotype?
3. What other foreign cuisines are popular in Germany which were not mentioned by these particular people?

B. 1. There are many different kinds of eateries in Germany, and you are already familiar with some of them. Which ones can you recall and what are their characteristics? You already know about **Fast food Restaurants** from your own experience, and there are many American franchises now in Germany. Germany also has some of its own chains, for example, **Nordsee.** Can you guess what kind of food they serve?
2. In addition to fast food, you'll find in every village and town at least one **Gaststätte.** **Gaststätten** reflect the local color and traditions of the region they are in, both in terms of decor and the type of food served. When the weather is good, Germans flock to the outdoors and often congregate in **Biergärten.** These have a definite family atmosphere, much like the English pub. By custom, patrons can buy food there or bring their own, but must purchase beverages from the establishment.

ERSTE STUFE

Reporting past events; asking for, making, and responding to suggestions

---

Die Deutschen – die Weltmeister im Reisen

DIE DEUTSCHEN SIND ein reiselustiges Volk. Allein im Jahr 1990 gaben sie bei Auslandsreisen fast 49 Milliarden DM aus. Damit stehen sie mit weitem Abstand an der Spitze der Europäer. Das liegt wohl zum einen daran, daß die Deutschen ein wohlhabendes Volk sind und über viel Freizeit verfügen. Zum andern suchen sie ihr Urlaubsglück häufiger jenseits der Grenzen als daheim. Andere Europäer verbringen ihre Ferien bevorzugt im eigenen Land.

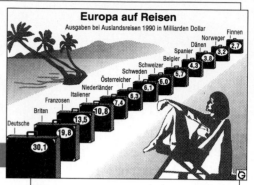

Europa auf Reisen
Ausgaben bei Auslandsreisen 1990 in Milliarden Dollar

Deutsche 30,1 · Briten 19,8 · Franzosen 13,5 · Italiener 10,8 · Niederländer 7,4 · Österreicher 6,3 · Schweden 6,1 · Schweizer 6,0 · Belgier 5,7 · Spanier 4,3 · Dänen 3,8 · Norweger 3,2 · Finnen 2,7

Spanien	Kanarische Inseln	Lanzarote

Sport, Spaß und Erholung

Eine Entdeckungsreise auf der ca. 795 Quadratkilometer großen Insel führt Sie vorbei an kleinen, sauberen Dörfern mit weißen Häusern, abwechslungsreichen Stränden mit hellem oder dunklem Sand, Klippen und einsamen Buchten.

Club „La Santa"

Unter Insidern und Top-Athleten gilt er längst als Geheimtip. Jetzt steht der exklusive Club „La Santa", auf der schwarzen Insel Lanzarote, nur etwa 4 Flugstunden von Deutschland entfernt und ca. 150 km vor der afrikanischen Küste, auch den Gästen von Sport-Scheck Reisen offen. Werfen Sie einen Blick hinein in die Traumanlage der fast unbegrenzten Sportmöglichkeiten, wo sich Olympiasieger wie Claudia Losch, Ulrike Meifarth, die Zehnkämpfer Guido Kratschmer, Jürgen Hingsen und ganze Bundesligateams erholen und auf neue Erfolge vorbereiten — Sie werden begeistert sein.
Um den Club „La Santa" zu besuchen, müssen Sie aber kein Spitzensportler sein — Kinder, Erholungssuchende, Aktive, Familien, Gruppen ... im „Club La Santa" ist jeder herzlich willkommen.

Das „Grüne Team"

Junge, profitrainierte Sportleute (vorwiegend englischsprechend) stehen im „Club La Santa" den Gästen mit Rat und Tat zur Seite. Angeboten wird Unterricht im Squash, Badminton, Tennis, Schwimmen, Schnorcheln, Windsurfen, sowie Fitneß-Test und Gewichttraining — je nach Programm unterteilt in Gruppen für Anfänger, Fortgeschrittene, Erfahrene und Kinder.

Weltklasse Einrichtungen für mehr als 20 Sportarten

„La Santa" ist ausgerüstet wie eine kleine Olympiastadt: Mit Fußball- und Leichtathletikstadion, 50-Meter-Swimmingpool, Badminton- und Handballhalle, Squashcourts, Tauchschule, Surfstation, Tennisplätzen, Fitneß-Studio, Tischtennisräumen, Basketballplatz, großes Fahrrad-Depot. Oft beginnen Fitneß und Entspannung auf Lanzarote mit Entdeckungstouren auf Rennrad oder Mountainbike.

Wohnen im Club „La Santa"

Sämtliche Sportanlagen und Einrichtungen sind um das gepflegte Appartement-Dorf, etwa 250 Meter vom offenen Meer entfernt, gruppiert. Obwohl die 400 Wohnungen Platz für mehr als tausend Gäste bieten, entsteht nie der Eindruck von Enge. Restaurants, Bars, Disco, Shops, Video-Kino, Friseur ... sorgen für eine dörfliche Atmosphäre. Der Supermarkt in der Anlage ist sehr gut sortiert — auch die verwöhnten Genießer und ernährungsbewußten Sportler können dort gut einkaufen.
Die Appartements (Varianten von 1 bis 3 Personen) sind einfach und zweckmäßig eingerichtet. Sie verfügen über Bad/WC, Kitchenette mit Kühlschrank, Schlafraum und Wohnraum sowie Patio (keine Aussicht). Ganz nach Lust und Laune wird selbst gekocht oder in einem der zahlreichen Restaurants innerhalb oder außerhalb des Clubs gespeist. Oder aber Sie nehmen die Halb- bzw. Vollpension, die aus europäischem Frühstücksbuffet und wahlweise Mittag- oder Abendbuffet besteht, in Anspruch. Auch am Abend braucht „Jung und Alt" sich nicht zu langweilen. Grill- und Strandfeste, Kinoabende und Kinder-Bühnen-Show, Ausflüge und Turniere verschiedenster Art erwarten Sie. Das „Grüne Team" stellt sich zweimal wöchentlich einmal ganz anders vor — lassen Sie sich überraschen. Selbstverständlich ist auch in den Bars und in der Club-Disco immer was los.

das Meer und der Strand

die Küste und die Klippen

eine Insel

eine Bucht

eine Oase

auf deutsch erklärt:

der Anfänger =
Schüler,
Greenhorn

der Fortgeschrittene
= weiß mehr als
ein Anfänger

der Erfahrene =
Experte

der Olympiasieger =
hat in der
Olympiade
gewonnen

der Zehnkämpfer =
kämpft in zehn
verschiedenen
Sportarten

der Geheimtip =
nicht alle sollen
das wissen

abwechslungsreich =
nicht langweilig

s. langweilen = nichts
zu tun haben

zahlreiche = viele

Sportanlagen
der Court
der Platz
der Pool
die Anlage
die Halle
das Fahrrad-Depot

Was würdest du auf dieser Insel tun? Welche Sportanlagen würdest du benutzen und warum?

5 Der Ferien Club

Lies den Artikel auf Seite 288! Schreib die Antworten zu den folgenden Fragen auf ein Blatt Papier! Such dir dann einen Partner! Stellt euch abwechselnd diese Fragen und beantwortet sie!

1. Wer gibt am meisten für Auslandsreisen aus?
2. Wo verbringen die meisten Deutschen ihren Urlaub?
3. Warum können die Deutschen so viel Geld für ihren Urlaub ausgeben?
4. Warum besuchen die Urlauber gern den Club „La Santa"?
5. Was kann man alles beim „grünen Team" lernen?
6. Welche Einrichtungen gibt es im Club „La Santa"?
7. Was gibt es alles im Appartement-Dorf?
8. Wie sind die Appartements eingerichtet?
9. Warum braucht sich niemand im Club zu langweilen?

6 Hör gut zu!

Du stehst in der Schlange vor dem Bankschalter und hörst, wie sich zwei junge Leute über ihr letztes Wochenende unterhalten. Sind sie in der Stadt geblieben, oder haben sie eine längere Reise unternommen? Wer hat am meisten Spaß gehabt? Warum müssen sie jetzt auf die Bank?

> **Schon bekannt**
> **Ein wenig Grammatik**
>
> When talking about the past, you generally use two verb forms, a helping verb and a past participle.
>
> Wo **bist** du **gewesen**?
> Wir **haben** Tennis **gespielt**.
>
> For past participles of verbs that you should know, scc the Grammar Summary. You know two verbs that also have a single verb form to refer to the past. What are these verbs? And their forms?

SO SAGT MAN DAS!

Reporting past events

When reporting past events, you use special verb forms. Pay special attention to the verbs here:

Die Osterferien habe ich mit meinen Eltern in der Schweiz verbracht. Wir waren in Brienz, in den Bergen. Wir hatten wunderschönes Wetter und haben viel unternommen. Nach dem Frühstück sind wir gewöhnlich ein paar Stunden gewandert und haben irgendwo zu Mittag gegessen. Nach dem Essen haben wir ein bißchen gefaulenzt, und dann ...

When would you use **haben** with the past tense? And **sein**?

7 Andreas' und Astrids Ferien

Die letzten Weihnachtsferien haben Astrid und Andreas mit ihren Eltern auf den Kanarischen Inseln verbracht. Du willst von ihnen wissen, wie es war und was sie dort alles gemacht haben. — Such dir zwei Partner, die die Rollen von Astrid und Andreas spielen!

Du willst folgendes wissen:

a. wo sie waren
b. wo das liegt
c. wo sie gewohnt haben
d. wie das Appartement eingerichtet war
e. welche Sporteinrichtungen es gibt

f. was sie neu gelernt haben
g. welche Spitzensportler sie kennengelernt haben
h. wie sie ihre Abende verbracht haben

8 Ein großes Angebot

„La Santa" ist ausgerüstet wie eine kleine Olympiastadt, und für mehr als 20 Sportarten gibt es Weltklasse Einrichtungen. Sieh dir diesen Plan von „La Santa" an, und schreib sechs Sportarten auf, die du dort gern machen würdest!

9 Was hast du dort gemacht?

Erzähl deinem Partner, wo du überall im Club gewesen bist und was du dort alles gemacht hast und wie oft!

Wo?

in der Minigolfanlage

in der Pizzeria

im Kraftstudio

am Strand

am Meer

am Pool

im Stadion

in der Diskothek

im Beach Club

in der Sauna

im Squashcourt

in der Basketballhalle

in der Bucht

im Supermarkt

auf dem Tennisplatz

Schon bekannt
Ein wenig *G*rammatik

You have used questions and statements such as:

Wart ihr am Pool?
Nein, in der Minigolfanlage.

What case follows these two prepositions? Why? For more on two-way prepositions, see the Grammar Summary.

10 Hör gut zu!

Die Familie Kohl bespricht ihren kommenden Urlaub. Leider würden die Kinder, Markus und Annette, lieber ganz andere Dinge machen als ihre Eltern. Schreib auf, welche Vorschläge die Eltern und die Kinder machen. Welche Gründe geben sie an?

SO SAGT MAN DAS !

Schon bekannt

Asking for, making, and responding to suggestions

When asking for suggestions, you could say:

Wohin sollen wir fahren? Was schlägst du vor?

When making suggestions, you could say:

Würdest du gern mal an die Küste fahren?
Wie wär's denn mit einem Flug nach Spanien?

And you could respond by saying:

Eine gute Idee!
Das wäre toll! Super!

Schon bekannt
Ein wenig *G*rammatik

For the forms of **sollen** and the **würde**-forms, see the Grammar Summary.

11 Was würdest du gern mal tun?

Sag deinem Partner, was du gern mal in den kommenden Ferien tun würdest und warum! Er sagt dir dann, was er gern tun würde.

12 Auf in die Ferien!

Deine Eltern haben dich und deine Schwester gebeten, zahlreiche Reiseprospekte zu besorgen, damit ihr zusammen am Wochenende eure Pläne für die kommenden Ferien machen könnt.

a. Schreib drei Ferienziele auf ein Blatt Papier!

b. Schreib daneben ein oder zwei Gründe, warum du gern dorthin fahren würdest!

c. Such dir jetzt drei Partner für die Rollen von deinen Eltern und deiner Schwester! Schlag den Eltern einen Ferienort vor und begründe deinen Vorschlag! Was meinen die Eltern dazu?

13 Im Reisebüro

Ihr habt euch in der Familie auf drei Reiseziele geeinigt, aber bevor ihr euch endgültig für einen Ferienort entscheidet, braucht ihr noch mehr Information. Du sollst diese Information besorgen.

a. Schreib die drei Reiseziele auf eine Liste und trag die Sehenswürdigkeiten (*sights*) ein, die ihr an jedem Ziel besuchen wollt!

b. Schreib mindestens acht Dinge auf, über die du Auskunft möchtest, zum Beispiel, ob der Ferienort einen großen Swimmingpool hat oder ob die Pension einen schönen Tennisplatz hat!

c. Such dir jetzt einen Partner! Er übernimmt die Rolle von einem Angestellten im Reisebüro. Er fragt dich, wofür du dich interessierst, und du sagst es ihm. Leider muß der Angestellte dir sagen, daß es nicht alles gibt, was du willst.

BEISPIEL   ANGESTELLTER   **Ja, wofür interessieren Sie sich denn?**
                      DU   **Ich interessiere mich für eine Reise nach ... und ich möchte wissen, ob ...**

14 Für mein Notizbuch

Du warst mit deiner Familie in einem schönen Ferienort. Schreib einen Bericht über deine Ferien in dein Notizbuch! Er muß Antworten zu folgenden Fragen enthalten (*include*):

1. Wo wart ihr und wie lange?
2. Wo habt ihr gewohnt, und wie waren die Zimmer?
3. Was für Sportarten habt ihr dort ausgeübt?
4. Wo habt ihr gegessen, und wie hat es euch geschmeckt?
5. Wie habt ihr die Abende verbracht?
6. Was hat euch gefallen und was nicht?
7. Würdet ihr gern noch einmal dorthin fahren oder fliegen? Warum? Warum nicht?

15 Und wo bist du gewesen?

Frag deine Partnerin über ihre letzten Ferien! Wo ist sie gewesen, und was hat sie alles gemacht? Danach erzählst du ihr von deinen Ferien.

Ordering food, expressing hearsay and regret; persuading and dissuading

Andreas Elsholz präsentiert sein bestes Spaghettirezept!

Man nehme 300 Gramm italienische Nudeln, ein halbes Pfund Hackfleisch, einen großen Topf und — natürlich einen begabten Koch . . .

*S*eit ich in meiner eigenen Bude in Berlin-Köpenick wohne, bin ich der perfekte Koch geworden", erzählt Andreas Elsholz (21) stolz beim POP/Rocky-Interview. „Spaghetti sind meine besondere Stärke." Das wollten wir genauer wissen — und stellten Andreas mit einem Kochtest auf die Probe. Null problemo für Andi, der sich beim Nobel-Italiener „La Locanda" in München-Giesing sofort begeistert in die Küche verdrückte. Chefkoch Nicola staunte nicht schlecht, als Andreas ganz fachmännisch zunächst einige Spritzer Olivenöl in das Spaghettiwasser tat. „Nudeln dürfen nicht zu lange kochen, müssen „al dente" sein, das heißt, sie müssen noch Biß haben", erklärt Andreas seine Nudelphilosophie. Und dann legte er wie ein Wirbelwind los: Er hackte die Zwiebeln und den Paprika für die Sauce, rührte zwischendrin die Nudeln um, würzte den Tomatenfond — so, als wäre er in einer Restaurantküche großgeworden. Nach zwanzig Minuten stand das Gourmetgericht dampfend auf dem Tisch. Koch Nicola durfte als erster kosten. Sein Urteil: „Molto bene, grandioso!" Doch das Jobangebot als Koch mußte der „Heiko" aus „Gute Zeiten — schlechte Zeiten" leider ablehnen. „Ich präsentiere meinen Fans dafür einen Ohrenschmaus mit meinem ersten Hit, „Immer noch verrückt nach dir …"

SPAGHETTI
MIT PAPRIKA UND PILZEN

❀ ✳ ❀

225 g Pilze,
  in Scheiben geschnitten
115 g kleingeschnittene
  Paprika
60 g Butter oder Margarine
300 g Spaghetti
  Salz und Pfeffer
1 EL gehackte Petersilie
60 g geriebener Parmesan

Die Pilze und die Paprika in der Hälfte der Butter anbraten. Inzwischen die Spaghetti in reichlich Salzwasser zehn Minuten kochen. Dann ablaufen lassen und zurück in den Topf geben. Den Rest der Butter, Salz, reichlich frisch gemahlenen schwarzen Pfeffer, die Pilze und den Paprika zugeben. Alles gut vermengen. Anschließend die gehackte Petersilie darüberstreuen und geriebenen Parmesan dazu servieren.
Die Rezeptmenge reicht für vier Personen.

16 Beantwortet diese Fragen!

Lies den Artikel auf Seite 293! Dann such dir einen Partner! Stellt euch abwechselnd diese Fragen und beantwortet sie!

1. Wo wohnt Andreas, und was tut er besonders gern?
2. Wo hat Andis Kochtest stattgefunden?
3. Was ist Andis „Nudelphilosophie"?
4. Woraus besteht sein Gourmetgericht?
5. Wie beurteilt Chefkoch Nicola das Gericht?
6. Warum hat Andi das Jobangebot als Koch nicht angenommen?

17 Ausländische Gerichte

Such dir eine Partnerin und stell ihr folgende Fragen!

1. Was für ein Gericht ist (Paella)?
2. Welches ist ein (russisches) Gericht?
3. Welche von diesen Gerichten hast du schon gegessen?
4. Welches Gericht würdest du gern einmal probieren? Warum?
5. Welches Gericht wirst du dir bestimmt bestellen, wenn du einmal nach (Griechenland) kommst?

18 Gerichte beschreiben

Alle sollen ein internationales Kochbuch zur Schule bringen. Jeder von euch sucht sich ein Gericht aus, das er den Mitschülern genauer beschreiben soll. Die drei Mitschüler müssen an Fragen denken, um herauszufinden, was das ist.

BEISPIEL	FRAGE	**Was ist Paella?**
	ANTWORT	**Paella ist ein spanisches Reisgericht.**
	FRAGE	**Woraus besteht dieses Gericht?**
	ANTWORT	**Aus Huhn, Wurst, Krabben, Muscheln ...**
	FRAGE	**Wie macht (kocht) man das?**
	ANTWORT	**Man ...**

WORTSCHATZ

Internationale Gerichte

Mousaka

Ćevapčići

Paella

Fettucine

Crêpes Suzette

Tacos

Wiener Schnitzel

Steak

Couscous

In was für ein Lokal würdest du gern einmal gehen? Was würdest du dir dort bestellen? Welche Gerichte kennst du? Welche hast du schon gegessen?

SO SAGT MAN DAS!

Ordering food, expressing hearsay and regret

When you order food, you may say:

> **Ich hätte gern die Paella.**

You might tell your friend what you heard about it:

> **Ich habe gehört, die Paella soll hier ausgezeichnet sein.**

But the waiter may have bad news:

> **Tut mir leid. Die Paella ist heute schon alle.**

19 Hör gut zu!

Zwei Leute sind in einem Restaurant, wo es viele internationale Gerichte gibt. Sie kennen einige Gerichte überhaupt nicht und unterhalten sich mit der Bedienung darüber. Schreib auf, welches Gericht sich jeder am Ende bestellt, was für ein Gericht das ist und warum sich jeder dieses Gericht bestellt hat!

20 Macht nichts! Dann nehme ich eben ...

Zu deinem Geburtstag gehen deine Eltern mit dir in ein nettes Restaurant, wo du schon ab und zu warst. Du erinnerst dich (*recall*) an ein Gericht, das dir besonders gut geschmeckt hat, und du möchtest es wieder bestellen.

a. Schreib auf einen Zettel, was du damals gegessen und getrunken hast! Vorspeise, Hauptgericht, Beilage, Nachspeise, Getränk.

b. Such dir einen Partner, der die Rolle der Bedienung übernimmt! Du bestellst das Gericht, das dir so gut geschmeckt hat, aber leider ist es schon alle. Deshalb bestellst du dir eben ein anderes Gericht, das auch sehr gut sein soll.

EIN WENIG LANDESKUNDE

In den meisten deutschen Lokalen sucht man sich selbst den Tisch aus. Man muß nur darauf achten, daß man sich nicht an einen reservierten Tisch setzt oder an einen „Stammtisch", der immer für eine bestimmte Gruppe reserviert ist. Wenn man keinen leeren Tisch findet, dann setzt man sich eben zu anderen Leuten, nachdem man vorher höflich gefragt hat: „Ist hier noch frei?" Es ist daher nicht ungewöhnlich, daß drei oder vier verschiedene Gruppen am gleichen Tisch essen und sich miteinander unterhalten. Und unter dem Tisch liegt oft ganz friedlich des Menschen „bester Freund", der Hund, denn in den meisten Lokalen ist es gestattet, seinen Vierbeiner mitzubringen. Gastwirte sind hundelieb. Im Sommer, wenn es sehr heiß ist, stellen viele Wirte einen Wassernapf neben die Eingangstür, damit sich vorbeigeführte Hunde erfrischen können.

SO SAGT MAN DAS!

Schon bekannt

Persuading and dissuading

When trying to persuade someone, you might say:

> **Geh doch einmal griechisch essen!**
>
> **Iß doch mal etwas, was du noch nie gegessen hast!**

The response might be:

> **Du, die griechische Küche ist mir zu scharf.**
>
> **Das ist ein guter Vorschlag.**

When trying to dissuade someone, you might say:

> **Iß dort ja keinen Fisch!**
>
> **Trink dort ja kein ungekochtes Wasser!**

The response might be:

> **Warum nicht?**
>
> **Gut! Mach' ich nicht!**

---

21 Iß ja kein ...!

Deine Verwandten fahren in Urlaub. Sie fahren dorthin, wo du mit deinen Eltern letztes Jahr warst. Such dir eine Partnerin, die die Rolle von deiner Kusine übernimmt! — Sag ihr zwei Dinge, die sie am Ferienort unbedingt tun soll und zwei, die sie nicht tun soll! Begründe deine Aussagen! Einige Ideen stehen im Kasten unten. — Tauscht dann die Rollen aus!

Schon bekannt
Ein wenig *G*rammatik

Do you remember the command forms of various strong verbs? Here are some you should recognize: **Iß! Lies! Nimm! Vergiß!** For command forms, see the Grammar Summary.

Einige Ideen

ja:

sich richtig ausruhen
etwas Sport machen
in die Disko gehen
Sonnenschutz nicht vergessen
die tollen Fischgerichte essen

nein:

nicht zu viele Klamotten mitnehmen
nicht zu lange in der Sonne liegen
kein ungekochtes Wasser trinken

---

22 Mensch, hab' ich einen Bärenhunger!

Deine Eltern haben am Ferienort ein Appartement gemietet, und ihr bereitet euer eigenes Frühstück und Abendessen vor.

a. Schreib mindestens zehn Speisen auf, die deine Familie im Kühlschrank haben würde! Zum Beispiel: frisches Obst, geräucherten Fisch, usw.

b. Du bringst einen Freund mit nach Hause ins Appartement. Ihr habt Basketball gespielt, und ihr seid jetzt hungrig und durstig. Du schlägst vor, ein paar belegte Brote zu machen, und du fragst deinen Freund, was er gern drauf hätte. Er sagt dir, was er gern mag und was nicht. Frag ihn, ob es etwas gibt, was er nicht essen darf! Er sagt es dir. — Tauscht dann die Rollen aus!

Asking for and giving advice; expressing preference; expressing interest, disinterest, and indifference

ICH BIN KEIN
WUNDERKIND!

**Ihr Hippie-Outfit soll beweisen,
daß sie auch als Schwimmstar
auf dem Boden bleibt . . .**

In Action: Franzi ist im Wasser
nicht zu bremsen

Supercool: Franziska van Almsick beim
Jux mit Bruder Sebastian

„**Peace**"— nein, mit dem Hippie-Gruß aus den sechziger Jahren, der prima zu ihrem Outfit passen würde, empfängt Franzi unseren Fotografen nicht. Die vierfache Medaillengewinnerin der Olympischen Spiele von Barcelona 1992 fährt neuerdings völlig auf Kluft à la Woodstock ab. Strickstirnband, Schlabberpulli im Ringelmuster, John-Lennon-Sonnenbrille, Schlaghosen-Jeans mit zerissenem Saum, die eher einer Patchworkdecke gleichen: der Jungstar des deutschen Schwimmsports (geboren am 5. April 1978), der bereits im zarten Alter von fünf Jahren mit dem Hochgeschwindigkeitsbaden begann, zeigt allen Beobachtern sein wahres Ich. Viele haben versucht, ihr das Image eines Nesthäkchens und Wunderkindes anzuhängen. „Alles Quatsch", meint Franzi ganz cool dazu. Und unsere Bilder beweisen es. Franziska ist ein ganz normales Mädchen — und dazu noch total süß und natürlich. Sie kann halt nur ein bißchen schneller schwimmen als die meisten anderen . . .

23 Habt ihr alles verstanden?

Lies den obigen Artikel und beantworte die Fragen!

1. Wovon handelt dieser Artikel?
2. Wer ist die Franziska, auch Franzi genannt?
3. Was für Klamotten trägt Franzi zur Zeit?
4. Manche Leute nennen sie ein Wunderkind. Was meint sie dazu?

Wie bist du gekleidet? Bist du ...

salopp angezogen, mit Pulli und Jeans, die Löcher haben?

gut angezogen, mit weißem Hemd, schwarzer Hose?

elegant angezogen, mit weißem Hemd und Fliege?

Was ziehst du gern an? Vielleicht ...

Was ziehst du zu Festlichkeiten an?

einen Pulli mit Ringelmuster?

ein Hemd mit großen Karos?

schwarze Lackschuhe?

ein modisches Abendkleid mit weitem Rock und Schleife?

einen dunkel-blauen Smoking, mit weißem Hemd, Fliege und Kummerbund?

eine braune Wildlederjacke?

eine Bluse mit Streifen?

Wie kleidest du dich gewöhnlich? Was ziehst du zu Festlichkeiten an?

---

24 Hör gut zu!

Schüler erzählen, was sie sich heute abend anziehen. Rate, für welchen Anlaß sich jeder anzieht! Anlässe stehen in den beiden Kästen unten.

Anlässe

25 Was trägst du gern?

Mach eine Liste mit den Kleidungsstücken, die du gern zu drei verschiedenen Anlässen anziehst! Schreib daneben, warum du dir diese Sachen anziehst!

zu Hause
in der Schule
zum Sport
in den Ferien
zum Einkaufen
zu einer Geburtstagsfete

zu Festlichkeiten, wie:
zu einer Hochzeit
zu einem Ball
zu einer Schulfeier

26 Was ziehst du dir gern an?

Frag deine Partnerin, was sie gern anzieht, wenn sie zu Hause ist und wenn sie zu einer Geburtstagsfete geht! Was zieht sie an und warum? Danach fragt sie dich.

SO SAGT MAN DAS!

Schon bekannt

Asking for and giving advice

When asking for advice, you might say:

> Welchen Pulli soll ich mir zur Fete anziehen, diesen roten Pulli oder den blauen?

When giving advice, you may say:

> Zieh doch deinen blauen Pulli an!

or
> Ich würde mir diesen blauen Pulli anziehen. Der paßt besser zu deiner weißen Jeans.

> **Ein wenig Grammatik**
>
> Look at the adjectives in these sentences. What are their endings? What do these endings indicate?
>
> Zieh doch den blauen Pulli an!
> Der blaue Pulli ist schöner.
> Ich zieh' das grüne Hemd an.
> Ein grünes Hemd paßt gut zu dieser bunten Hose.
>
> For adjective endings, see the Grammar Summary.

---

27 Was soll ich mir anziehen?

A classmate has invited you to his birthday. Ask your partner which of the different clothing items or styles you should wear to the party. He or she will advise you and say why you should choose one or the other. To get an idea of how the whole outfit will look, sketch a picture as your partner advises you. Then switch roles. Afterwards, share your pictures with the class. Who has given the best advice, judging by the pictures?

— saloppe Kleidung oder gut angezogen?
— Hemd: einfarbig, gestreift oder kariert?
— T-Shirt: einfach oder modisch?
— Bluse: lange oder kurze Ärmel?

— Jeans oder dunkle Hose?
— bunte Krawatte oder (rote) Fliege?
— hübsches Kleid oder Rock und Bluse?
— Lackschuhe oder einfache Sneakers?

SO SAGT MAN DAS!

Schon bekannt

Expressing preference

When asking what someone prefers, you might say:

> Welches Hemd findest du schöner, dieses weiße Hemd oder das gestreifte?
>
> Welche Schuhe gefallen dir besser?
>
> Welches Muster ziehst du vor?
>
> Was soll ich anziehen? Jeans oder ein Kleid? Was meinst du?

When expressing preference, you might say:

> Ich finde das gestreifte Hemd schöner.
>
> Also, mir gefallen eigentlich diese schwarzen Schuhe besser.
>
> Du, ich ziehe den Pulli mit dem Karomuster vor.
>
> Also, ich würde mir ein Kleid anziehen.

---

28 Wer die Wahl hat ...

Du hast einfach zu viele Klamotten und weißt nicht, welches Outfit du zum Sting-Konzert anziehen sollst. — Zeichne drei Outfits auf ein Blatt Papier, die du dir gern anziehen würdest! Beschreibe jedes Outfit und notiere den Namen, Farbe und Stoff von jedem Kleidungsstück! Zeig deinen Mitschülern die Zeichnungen!

Schon bekannt
Ein wenig *Grammatik*

How would you compare two things in German? Is it the same as in English? Some adjectives are irregular. Can you name some? For comparative adjectives, see the Grammar Summary.

29 Was findest du schöner?

Du hast dich noch nicht entschieden, was du zur Fete anziehst. Du beschreibst deinem Partner die drei Outfits, die du dir in Übung 28 ausgesucht hast und fragst ihn, welches Outfit er schöner findet. Dein Partner vergleicht die Outfits. Stimmst du ihm zu? Warum? Warum nicht? — Tauscht dann die Rollen aus!

SO SAGT MAN DAS!

Schon bekannt

Expressing interest, disinterest, and indifference

When asking about someone's interests, you might say:

Wofür interessieren Sie sich?

When expressing interest, you might say:

Ich interessiere mich für nette Klamotten, nicht zu salopp, nicht zu fein.

When expressing disinterest, you might say:

Soll die Bluse aus Acryl sein?

Nein, ich interessier' mich nicht für Acryl.

When expressing indifference, you might say:

Welche Farbe soll es sein?

Ach, das ist mir eigentlich egal.

30 Also doch etwas Neues kaufen!

Du hast beschlossen, daß du wirklich kein flottes Outfit für die Fete hast und daß du dir lieber ein neues Kleidungsstück kaufen möchtest.

a. Schreib dir zwei Kleidungsstücke auf, die du dir kaufen möchtest! Welche Farbe? Welches Material? Welche Accessoires?

b. Deine Partnerin ist Verkäuferin in einem Bekleidungsgeschäft. Sie fragt dich, wofür du dich interessierst. Sag es ihr! Sag ihr auch, wofür du dich nicht interessierst!

31 Für eine lange Reise planen

Nächsten Sommer darfst du mit deiner Klasse und deiner Deutschlehrerin vier Wochen lang die deutschsprachigen Länder besuchen. Aber bevor ihr fliegt, müßt ihr gemeinsam die Reise planen, und jeder von euch muß sich individuell auf diese Reise vorbereiten. Setzt euch in Gruppen von vier oder fünf Personen zusammen, und arbeitet gemeinsam einen detaillierten Reiseplan aus, den ihr aufschreibt und später der ganzen Klasse vortragt! Euer Plan muß folgendes enthalten:

a. Wie sieht eure Reiseroute aus? Welche Orte wollt ihr besuchen, und was würdet ihr dort machen?

b. Würdet ihr nur Städte besuchen, oder möchtet ihr auch viel von der schönen deutschen Landschaft sehen? Was interessiert euch am meisten und warum?

c. Was für Kleidung müßt ihr mitnehmen, denn es kann ziemlich kühl oder auch sehr warm sein?

d. Wo würdet ihr wohnen? Bei deutschen Familien? In Jugendherbergen oder Pensionen?

e. Wie würdet ihr euch ernähren? Möchtet ihr immer nur in Gasthäusern essen, oder würdet ihr euch auch oft Lebensmittel in Läden und Supermärkten kaufen? Warum?

f. Welche einheimischen Gerichte möchtet ihr unbedingt einmal probieren? Habt ihr von diesen Gerichten gehört oder gelesen?

g. Wie würdet ihr euch auf der Reise fit halten?

h. Was würdet ihr tun, wenn ihr euch in Deutschland plötzlich nicht wohl fühlt?

i. Welche Fernsehsendungen würdet ihr euch in Deutschland ansehen?

j. Welche sportlichen oder kulturellen Veranstaltungen würdet ihr gern besuchen? In welchen Städten? Welche Gründe habt ihr für den Besuch von solchen Veranstaltungen?

32 Reisebericht an die Klasse

Nun tragen abwechselnd die einzelnen Mitglieder jeder Gruppe ihren detaillierten Reiseplan der ganzen Klasse vor. Ist der Rest der Klasse mit dem Plan einverstanden? Welche Teile des Plans gefallen oder mißfallen den andern in der Klasse? Diskutiert dann über die einzelnen Teile des Plans! — Nachdem jede Gruppe ihren Plan vorgetragen hat, muß ein gemeinsamer Plan von allen Schülern ausgearbeitet werden!

Getting Started

1. Another word for **Abend-**

> **Tip:** The title of a short story often holds the key to what the story is about. If the title refers to an object, the key is usually the relationship of the object to the main character(s).

essen is **Abendbrot.** Does this tell you anything about the role of **das tägliche Brot** in German life? If the title were *Der Apfelkuchen* or *Die Pommes frites,* you might expect certain kinds of characters or a certain atmosphere. What kind of atmosphere does *Das Brot* suggest?

2. Use the reading strategy you learned in **Kapitel 11** (p. 276) to get a general idea of what the story is about. On your third reading, try to summarize the story in three or four sentences. Where and when is the action taking place? How many characters are there?

Das Brot
VON
Wolfgang Borchert

Plötzlich wachte sie auf. Es war halb drei. Sie überlegte, warum sie aufgewacht war. Ach so! In der Küche hatte jemand gegen einen Stuhl gestoßen. Sie horchte nach der Küche. Es war still. Es war zu still und als sie mit der Hand über das Bett neben sich fuhr, fand sie es leer. Das war es, was es so besonders still gemacht hatte: sein Atem fehlte. Sie stand auf und tappte durch die dunkle Wohnung zur Küche. In der Küche trafen sie sich. Die Uhr war halb drei. Sie sah etwas Weißes am Küchenschrank stehen. Sie machte Licht. Sie standen sich im Hemd gegenüber. Nachts. Um halb drei. In der Küche.

Auf dem Küchentisch stand der Brotteller. Sie sah, daß er sich Brot abgeschnitten hatte. Das Messer lag noch neben dem Teller. Und auf der Decke lagen Brotkrümel. Wenn sie abends zu Bett gingen, machte sie immer das Tischtuch sauber. Jeden Abend. Aber nun lagen Krümel auf dem Tuch. Und das Messer lag da. Sie fühlte, wie die Kälte der Fliesen langsam an ihr hochkroch. Und sie sah von dem Teller weg.

„Ich dachte, hier wär was", sagte er und sah in der Küche umher.

„Ich habe auch was gehört", antwortete sie und dabei fand sie, daß er nachts im Hemd doch schon recht alt aussah. So alt wie er war. Dreiundsechzig. Tagsüber sah er manchmal jünger aus. Sie sieht doch schon alt aus, dachte er, im Hemd sieht sie doch ziemlich alt aus. Aber das liegt vielleicht an den Haaren. Bei den Frauen liegt das nachts immer an den Haaren. Die machen dann auf einmal so alt.

„Du hättest Schuhe anziehen sollen. So barfuß auf den kalten Fliesen. Du erkältest dich noch."

Sie sah ihn nicht an, weil sie nicht ertragen konnte, daß er log. Daß er log, nachdem sie neununddreißig Jahre verheiratet waren.

„Ich dachte, hier wäre was", sagte er noch einmal und sah wieder so sinnlos von einer Ecke in die andere, „ich hörte hier was. Da dachte ich, hier wäre was."

„Ich hab auch was gehört. Aber es war wohl nichts." Sie stellte den Teller vom Tisch und schnippte die Krümel von der Decke.

„Nein, es war wohl nichts", echote er unsicher.

Sie kam ihm zu Hilfe. „Komm man. Das war wohl draußen. Komm man zu Bett. Du erkältest dich noch. Auf den kalten Fliesen."

Er sah zum Fenster hin. „Ja, das muß wohl draußen gewesen sein. Ich dachte, es wäre hier."

Sie hob die Hand zum Lichtschalter. Ich muß das Licht jetzt ausmachen, sonst muß ich nach dem Teller sehen, dachte sie. Ich darf doch nicht nach dem Teller sehen. „Komm man", sagte sie und machte das Licht aus, „das war wohl draußen. Die Dachrinne schlägt immer bei Wind gegen die Wand. Es war sicher die Dachrinne. Bei Wind klappert sie immer."

Sie tappten sich beide über den dunklen Korridor zum Schlafzimmer. Ihre nackten Füße platschten auf den Fußboden.

„Wind ist ja", meinte er. „Wind war schon die ganze Nacht."

Als sie im Bett lagen, sagte sie: „Ja, Wind war schon die ganze Nacht. Es war wohl die Dachrinne."

„Ja, ich dachte, es wäre in der Küche. Es war wohl die Dachrinne." Er sagte das, als ob er schon halb im Schlaf wäre.

Aber sie merkte, wie unecht seine Stimme klang, wenn er log.

„Es ist kalt", sagte sie und gähnte leise, „ich krieche unter die Decke. Gute Nacht."

„Nacht", antwortete er und noch: „Ja, kalt ist es schon ganz schön."

Dann war es still. Nach vielen Minuten hörte sie, daß er leise und vorsichtig kaute. Sie atmete absichtlich tief und gleichmäßig, damit er nicht merken sollte, daß sie noch wach war. Aber sein Kauen war so regelmäßig, daß sie davon langsam einschlief.

Als er am nächsten Abend nach Hause kam, schob sie ihm vier Scheiben Brot hin. Sonst hatte er immer nur drei essen können.

„Du kannst ruhig vier essen", sagte sie und ging von der Lampe weg. „Ich kann dieses Brot nicht so recht vertragen. Iß du man eine mehr. Ich vertrag es nicht so gut."

Sie sah, wie er sich über den Teller beugte. Er sah nicht auf. In diesem Augenblick tat er ihr leid.

„Du kannst doch nicht nur zwei Scheiben essen", sagte er auf seinen Teller.

„Doch. Abends vertrag ich das Brot nicht gut. Iß man. Iß man."

Erst nach einer Weile setzte sie sich unter die Lampe an den Tisch.

3. Using context as a clue, determine the meaning of the words below.

1. überlegen	a. *to lie*
2. Atem	b. *breath*
3. verheiratet	c. *gutter*
4. ertragen	d. *to chew*
5. lügen	e. *to listen to*
6. horchen nach	f. *married*
7. Dachrinne	g. *to think about*
8. kauen	h. *to endure*

A Closer Look

4. Read the story again. As you read, you and your partner will take summarizing notes in English, jotting down the main points under these categories: Actions/Dialogues and Thoughts.

5. Compare your summary chart (**Zusammenstellung**) with those of your classmates. Did you understand, in general, the sequence of events and the thoughts of the woman?

6. What excuse did the woman make up for coming down to the kitchen? Why was she upset with her husband?

7. After they went back to bed, what did she hear? What did she seem to have realized by the next day?

8. From whose perspective is the story told? What is the significance of the title? What is implied about the man's motives, but never stated? What kind of social conditions might give rise to the kind of conflict portrayed in this story?

9. Schau noch einmal auf deine Zusammenstellung und stell fest, was durch die Gedanken der Frau erzählt wurde! Rekonstruiere jetzt die Erzählung aus der Perspektive des Mannes! (Vergiß nicht, Zeitausdrücke, wo nötig, zu verwenden!)

KANN ICH'S WIRKLICH?

1 How would you tell a friend what you did yesterday after school? How would you tell someone about the last vacation you enjoyed?

2 How would you ask your father to suggest a place to go on vacation? How would you suggest that you would like to fly to Austria? How could your father respond positively?

3 How would you say that you would like to order a veal cutlet and a glass of mineral water?

4 How would you say that you heard

   a. that the French fries are very spicy?

   b. that the shish-kebab at "The Slovenia" is excellent?

5 How would a waiter say that there are no more meatballs?

6 How would you persuade someone to go eat Mexican food? How would a friend dissuade you from eating a salad?

7 How would you ask a friend's advice on what to wear

   a. to a birthday party?

   b. for a day at the beach?

8 How would you suggest the same things to your friend?

9 How would you ask a friend if she prefers

   a. the blue blouse or the green one?

   b. the striped pants or the checkered ones?

10 How would you say that

   a. you really prefer the brown leather shoes?

   b. you prefer the T-shirt with the Germany motif?

11 How would you ask someone what he or she is interested in? How would you say you're interested in colorful ties, but don't care for sweaters made of wool?

12 How would you say to your friend that it doesn't really matter to you which shoes he or she wears?

ERSTE STUFE

REPORTING PAST EVENTS

Ich bin gern im Mittelmeer geschwommen. *I enjoyed swimming in the Mediterranean Sea.*
Ich habe auch viel gesehen. *I saw a lot, too.*

TALKING ABOUT TRAVEL

Ich war (in, an, auf) ... *I was (in, at, on)...*
die Küste, -n *coast*
die Klippe, -n *cliff*
die Insel, -n *island*
die Bucht, -en *bay*
die Oase, -n *oasis*

die Sportanlage, -n *sport facility*
die Anlage, -n *grounds, site*
der Court, -s *court*
der Platz, ¨e *place*
der Pool, -s *swimming pool*
die Halle, -n *hall*
das Fahrrad-Depot, -s *bicycle racks*

OTHER USEFUL WORDS

der Anfänger, - *beginner*
der Fortgeschrittene, -n *advanced (person)*
der Erfahrene, -n *experienced (person)*

der Olympiasieger, - *olympic champion*
der Zehnkämpfer, - *decathlete*
der Geheimtip, -s *secret tip*
abwechslungsreich *varied, diversified*
sich langweilen *to be bored*
zahlreich *numerous*

RESPONDING TO SUGGESTIONS

Gute Idee! *Good idea!*
Das wäre toll! *That would be great!*

ZWEITE STUFE

TALKING ABOUT INTERNATIONAL FOODS

see page 294

EXPRESSING REGRET

Tut mir leid, aber der Couscous ist leider schon alle. *Sorry, but unfortunately we're all out of couscous.*

RESPONDING TO PERSUASION

Das ist ein guter Vorschlag. *That's a good suggestion.*
der Vorschlag, ¨e *suggestion*

DRITTE STUFE

TALKING ABOUT CLOTHING

salopp *casual*
elegant *elegant*
weit *big, broad*
fein *fine, exquisite*
der Ringel, - *ringlet*

das Muster, - *pattern*
das Karo, -s *check, diamonds*
der Streifen, - *stripe*
das Loch, ¨er *hole*
die Schleife, -n *loop, bow*
die Fliege, -n *bow tie*
die Wildlederjacke, -n *suede jacket*

das Abendkleid, -er *evening gown*
der Smoking, -s *tuxedo*
der Kummerbund, -e *cummerbund*
der Lackschuh, -e *patent-leather shoe*

REFERENCE SECTION

SUMMARY OF FUNCTIONS

Functions are probably best defined as the ways in which you use a language for specific purposes. When you find yourself in specific situations, such as in a restaurant, in a grocery store, or at school, you will want to communicate with those around you. In order to do that, you have to "function" in the language so that you can be understood: you place an order, make a purchase, or talk about your class schedule.

Such functions form the core of this book. They are easily identified by the boxes in each chapter that are labeled SO SAGT MAN DAS! These functions are the building blocks you need to become a speaker of German. All the other features in the chapter—the grammar, the vocabulary, even the culture notes—are there to support the functions you are learning.

Here is a list of the functions from both Levels 1 and 2, accompanied by the German expressions you will need in order to communicate in a wide range of situations. The level of the book is indicated by a Roman numeral I or II. The chapter and page on which the expressions were introduced is also indicated.

You have learned to communicate in a variety of situations. Using these expressions, you will be able to communicate in many other situations as well.

SOCIALIZING

Saying hello
I, Ch. 1, p. 21

Guten Morgen!
Guten Tag!
Morgen! ⎤
Tag! ⎦ *shortened forms*
Hallo! ⎤
Grüß dich! ⎦ *informal*

Saying goodbye
I, Ch. 1, p. 21

Auf Wiedersehen!
Wiedersehen! *shortened form*
Tschüs! ⎤
Tschau! ⎥ *informal*
Bis dann! ⎦

Offering something to eat and drink
I, Ch. 3, p. 70

Was möchtest du trinken?
Was möchte *(name)* trinken?
Was möchtet ihr essen?

Responding to an offer
I, Ch. 3, p. 70

Ich möchte *(beverage)* trinken.
Er/Sie möchte im Moment gar nichts.
Wir möchten *(food/beverage)*, bitte.

Saying please
I, Ch. 3, p. 72

Bitte!

Saying thank you
I, Ch. 3, p. 72

Danke!
Danke schön!
Danke sehr!

Saying you're welcome
I, Ch. 3, p. 72

Bitte!
Bitte schön!
Bitte sehr!

Giving compliments
I, Ch. 5, p. 127

Der/Die/Das *(thing)* sieht *(adjective)* aus!
Der/Die/Das *(thing)* gefällt mir.

II, Ch. 8, p. 194

Dein/Deine *(clothing item)* sieht echt fetzig aus.
Sie/Er/Es paßt dir auch echt gut.
Und dieser/diese/dieses *(clothing item)* paßt dir prima!
Sie/Er/Es paßt gut zu deiner/deinem *(clothing item)*.

Responding to compliments
I, Ch. 5, p. 127

Ehrlich?
Wirklich?
Nicht zu *(adjective)*?
Meinst du?

II, Ch. 8, p. 194

Meinst du wirklich?
Ist er/sie/es mir nicht zu *(adjective)*?
Das ist auch mein/meine Lieblings*(clothing item)*.
Echt?

Starting a conversation
I, Ch. 6, p. 145

Wie geht's?
Wie geht's denn? ⎤ *Asking how someone is doing*

Sehr gut!
Prima!
Danke, gut!
Gut!
Danke, es geht.
So lala. *Responding to* **Wie geht's?**
Nicht schlecht.
Nicht so gut.
Schlecht.
Sehr schlecht.
Miserabel.

Making plans
I, Ch. 6, p. 150

Was willst du machen?   Ich will *(activity)*.
Wohin will *(person)* gehen?   Er/Sie will in/ins
                 (place) gehen.

Ordering food and beverages
I, Ch. 6, p. 154

Was bekommen Sie?   Ich bekomme *(food/beverage)*.
Ja, bitte?
Was essen Sie?   Einen/Eine/Ein *(food)*, bitte.
Was möchten Sie?   Ich möchte *(food/beverage)*,
                 bitte.
Was trinken Sie?   Ich trinke *(beverage)*.
Was nimmst du?   Ich nehme *(food/beverage)*.
Was ißt du?   Ich esse *(food)*.

II, Ch. 11, p. 274

Haben Sie schon gewählt?   Ja, bringen Sie mir bitte
                 den/die/das *(menu
                 item)*.
Und was hätten Sie gern?   Ich hätte gern den/die/
                 das *(menu item)*.

Talking about how something tastes
I, Ch. 6, p. 156

Wie schmeckt's?   Gut!
         Prima!
         Sagenhaft!
         Der/Die/Das *(food/beverage)*
           schmeckt lecker!
         Der/Die/Das *(food/beverage)*
           schmeckt nicht.
Schmeckt's?   Ja, gut!
         Nein, nicht so gut.
         Nicht besonders.

Paying the check
I, Ch. 6, p. 156

Hallo! Ich will/
  möchte zahlen.   Das macht (zusammen)
           (total).
Stimmt schon!

Extending an invitation
I, Ch. 7, p. 174; Ch. 11, p. 277

Willst du *(activity)*?
Wir wollen *(activity)*. Komm doch mit!
Möchtest du mitkommen?
Ich habe am *(day/date)* eine Party. Ich lade dich ein.
  Kannst du kommen?

Responding to an invitation
I, Ch. 7, p. 174; Ch. 11, p. 277

Ja, gern!
Toll!
Ich komme gern mit. ⎤ *accepting*
Aber sicher!
Natürlich!
Das geht nicht. ⎤ *declining*
Ich kann leider nicht.

Expressing obligations
I, Ch. 7, p. 175

Ich habe keine Zeit. Ich muß *(activity)*.

Offering help
I, Ch. 7, p. 179

Was kann ich für dich tun?
Kann ich etwas für dich tun? ⎤ *asking*
Brauchst du Hilfe?
Gut! Mach' ich!   *agreeing*

Asking what you should do
I, Ch. 8, p. 198

Was soll ich für dich tun?   Du kannst für mich
                 (chore).

Wo soll ich *(thing/things)*
  kaufen?   Beim (Metzger/Bäcker).
       In der/Im *(store)*.

Soll ich *(thing/things)* in
  der/im *(store)* kaufen?   Nein, das kannst du
                 besser in der/im *(store)*
                 kaufen.

Getting someone's attention
I, Ch. 9, p. 222

Verzeihung!
Entschuldigung!

Offering more
I, Ch. 9, p. 230

Möchtest du noch etwas?
Möchtest du noch einen/eine/ein *(food/beverage)*?
Noch einen/eine/ein *(food/beverage)*?

Saying you want more
I, Ch. 9, p. 230

Ja, bitte. Ich nehme noch einen/eine/ein
  (food/beverage).
Ja, bitte. Noch einen/eine/ein *(food/beverage)*.
Ja, gern.

Saying you don't want more
I, Ch. 9, p. 230

Nein, danke! Ich habe keinen Hunger mehr.
Nein, danke! Ich habe genug.
Danke, nichts mehr für mich.
Nein, danke, keinen/keine/kein *(food/beverage)* mehr.

Using the telephone
I, Ch. 11, p. 274

Hier *(name)*.
Hier ist *(name)*.
Ich möchte bitte *(name)* sprechen.
Kann ich bitte *(name)* sprechen? } *starting a conversation*
Tag! Hier ist *(name)*.

Wiederhören!
Auf Wiederhören! } *ending a conversation*
Tschüs!

Talking about birthdays
I, Ch. 11, p. 278

Wann hast du Geburtstag?   Ich habe am *(date)* Geburtstag.
                           Am *(date)*.

Expressing good wishes
I, Ch. 11, p. 278

Alles Gute zum/zur *(occasion)*!
Herzlichen Glückwunsch zum/zur *(occasion)*!

II, Ch. 11, p. 275

Zum Wohl!
Prost!
Auf dein/euer/Ihr Wohl!
Guten Appetit!
Mahlzeit!

EXCHANGING INFORMATION

Asking someone his or her name and giving yours
I, Ch. 1, p. 22

Wie heißt du?   Ich heiße *(name)*.
Heißt du *(name)*?   Ja, ich heiße *(name)*.

Asking and giving someone else's name
I, Ch. 1, p. 22

Wie heißt der Junge?   Der Junge heißt *(name)*.
Heißt der Junge *(name)*? Ja, er heißt *(name)*.
Wie heißt das Mädchen?   Das Mädchen heißt *(name)*.
Heißt das Mädchen *(name)*? Nein, sie heißt *(name)*.

Asking and telling who someone is
I, Ch. 1, p. 23

Wer ist das?   Das ist der/die *(name)*.

Asking someone his or her age and giving yours
I, Ch. 1, p. 25

Wie alt bist du?   Ich bin *(number)* Jahre alt.
                        Ich bin *(number)*.
                        (Number).
Bist du schon *(number)*? Nein, ich bin *(number)*.

Asking and giving someone else's age
I, Ch. 1, p. 25

Wie alt ist der Peter?   Er ist *(number)*.
Und die Monika? Ist
sie auch *(number)*?   Ja, sie ist auch *(number)*.

Asking someone where he or she is from and telling where you are from
I, Ch. 1, p. 28

Woher kommst du?   Ich komme aus *(place)*.
Woher bist du?   Ich bin aus *(place)*.
Bist du aus *(place)*? Nein, ich bin aus *(place)*.

Asking and telling where someone else is from
I, Ch. 1, p. 28

Woher ist *(person)*?   Er/Sie ist aus *(place)*.
Kommt *(person)* aus *(place)*? Nein, sie kommt aus *(place)*.

Talking about how someone gets to school
I, Ch. 1, p. 31

Wie kommst du
zur Schule?   Ich komme mit der/dem
                     (mode of transportation).

Kommt Ahmet zu Fuß
zur Schule?   Nein, er kommt auch mit
                     der/dem *(mode of transportation)*.

Wie kommt Ayla
zur Schule?   Sie kommt mit der/dem
                     (mode of transportation).

Talking about interests
I, Ch. 2, p. 46

Was machst du in
deiner Freizeit?   Ich *(activity)*.
Spielst du *(sport/
instrument/game)*?   Ja, ich spiele *(sport/
                      instrument/game)*.
                      Nein, *(sport/instrument/
                      game)* spiele ich nicht.
Was macht *(name)*?   Er/Sie spielt *(sport/
                      instrument/game)*.

Asking about interests
II, Ch. 8, p. 193; Ch. 10, p. 240

Interessierst du dich für *(thing)*?
Wofür interessierst du dich?
Was für Interessen hast du?

Expressing interest
II, Ch. 8, p. 193; Ch. 10, p. 240

Ja, *(thing)* interessiert mich.
Ich interessiere mich für *(thing)*.

Expressing disinterest
II, Ch. 8, p. 193

(Thing) interessiert mich nicht.
Ich hab' kein Interesse an *(thing)*.

Expressing indifference
II, Ch. 8, p. 193

(Thing) ist mir egal.

Saying when you do various activities
I, Ch. 2, p. 53

Was machst du nach der Schule?	Am Nachmittag *(activity)*.
	Am Abend *(activity)*.
Und am Wochenende?	Am Wochenende *(activity)*.
Was machst du im Sommer?	Im Sommer *(activity)*.

Talking about where you and others live
I, Ch. 3, p. 69

Wo wohnst du?	Ich wohne in *(place)*.
	In *(place)*.
Wo wohnt der/die *(name)*?	Er/Sie wohnt in *(place)*.
	In *(place)*.

Describing a room
I, Ch. 3, p. 75

Der/Die/Das *(thing)* ist alt.	
Der/Die/Das *(thing)* ist kaputt.	
Der/Die/Das *(thing)* ist klein, aber ganz bequem.	
Ist *(thing)* neu?	Ja, er/sie/es ist neu.

Talking about family members
I, Ch. 3, p. 78

Ist das dein/deine *(family member)*?	Ja, das ist mein/meine *(family member)*.
Und dein/deine *(family member)*? Wie heißt er/sie?	Er/Sie heißt *(name)*.
Wo wohnen deine *(family members)*?	In *(place)*.

Describing people
I, Ch. 3, p. 80

Wie sieht *(person)* aus?	Er/Sie hat *(color)* Haare und *(color)* Augen.

Talking about class schedules
I, Ch. 4, p. 98

Welche Fächer hast du?	Ich habe *(classes)*.
Was hast du am *(day)*?	*(Classes)*.
Was hat die Katja am *(day)*?	Sie hat *(classes)*.
Welche Fächer habt ihr?	Wir haben *(classes)*.
Was habt ihr nach der Pause?	Wir haben *(classes)*.
Und was habt ihr am Samstag?	Wir haben frei!

Using a schedule to talk about time
I, Ch. 4, p. 99

Wann hast du *(class)*?	Um *(hour)* Uhr *(minutes)*.
Was hast du um *(hour)* Uhr?	*(Class)*.
Was hast du von *(time)* bis *(time)*?	Ich habe *(class)*.

Sequencing events
I, Ch. 4, p. 101

Welche Fächer hast du am *(day)*?	Zuerst hab' ich *(class)*, dann *(class)*, danach *(class)*, und zuletzt *(class)*.

Talking about prices
I, Ch. 4, p. 107

Was kostet *(thing)*?	Er/Sie kostet nur *(price)*.
Was kosten *(things)*?	Sie kosten *(price)*.
Das ist (ziemlich) teuer!	
Das ist (sehr) billig!	
Das ist (sehr) preiswert!	

Pointing things out
I, Ch. 4, p. 108

Wo sind die *(things)*?	Schauen Sie!
	Dort!
	Sie sind dort drüben!
	Sie sind da hinten.
	Sie sind da vorn.

Expressing wishes when shopping
I, Ch. 5, p. 122

Was möchten Sie?	Ich möchte einen/eine/ein *(thing)* sehen, bitte.
	Ich brauche einen/eine/ein *(thing)*.
Was bekommen Sie?	Einen/Eine/Ein *(thing)*, bitte.
Haben Sie einen Wunsch?	Ich suche einen/eine/ein *(thing)*.

Describing how clothes fit
I, Ch. 5, p. 125

Es paßt prima.
Es paßt nicht.

Talking about trying on clothes
I, Ch. 5, p. 131

Ich probiere den/die/das *(item of clothing)* an.
Ich ziehe den/die/das *(item of clothing)* an.
If you buy it: *If you don't:*
Ich nehme es.   Ich nehme es nicht.
Ich kaufe es.   Ich kaufe es nicht.

Telling time
I, Ch. 6, p. 146

Wie spät ist es jetzt? Es ist *(time)*.
Wieviel Uhr ist es? Es ist *(time)*.

Talking about when you do things
I, Ch. 6, p. 146

Wann gehst du *(activity)*?   Um *(time)*.
Um wieviel Uhr *(action)* du?   Um *(time)*.
Und du? Wann *(action)* du?   Um *(time)*.

Talking about how often you do things
I, Ch. 7, p. 178

Wie oft *(action)* du? (Einmal) in der Woche.
Und wie oft mußt
  du *(action)*?   Jeden Tag.
              Ungefähr (zweimal) im Monat.

Explaining what to do
I, Ch. 7, p. 179

Du kannst für mich *(action)*.

Talking about the weather
I, Ch. 7, p. 183

Wie ist das Wetter heute?   Heute regnet es.
                          Wolkig und kühl.
Wie ist das Wetter morgen? Sonnig, aber kalt.
Regnet es heute?   Ich glaube schon.
Schneit es am Abend?   Nein, es schneit nicht.
Wieviel Grad haben wir heute? Ungefähr 10 Grad.

Talking about quantities
I, Ch. 8, p. 202

Wieviel *(food item)*
  bekommen Sie?   500 Gramm *(food item)*.
                    100 Gramm, bitte.

Asking if someone wants anything else
I, Ch. 8, p. 203

Sonst noch etwas?
Was bekommen Sie noch?
Haben Sie noch einen Wunsch?

Saying you want something else
I, Ch. 8, p. 203

Ich brauche noch einen/eine/ein
  (food/beverage/thing).
Ich bekomme noch einen/eine/ein
  (food/beverage/thing).

Telling someone you don't need anything else
I, Ch. 8, p. 203

Nein, danke.
Danke, das ist alles.

Giving a reason
I, Ch. 8, p. 206

Jetzt kann ich nicht, weil ...
Es geht nicht, denn ...

Saying where you were
I, Ch. 8, p. 207

Wo warst du heute morgen? Ich war in/im/an/am
                              (place).
Wo warst du gestern?   Ich war in/im/an/am
                              (place).

Saying what you bought
I, Ch. 8, p. 207

Was hast du gekauft? Ich habe *(thing)* gekauft.

Talking about where something is located
I, Ch. 9, p. 222

Verzeihung, wissen Sie,
  wo der/die/das *(place)* ist? In der Innenstadt.
                             Am *(place name)*.
                             In der *(street name)*.
Wo ist der/die/das *(place)*? Es tut mir leid. Das
                             weiß ich nicht.
Entschuldigung! Weißt du,
  wo der/die/das *(place)* ist? Keine Ahnung! Ich bin
                             nicht von hier.

Asking for directions
I, Ch. 9, p. 226

Wie komme ich zum/zur *(place)*?
Wie kommt man zum/zur *(place)*?
II, Ch. 9, p. 222
Entschuldigung! Wo ist bitte *(place)*.
Verzeihung! Wissen Sie vielleicht, wie ich zum/zur
  (place) komme?

Giving directions
I, Ch. 9, p. 226

Gehen Sie geradeaus bis zum/zur *(place)*.
Nach rechts/links.
Hier rechts/links.
II, Ch. 9, p. 222
Sie biegen hier *(direction)* in die *(streetname)* ein.
Dann kommen Sie zum/zur *(place)*.
Das ist hier *(direction)* um die Ecke.
Ich weiß es leider nicht. Ich bin nicht von hier.

Talking about what there is to eat and drink
I, Ch. 9, p. 229

Was gibt es hier zu essen? Es gibt *(foods)*.
Und zu trinken?   Es gibt *(beverage)* und
                     auch *(beverage)*.

Talking about what you did in your free time
I, Ch. 10, p. 260

Was hast du *(time phrase)* gemacht? Ich habe ...
  (person/thing) gesehen.
  (book, magazine, etc.) gelesen.
  mit *(person)* über *(subject)* gesprochen.

Discussing gift ideas
I, Ch. 11, p. 282

Schenkst du *(person)*
  einen/eine/ein *(thing)*
  zum/zur *(occasion)*?   Nein, ich schenke ihm/ihr
                              einen/eine/ein *(thing)*.

Was schenkst du *(person)*
  zum/zur *(occasion)*?   Ich weiß noch nicht. Hast
                              du eine Idee?

Wem schenkst du
  den/die/das *(thing)*?   Ich schenke *(person)*
                              den/die/das *(thing)*.

Asking about past events
II, Ch. 3, p. 57; Ch. 3, p. 63

Was hast du *(time phrase)* gemacht?
Was hat *(person)* *(time phrase)* gemacht?

Asking what someone did
II, Ch. 3, p. 57

Was hast du *(time phrase)* gemacht?
Was hat *(person)* *(time phrase)* gemacht?

Telling what someone did
II, Ch. 3, p. 57

Ich habe *(activity + past participle)*.
Er/Sie hat *(activity + past participle)*.

Asking where someone was
II, Ch. 3, p. 63

Wo bist du gewesen?
Und wo warst du?

Telling where you were
II, Ch. 3, p. 63

Ich bin in/im/an/am *(place)* gewesen.
Ich war in/im/an/am *(place)*.
Ich war mit *(person)* in/im/an/am *(place)*.

Asking for information
II, Ch. 4, p. 95; Ch. 10, p. 248

Ich habe eine Frage: ...?
Sag mal, ...?
Wie steht's mit *(thing)*?
Darf ich dich etwas fragen? ...?
Wissen Sie, ob ...?
Können Sie mir sagen, ob ...?

Stating information
II, Ch. 10, p. 248

Ich glaube schon, daß ...
Ich meine doch, daß ...

Responding emphatically
II, Ch. 4, p. 95

Ja, natürlich!
Na klar!
Aber sicher!

Agreeing with reservations
II. Ch. 4, p. 95

Ja, das kann sein, aber ...
Das stimmt, aber ...
Eigentlich schon, aber ...

Asking what someone may or may not do
II, Ch. 4, p. 98

Was darfst du (nicht) tun?
Was darfst du (nicht) essen/trinken?
Darfst du *(activity)*?

Telling what you may or may not do
II, Ch. 4, p. 98

Ich darf (nicht) *(activity)*.
Ich darf *(food/drink)* (nicht) essen/trinken.

Expressing skepticism
II, Ch. 5, p. 114

Was soll denn das sein, dieser/diese/dieses *(thing)*?

Making certain
II, Ch. 5, p. 114

Du ißt nur vegetarisch, was?   Ja/Nein.
Du ißt wohl viel Fleisch, ja?   Nicht unbedingt!
Du magst Joghurt, oder?   Na klar!
Du magst doch Quark, nicht wahr?   Sicher!

Calling someone's attention to something and responding
II, Ch. 5, p. 118

Schau mal!   Ja, was denn?
Guck mal!   Ja, was bitte?
Sieh mal!   Was ist denn los?
Hör mal!   Was ist?
Hör mal zu!   Was gibt's?

Inquiring about someone's health
II, Ch. 6, p. 137

Wie fühlst du dich?
Wie geht es dir?
Ist dir nicht gut?
Ist was mit dir?
Was fehlt dir?

Responding to questions about your health
II, Ch. 6, p. 137

Ich fühl' mich wohl!
Es geht mir (nicht) gut!
Mir ist schlecht
Mir ist nicht gut.

Responding to statements about someone's health
II, Ch. 6, p. 137

Ach schade!
Gute Besserung!
Hoffentlich geht es dir bald besser!

Asking about pain
II, Ch. 6, p. 143

Tut's weh?
Was tut dir weh?
Tut dir was weh?
Tut dir (body part) weh?

Expressing pain
II, Ch. 6, p. 143

Au!
Aua!
Es tut weh!
Der/Die/Das (body part) tut mir weh.
Ja, ich hab' (body part)schmerzen.

Expressing wishes
II, Ch. 7, p. 168

Was möchtest du gern
  mal haben?

Was wünschst du dir mal?
Und was wünscht ihr euch?

Ich möchte gern mal
  einen/eine/ein (thing)!
Ich wünsche mir mal ...
Wir wünschen uns ...

Talking about plans
II, Ch. 10, p. 252

Ich werde (activity).
(Time phrase) werde ich (activity).

Expressing hearsay
II, Ch. 11, p. 270

Ich habe gehört, daß ...
Man hat mir gesagt, daß ...
(Thing) soll (adjective) sein.

EXPRESSING ATTITUDES AND OPINIONS

Asking for an opinion
I, Ch. 2, p. 55; Ch. 9, p. 232

Wie findest du (thing/activity/place)?

Expressing your opinion
I, Ch. 2, p. 55; Ch. 9, p. 232

Ich finde (thing/activity/place) langweilig.
(Thing/Activity/Place) ist Spitze!
(Activity) macht Spaß!
Ich finde es toll, daß ...
Ich glaube, daß ...

Agreeing
I, Ch. 2, p. 56

Ich auch!
Das finde ich auch!
Stimmt!
II, Ch. 10, p. 251
Da stimm' ich dir zu!
Da hast du (bestimmt) recht!
Einverstanden!

Disagreeing
I, Ch. 2, p. 56

Ich nicht!
Das finde ich nicht!
Stimmt nicht!
II, Ch. 10, p. 251
Das stimmt (überhaupt) nicht!

Agreeing with reservations
II, Ch. 7, p. 175

Ja, schon, aber ...
Ja, aber ...
Eigentlich schon, aber ...
Ja, ich stimme dir zwar zu, aber ...

Commenting on clothes
I, Ch. 5, p. 125

Wie findest du
  den/die/das
  (clothing item)?   Ich finde ihn/sie/es (adjective).
                      Er/Sie/Es gefällt mir (nicht).

Expressing uncertainty, not knowing
I, Ch. 5, p. 125; Ch. 9, p. 222

Ich bin nicht sicher.
Ich weiß nicht.
Keine Ahnung!

Expressing regret
I, Ch. 9, p. 222

Es tut mir leid.

II, Ch. 5, p. 113

Ich bedaure, ...
Was für ein Pech, ...
Leider, ...

Downplaying
II, Ch. 5, p. 113

Das macht nichts!
Schon gut!
Nicht so schlimm!
Dann *(action)* ich eben *(alternative)*.
Dann *(action)* ich halt *(alternative)*.

Asking how someone liked something
II, Ch. 3, p. 68

Wie war's?
Wie hat dir Dresden gefallen?
Wie hat es dir gefallen?
Hat es dir gefallen?

Responding enthusiastically
II, Ch. 3, p. 68

Na, prima!
Ja, Spitze!
Das freut mich!

Responding sympathetically
II, Ch. 3, p. 68

Schade!
Tut mir leid!
Das tut mir aber leid!

Expressing enthusiasm
II, Ch. 3, p. 68

Phantastisch!
Es war echt super!
Es hat mir gut gefallen.
Wahnsinnig gut!

Expressing disappointment
II, Ch. 3, p. 68

Na ja, soso!
Nicht besonders.
Es hat mir nicht gefallen.
Es war furchtbar!

Expressing approval
II, Ch. 4, p. 88

Es ist prima, daß ...
Ich finde es toll, daß ...
Ich freue mich, daß ...
Ich bin froh, daß ...

Expressing disapproval
II, Ch. 4, p. 88

Es ist schade, daß ...
Ich finde es nicht gut, daß ...

Expressing indecision
II, Ch. 9, p. 213

Was machen wir jetzt?
Was sollen wir bloß machen?

Asking for suggestions
II, Ch. 9, p. 213; Ch. 11, p. 266

Hast du eine Idee?
Was schlägst du vor?
Was sollen wir machen?
Wofür bist du?

Making suggestions
II, Ch. 9, p. 213; Ch. 11, p. 266

Wir können mal *(activity)*.
Ich schlage vor, ...
Ich schlage vor, daß ...
Ich bin dafür, daß ...
Wie wär's mit *(activity/place)*?

Responding to suggestions
II, Ch. 11, p. 266

Das wäre nicht schlecht.

EXPRESSING FEELINGS AND EMOTIONS

Asking about likes and dislikes
I, Ch. 2, p. 48; Ch. 4, p. 102; Ch. 10, p. 250

Was *(action)* du gern?
(Action) du gern?
Magst du *(things/activities)*?
Was für *(things/activities)* magst du?

Expressing likes
I, Ch. 2, p. 48; Ch. 4, p. 102; Ch. 10, p. 250

Ich *(action)* gern.
Ich mag *(things/activities)*.
(Thing/Activities) mag ich (sehr/furchtbar) gern.

Expressing dislikes
I, Ch. 2, p. 48; I, Ch. 10, p. 250

Ich *(action)* nicht so gern.
Ich mag *(things/action)* (überhaupt) nicht.

Talking about favorites
I, Ch. 4, p. 102

Was ist dein
Lieblings *(category)*?   Mein Lieblings *(category)*
                        ist *(thing)*.

Responding to good news
I, Ch. 4, p. 104

Toll!
Das ist prima!
Nicht schlecht.

Responding to bad news
I, Ch. 4, p. 104

Schade!
So ein Pech!
So ein Mist!
Das ist sehr schlecht!

Expressing familiarity
I, Ch. 10, p. 252

Kennst du *(person/*
place/thing)?   Ja, sicher!
                     Ja, klar! *or*
                     Nein, den/die/das kenne ich nicht.
                     Nein, überhaupt nicht.

Expressing preferences
I, Ch. 10, p. 253

(Siehst) du gern ...? Ja, aber ... (sehe) ich lieber.
                       Und am liebsten (sehe) ich ...
(Siehst) du lieber ...
   oder ...?   Lieber ...

II, Ch. 5, p. 123; Ch. 7, p. 165

Welche *(thing)* magst du lieber?
   (Thing) oder *(thing)*?   *(Thing)* mag ich lieber.
Welchen/Welche/Welches
   (food item) schmeckt dir
   besser? *(Food item)* oder
   (food item)?   *(Food item)* schmeckt
                                    mir besser.

Mir gefällt *(person/place/*
   thing) besser als
   (person/place/thing).
Ich finde die *(person/place/*
   thing) schöner.
Ich ziehe *(person/place/*
   thing) vor.

Expressing strong preference and favorites
I, Ch. 10, p, 253

Was (siehst) du am liebsten? Am liebsten (sehe) ich ...

II, Ch, 5, p. 123

Welches *(thing)* magst
   du am liebsten?   Am liebsten mag ich
                                 (thing).

Welche *(food item)* schmeckt
   dir am besten?   *(Food item)* schmeckt
                                 mir am besten.

Expressing hope
II, Ch. 6, p. 148

Ich hoffe, ...
Wir hoffen, ...
Hoffentlich ...

Expressing doubt
II, Ch. 9, p. 217

Ich weiß nicht ob ...
Ich bezweifle, daß ...
Ich bin nicht sicher, ob ...

Expressing resignation
II, Ch. 9, p. 217

Da kann man nichts machen.
Das ist leider so.

Expressing conviction
II, Ch. 9, p. 217

Du kannst mir glauben: ...
Ich bin sicher, daß ...

Expressing surprise
II, Ch. 10, p. 251

Das ist ja unglaublich!
(Das ist) nicht möglich!
Das gibt's doch nicht!

PERSUADING

Telling someone what to do
I, Ch. 8, p. 199

Geh bitte *(action)*!
(Thing/Things) holen, bitte!

Making suggestions
II, Ch. 6, p. 138

Möchtest du *(activity)*?
Willst du *(activity)*?
Du kannst für mich *(activity)*.
(Activity) wir mal!
Sollen wir mal *(activity)*?

Asking for advice
II, Ch. 6, p. 147

Was soll ich machen?
Was soll ich bloß tun?

Giving advice
II, Ch. 6, p. 147

Am besten ...
Du mußt unbedingt ...

Persuading
II, Ch. 8, p. 198

Warum kaufst du dir keinen/keine/kein *(thing)*?
Kauf dir doch diesen/diese/diese *(thing)*!
Trag doch mal etwas *(adjective)*!

Dissuading
II, Ch. 8, p. 198

Kauf dir ja keinen/keine/kein *(thing)*!
Trag ja nichts aus *(material)*!

Asking for permission
II, Ch. 10, p. 247

Darf ich (bitte) *(activity)*?
Kann ich bitte mal *(activity)*?
He, du! Laß mich mal *(activity)*!

Giving permission
II, Ch. 10, p. 247

Ja, natürlich!
Bitte schön!
Bitte!
Gern!

ADDITIONAL VOCABULARY

ADDITIONAL VOCABULARY

This list includes additional vocabulary that you may want to use to personalize activities. If you can't find the words you need here, try the German–English and English–German vocabulary sections beginning on page 347.

SPORT UND INTERESSEN
(SPORTS AND INTERESTS)

angeln *to fish*
Baseball spielen *to play baseball*
Bodybuilding machen *to lift weights*
Brettspiele spielen *to play board games*
fotografieren *to take photographs*
Gewichtheben *lift weights*
Handball spielen *to play handball*
joggen *to jog*
Kajak fahren *to kayak*
kochen *to cook*
malen *to paint*
Münzen sammeln *to collect coins*
nähen *to sew*
radfahren *to ride a bike*
reiten *to ride (a horse)*
Rollschuh laufen *to roller skate*
rudern *to row*
schnorcheln *to snorkle*
segeln *to sail*
Skateboard laufen *to ride a skateboard*
Ski laufen *to (snow) ski*
stricken *to knit*
Tischtennis spielen *to play table tennis*
Videospiele spielen *to play video games*

ZUM DISKUTIEREN
(TOPICS TO DISCUSS)

die Armut *poverty*
die Gesundheit *health*
der Präsident *the president*
die Politik *politics*
die Reklame *advertising*
die Umwelt *the environment*
das Verbrechen *crime*
der Wehrdienst *military service*
der Zivildienst *alternate service*

HAUSTIERE
(PETS)

die Eidechse, -n *lizard*
der Fisch, -e *fish*
der Frosch, ¨e *frog*
der Hamster, - *hamster*
der Hase, -n *hare*
der Kanarienvogel, ¨ *canary*
das Kaninchen, - *rabbit*
die Maus, ¨e *mouse*
das Meerschweinchen, - *guinea pig*
der Papagei, -en *parrot*
das Pferd, -e *horse*
die Schildkröte, -n *turtle*
die Schlange, -n *snake*
das Schwein, -e *pig*
der Vogel, ¨ *bird*

FAMILIE (FAMILY)

der Halbbruder, ¨ *half brother*
die Halbschwester, -n *half sister*
der Stiefbruder, ¨ *stepbrother*
die Stiefmutter, ¨ *stepmother*
die Stiefschwester, -n *stepsister*
der Stiefvater, ¨ *stepfather*

GETRÄNKE *(BEVERAGES)*

die Limo, -s *lemon-flavored drink*
ein Glas Milch *a glass of milk*
ein Glas Tee *a glass of tea*
eine Tasse Kaffee *a cup of coffee*

SPEISEN *(FOODS)*

die Ananas, - *pineapple*
der Apfelstrudel, - *apple strudel*
die Banane, -n *banana*
die Birne, -n *pear*
die Bratkartoffeln (pl) *pan-fried potatoes*
der Chip, -s *potato chip*
das Ei, -er *egg*
der Eintopf *stew*
die Erdbeere, -n *strawberry*
die Erdnußbutter *peanut butter*
das Gebäck *baked goods*
der gemischte Salat, -e *tossed salad*
das Gulasch, -e *gulash*
die Gurke, -n *cucumber*
die Himbeere, -n *raspberry*
der Joghurt, - *yogurt*
die Karotte, -n *carrot*
die Magermilch *low-fat milk*
die Marmelade, -n *jam, jelly*
die Mayonnaise *mayonnaise*
die Melone, -n *melon*
die Möhre, -n *carrot*
das Müsli *muesli (cereal)*
die Nuß, (pl) Nüsse *nut*
die Orange, -n *orange*
das Plätzchen, - *cookie*
die Pommes frites (pl) *french fries*
der Pudding, -s *pudding*
die Sahne *cream*
der Spinat *spinach*
die Vollmilch *whole milk*
die Zwiebel, -n *onion*

FARBEN *(COLORS)*

beige *beige*
bunt *colorful*
gepunktet *polka-dotted*
gestreift *striped*
golden *gold*
lila *purple*
orange *orange*
rosa *pink*
silbern *silver*
türkis *turquoise*

KLEIDUNGSSTÜCKE *(CLOTHING)*

der Anzug, ⸚e *suit*
der Badeanzug, ⸚e *swimsuit*
der Blazer, - *blazer*
das Halstuch, ⸚er *scarf*
der Handschuh, -e *glove*
der Hut, ⸚e *hat*
die Krawatte, -n *tie*
der Mantel, ⸚ *coat*
der Minirock, ⸚e *miniskirt*
die Mütze, -n *cap*
der Parka, -s *parka*
der Rollkragenpullover, - *turtleneck sweater*
die Sandalen (pl) *sandals*
der Schal, -s *shawl*
die Steghose, -n *stirrup pants*
die Strumpfhose, -n *panty hose*
die Weste, -n *vest*

STOFFE *(MATERIALS)*

Acryl, *acrylic*
Kunstfasern, *synthetic fibers*
Kunstseide, *rayon*
Nylon, *nylon*
Polyacryl, *acrylic*
Polyester, *polyester*
Viskose, *viscose*

FÄCHER *(SCHOOL SUBJECTS)*

Algebra *algebra*
Band *band*
Chemie *chemistry*
Chor *chorus*
Französisch *French*
Hauswirtschaft *home economics*
Informatik *computer science*
Italienisch *Italian*
Japanisch *Japanese*
Latein *Latin*
Orchester *orchestra*
Physik *physics*
Russisch *Russian*
Spanisch *Spanish*
Sozialkunde *social studies*
Werken *shop*
Wirtschaftskunde *economics*

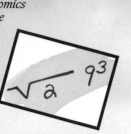

KÖRPERTEILE
(PARTS OF THE BODY)

das Auge, -n *eye*
die Augenbraue, -n *eyebrow*
das Augenlid, -er *eyelid*
die Faust, ̈e *fist*
die Ferse, -n *heel*
das Gesicht, -er *face*
der Kiefer, - *jaw*
das Kinn, -e *chin*
der Nacken, - *neck*
der Oberschenkel, - *thigh*
die Stirn, -en *forehead*
der Unterschenkel, - *shin*
die Wade, -n *calf*
die Wange, -n *cheek*
die Wimper, -n *eyelash*

INSTRUMENTE
(INSTRUMENTS)

die Blockflöte, -n *recorder*
die Bratsche, -n *viola*
das Cello (Violoncello), -s *cello*
die Flöte, -n *flute*
die Geige, -n *violin*
die Harfe, -n *harp*
die Klarinette, -n *clarinet*
der Kontrabaß, (pl) Kontrabässe *double bass*
die Mandoline, -n *mandolin*
die Mundharmonika, -s *harmonica*
die Oboe, -n *oboe*
die Posaune, -n *trombone*
das Saxophon, -e *saxophone*
das Schlagzeug, -e *drums*
die Trompete, -n *trumpet*
die Tuba, (pl) Tuben *tuba*

WETTER *(WEATHER)*

feucht *damp*
gewittrig *stormy*
halbbedeckt *partly cloudy*
heiter *bright*
kühl *cool*
neblig *foggy*
nieslig *drizzly*
trüb *murky*
windig *windy*

HAUSARBEIT *(HOUSEWORK)*

das Auto polieren *to polish the car*
das Auto waschen *to wash the car*
den Fußboden kehren *to sweep the floor*
den Müll wegtragen *to take out the trash*
putzen *to clean*
Staub wischen *to dust*
saubermachen *to clean*
die Wäsche waschen *to do the laundry*
      trocknen *to dry*
      aufhängen *to hang*
      zusammenlegen *to fold*
      bügeln *to iron*
      einräumen *to put away*

FERNSEHEN *(TELEVISION)*

der Abenteuerfilm, -e *adventure film*
die Familiensendung, -en *family program*
die Komödie, -n *comedy*
der Kriminalfilm, -e *detective film*
das Lustspiel, -e *comedy*
die Sendung, -en (über Gesundheit) *program (about health)*
die Spielshow, -s *game show*
die Talkshow, -s *talk show*
die Tiersendung, -en *animal program*
der Wildwestfilm, -e *western*
die Werbesendung, -en *commercial, advertisement*

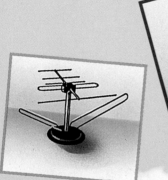

MÖBEL *(FURNITURE)*

das Bett, -en *bed*
das Bild, -er *picture*
der Computer, - *computer*
die Couch, -es *or* -en *couch*
der Kleiderschrank, ⁻e *wardrobe*
die Kommode, -n *chest of drawers*
die Lampe, -n *lamp*
der Nachttisch, -e *night stand*
das Regal, -e *bookshelf*
der Sessel, - *armchair*
der Schreibtisch, -e *desk*
das Sofa, -s *sofa*
der Stuhl, ⁻e *chair*
der Teppich, -e *carpet, rug*
der Tisch, -e *table*
der Vorhang, ⁻e *curtain*

IN DER STADT
(PLACES AROUND TOWN)

die Brücke, -n *bridge*
die Bücherei, -en *library*
die Diskothek, -en *dance club*
der Flughafen, (pl) Flughäfen *airport*
das Fremdenverkehrsamt,
  (pl) Fremdenverkehrsämter *tourist office*
der Frisiersalon, -s *beauty shop*
das Krankenhaus, (pl) Krankenhäuser *hospital*
der Kreis, -e *district; county*
die Minigolfanlage, -n *mini-golf course*
der Park, -s *park*
die Polizei *police station*
das Stadion, (pl) Stadien *stadium*
der Stadtrand, ¨er *outskirts*
der Stadtteil, -e *urban district*
das Stadtzentrum, (pl) Stadtzentren *downtown*
der Tennisplatz, ¨e *tennis court*
der Zoo, -s *zoo*

KULTURELLE VERANSTALTUNGEN
(CULTURAL EVENTS)

die Ausstellung, -en *exhibit*
das Chorkonzert, -e *choir concert*
das Kabarett, -e *cabaret*
das Symphoniekonzert, -e *symphony*
der Zirkus, (pl) Zirkusse *circus*

GEOGRAPHISCHE ADJEKTIVE
(GEOGRAPHIC ADJECTIVES)

amerikanisch *American*
ägyptisch *Egyptian*
chinesisch *Chinese*
deutsch *German*
englisch *English*
französisch *French*
griechisch *Greek*
indisch *Indian*
italienisch *Italian*
japanisch *Japanese*
mexikanisch *Mexican*
österreichisch *Austrian*
polnisch *Polish*
russisch *Russian*
Schweizer *Swiss*
spanisch *Spanish*
türkisch *Turkish*

GESCHENKIDEEN
(GIFT IDEAS)

das Bild, -er *picture*
die Kette, -n *chain, necklace*
der Ohrring, -e *earring*
die Puppe, -n *doll*
das Puppenhaus, ̈-er *dollhouse*
der Ring, -e *ring*
... aus Silber *made of silver*
... aus Gold *made of gold*
die Schokolade, -n *chocolate*
das Spielzeug, -e *toy*

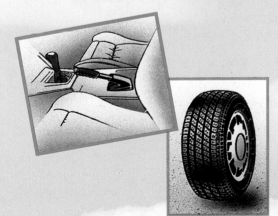

AUTO *(AUTOMOBILES)*

die Alarmanlage, -n *alarm system*
die Alufelge, -n *aluminum rims, mag wheels*
der Aufkleber, - *(bumper) sticker*
die Automatik, -en *automatic transmission*
die Lautsprecherbox, -en *speaker*
das 5-Gang Getriebe *five-speed (standard) transmission*
das Kabriolett, -s *convertible*
der Kassettenspieler *cassette player*
der Kombiwagen, - *station wagon*
der Rallyestreifen, - *racing stripes*
die Servolenkung, -en *automatic steering*
die Servobremsen (pl) *automatic brakes*
der Sitzschoner, - *seat cover*
das Stereo-Radio, -s *stereo*
die Zentralverriegelung, -en *automatic locks*

ERDKUNDE   (GEOGRAPHY)

Here are some terms you will find on German-language maps:

LÄNDER   (STATES)

Most of the states in the United States (**die Vereinigten Staaten**) have the same spelling in German that they have in English. Listed below are those states that have a different spelling.

Kalifornien	California
Neumexiko	New Mexico
Nordkarolina	North Carolina
Norddakota	North Dakota
Südkarolina	South Carolina
Süddakota	South Dakota

STAATEN   (COUNTRIES)

Ägypten	Egypt
Argentinien	Argentina
Brasilien	Brazil
China	China
England	England
Frankreich	France
Griechenland	Greece
Indien	India
Indonesien	Indonesia
Italien	Italy
Japan	Japan
Kanada	Canada
Mexiko	Mexico
Polen	Poland
Rußland	Russia
Spanien	Spain
Türkei	Turkey
die Vereinigten Staaten	The United States

KONTINENTE   (CONTINENTS)

Afrika	Africa
die Antarktik	Antarctica
Asien	Asia
Australien	Australia
Europa	Europe
Nordamerika	North America
Südamerika	South America

MEERE   (BODIES OF WATER)

der Atlantik	the Atlantic
der Golf von Mexiko	the Gulf of Mexico
der Indische Ozean	the Indian Ocean
das Mittelmeer	the Mediterranean
der Pazifik	the Pacific
das Rote Meer	the Red Sea
das Schwarze Meer	the Black Sea

GEOGRAPHICAL TERMS

der Breitengrad	latitude
die Ebene, -n	plain
der Fluß, (pl) Flüsse	river
das ... Gebirge	the ... mountains
die Grenze, -n	border
die Hauptstadt, ¨e	capital
der Kontinent, -e	continent
das Land, ¨er	state
der Längengrad	longitude
das Meer, -e	ocean, sea
der Nordpol	the North Pole
der See, -n	lake
der Staat, -en	country
der Südpol	the South Pole
das Tal, ¨er	valley

ADDITIONAL VOCABULARY

DEUTSCHE NAMEN (GERMAN NAMES)

Here are names that you will hear when you visit a German-speaking country.

MÄDCHEN (GIRLS)

Andrea	Gabriele (Gabi)	Marta
Angela, Angelika	Gertrud (Trudi(e))	Martina
Anja	Gisela	Meike
Anna	Grete	Michaela
Anneliese	Gudrun	Monika
Annette	Hannelore	Nicole
Antje	Heidi/Heidemarie	Petra
Barbara	Heike	Regina
Bärbel	Helga	Renate
Beate	Hilde	Roswitha
Birgit	Hildegard	Rotraud
Brigitte	Ilse	Sabine
Britta	Ina	Sara
Christa	Inge	Silke
Christiane	Ingrid	Simone
Christine	Irmgard	Stephanie
Claudia	Jennifer	Susanne
Connie	Julie	Silvia
Cordula	Jutta	Tanja
Dorothea	Karin	Ulrike (Uli)
Dorothee	Katharina	Ursel
Elfriede	Katja	Ursula (Uschi)
Elisabeth (Lisa)	Katrin	Ute
Elke	Kirstin	Veronika
Erika	Liselotte (Lotte)	Waltraud
Eva	Marie	

JUNGEN (BOYS)

Alexander	Hans-Georg	Martin
Andreas	Hans-Jürgen	Mathias
Axel	Hartmut	Max
Bernd(t)	Hauke	Michael
Bernhard	Heinrich	Norbert
Bruno	Heinz	Otto
Christian	Heinz-Dieter	Patrick
Christoph	Helmar	Paul
Daniel	Helmut	Peter
Detlev(f)	Ingo	Philipp
Dieter	Jan	Rainer (Reiner)
Dietmar	Jens	Ralf
Dirk	Joachim	Reinhard
Eberhard	Jochen	Reinhold
Erik	Johann	Rolf
Felix	Johannes	Rudi
Frank	Jörg	Rüdiger
Franz	Josef	Rudolf
Friedrich	Jürgen	Sebastian
Fritz	Karl	Stefan (Stephan)
Georg	Karl-Heinz	Thomas
Gerd	Klaus	Udo
Gerhard	Konrad	Ulf
Gottfried	Kurt	Ulrich (Uli)
Gregor	Lars	Uwe
Günter	Lothar	Volker
Gustav(f)	Lutz	Werner
Hannes	Manfred	Wilhelm (Willi)
Hans	Markus	Wolfgang

GRAMMAR SUMMARY

GRAMMAR SUMMARY
NOUNS AND THEIR MODIFIERS

In German, nouns (words that name a person, place, or thing) are grouped into three classes or genders: masculine, feminine, and neuter. All nouns, both persons and objects, fall into one of these groups. There are words used with nouns that signal the class of the noun. One of these is the definite article. In English there is one definite article: *the*. In German, there are three, one for each class: **der, die,** and **das.**

THE DEFINITE ARTICLE

SUMMARY OF DEFINITE ARTICLES

	NOMINATIVE	ACCUSATIVE	DATIVE
Masculine	**der**	**den**	**dem**
Feminine	**die**	**die**	**der**
Neuter	**das**	**das**	**dem**
Plural	**die**	**die**	**den**

When the definite article is used with a noun, a noun phrase is formed. Noun phrases that are used as subjects are in the nominative case. Nouns that are used as direct objects or the objects of certain prepositions (such as **für**) are in the accusative case. Nouns that are indirect objects, the objects of certain prepositions (such as **mit, bei**), or the objects of special verbs (see page 340) are in the dative case. Below is a summary of the definite articles combined with nouns to form noun phrases.

SUMMARY OF NOUN PHRASES

	NOMINATIVE	ACCUSATIVE	DATIVE
Masculine	**der Vater** **der Ball**	**den Vater** **den Ball**	**dem Vater** **dem Ball**
Feminine	**die Mutter** **die Kassette**	**die Mutter** **die Kassette**	**der Mutter** **der Kassette**
Neuter	**das Mädchen** **das Haus**	**das Mädchen** **das Haus**	**dem Mädchen** **dem Haus**
Plural	**die Kassetten** **die Häuser**	**die Kassetten** **die Häuser**	**den Kassetten** **den Häusern**

DIESER-WORDS

The determiners **dieser, jeder, welcher,** and **alle** are called **dieser**-words. Their endings are similar to those of the definite articles. Note that the endings of the **dieser**-words are very similar to the definite articles.

SUMMARY OF DIESER-WORDS

dieser	*this, that, these*
jeder	*each, every*
alle	*all*
welcher	*which, what*

	NOMINATIVE			ACCUSATIVE			DATIVE		
Masculine	dieser	jeder	welcher	diesen	jeden	welchen	diesem	jedem	welchem
Feminine	diese	jede	welche	diese	jede	welche	dieser	jeder	welcher
Neuter	dieses	jedes	welches	dieses	jedes	welches	diesem	jedem	welchem
Plural	diese	alle	welche	diese	alle	welche	diesen	allen	welchen

THE INDEFINITE ARTICLE

Another type of word that is used with nouns is the *indefinite article:* **ein, eine, ein** in German, *a, an* in English. There is no plural form of **ein**.

SUMMARY OF INDEFINITE ARTICLES

	NOMINATIVE	ACCUSATIVE	DATIVE
Masculine	ein	einen	einem
Feminine	eine	eine	einer
Neuter	ein	ein	einem
Plural	—	—	—

THE NEGATING WORD KEIN

The word **kein** is also used with nouns and means *no, not,* or *not any*. Unlike **ein**, **kein** has a plural form.

	NOMINATIVE	ACCUSATIVE	DATIVE
Masculine	kein	keinen	keinem
Feminine	keine	keine	keiner
Neuter	kein	kein	keinem
Plural	keine	keine	keinen

THE POSSESSIVES

These words also modify nouns and tell you *whose* object or person is being referred to (*my* car, *his* book, *her* mother). These words have the same endings as **kein**.

SUMMARY OF POSSESSIVES

	BEFORE MASCULINE NOUNS			BEFORE FEMININE NOUNS		BEFORE NEUTER NOUNS		BEFORE PLURAL NOUNS	
	Nom	Acc	Dat	Nom & Acc	Dat	Nom & Acc	Dat	Nom & Acc	Dat
my	mein	meinen	meinem	meine	meiner	mein	meinem	meine	meinen
your	dein	deinen	deinem	deine	deiner	dein	deinem	deine	deinen
his	sein	seinen	seinem	seine	seiner	sein	seinem	seine	seinen
her	ihr	ihren	ihrem	ihre	ihrer	ihr	ihrem	ihre	ihren
our	unser	unseren	unserem	usere	unserer	unser	unserem	unsere	unseren
your	euer	eueren	euerem	euere	euerer	euer	euerem	euere	eueren
their	ihr	ihren	ihrem	ihre	ihrer	ihr	ihrem	ihre	ihren
your	Ihr	Ihren	Ihrem	Ihre	Ihrer	Ihr	Ihrem	Ihre	Ihren

Commonly used short forms for unseren: unsren *or* unsern   *for* unsere: unsre
eueren: euren *or* euern   euere: eure
for unserem: unsrem *or* unserm   *for* unserer: unsrer
euerem: eurem *or* euerm   euerer: eurer

NOUN PLURALS

Noun class and plural forms are not always predictable. Therefore, you must learn each noun together with its article (**der, die, das**) and with its plural form. As you learn more nouns, however, you will discover certain patterns. Although there are always exceptions to these patterns, you may find them helpful in remembering the plural forms of many nouns.

Most German nouns form their plurals in one of two ways: some nouns add endings in the plural; some add endings and/or change the sound of the stem vowel in the plural, indicating the sound change with the umlaut (¨). Only the vowels **a, o, u,** and the diphthong **au** can take the umlaut. If a noun has an umlaut in the singular, it keeps the umlaut in the plural. Most German nouns fit into one of the following five plural groups.

1. Nouns that do not have any ending in the plural. Sometimes they take an umlaut.
   NOTE: There are only two feminine nouns in this group: **die Mutter** and **die Tochter.**

der Bruder, die Brüder	der Schüler, die Schüler	das Fräulein, die Fräulein
der Lehrer, die Lehrer	der Vater, die Väter	das Mädchen, die Mädchen
der Onkel, die Onkel	die Mutter, die Mütter	das Poster, die Poster
der Mantel, die Mäntel	die Tochter, die Töchter	das Zimmer, die Zimmer

2. Nouns that add the ending **-e** in the plural. Sometimes they also take an umlaut.
   NOTE: There are many one-syllable words in this group.

der Bleistift, die Bleistifte	der Sohn, die Söhne	das Jahr, die Jahre
der Freund, die Freunde	die Stadt, die Städte	das Spiel, die Spiele
der Paß, die Pässe		

3. Nouns that add the ending **-er** in the plural. Whenever possible, they take an umlaut, i.e., when the noun contains the vowels **a, o,** or **u,** or the diphthong **au. NOTE:** There are no feminine nouns in this group. There are many one-syllable words in this group.

das Buch, die Bücher	das Haus, die Häuser
das Fach, die Fächer	das Land, die Länder

4. Nouns that add the ending **-en** or **-n** in the plural. These nouns never add an umlaut.
   NOTE: There are many feminine nouns in this group.

der Herr, die Herren	die Klasse, die Klassen	die Tante, die Tanten
der Junge, die Jungen	die Karte, die Karten	die Wohnung, die Wohnungen
die Briefmarke, die Briefmarken	der Name, die Namen	die Zahl, die Zahlen
die Familie, die Familien	der Vetter, die Vettern	die Zeitung, die Zeitungen
die Farbe, die Farben	die Küche, die Küchen	
die Frau, die Frauen	die Schwester, die Schwestern	

   Feminine nouns ending in **-in** add the ending **-nen** in the plural.

die Freundin, die Freundinnen	die Verkäuferin, die Verkäuferinnen
die Lehrerin, die Lehrerinnen	

5. Nouns that add the ending **-s** in the plural. These nouns never add an umlaut.
   NOTE: There are many words of foreign origin in this group.

der Kuli, die Kulis	das Auto, die Autos
die Kamera, die Kameras	das Hobby, die Hobbys

SUMMARY OF PLURAL ENDINGS

Group	1	2	3	4	5
Ending:	-	-e	-er	-(e)n	-s
Umlaut:	sometimes	sometimes	always	never	never

PRONOUNS

PERSONAL   REFLEXIVE

		NOMINATIVE	ACCUSATIVE	DATIVE	ACCUSATIVE	DATIVE
Singular						
1st person		ich	mich	mir	mich	mir
2nd person		du	dich	dir	dich	dir
	m.	er	ihn	ihm		
3rd person	*f.*	sie	sie	ihr	sich	sich
	n.	es	es	ihm		
Plural						
1st person		wir	uns	uns	uns	uns
2nd person		ihr	euch	euch	euch	euch
3rd person		sie	sie	ihnen	sich	sich
you (formal, sing. & pl.)		Sie	Sie	Ihnen	sich	sich

DEFINITE ARTICLES AS DEMONSTRATIVE PRONOUNS

The definite articles can be used as demonstrative pronouns, giving more emphasis to the sentences than the personal pronouns **er, sie, es**. Note that these demonstrative pronouns have the same forms as the definite articles. An exception is **denen**.

Wer bekommt *den* Cappuccino? *Der* ist für mich.

	NOMINATIVE	ACCUSATIVE	DATIVE
Masculine	der	den	dem
Feminine	die	die	der
Neuter	das	das	dem
Plural	die	die	denen

INTERROGATIVES

INTERROGATIVE PRONOUNS

	PEOPLE	THINGS
Nominative	**wer?** *who?*	**was?** *what?*
Accusative	**wen?** *whom?*	**was?** *what?*
Dative	**wem?** *to, for whom?*	

OTHER INTERROGATIVES

wann?	*when?*	**wie viele?**	*how many?*	**welche?**	*which?*
warum?	*why?*	**wo?**	*where?*	**was für (ein)?**	*what kind of (a)?*
wie?	*how?*	**woher?**	*from where?*		
wieviel?	*how much? how many?*	**wohin?**	*to where?*		

PREPOSITIONS

Accusative	durch, für, gegen, ohne, um
Dative	aus, bei, mit, nach, seit, von, zu

Two-Way:
   *Dative-**wo?***
   *Accusative-**wohin?***
	an, auf, hinter, in, neben, über, unter,
	vor, zwischen

WORD ORDER

POSITION OF VERBS IN A SENTENCE

The conjugated verb is in **first** *position in:*	yes/no *questions (questions that do not begin with an interrogative)* **Trinkst du Kaffee?** **Spielst du Tennis?** **Möchtest du ins Konzert gehen?** *both formal and informal commands* **Kommen Sie bitte um 2 Uhr!** **Geh doch mit ins Kino!**
The conjugated verb is in **second** *position in:*	*statements with normal word order* **Wir spielen heute Volleyball.** *statements with inverted word order* **Heute spielen wir Volleyball.** *questions that begin with an interrogative* **Wohin gehst du?** **Woher kommst du?** **Was macht er?** *sentences connected by* **und, oder, aber, denn** **Ich komme nicht, denn ich habe keine Zeit.**
The conjugated verb is in **second** *position and the infinitive or past participle is* **final** *in:*	*statements with modals* **Ich möchte heute ins Kino gehen.** *statements in conversational past* **Ich habe das Buch gelesen.** *statements with* **werde** *and* **würde** **Ich werde im Mai nach Berlin fliegen.** **Die Oma würde gern ins Theater gehen.**
The conjugated verb is in **final** *position in:*	*clauses that begin with interrogatives* (**wo, wann, warum,** etc.) **Ich weiß, wo das Hotel ist.** **Ich weiß nicht, wer heute morgen angerufen hat.** *clauses that begin with* **weil, daß,** *or* **ob** **Ich gehe nicht ins Kino, weil ich kein Geld habe.** **Ich glaube, daß er Rockmusik gern hört.** **Ich komme morgen nicht, weil ich zu Hause helfen muß.** **Ich weiß nicht, ob er den Film schon gesehen hat.**

POSITION OF NICHT IN A SENTENCE

To negate the entire sentence, as close to end of sentence as possible:	**Er fragt seinen Vater**		**nicht.**
Before a separable prefix:	**Ich rufe ihn**	**nicht**	**an.**
Before any part of a sentence you want to negate, contrast, or emphasize:	**Er kommt**	**nicht**	**heute.** **(Er kommt morgen.)**
Before part of a sentence that answers the question **wo?**	**Ich wohne**	**nicht**	**in Berlin.**

ADJECTIVES

ENDINGS OF ADJECTIVES AFTER DER- AND DIESER-WORDS

	NOMINATIVE	ACCUSATIVE	DATIVE
Masculine	der -e Vorort	den -en Vorort	dem -en Vorort
Feminine	die -e Stadt	die -e Stadt	der -en Stadt
Neuter	das -e Dorf	das -e Dorf	dem -en Dorf
Plural	die -en Vororte	die -en Vororte	den -en Vororten

NOTE: Names of cities used as adjectives always have the ending **-er**: **der Frankfurter Zoo, das Münchner Oktoberfest**

ENDINGS OF ADJECTIVES AFTER EIN

	NOMINATIVE	ACCUSATIVE	DATIVE
Masculine	ein -er Vorort	einen -en Vorort	einem -en Vorort
Feminine	eine -e Stadt	eine -e Stadt	einer -er Stadt
Neuter	ein -es Dorf	ein -es Dorf	einem -en Dorf

ENDINGS OF ADJECTIVES AFTER KEIN AND THE POSSESSIVES

	NOMINATIVE	ACCUSATIVE	DATIVE
Masculine	kein -er Vorort	keinen -en Vorort	keinem -en Vorort
Feminine	keine -e Stadt	keine -e Stadt	keiner -er Stadt
Neuter	kein -es Dorf	kein -es Dorf	keinem -en Dorf
Plural	keine -en Vororte	keine -en Vororte	keinen -en Vororten

ENDINGS OF UNPRECEDED ADJECTIVES

	NOMINATIVE	ACCUSATIVE	DATIVE
Masculine	-er Salat	-en Salat	-em Salat
Feminine	-e Suppe	-e Suppe	-er Suppe
Neuter	-es Eis	-es Eis	-em Eis
Plural	-e Getränke	-e Getränke	-en Getränken

MAKING COMPARISONS

	Positive	Comparative
1. *All comparative forms end in -***er***.*	schnell	schneller
2. *Most one-syllable forms have an umlaut.*	alt	älter
3. *Exceptions must be learned as they appear.*	dunkel gut	dunkler besser

Equal Comparisons:	Er spielt **so gut wie** ich (spiele). *He plays as well as I (do).*
Unequal Comparisons:	Sie spielt **besser als** ich (spiele). *She plays better than I (do).*
Comparative adjectives before nouns:	der **bessere** Wagen ein **schöneres** Auto

NOTE: Comparative adjectives before nouns have the same endings as descriptive adjectives (see page 337).

VERBS

PRESENT TENSE VERB FORMS

		REGULAR	-eln VERBS	STEM ENDING WITH t/d	STEM ENDING WITH s/ß
INFINITIVES		spiel -en	bastel -n	find -en	heiß -en
PRONOUNS		stem + ending	stem + ending	stem + ending	stem + ending
I	ich	spiel -e	bastl -e	find -e	heiß -e
you	du	spiel -st	bastel -st	find -est	heiß -t
he	er ⎫				
she	sie ⎬	spiel -t	bastel -t	find -et	heiß -t
it	es ⎭				
we	wir	spiel -en	bastel -n	find -en	heiß -en
you (plural)	ihr	spiel -t	bastel -t	find -et	heiß -t
they	sie	spiel -en	bastel -n	find -en	heiß -en
you (formal)	Sie	spiel -en	bastel -n	find -en	heiß -en

NOTE: There are important differences between the verbs in the above chart:

1. Verbs ending in -**eln** (**basteln, segeln**) drop the **e** of the ending -**eln** in the **ich**-form: **ich bastle, ich segle** and add only -**n** in the **wir**-, **sie**-, and **Sie**-forms. These forms are always identical to the infinitive: **basteln, wir basteln, sie basteln, Sie basteln.** Similarly, verbs ending in -**ern**, (**wandern**) drop the **e** of the ending -**ern** in the **ich**-form: **ich wandre** and add only -**n** in the **wir**-, **sie**-, and **Sie**-forms. These forms are always identical to the infinitive: **wandern.**

2. Verbs with a stem ending in **d** or **t**, such as **finden**, add an **e** before the ending in the **du**-form (**du findest**) and the **er**- and **ihr**-forms (**er findet, ihr findet**).

3. All verbs with stems ending in an **s**-sound (**heißen**) add only -**t** in the **du**-form: **du heißt.**

VERBS WITH A STEM-VOWEL CHANGE

There are a number of verbs in German that change their stem vowel in the **du**- and **er/sie**-forms. A few verbs, such as **nehmen** (*to take*), have a change in the consonant as well. You cannot predict these verbs, so it is best to learn each one individually. They are usually irregular only in the **du**- and **er/sie**-forms.

	e → i			e → ie		a → ä	
	essen	geben	nehmen	lesen	sehen	fahren	einladen
ich	esse	gebe	nehme	lese	sehe	fahre	lade ein
du	ißt	gibst	nimmst	liest	siehst	fährst	lädst ein
er, sie	ißt	gibt	nimmt	liest	sieht	fährt	lädt ein
wir	essen	geben	nehmen	lesen	sehen	fahren	laden ein
ihr	eßt	gebt	nehmt	lest	seht	fahrt	ladet ein
sie	essen	geben	nehmen	lesen	sehen	fahren	laden ein
Sie	essen	geben	nehmen	lesen	sehen	fahren	laden ein

SOME IMPORTANT IRREGULAR VERBS: HABEN, SEIN, WISSEN, AND WERDEN

	haben	sein	wissen	werden
ich	habe	bin	weiß	werde
du	hast	bist	weißt	wirst
er, sie	hat	ist	weiß	wird
wir	haben	sind	wissen	werden
ihr	habt	seid	wißt	werdet
sie	haben	sind	wissen	werden
Sie	haben	sind	wissen	werden

VERBS FOLLWED BY AN OBJECT IN THE DATIVE CASE

antworten, *to answer*	gratulieren, *to congratulate*
danken, *to thank*	helfen, *to help*
gefallen, *to like*	passen, *to fit*
glauben, *to believe*	

Es geht (mir) gut.	Es steht (dir) gut.
Es schmeckt (mir) nicht.	Es macht (mir) Spaß.
Es tut (mir) leid.	Es tut (mir) weh.
Was fehlt (dir)?	

MODAL (AUXILIARY) VERBS

The verbs **dürfen, können, müssen, sollen, wollen, mögen** (and the **möchte**-forms) are usually used with an infinitive at the end of the sentence. If the meaning of that infinitive is clear, it can be left out: **Du mußt sofort nach Hause!** (**Gehen** is understood and omitted.)

	dürfen	können	müssen	sollen	wollen	mögen	möchte
ich	darf	kann	muß	soll	will	mag	möchte
du	darfst	kannst	mußt	sollst	willst	magst	möchtest
er, sie	darf	kann	muß	soll	will	mag	möchte
wir	dürfen	können	müssen	sollen	wollen	mögen	möchten
ihr	dürft	könnt	müßt	sollt	wollt	mögt	möchtet
sie	dürfen	können	müssen	sollen	wollen	mögen	möchten
Sie	dürfen	können	müssen	sollen	wollen	mögen	möchten

VERBS WITH SEPARABLE PREFIXES

Some verbs have separable prefixes: prefixes that separate from the conjugated verbs and are moved to the end of the sentence.

	INFINITIVE: **aussehen**
ich sehe … aus	Ich sehe heute aber sehr schick aus!
du siehst … aus	Du siehst heute sehr fesch aus!
er/sie/es sieht … aus	Sieht sie immer so modern aus?
	Sieht dein Zimmer immer so unordentlich aus?
wir sehen … aus	Wir sehen heute sehr lustig aus.
ihr seht … aus	Ihr seht alle so traurig aus.
sie sehen … aus	Sie sehen sehr schön aus.
Sie sehen … aus	Sie sehen immer so ernst aus.

Here are the separable-prefix verbs you learned in Level 1 and Level 2.

abheben	aufräumen	fernsehen	vorziehen
abräumen	ausgehen	herausnehmen	weggeben
anprobieren	aussehen	mitkommen	wegtragen
anrufen	einkaufen	radfahren	wegwerfen
anziehen	einladen	vorschlagen	zustimmen
auflegen	einstecken		

COMMAND FORMS

Regular Verbs	**gehen**	**spielen**
Persons you address with **du** (singular)	**Geh!**	**Spiel!**
with **ihr** (pl)	**Geht!**	**Spielt!**
with **Sie** (sing & pl)	**Gehen Sie!**	**Spielen Sie!**
"let's" form	**Gehen wir!**	**Spielen wir!**

Separable-prefix Verbs	**mitkommen**	**anrufen**	**aufräumen**	**anziehen**	**ausgehen**
	Komm mit!	**Ruf an!**	**Räum auf!**	**Zieh an!**	**Geh aus!**
	Kommt mit!	**Ruft an!**	**Räumt auf!**	**Zieht an!**	**Geht aus!**
	Kommen Sie mit!	**Rufen Sie an!**	**Räumen Sie auf!**	**Ziehen Sie an!**	**Gehen Sie aus!**
	Kommen wir mit!	**Rufen wir an!**	**Räumen wir auf!**	**Ziehen wir an!**	**Gehen wir aus!**

Stem-changing Verbs	**essen**	**nehmen**	**geben**	**sehen**	**fahren**
	Iß!	**Nimm!**	**Gib!**	**Sieh!**	**Fahr!**
	Eßt!	**Nehmt!**	**Gebt!**	**Seht!**	**Fahrt!**
	Essen Sie!	**Nehmen Sie!**	**Geben Sie!**	**Sehen Sie!**	**Fahren Sie!**
	Essen wir!	**Nehmen wir!**	**Geben wir!**	**Sehen wir!**	**Fahren wir!**

NOTE: The vowel changes **e → i** and **e → ie** are maintained in the **du**-form of the command. The vowel change **a → ä** does not occur in the command form.

EXPRESSING FUTURE TIME

In German, there are three ways to express future time:

1. present tense verb forms	Ich **kaufe** eine Jeans. Ich **finde** bestimmt etwas.	*I'm going to buy a pair of jeans.* *I will surely find something.*
2. present tense verb forms with words like ***morgen, später***	Er kommt **morgen.** Elke ruft **später** an.	*He's coming tomorrow.* *Elke will call later.*
3. **werden,** *will,* plus infinitive	Ich **werde** ein Hemd **kaufen.** Er **wird** bald **gehen.**	*I'll buy a shirt.* *He'll go soon.*

SUBJUNCTIVE FORMS

THE FORMS HÄTTE, WÄRE, KÖNNTE, AND WÜRDE

ich	hätte	wäre	könnte	würde
du	hättest	wärest	könntest	würdest
er, sie, es	hätte	wäre	könnte	würde
wir	hätten	wären	könnten	würden
ihr	hättet	wäret	könntet	würdet
sie, Sie	hätten	wären	könnten	würden

NOTE: In spoken German the forms **wärest** and **wäret** are often shortened to **wärst** and **wärt.**

PAST TENSE VERB FORMS

In this book, you learned the simple past of **haben** and **sein:**

THE SIMPLE PAST OF HABEN AND SEIN

	haben	sein
ich	hatte	war
du	hattest	warst
er, sie	hatte	war
wir	hatten	waren
ihr	hattet	wart
sie	hatten	waren
Sie (formal)	hatten	waren

THE CONVERSATIONAL PAST

German verbs are divided into two groups: weak verbs and strong verbs. Weak verbs usually follow a regular pattern, such as the English verb forms *play* — *played* — *has played*. Strong verbs usually have irregularities, like the English verb forms *run* — *ran* — *has run* or *go* — *went* — *has gone*.

The conversational past tense of weak and strong verbs consists of the present tense of **haben** or **sein** and a form called the past participle, which is usually in last position in the clause or sentence.

Die Schüler Sabine	**haben** **ist**	ihre Hausaufgaben schon gestern zu Hause	**gemacht.** **geblieben.**

FORMATION OF PAST PARTICIPLES

Weak Verbs	spielen	(er) spielt	gespielt	Er hat gespielt.
with inseparable prefixes	besuchen	(er) besucht	besucht	Er hat ihn besucht.
with separable prefixes	aufräumen	(er) räumt auf	aufgeräumt	Er hat aufgeräumt.
Strong Verbs	kommen	(er) kommt	gekommen	Er ist gekommen
with inseparable prefixes	bekommen	(er) bekommt	bekommen	Er hat es bekommen.
with separable prefixes	mitkommen	(er) kommt mit	mitgekommen	Er ist mitgekommen.

NOTE: For past participles of strong verbs and irregular verbs, see pages 344–346.

WEAK VERBS FORMING THE PAST PARTICIPLE WITH SEIN

bummeln, *to stroll*	ist gebummelt	**surfen,** *to surf*	ist gesurft
reisen, *to travel*	ist gereist	**wandern,** *to hike*	ist gewandert

PRINCIPAL PARTS OF THE VERBS PRESENTED IN LEVELS 1 AND 2

This list includes all verbs included in the **Wortschatz** sections of Level 1 and Level 2. Both strong and weak verbs, including verbs with separable prefixes, stem-vowel changes, and other irregularities are listed. Though most of the verbs in this list form the conversational past with **haben**, a few of the verbs you have learned take **sein** in the present perfect tense.

STRONG VERBS

INFINITIVE	PRESENT (stem vowel change and/or seperable prefix)	PAST PARTICIPLE	MEANING
abheben	hebt ab	abgehoben	*to lift (the receiver)*
anrufen	ruft an	angerufen	*to call up*
anziehen	zieht an	angezogen	*to put on (clothes)*
aussehen	sieht aus	ausgesehen	*to look, appear*
bekommen	bekommt	bekommen	*to get, receive*
beschreiben	beschreibt	beschrieben	*to describe*
bleiben	bleibt	(ist) geblieben	*to stay*
brechen	bricht	gebrochen	*to break*
einladen	lädt ein	eingeladen	*to invite*
essen	ißt	gegessen	*to eat*
fahren	fährt	(ist) gefahren	*to drive, ride*
fernsehen	sieht fern	ferngesehen	*to watch TV*
finden	findet	gefunden	*to find*
geben	gibt	gegeben	*to give*
gefallen	gefällt	gefallen	*to like, be pleasing to*
gehen	geht	(ist) gegangen	*to go*
gießen	gießt	gegossen	*to pour; to water*
haben	hat	gehabt	*to have*
halten	hält	gehalten	*to keep*
heißen	heißt	geheißen	*to be called*
helfen	hilft	geholfen	*to help*
herausnehmen	nimmt heraus	herausgenommen	*to take out*
kommen	kommt	(ist) gekommen	*to come*
lassen	läßt	gelassen	*to let*
laufen	läuft	(ist) gelaufen	*to run*
lesen	liest	gelesen	*to read*
messen	mißt	gemessen	*to measure*
nehmen	nimmt	genommen	*to take*
radfahren	fährt Rad	(ist) radgefahren	*to bicycle*
scheinen	scheint	geschienen	*to shine*
schlafen	schläft	geschlafen	*to sleep*
schlagen	schlägt	geschlagen	*to slam*
schreiben	schreibt	geschrieben	*to write*
schwimmen	schwimmt	(ist) geschwommen	*to swim*
sehen	sieht	gesehen	*to see*
sein	ist	(ist) gewesen	*to be*
sprechen	spricht	gesprochen	*to speak*
tragen	trägt	getragen	*to wear*
trinken	trinkt	getrunken	*to drink*
tun	tut	getan	*to do*
vermeiden	vermeidet	vermieden	*to avoid*
vorschlagen	schlägt vor	vorgeschlagen	*to suggest*

INFINITIVE	PRESENT (stem vowel change and/or seperable prefix)	PAST PARTICIPLE	MEANING
vorziehen	zieht vor	*vorgezogen	*to prefer*
waschen	wäscht	gewaschen	*to wash*
weggeben	gibt weg	weggegeben	*to give away*
wegtragen	trägt weg	weggetragen	*to take away*
wegwerfen	wirft weg	weggeworfen	*to throw away*
wissen	weiß	gewußt	*to know*

*These verbs have a consonant change in the past participle.

WEAK VERBS

INFINITIVE	PRESENT (stem vowel change and/or seperable prefix)	PAST PARTICIPLE	MEANING
abräumen	räumt ab	abgeräumt	*to clear away*
angeln	angelt	geangelt	*to fish*
anprobieren	probiert an	anprobiert	*to try on*
arbeiten	arbeitet	gearbeitet	*to work*
auflegen	legt auf	aufgelegt	*to hang up (receiver)*
aufräumen	räumt auf	aufgeräumt	*to pick up/clean room*
basteln	bastelt	gebastelt	*to do arts and crafts*
bedauern	bedauert	bedauert	*to be sorry about*
bedienen	bedient	bedient	*to serve*
besichtigen	besichtigt	besichtigt	*to sight see*
besuchen	besucht	besucht	*to visit*
bezweifeln	bezweifelt	bezweifelt	*to doubt*
brauchen	braucht	gebraucht	*to need*
bringen	bringt	**gebracht	*to bring*
bügeln	bügelt	gebügelt	*to iron*
decken	deckt	gedeckt	*to set (the table)*
einkaufen	kauft ein	eingekauft	*to shop*
einlegen	legt ein	eingelegt	*to insert*
einstecken	steckt ein	eingesteckt	*to insert (coin)*
ernähren	ernährt	ernährt	*to nourish*
faulenzen	faulenzt	gefaulenzt	*to be lazy*
fotografieren	fotografiert	fotografiert	*to photograph*
s. freuen	freut s.	gefreut	*to be happy about*
s. fühlen	fühlt s.	gefühlt	*to feel*
füttern	füttert	gefüttert	*to feed*
glauben	glaubt	geglaubt	*to believe*
gucken	guckt	geguckt	*to look*
hoffen	hofft	gehofft	*to hope*
holen	holt	geholt	*to get*
hören	hört	gehört	*to hear*
s. interessieren	interessiert s.	interessiert	*to be interested in*
kämmen	kämmt	gekämmt	*to comb*
kaufen	kauft	gekauft	*to buy*
kennen	kennt	**gekannt	*to know*
kosten	kostet	gekostet	*to cost*
leben	lebt	gelebt	*to live*
machen	macht	gemacht	*to do or make*

INFINITIVE	PRESENT (stem vowel change and/or seperable prefix)	PAST PARTICIPLE	MEANING
mähen	mäht	gemäht	*to mow*
meinen	meint	gemeint	*to think, be of the opinion*
passen	paßt	gepaßt	*to fit*
polieren	poliert	poliert	*to polish*
putzen	putzt	geputzt	*to clean*
rauchen	raucht	geraucht	*to smoke*
regnen	regnet	geregnet	*to rain*
sagen	sagt	gesagt	*to say*
sammeln	sammelt	gesammelt	*to collect*
schauen	schaut	geschaut	*to look (at)*
schenken	schenkt	geschenkt	*to give (a gift)*
schmecken	schmeckt	geschmeckt	*to taste*
segeln	segelt	(ist) gesegelt	*to sail*
sortieren	sortiert	sortiert	*to sort*
spielen	spielt	gespielt	*to play*
spülen	spült	gespült	*to wash dishes*
suchen	sucht	gesucht	*to look for*
tanzen	tanzt	getanzt	*to dance*
tauchen	taucht	getaucht	*to dive*
telefonieren	telefoniert	telefoniert	*to call (on the phone)*
verbringen	verbringt	** verbracht	*to spend time*
trocknen	trocknet	getrocknet	*to dry*
wählen	wählt	gewählt	*to dial*
wandern	wandert	(ist) gewandert	*to hike*
s. verletzen	verletzt s.	verletzt	*to injure*
s. verstauchen	verstaucht s.	verstaucht	*to sprain*
wischen	wischt	gewischt	*to dust*
wohnen	wohnt	gewohnt	*to live*
wünschen	wünscht	gewünscht	*to wish*
zahlen	zahlt	gezahlt	*to pay*
zeichnen	zeichnet	gezeichnet	*to draw*
zustimmen	stimmt zu	zugestimmt	*to agree*

**Although weak, these verbs have a vowel and/or consonant change in the past participle.

GERMAN-ENGLISH VOCABULARY

GERMAN-ENGLISH VOCABULARY

This vocabulary includes almost all words in this textbook, both active (for production) and passive (for recognition only). Active words and phrases are practiced in the chapter and are listed in the Wortschatz section at the end of each chapter. You are expected to know and be able to use active vocabulary. An entry in black, heavy type indicates that the word or phrase is active. All other words—some in the opening dialogs, in exercises, in optional and visual material, in the Landeskunde, Zum Lesen and Kann ich's wirklich? sections—are for recognition only. The meaning of these words and phrases can usually be understood from the context or may be looked up in this vocabulary.

With some exceptions, the following are not included: proper nouns, verb conjugations, and forms of determiners.

Nouns are listed with definite article and plural form, when applicable. The numbers in the entries refer to the level and chapter where the word or phrase first appears or where it becomes an active vocabulary word. Vocabulary from the location openers is followed by a Loc and the chapter number directly following the location spread.

The following abbreviations are used in this vocabulary: adj (adjective), pl (plural), prep (preposition), pp (past participle), sep (seperable-prefix verb), poss adj (possessive adjective), sing (singular), dat (dative), acc (accusative), s. (*sich,* or reflexive), and conj (conjunction).

A

ab (prep) *down, off,* II1
ab und zu *now and then,* II4
der Abend, -e *evening,* I; **am Abend** *in the evening,* I
das Abendbuffet, -s *dinner buffet,* II12
das Abendessen, - *dinner, evening meal,* II5
das Abendkleid, -er *evening gown,* II12
abends *evenings,* II1
der Abenteuerfilm, -e *adventure film,* I
die Abenteuerreise, -n *exotic vacation,* II9
aber (conj) *but,* I; **aber sicher!** *but of course!,* II4
die Abfahrt, -en *departure,* II9
das Abgas, -e *exhaust,* II9
abgehakt *crossed off,* II3
abgeschnitten *cut-off,* II8
abgestanden *stale, flat,* II2
abheben (sep) *to pick up,* I; **den Hörer abheben** *to pick up the receiver,* I
abholen (sep) *to come for, pick up,* II11
der Abholschein, -e *check to pick up a prescription,* II6
abladen (sep) *to unload,* II2
das Ablagefach, ⁼er *storage shelf,* II10

ablaufen (sep) *to flow or run off; to elapse, expire,* II11
ablehnen (sep) *to decline, turn down,* II12
abräumen (sep) *to clean up, clear off,* I
der Absatz, ⁼e *shoe heel,* II8
die Absatzforschung, -en *marketing research,* II10
abschneiden (sep) *to cut off,* II5
abschreiben (sep) *to copy,* II5
abschwirren (sep) *to buzz off,* II12
absichtlich *on purpose,* II12
absolut *absolute(ly), unconditional(ly),* II6
der Abstand, ⁼e *distance, gap,* II12
abstellen (sep) *to switch off,* II7
die Abteilung, -en *division, department,* II1
abtrocknen (sep) *to dry off,* II5
abwechselnd *alternating, one after the other,* II3
die Abwechslung, -en *change, variety,* II3
abwechslungsreich *varied, diversified,* II12
abwischen (sep) *to erase, wipe up,* II11
Ach *Oh!,* I; **Ach ja!** *Oh yeah!,* I
Ach schade! *That's too bad.,* II6
achten auf (acc) *to pay attention to,* II12

das Acryl *Acrylic,* II8
der Actionfilm, -e *action movie,* I
das Adjektiv, -e *adjective,* II8
die Adresse, -n *address,* II11
afrikanisch (adj) *African,* II12
die Agentur, -en *agency,* II8
ägyptisch (adj) *Egyptian,* II11
ähnlich *similar,* II7
die Ahnung, -en *idea, notion,* II8;
Keine Ahnung! *I have no idea!,* I
die Aktie, -n *share, stock,* II8
aktiv *active,* II8
die Aktivität, -en *activity,* II4
aktuell *current, contemporary,* II1
akzeptiert *accepted,* II11
die Alarmanlage, -n *alarm system,* II10
der Alkohol, -e *alcohol,* II4
alkoholfrei *non-alcoholic,* II11
all- *all,* II8
allein *alone,* II2
die Allergie, -n *allergy,* II4
allergisch (gegen) *allergic (to),* II4
der Alltag, -e *weekday, workday routine,* II9
allzu *much too, far too,* II7
als *than,* II7
also (conj) *so, therefore,* II6; (particle) *well, okay;* II1
alt *old,* I
älter *older,* II7
die Alufelge, -n *aluminum rim,* II10

am=an dem *at the*, I; **am ...platz** *on ... Square*, I; **am Abend** *in the evening*, I; **am ersten (Juli)** *on the first (of July)*, I; **am letzten Tag** *on the last day*, II3; **am liebsten** *most of all*, I; **am Tag** *during the day*, II4; **an der Schule** *at school*, II4; **am besten** *best (of all)*, II5

der Amerikaner, - *American*, II4

amerikanisch (adj) *American*, II11

die Ampel, -n *traffic light*, I; **bis zur Ampel** *until you get to the traffic light*, I

an *to; at*, II9

anbieten (sep) *to offer*, II7

anbraten (sep) *to grill, roast*, II12

ander- *other*, I; **ein(-) ander-** *another (a different) one*, II9

andererseits *on the other hand*, II7

der Anfang, ⸚e *beginning*, II8

der Anfänger, - *beginner*, II12

angeben (sep) *to indicate, state*, II2

das Angebot, -e *offer*, I; **Angebot der Woche** *weekly special*, I

angeln *to fish*, II9

angenommen *accepted, assumed*, II12

angeschlossen *connected to, adjacent to*, II3

der Angestellte, -n *employee*, II12

angezogen *dressed*, II8

angucken (sep) *to look at*, II10

anhaben (sep) *to have on*, II1

anhören (sep) *to listen to*, II6

ankommen (sep) *to arrive*, II12

ankreuzen (sep) *to cross, mark off*, II3

die Anlage, -n *grounds, site*, II12; *system, installation*, II2

der Anlaß, (pl) Anlässe *occasion*, II2

der Anorak, -s *parka*, II8

anprobieren (sep) *to try on*, I

die Anregung, -en *stimulation, incitement*, II1; **zur Anregung** *as a start*, II1

der Anrufbeantworter, - *answering machine*, II9

anrufen (sep) *to call (on the phone)*, I

anschauen (sep) *to look at*, II7

der Anschlag, ⸚e *announcement*, II11

die Anschlagtafel, -n *bulletin board*, II2

anschließend *following, adjacent*, II12

s. ansehen (sep) *to have a look at*, II2

die Ansicht, -en *view, point of view*, II9; **nach Ansicht von** *in the opinion of*, II9

ansonsten *otherwise*, II3

die Ansprache, -n *speech, address*, II3

ansprechen (sep) *to talk to*, II9

der Anspruch, ⸚e *claim; right*, II12

die Anstalt, -en *institute, establishment*, Loc 7

die Anstrengung, -en *exertion, effort, strain*, II6

die Antwort, -en *answer*, II2

antworten (dat) *to answer*, II2

die Anwendung, -en *application, use*, II3

die Anzahl, -en *number, quantity*, II8

die Anzeige, -n *ad*, II10

anzeigen (sep) *to show, indicate or record*, II10

anziehen (sep) *to put on, wear*, I

der Anzug, ⸚e *suit*, II8

der Apfel, ⸚ *apple*, I

der Apfelkuchen, - *apple cake*, I

der Apfelsaft, ⸚e *apple juice*, I; **ein Glas Apfelsaft** *a glass of apple juice*, I

die Apotheke, -n *pharmacy*, II6

der Apotheker, - *pharmacist*, II6

der Apparat, -e *telephone*, I

das Appartement, -s *apartment*, II12

der Appetit: **Guten Appetit!** *Bon appétit!*, II11

die Aprikose, -n *apricot*, II4

der April *April*, I

die Arbeit, -en *work*, II2

arbeiten *to work*, II3

die Arbeitsklamotte, -n *work clothes*, II8

die Architektur *architecture*, II3

arg *very; annoying*, II4

ärgerlich *annoying*, II3

der Arm, -e *arm*, II6

das Armband, ⸚er *bracelet*, II1

die Armbanduhr, -en *wristwatch*, I

der Ärmel, - *sleeve*, II1

ärmellos *sleeveless*, II8

die Armut *poverty*, II7

der Artikel, - *article, commodity*, II2

der Arzt, ⸚e *doctor*, II6

der Atem *breath, breathing*, II12

atmen *to breathe*, II12

die Atmosphäre, -n *atmosphere, environment*, II11

attraktiv *attractive*, II1

Au!, Aua! *Ouch!*, II6

auch *also*, I; **Ich auch.** *Me too.*, I; **auch noch** *also*, II9; **auch schon** *also*, II3

auf (prep) *on, onto, to*, II1; **Auf dein/Ihr/euer Wohl!** *To your health!*, II11; **auf dem Land** *in the country*, I; **Auf Wiederhören!** *Goodbye!*, I; **auf einer Fete** *at a party*, II8

aufdrehen (sep) *to turn up*, II2

der Aufdruck *print impression*, II1

die Aufgabe, -n *assignment*, II3

aufgeben (sep) *to give up*, II4

aufgelistet *listed*, II4

aufgeschnitten *cut open*, II5

aufgießen (sep) *to brew a drink (tea, coffee)*, II5

aufgrund dessen *because of that*, II9

aufhängen (sep) *to hang out, up*, II4

aufheben (sep) *to lift or raise*, II2

aufhören (sep) *to stop*, II6

der Aufkleber, - *sticker*, II10

aufkommen (sep) *to get up; to arise*, II5

die Auflauf, ⸚e *soufflé*, II5

auflegen (sep) *to hang up (the telephone)*, I

aufräumen (sep) *to clean up*, I

der Aufschnitt *cold cuts*, I

aufschreiben (sep) *to write down*, II12

aufsetzen (sep) *to put or place on*, II5

aufstehen (sep) *to get up*, II6

der Aufstrich, -e *spread*, II11

auftauchen (sep) *to turn up, arise*, II10

auftreten (sep) *to appear*, II6

aufwachen (sep) *to wake up*, II12

aufwachsen (sep) *to grow up*, II7

aufwärmen (sep) *to warm up*, II5

aufzählen (sep) *to enumerate*, II11

das Auge, -n *eye*, I

der Augenblick, -e *moment*, II12

die Augenfarbe, -n *eye color*, II1

der August *August*, I

aus (prep) *from, out of*, II1; **aus Baumwolle** *made of cotton*, I; **aus dem (16.) Jahrhundert** *from the (16th) century*, II9; **aus den 60er Jahren** *from the sixties*, II8; **aus welchen Gründen** *for what reasons*, II8

die Ausbildung, -en *education*, II7

der Ausdruck, ⸚e *expression*, II2

ausdrücken (sep) *to express*, II6

der Ausflug, ⸚e *excursion*, II11

das Ausflugsschiff, -e *excursion boat*, II11

ausgeben (scp) *to give out; to spend (money)*, II12

ausgehen (sep) *to go out*, II1
ausgeschnitten *low-cut*, II8
ausgewählt *chosen*, II11
ausgezeichnet *excellent, outstanding*, II1
aushöhlen (sep) *to hollow out*, II5
s. auskennen (sep) *to know all about*, II9
die Auskunft, ⁼e *information*, II3
der Ausländer, - *foreigner*, II11
das Ausland *foreign country*, II9
ausländisch *foreign*, II11
die Auslandsreise, -n *foreign travel, trip*, II9
auslegen (sep) *to lay out* (money, etc.), II5
ausmachen (sep) *to make up, constitute*, II12
die Ausnahme, -n *exception*, II8
ausprobieren (sep) *to try out*, II5
ausquatschen (sep) *to have a good chat*, II2
ausrechnen (sep) *to calculate; to figure out*, II8
die Ausrede, -n *excuse*, II6
ausreden (sep) *to finish speaking*, II2
der Ausreißer, - *deserter, runaway*, II11
ausrufen (sep) *to call out*, II2
s. ausruhen (sep) *to relax, rest*, II5
die Ausrüstung, -en *equipment, outfit*, II10
die Aussage, -n *statement*, II7
aussagen (sep) *to state, express*, II9
s. ausschlafen *to sleep one's fill*, II9
der Ausschnitt, -e *excerpt*, II4
aussehen (sep) *to look like, to appear*, I; **der Rock sieht ... aus.** *The skirt looks...*, I; **Wie sieht er aus?** *What does he look like?*, I
die Aussicht, -en *view*, II12
die Ausstattung, -en *equipment, furnishing*, II10
die Ausstellung, -en *exhibition*, II11
die Ausstellungseröffnung, -en *opening of an exhibition*, II11
austauschen (sep) *to exchange*, II2
der Austauschschüler, - *exchange student (male)*, II4
die Austauschwoche, -n *exchange week*, II2
die Auster, -n *oyster*, II11
die Auswahl, -en *choice*, II8
auswählen (sep) *to choose from*, II5
s. ausdenken (sep) *to think up*, II5
ausfüllen (sep) *to fill in (a form)*, II8

außer (prep) *except for*, II11
außerdem *besides*, II5
außereuropäisch *outside of Europe*, II12
außerhalb (prep) *outside of*, II3
der Auszug, ⁼e *excerpt*, II11
das Auto, -s *car*, I; **mit dem Auto** *by car*, I
die Autobahn, -en *highway*, II10
der Autofahrer, - *driver*, II10
der Automat, -en *vending machine; robot*, II2
die Automatik *automatic transmission*, II10
die Automobilindustrie, -n *automobile industry*, Loc 1
die Autotür, -en *car door*, II7

B

der Bäcker, - *baker*, I
die Bäckerei, -en *bakery*, I
das Backhaus, ⁼er *bakehouse*, II9
baden *to swim*, I; **baden gehen** *to go swimming*, I
der Badestrand, ⁼e *beach*, II3
das Badezimmer, - *bathroom*, II7
die Bahn, -en *train*, II9
der Bahnhof, ⁼e *train station*, I
die Bahnübergang, ⁼e *train crossing*, II7
das Ballett, -e *ballet*, II11
die Banane, -n *banana*, II2
die Bank, -en *bank*, II3
der Bärenhunger *hungry as a bear*, II12
barfuß *barefoot*, II12
die Barockstadt, ⁼e *baroque city*, II3
Basketball *basketball*, I
die Basketballhalle, -n *basketball gym*, II12
der Basketballplatz, ⁼e *basketball court*, II12
basteln *to do crafts*, I
der Bau *construction*, II3
der Bauch, ⁼e *stomach*, II6
die Bauchschmerzen (pl) *stomachache*, II6
das Baudenkmal, ⁼er *monument*, II11
bauen *to build*, II2
der Bauer, -n *farmer*, II10
die Bauernente, -n *farm-raised duck*, II11
das Bauernhaus, ⁼er *farm house*, II9
der Bauernhof, ⁼e *farm*, II3
der Baum, ⁼e *tree*, II7
die Baumwolle, -n *cotton*, I
bayerisch (adj) *Bavarian*, II1
das Bayern *Bavaria*, II4

beachten *to notice, heed, regard*, II7
beantworten *to answer*, II2
der Becher, - *cup*, II2
bedauern *to be sorry about*, II5
bedeuten *to mean*, II1
bedeutend *meaningful*, Loc 1
bedienen: die Kamera bedienen *to operate the camera*, II3
bedienen *to serve*, II3
die Bedienung, -en *wait person*, II1
bedruckt *printed*, II8
beeindruckend *impressive*, II11
beenden *to end*, II10
die Beere, -n *berry*, II4
s. befinden *to find oneself, to be*, II9
befragen *to ask questions*, II9
begabt *gifted*, II12
begeistert *enthusiastic*, II1
beginnen *to begin*, II12
begleiten *to accompany*, II4
begründen *to found; to give a reason for*, II2
beherbergt *given shelter*, II3
bei (prep) *by, near, at*, II9; **bei uns** *with us at home*, II10; **beim Bäcker** *at the baker's*, I
beide *both*, II2
die Beilage, -n *side dish*, II11
das Bein, -e *leg*, II6
das Beispiel, -e *example*, II1
beitragen zu (sep) *to contribute to*, II7
bekannt *known*, II3
der Bekannte, -n *acquaintance (male)*, II7
die Bekleidungsabteilung, -en *clothing department*, II1
das Bekleidungsgeschäft, -e *clothing store*, II12
bekommen *to get, receive*, I
belegen *to cover; to register for*, II5
beliebt *popular*, II9
beliefern *to supply (with)*, II7
die Bemerkung, -en *comment, remark*, II10
s. benehmen *to behave*, II11
benutzen *to use*, II6
das Benzin *gasoline, fuel*, II10
der Beobachter, - *observer*, II12
bequem *comfortable*, I
bereit *willing; prepared*, II5
bereits *already*, II12
der Berg, -e *mountain*, II7
die Bergbahn, -en *mountain or alpine railway*, II9
das Bergsteigen *mountain climbing*, II3

die Bergtour, -en *tour or trip in the mountains*, II9
der Bergwanderer, - *mountain hiker*, II9
berichten *to report*, II1
beruflich *professional(ly)*, II10
berühmt *famous*, II3
beschäftigt *busy*, II3
die Bescheidenheit, -en *modesty*, II8
beschlossen *decided*, II12
beschreiben *to describe*, II1
die Beschreibung, -en *description*, II1
beschrieben *described*, II1
beschriften *to inscribe*, II8
die Beschwerde, -n *trouble, complaint*, II6
beseitigen *to remove, abolish*, II7
besetzt *busy* (on the telephone), I
besichtigen *to sightsee, visit a place*, II3
die Besichtigung, -en *sightseeing, visit*, II9
der Besitz, -e *ownership*, II1
besonders *especially*, I
besorgen *to provide*, II12
besprechen *to discuss*, II9
besser *better*, I
die Besserung, -en *improvement*, II6; **Gute Besserung!** *Get well soon!*, II6
bestehen *to pass*, II2
bestehen aus *to consist of*, II2
bestellen *to order*, II2
die Bestellkarte, -n *order form*, II8
die Bestellnummer, -n *order number*, II8
die Bestellung, -en *order*, II11
besten: **am besten** *the best*, II5
bestens *very well, best*, II1
bestimmt *certainly, definitely*, I
bestreuen *to sprinkle*, II5
der Besuch, -e *visit*, II2
besuchen *to visit*, I
der Besucher, - *visitor*, II11
betreten *to step on; to enter*, II8
der Betrieb, -e *business, firm*, Loc 10
das Bett, -en *bed*, I
beurteilen *to judge*, II12
die Bevölkerung *population, inhabitants*, II4
bevor (conj) *before*, II2
bevorzugen *to prefer, to favor*, II12
beweisen *to prove*, II12
der Bewerber, - *applicant*, II10
bewundern *to admire*, II9
bezahlen *to pay*, II11
bezahlt *paid for*, II1
bezeugen *to testify to*, Loc 10
beziehungsweise=bzw. *respectively*, II11

das Bezirksamt, ⸚er *local government office*, II11
bezweifeln *to doubt*, II9
biegen *to bend, curve, turn*, II9; **einbiegen** (sep): **Biegen Sie hier ein!** *Turn here!*, II9
der Biergarten, ⸚ *open-air restaurant, beer garden*, II12
das Biertrinken *drinking beer*, II11
bieten *to offer*, II7
das Bild, -er *picture*, II5
bilden *to form, shape, construct*, II1
billig *cheap*, II7
der Bioladen, ⸚ *natural foods store*, II4
die Biologie=Bio *biology*, I
die Biologielehrerin, -nen *biology teacher (female)*, I
die Birne, -n *pear*, II5
bis (prep) *until*, II1; bis auf *except for, all but*, II5; **Bis dann!** *Till then! See you later!*, I; bis zu *up to*, II9
der Bischof, ⸚e *bishop*, II3
der Biß, (pl) Bisse *bite, sting*, II12
bißchen: **ein bißchen** *a little*, I
bissel=bißchen *a little*, II4
bitte *please*, I; **Bitte (sehr/schön)!** *You're (very) welcome!*, I; **Bitte! Hier!** *Here you go!*, II10
bitter *bitter*, II1
das Blatt, ⸚er *leaf; page*, II12
blau *blue*, I
die Blaubeere, -n *blueberry*, II4
der Blazer, - *blazer*, II8
bleiben *to stay, remain*, II3
der Bleistift, -e *pencil*, I
der Blick, -e *glance, view*, II3
blöd *dumb*, I
blond *blonde*, I
bloß *only*, I; **Was soll ich bloß machen?** *Well, what am I supposed to do?*, II9
der Blouson, -s *bomber jacket*, II8
die Blume, -n *flower*, I
das Blumenbeet, -e *flower bed*, II7
der Blumenkohl *cauliflower*, II4
der Blumenstrauß, ⸚e *flower bouquet*, I
die Bluse, -n *blouse*, II8
der Boden *floor, ground*, II12
das Bogenschießen *archery*, II1
die Bohne, -n *bean*, II2
das Boot, -e *boat*, II9; **Boot fahren** *to go for a boat ride*, II9
botanisch *botanical*, II3
boxen *to box, punch*, II10
braten *to roast, bake*, II9
der Braten *roast*, II11

die Bratkartoffeln (pl) *fried potatoes*, II11
brauchen *to need*, I
braun *brown*, I
bräunen *to dye brown; to tan*, II8
s. brechen (etwas) *to break (something)*, II6; **er/sie bricht** *he/she breaks*, II6
breit *large, wide*, II1
die Bremse, -n *brake*, II10
bremsen *to brake*, II12
das Brettspiel, -e *board game*, I; **ein Brettspiel spielen** *to play a board game*, I
die Brezel, -n *pretzel*, I
der Brieffreund, -e *pen pal*, II6
die Briefmarke, -n *postage stamp*, I
der Briefpartner, - *pen pal*, II7
die Brille, -n *a pair of glasses*, I
bringen *to bring*, II8; zum Ausdruck bringen *to express*, II9; etwas in Ordnung bringen *to get something in order*, II8
der Brokkoli *broccoli*, II4
das Brot, -e *bread*, I
das Brötchen, - *breakfast roll*, II5
der Brotkrümel, - *bread crumb*, II12
der Brotteller, - *bread plate*, II12
der Bruder, ⸚ *brother*, I
die Brücke, -n *bridge*, II9
brüllen *to shout, holler*, II9
der Brunnen, - *fountain*, II9
die Brusttasche, -n *breast pocket*, II8
brutal *brutal, violent*, I
das Buch, ⸚er *book*, I
buchen *to book, reserve*, II9
der Buchstabe, -n *letter* (of the alphabet), II1
die Bucht, -en *bay*, II12
das Buddelschiffmuseum, -museen *museum of bottled boats*, II9
die Bude, -n *hut, room*, II12
bügeln *to iron*, II2
die Bühne, -n *stage*, II12
bulgarisch (adj) *Bulgarian*, II11
der Bummel *stroll*, II1
bummeln *to stroll*, II1
der Bund *bundle, bunch*, II2
das Bundesland, ⸚er *(German or Austrian) federal state*, I
das Bundesligateam, -s *team in the federal league*, II12
die Bundfalte, -n *pleat*, II8
die Bundfaltenhose, -n *pleated pants*, II8
bunt *colorful*, II8
das Bürgerhaus, ⸚er *home of a prosperous citizen*, II9
der Bürgerkrieg, -e *civil war*, II10
bürgerlich *civic, civil*, II11; **gut**

bürgerliche Küche *good home-cooked food*, II11
der **Bürgermeister**, - *mayor*, II3
das **Büro**, -s *office*, II3
der **Bus**, -se *bus*, I
der **Busausflug**, ⸗e *bus excursion*, II11
die **Busfahrt**, -en *bus trip*, II9
die **Butter** *butter*, I
die **Buttermilch** *buttermilk*, II2
das **Butterschmalz** *shortening*, I
bzw.=beziehungsweise *respectively*, II12

C

das **Café**, -s *café*, I
der **Camembert Käse**, - *Camembert cheese*, II5
der **Cappuccino**, -s *cappuccino coffee*, II2
die **CD**, -s *compact disc*, I
Ćevapčići (Serbocroat: rolled spicy ground meat), II12
Chanukka *Hanukkah*, I; **Frohes Chanukka-Fest!** *Happy Hanukkah!*, I
der **Charakter** *character, personality, quality*, II8
charakterisieren *to characterize*, II1
checken *to check*, II10
der **Chefkoch**, ⸗e *head chef*, II12
die **Chemie** *chemistry*, Loc 7
chemisch *chemical*, II4
chic *smart (looking)*, I
der **Chinese**, -n *Chinese (male)*, II12
chinesisch (adj) *Chinese*, II11
das **Chorkonzert**, -e *choir concert*, II11
die **Clique**, -n *clique*, II4
das **Cola**, -s *cola (also: die Cola)*, I
die **Comics** (pl) *comic books*, I
der **Computer**, - *computer*, II10
cool (adj) *cool*, II8
die **Couch**, -en *couch*, I
der **Court**, -s *court*, II12
der **Couscous=Kuskus** *couscous*, II12
der **Cousin**, -s *cousin (male)*, I
die **Creme**, -s *cream*, II6
die **Cremesoße**, -n *cream sauce*, II12
die **Crêpes** (pl) *crepes*, II12

D

da *there*, II1; **Da hast du (bestimmt) recht!** *You're right about that!*, II10; **da hinten** *there in the back*, I; **da vorn** *there in the front*, I; **Da stimm' ich dir zu!** *I agree with you about that!*, II10

dabei *by it; near it; beside it, with it*, II2
die **Dachrinne**, -n *rain gutter*, II12
dafür *for it*, II10; **Ich bin dafür, daß ...** *I am for doing...*, II11; *I prefer that...*, II11
daheim *at home, in one's own country*, II12
daher *from there*; (conj) *for that reason*, II7
dahin *to that place*, II9
dahinter *behind it*, II9
damals *then, in those days*, II12
damit *with it*; (conj) *so that*, II1
der **Damm**, ⸗e *dam, dike*, II7
dampfend *steaming*, II12
danach *after that*, I
daneben *next to it*, II1
danebengehen (sep) *to be way off, miss the mark*, II11
Danke! *Thank you!*, I; **Danke (sehr/schön)!** *Thank you (very much)!*, I; **Danke! Dir/Ihnen auch!** *Thank you! Same to you!*, II11; **Danke gleichfalls!** *Thank you and the same to you!*, II11
danken (dat) *to thank*, II1
dann *then*, II1; **Dann nehm' ich eben ...** *In that case I'll take...*, II5; **Dann trink' ich halt ...** *I'll drink instead...*, II5
daran *at it; on it*, II4
darauf *on it; to it*, II3
Darf ich (bitte) ...? *May I (please)...?*, II10
darin *in it*, II8
darüber *over it*, II8
darüberstreuen (sep) *to sprinkle over something*, II12
darunter *under it, underneath*, II8
daß (conj) *that*, I
der **Dativ** *dative case*, II6
die **Datscha**, (pl) **Datschen** *garden house*, II11
der **Daumen**, - *thumb*, II6
davon *away from it; of it*, II7
davor *in front of it*, II9
dazu *for it; with it*, II2
dazwischen *between it*, II10
der **Decathlet**, -en *decathlete (male)*, II12
die **Decke**, -n *blanket, cover*, II12
der **Deckel**, - *lid*, II5
decken *to cover*, II2; **den Tisch decken** *to set the table*, I
deftig *robust*, II11
dein (poss adj) *your*, I
derselbe *the same*, II3

die **Delikatesse**, -n *delicacy*, II11
denken *to think*, II2
das **Denkmal**, ⸗er *monument*, Loc 1
denn (particle), I
denn (conj) *because, for*, I
des *of the*, II1
deshalb (conj) *for this reason*, II2
desinfizieren *to disinfect*, II7
das **Desinteresse** *disinterest*, II8
dessen *of him, it; of whose*, II9
deswegen (conj) *because of that, for this reason*, II1
das **Deutsch** *German* (language), I; (school subject), I
die **Deutschklasse**, -n *German class*, II2
der **Deutschlehrer**, - *German teacher (male)*, I
die **Deutschlehrerin**, -nen *German teacher (female)*, I
der **Deutschschüler**, - *German student (male)*, II5
deutschsprachig *German-speaking*, II12
der **Dezember** *December*, I
das **Dia**, -s *slide*, II3
die **Diätmargarine** *diet margarine*, II2
der **Dichter**, - *writer, poet*, II3
dick (adj) *fat*, II4; **dick machen** *to be fattening*, II4
der **Dienstag** *Tuesday*, I
dienstags *Tuesdays*, II10
dies- *this*, II5
dieselbe *the same*, II6
diesmal *this time*, II3
das **Diktatschreiben**, - *dictation*, II2
das **Ding**, -e *thing*, II1; **vor allen Dingen** *especially*, II10
dir *to you*, II3
direkt *direct*, II9
die **Dirigentin**, -nen *conductor (of an orchestra) (female)*, II11
die **Disko**, -s *disco*, I; **in eine Disko gehen** *to go to a disco*, I
die **Diskothek**, -en *discothek*, II9
die **Diskussion**, -en *discussion*, II10
das **Diskuswerfen** *discus throw*, II1
diskutieren *to discuss*, II7
DM=Deutsche Mark *German mark* (monetary unit), I
doch (particle) *yes, it is!*, I; **Ich meine doch, daß ...**, *I really think that...*, II10
der **Doktor**, -en *doctor*, II8
der **Dom**, -e *cathedral*, II3
der **Donnerstag** *Thursday*, I
donnerstags *Thursdays*, II10
doof *dumb*, I
das **Dorf**, ⸗er *village*, II7

die Dorfgemeinde, -n *village commu-*
nity, II3
die Dorfkirche, -n *village church,* II3
dörflich *rural,* II12
der Dorfplatz, ⸗e *village square,* II3
die Dorfplatzeinweihung, -en *village*
square dedication, II3
dort *there,* I; **dort drüben** *over*
there, I
dorthin *to there,* II9
das Drahtbett, -en *wire-frame bed,* II7
drauf=darauf *on top of it,* II5
draußen *outside,* II5
der Dreck *dirt,* II2
dreckig *dirty,* II7
drehen *to turn,* II7
drin=darin *in it,* II8
dritt- *third,* II1
die Drogerie, -n *drugstore,* II6
der Drogist, -en *druggist (male),* II6
die Drogistin, -nen *druggist*
(female), II6
drücken *to press, squeeze,* II6
der Druckfehler, - *printing error,* II2
der Druckknopf, ⸗e *snap,* II8
drunter=darunter *underneath it,* II5
der Dschungel, - *jungle,* II9
der Duft, ⸗e *scent, perfume,* II2
dumm *dumb, stupid,* I
dummerweise *stupidly,* II3
das Düngemittel, - *fertilizer,* II4
dunkel *dark,* II1
durch (prep) *through,* II9
durchchecken (sep) *to check*
through, II10
die Durchschnittskosten (pl) *average*
cost, II10
dürfen *to be allowed to,* II4;
er/sie/es darf *he/she/it is*
allowed to, II4
der Durst *thirst,* II2

E

eben (particle), II5; **Dann nehm'**
ich eben ... *In that case I'll*
take..., II5; **eben nicht** *actually*
not, II9
ebenfalls *likewise,* II5
echt *real(ly),* II3; *genuine,* II1
die Ecke, -n *corner,* II9
eckig *with corners,* I
egal *alike, equal,* II5; **egal sein:**
Mode ist mir egal. *I don't care*
about fashion., II8
eher *sooner; rather,* II3
ehrlich *honestly,* I
das Ei, -er *egg,* I
eigen *(one's) own,* II7

die Eigenschaft, -en *quality, property,*
attribute, II1
eigentlich *actual(ly),* II1;
Eigentlich schon, aber ... *Well*
yes, but..., II4
ein(-) ander- *another (a differ-*
ent) one, II9
einander *one another,* II7
einbiegen (sep) *to turn,* II9
der Eindruck, ⸗e *impression,* II12
Einfach! *That's easy!,* I
einfarbig *one-colored,* II8
einfüllen (sep) *to fill in,* II5
der Eingang, ⸗e *entrance,* II1
die Eingangstür, -en *entrance*
door, II12
eingebildet *arrogant,* II8
eingeweiht *dedicated,* II3
einheimisch *local, native,* II9
einige *some,* II2
s. einigen auf (acc) *to agree on,* II12
einigermaßen *to a certain*
extent, II4
der Einkauf, ⸗e *purchase,* II8
einkaufen (sep) *to shop,* I;
einkaufen gehen *to go shop-*
ping, I, II5
der Einkaufsbummel *shopping*
through downtown area, II9
die Einkaufsliste, -n *shopping list,* II5
das Einkaufszentrum *shopping cen-*
ter, II2
der Einkaufszettel, - *shopping list,* II2
das Einkommen, - *income,* II7
einladen (sep) *to invite,* I; **er/sie**
lädt ... ein *he/she invites,* I
die Einladung, -en *invitation,* II1
einlegen (sep): **ein Video ein-**
legen *to insert a video,* II3
einmal *once,* I; **einmal am Tag**
once a day, II4
einmalig *unique,* II9
einnehmen (sep) *to take,* II6
der Einreiher, - *coat with one row of*
buttons, II8
einrichten (sep) *to arrange,* II7
die Einrichtung, -en
arrangement, II11
einsam *lonely,* II12
einschalten (sep) *to switch*
on, II10
die Einschaltquote, -n *number of*
viewers, II10
einschlafen (sep) *to fall*
asleep, II12
einschüchtern (sep) *to intimi-*
date, II7
einsetzen (sep) *to put, fill in,* II7
einsteigen (sep) *to get into, onto*
a vehicle, II10

die Einstellung, -en *attitude,*
outlook, II8
eintragen (sep) *to record (an*
entry), II2
eintreten (sep) *to enter,* II6
Einverstanden! *Agreed!,* II10
der Einwohner, - *resident,* Loc 1
einzeln *single, individual, soli-*
tary, iI2
einzig *only; unique,* II9
das Erlebnis, -se *experience,* II7
das Eis *ice cream,* I
der Eisbecher, - *a dish of ice cream,* I
die Eischeibe, -n *slice of egg,* II5
der Eistee *iced tea,* II5
elastisch *elastic,* II8
elegant *elegant,* II12
die Elektroindustrie, -n *electrical*
appliances industry, Loc 1
die Elektrotechnik *electrical engineer-*
ing, Loc 4
der Ellbogen, - *elbow,* II6
die Eltern (pl) *parents,* I
empfangen *to greet, receive,* II10
empfehlen *to recommend,* II11
die Empfehlung, -en *recommenda-*
tion, II11
empfinden *to feel,* II9
das Ende, -n *end,* II2
endgültig *final(ly), last(ly),* II12
endlich *at last,* II8
die Endung, -en *ending,* II5
die Energie, -n *energy,* II4
eng *tight,* I
englisch (adj) *English,* II1
das Englisch *English* (school
subject), I; (language), I
das Englischlernen *learning*
English, II6
englischsprechend *English-*
speaking, II12
die Englischvokabel, -n *English*
vocabulary word, II6
die Entdeckungsreise, -n *voyage of*
discovery or exploration, II12
die Entdeckungstour, -en *discovery*
tour, II12
die Ente, -n *duck,* II11
entfernt *far-off, distant,* II3
enthalten *to contain,* II2
entlang *along,* II9
s. entscheiden *to decide,* II9
Entschuldigung! *Excuse me!,* I
s. entspannen *to relax,* II9
die Entspannung, -en *relaxation,* II12
entsprechen (dat) *to correspond*
to, to agree with, II2
entstehen *to come into exis-*
tence, II12
enttäuscht *disappointed,* II9

entweder: entweder ... oder *either ... or,* II3

entwerfen *to draw up, draft, design,* II5

die Epoche, -n *epoch,* II3

er *he,* I; *it,* I

erarbeiten *to get or gain by working for,* II7

erbaut *built, constructed,* Loc 1

die Erbse, -n *pea,* II2

die Erdbeere, -n *strawberry,* II4

die Erdkunde *geography,* I

die Erdnußbutter *peanut butter,* II5

erfahren *to experience,* II3

der Erfahrene, -n *experienced (person),* II12

erfinden *to invent,* II3

der Erfolg, -e *success,* II12

erfragen *to ascertain by questioning,* II3

erfrischen *to refresh, revive,* II12

erfüllen *to fulfill,* II7

ergänzen *to add to, complete,* II4

ergeben *to produce, yield,* II9

das Ergebnis, -se *result,* II2

erhalten: **gut erhalten** *well maintained,* II9

erhältlich *obtainable,* II9

erhöht *raised,* II6

s. erholen *to recover,* II12

die Erholung, -en *recovery,* II9

der Erholungssuchende, -n *person looking to recuperate,* II12

s. erinnern an (acc) *to remember,* II3

s. erkälten *to catch cold,* II12

die Erkältung, -en *cold* (illness), II6

erkennen *to recognize,* II3

erklären *to explain,* II5

erlaubt *permitted,* II10

erleben *to experience,* II9

das Erlebnis, -se *experience,* II5

ermitteln *to find out,* II10

s. ernähren *to feed, nourish,* II4

die Ernährung *food,* II4

der Ernährungsbewußte, -n *person conscious of his diet,* II12

erraten *solve a riddle, guess correctly,* II1

erscheinen *to appear,* II4

erst *first,* II1

erstellen *to make available,* II9

ersten: am ersten *on the first,* I

erstens *first of all,* II4

ersticken *to suffocate,* II8

ertragen *to bear,* II12

erträumen *to dream of or about, imagine,* II9

erwachsen (pp) *grown up,* II5

erwähnen *to mention,* II3

erwarten *to expect,* II11

erzählen *to tell* (a story), II1

die Erzählung, -en *story,* II12

essen *to eat,* I; **er/sie ißt** *he/she eats,* I

der Eßlöffel=EL *tablespoon,* II5

der Eßtisch, -e *dining table,* I

das Eßzimmer, - *dining room,* II7

etlich- *some, a certain,* II10

etwa *about, more or less,* II4

etwas *something,* I; **Noch etwas?** *Anything else?,* I

euch (pl, acc case) *you,* I; (pl, dat case) *to you,* II3; (reflexive) *yourselves,* II4

euer (poss adj) *your,* II3

der Europäer, - *European,* II12

europäisch (adj) *European,* II12

evangelisch *Protestant,* II9

exklusiv *exclusive,* II12

experimentieren *to experiment,* II8

der Experte, -n *expert,* II12

F

die Fabrik, -en *factory,* II8

das Fach, ⸚er *school subject,* I

fachmännisch (adj) *expert, competent,* II12

das Fachwerkhaus, ⸚er *cross-timbered house,* II3

fahren *to go, ride, drive* (using a vehicle), I; **er/sie fährt** *he/she drives,* I; **Fahren wir mal nach ... !** *Let's go to ... !,* II9

der Fahrgast, ⸚e *passenger,* II11

die Fahrpraxis *driving experience,* II10

das Fahrrad, ⸚er *bicycle,* II4

das Fahrrad-Depot, -s *bicycle racks,* II12

die Fahrradclique, -n *bicycle group,* II1

die Fahrradtour, -en *tour by bicycle,* II9

die Fahrschule, -n *driving school,* II10

die Fahrstunde, -n *driving lesson,* II10

die Fahrt, -en *ride, drive, journey,* II2

die Fahrzeit, -en *travel time,* II11

das Fahrzeug, -e *vehicle,* II7

der Fall, ⸚e *case,* II3

das Fallschirmspringen *sky-diving,* II10

der Faltenrock, ⸚e *pleated skirt,* II8

die Familie, -n *family,* I

das Familienmitglied, -er *family member,* II5

die Familiensendung, -en *family program,* II10

der Fantasyroman, -e *fantasy novel,* I

das Farbbild, -er *color photograph,* II3

die Farbe, -n *color,* I

das Farbfernsehgerät, -e *color TV set,* II10

farblich *colorful,* II8

die Faser, -n *thread, material,* II8

faszinierend *fascinating,* Loc 4

fau! *lazy,* II1

faulenzen *to be lazy,* II3

der Februar *February,* I

fechten *to fence,* II1

fehlen: **Was fehlt dir?** *What's wrong with you?,* II6

der Fehler, - *mistake,* II3

die Feier, -n *celebration, party,* II2

der Feiertag, -e *holiday,* I

fein *fine, exquisite,* II12

der Feind, -e *enemy,* II4

die Feinmechanik *precision tool mechanics,* Loc 10

der Fels, -en *boulder,* II9

feminin *feminine,* II5

das Fenster, - *window,* I

die Ferien (pl) *vacation* (from school), II3

das Ferienangebot, -e *special vacation offer,* II9

der Ferienort, -e *resort,* II3

das Ferienparadies, -e *vacation paradise,* II9

der Ferienplan, ⸚e *vacation plan,* II9

das Ferienziel, -e *vacation destination,* II12

die Fernbedienung, -en *remote control,* II10

Fernseh gucken *to watch TV* (colloquial), II10

der Fernseh- und Videowagen *TV and video cart,* II10

die Fernsehanstalt, -en *TV station,* II10

Fernsehen schauen *to watch TV,* I

fernsehen (sep) *to watch TV,* II10

der Fernseher, - *television set,* II10

das Fernsehgerät, -e *television set,* II10

die Fernsehgewohnheit, -en *TV viewing habit,* II10

der Fernsehgucker, - *TV viewer,* II10

das Fernsehprogramm, -e *TV schedule,* II10

der Fernsehrat *TV council,* II10

der Fernsehraum, ⸚e *TV room,* II9

die Fernsehsaison, -s *programming season,* II10

die Fernsehsendung, -en *TV program, show,* II12

der Fernsehzuschauer, - *TV viewer*, II10

fertigen *to finish*, II9

das Fertiggericht, -e *frozen food*, II5

fesch *stylish, smart*, I

fest *firm*, II12

das Festland *mainland*, II9

die Festlichkeit, -en *party, celebration*, II12

der Festtag, -e *holiday, festival*, II8

fett *fat, greasy*, II6

das Fett: **hat zu viel Fett** *has too much fat*, II4

fetzig *really sharp (looking)*, II8

feuerrot *bright red*, II8

das Fieber, - *fever*, II6

der Film, -e *movie*, I; *roll of film*, II3

filmen *to film, videotape*, II3

der Filzstift, -e *felt-tip pen*, II1

die Finanzmetropole, -n *financial center*, II3

finden *to think about*, I; **Das finde ich auch.** *I think so, too.*, I; **Das finde ich nicht.** *I disagree.*, I; *I don't think so.*, II10; **Ich finde es gut/ schlecht, daß ...** *I think it's good/bad that...*, I; **Ich finde den Pulli stark!** *The sweater is awesome!*, I; **Wie findest du (Tennis)?** *What do you think of (tennis)?*, I

die Firma, (pl) Firmen *company*, II3

der Fisch, -e *fish*, I

das Fischerdorf, ̈er *fishing village*, II9

die Fischerhose, -n *pedal pushers*, II8

das Fischgericht, -e *fish entrée*, II11

das Fischstäbchen, - *fish stick*, II5

s. fit halten *to stay fit*, II4

die Fitneß *fitness*, II12

die Fitneßgewohnheit, -en *fitness habit*, II4

der Fitneßraum, ̈e *training and weight room*, II9

die Fläche, -n *flat area, surface*, Loc 1

flach *flat*, II8

die Flasche, -n *bottle*, II5

die Fledermaus, ̈e *bat*, II11

das Fleisch *meat*, I

das Fleischgericht, -e *meat dish*, II11

der Fleischsalat, -e *meat salad*, II5

fleißig *hard-working*, II1

die Fliege, -n *bow tie*, II12

fliegen *to fly*, II9

die Fliese, -n *tile*, II12

der Flohmarkt, ̈e *flea market*, II1

flott *lively, brisk*, II12

der Flug, ̈e *flight*, II12

der Flughafen, ̈ *airport*, II3

die Flugstunde, -n *hour of flying time*, II12

das Flugzeug, -e *airplane*, II7

der Flur, -e *hallway*, II7

der Fluß, (pl) **Flüsse** *river*, II7

das Flüßchen, - *streamlet*, II9

folgen (dat) *to follow*, II8

folgend- *following*, II2

fordern *to demand*, II5

die Forelle, -n *trout*, II4

das Forellenfilet, -s *trout fillet*, II11

der Fortgeschrittene, -n *advanced (person)*, II12

das Foto, -s *photo*, II1

die Fotogeschichte, n *photo story*, II6

der Fotograf, -en *photographer*, II12

fotografieren *to photograph*, II3

die Frage, -n *question*, II4

der Fragebogen, ̈ *questionnaire*, II3

fragen *to ask*, II4

französisch (adj) *French*, II11

die Frau, -en *woman; Mrs.*, I

die Frauenrechtlerin, -nen *supporter of equal rights for women (female)*, Loc 7

frei *free*, II9; **Wir haben frei.** *We have off (from school).*, I

freilich *to be sure, quite so*, II11

der Freitag *Friday*, I

freitags *Fridays*, II10

freiwillig *voluntary*, II9

die Freizeit *free time, leisure time*, I

die Freizeitbeschäftigung, -en *free time activity*, II3

das Freizeitzentrum, (pl) -zentren *leisure time meeting area*, II1

fremd *foreign; strange*, II11

der Fremdenverkehrsverein, -e *tourist bureau*, II3

das Fremdwort, ̈er *foreign word*, II2

die Freude *happiness*, II9

s. freuen auf (acc) *to look forward to*, II4

s. **freuen über** (acc) *to be happy about*, II4; **Ich freue mich, daß ...** *I am happy that...*, II4

der Freund, -e *friend (male)*, I

die Freundin, -nen *friend (female)*, II1

freundlich *friendly*, II1

friedlich *peaceful*, II7

frisch *fresh*, II2

der Friseur, -e *hair stylist*, II12

froh *happy*, II4

fröhlich *cheerful, happy*, II2

der Froschschenkel, - *frog's leg*, II5

die Frucht, ̈e *fruit*, II5

das Fruchtfleisch *fruit pulp*, II5

der Fruchtsaft, ̈e *fruit juice*, II11

früh *early*, II6

der Frühling *spring* (season), I

das Frühstück, -e *breakfast*, II5

s. **fühlen** *to feel*, II4; **Ich fühle mich wohl!** *I feel great!*, II6

führen *to lead*, II9

der Führerschein, -e *driver's license*, II10

die Fülle, -n *fullness, abundance*, II4

fünft- *fifth*, II9

fünftgrößt- *fifth biggest*, II3

fünfzeilig *five line*, II7

für (prep) *for*, I

furchtbar *terrible, awful*, I; **furchtbar gern haben** *to like a lot*, I

fürs=für das *for it*, II1

der Fuß, ̈e *foot*, II6

Fußball *soccer*, I

der Fußboden, ̈ *floor*, II12

die Fußbremse, -n *foot brake*, II10

die Fußgängerzone, -n *pedestrian zone*, II9

füttern *to feed*, I

G

gähnen *to yawn*, II12

ganz *all, whole*, II1; **Ganz klar!** *Of course!*, I; **ganz wohl** *extremely well*, II4

gar nicht gern haben *not to like at all*, I

die Garage, -n *garage*, II2; **die Garage aufräumen** *to clean the garage*, II2

der Garten, ̈ *garden, yard*, II7

die Gartenarbeit, -en *yard work*, II2

der Gast, ̈e *guest*, II3

der Gastgeber, - *host*, II2

das Gasthaus, ̈er *hotel, bed and breakfast*, II3

der Gasthof, ̈e *restaurant, inn*, II3

das Gastland, ̈er *host country*, II9

die Gastronomie *gastronomy*, II3

die Gaststätte, -n *restaurant, coffee house*, II12

der Gastwirt, -e *owner of a restaurant, hotel*, II12

das Gebäude, - *building*, Loc 4

geben *to give*, I; **er/sie gibt** *he/she gives*, I; **Das gibt's doch nicht!** *There's just no way!*, II10

gebeten *asked*, II12

das Gebirge, - *mountains*, II3

geblieben *remained, stayed*, II3

geblümt *flowery*, II8

geboren *born*, II3

das Gebot, -e *commandment*, II4

gebracht *brought,* 8
gebraten *fried,* II11
gebrauchen *to use,* II1
gebrochen *broken,* II6
der Geburtstag, -e *birthday,* I; **Alles Gute zum Geburtstag!** *Best wishes on your birthday!,* I; **Herzlichen Glückwunsch zum Geburtstag!** *Best wishes on your birthday!,* I; **Ich habe am ... Geburtstag.** *My birthday is on...,* I
die Geburtstagsfeier, -n *birthday celebration,* II11
die Geburtstagsfete, -n *birthday party,* II2
die Gedächtniskirche *Memorial Church,* Loc 4
der Gedanke, -n *thought, idea,* II5
das Gedicht, -e *poem,* II7
gefächert *varied,* II11
gefallen *to like;* **Hat es dir gefallen?** *Did you like it?,* II3; **Wie hat es dir gefallen?** *How did you like it?,* II3
das Gefäß, -e *container for liquid,* II3
gefüllt: das gefüllte Ei, -er *deviled egg,* II11
gefüttert *padded,* II8
gegangen *gone,* II3
gegen (prep) *against,* II1
die Gegend, -en *area,* II7
gegenseitig *mutual(ly),* II1
gegenüber (prep) *across from,* II9
gegessen *eaten,* II3
der Gegner, - *opponent,* II1
gegrillt *grilled,* II11
gehackt *chopped,* II12
der Geheimtip, -s *secret tip,* II12
gehen *to go,* I; **Das geht nicht.** *That won't work,* I; **Es geht.** *It's okay,* I; **Wie geht's (denn)?** *How are you?,* I; **Gehen wir mal auf den Golfplatz!** *Let's go to the golf course!,* II9
geholfen *helped,* II3
der Geigenbau *violin making,* Loc 1
gekauft *bought,* I; **Was hast du gekauft?** *What did you buy?,* I
geknotet *knotted, tied,* II1
gekrönt *crowned,* II3
gekürzt *shortened, abbreviated,* II3
gelaunt: **gut gelaunt** *in a good mood,* II1
gelb *yellow,* I
das Geld *money,* I
die Gelegenheit, -en *opportunity,* II2
gelesen (pp) *read,* I; **Was hast du gelesen?** *What did you read?,* I
gemacht *done,* I; **Was hast du am Wochenende gemacht?** *What did you do on the weekend?,* I
gemahlen (pp) *milled, ground,* II12
das Gemälde, - *painting,* II2
die Gemäldegalerie, -n *gallery,* II3
gemeinsam *in common; joint, together,* II3
die Gemeinschaft, -en *community,* II3
gemietet *rented,* II12
gemischt *mixed,* II11
das Gemüse *vegetables,* I; **im Obst- und Gemüseladen** *at the produce store,* I
die Gemüsefrau *produce vendor (female),* II2
der Gemüseladen, ⸚ *produce store,* I
der Gemüsemann *produce vendor (male),* II2
gemustert *patterned,* II8
gemütlich *comfortable,* II7
genannt *named,* II3
genau *exact(ly),* II4
genauso wie *just as ...,* II8
das Genie, -s *genius,* II12
genießen *to enjoy,* II9
genossen *enjoyed,* II3
genug *enough,* I; **Ich habe genug.** *I have enough.,* I
genügend *enough,* II4; **genügend schlafen** *to get enough sleep,* II4
der Genuß, (pl) Genüsse *pleasure,* II6
die Geografie *geography,* II8
gepflegt *well cared-for, well-groomed,* II12
gepunktet *polka-dotted,* II8
gerade *straight,* II2; *precisely, just,* II9; **Das ist gerade passiert.** *It just happened.,* II9
geradeaus *straight ahead,* II9
das Gerät, -e *appliance,* II10
geraten: in Schwierigkeiten geraten *to get into trouble,* II4
geräuchert *smoked,* II11
das Gericht, -e *meal, entrée,* II11
gerieben *grated,* II12
gering *small, unimportant,* II7
die Germanistik (sing) *German studies,* II4
gern (machen) *to like (to do),* I; **gern haben** *to like,* I; **Gern geschehen!** *My pleasure!,* I; **besonders gern** *especially like,* I; **Gern! Hier ist es!** *Here! I insist!,* II10
gerne=gern, II2
der Gesamtpreis, -e *total price,* II8
der Gesamtschüler, - *student at a comprehensive school,* II8
die Gesäßtasche, -n *back pocket,* II8
das Geschäft, -e *store; business,* II5
die Geschäftsleute (pl) *business people,* II11
das Geschenk, -e *gift,* I
die Geschenkidee, -n *gift idea,* I
die Geschichte *history,* I
das Geschirr *dishes,* I; **Geschirr spülen** *to wash the dishes,* I
der Geschmack, ⸚e *taste,* II5
geschnitten (pp) *cut,* II12
geschrieben *written,* II2
die Geschwindigkeitsbeschränkung, -en *speed limit,* II7
die Geschwister (pl) *brothers and sisters,* I
geschwommen *swum,* II3
die Gesellenprüfung, -en *apprentice's final exam,* II7
die Gesellschaft, -en *social group; society,* II10
das Gespräch, -e *conversation,* II1
gesprochen *spoken,* I; **Worüber habt ihr gesprochen?** *What did you (pl) talk about?,* I
gestatten *to allow, permit,* II12
gestehen *to admit,* II11
gestern *yesterday,* I; **gestern abend** *yesterday evening,* I
gestiegen *climbed,* II3
gestoßen *shoved,* II12
gestreift *striped,* II8
gesund *healthy,* II4
die Gesundheit *health,* II4
der Gesundheitstip, -s *health tip,* II4
gesüßt *sweetened,* II5
das Getränk, -e *drink,* II11
das Getriebe, - *transmission,* II10
gewesen (pp) *been,* II3
das Gewichttraining *weight training,* II12
das Gewissen, - *conscience,* II4
das Gewitter, - *storm,* I
die Gewohnheit, -en *habit,* II4
gewöhnlich *usually,* II4
das Gewölbe, - *archway, vault,* II3
gewonnen *won,* II8
geworden (pp) *became,* II12; er ist groß geworden *he got big, grew up,* II12
gießen *to water,* I; **Blumen gießen** *to water the flowers,* I
giftfrei *non-toxic,* II7
die Gitarre, -n *guitar,* I
das Glas, ⸚er *glass,* I; **ein Glas Apfelsaft** *a glass of apple juice,* I
die Glasscheibe, -n *pane of glass,* II9
glauben *to believe,* I; **ich glaube** *I think,* I; **Ich glaube nicht, daß ...** *I don't think that...,* II9

gleich *immediately; equal*, II2
Gleichfalls: **Danke, gleichfalls!**
*Thank you and the same to
you!*, II11
gleichmäßig *even, symmetrical*, II5
glotzen *to stare*, II10; Fernseh
glotzen *to watch TV*, II10
das **Glück** *luck*, I; **So ein Glück!**
What luck!, I
das **Glücksrad**, ⸚er *lotto wheel, wheel
of fortune*, II10
das **Goethehaus** (Goethe's birthplace), II3
Golf *golf*, I
der **Golfplatz**, ⸚e *golf course*, II9
der **Gott**, ⸚er *God*, II1; **um Gottes
willen** *for God's sake*, II11
die **Götterdämmerung**, -en *twilight of
the gods*, II11
der **Grad** *degree(s)*, I; **zwei Grad**
two degrees, I; **Wieviel Grad
haben wir?** *What's the
temperature?*, I
das **Gramm** *gram*, I
grau *gray*, I; **in Grau** *in gray*, I
grausam *cruel*, I
die **Grenze**, -n *border*, II12
der **Grieche** -n *Greek*, II9
griechisch (adj) *Greek*, II11
groß *big*, I
großartig *wonderful*, II4
die **Größe**, -n *size*, I
die **Großeltern** (pl) *grandparents*, I
größer *bigger*, II7
die **Großmutter**, ⸚ *grandmother*, I
der **Großraum**, ⸚e *metropolitan
area*, Loc 10
die **Großstadt**, ⸚e *big city*, II7
der **Großvater**, ⸚ *grandfather*, I
die **Großzügigkeit**, -en *generosity*, II8
gruftimäßig *like a Punker*, II8
grün *green*, I; **in Grün** *in
green*, I
der **Grund**, ⸚e *reason*, II2
der **Grundschüler**, - *elementary school
student*, II2
die **Gruppe**, -n *group*, I
gruselig *horrible, frightening*, II9
der **Gruselroman**, -e *horror novel*, I
der **Gruß**, ⸚e *greeting*, II7; **grüßen** *to
greet*, II11; **Grüß dich!** *Hi!*, I;
Grüß Gott *Hello*, II1
die **Grütze: Rote Grütze** (name of a
dessert), II11
gucken *to look*, II5; **Guck mal!**
Look!, II5; **Fernseh gucken** *to
watch TV* (colloquial), II10
das **Gummiband**, ⸚er *rubber band*, II8
günstig *favorable*, II9

die **Gurke**, -n *cucumber*, II2
die **Gurkenscheibe**, -n *cucumber
slice*, II2
der **Gürtel**, - *belt*, I
gut *good*, I; **Gut!** *Good! Well!*, I;
gut gelaunt *good-tempered*,
II1; **Gut! Mach' ich!** *Okay, I'll
do that!*, I; **gut sein: Ist dir
nicht gut?** *Are you not feeling
well?*, II6
der **Gymnasiast**, -en *student in
Gymnasium (male)*, II2
die **Gymnasiastin**, -nen *student in
Gymnasium (female)*, II2
die **Gymnastik** *exercise,
calisthenics*, II4; **Gymnastik
machen** *to exercise*, II4
das **Gyros** *gyros*, I

H

das **Haar**, -e *hair*, I
die **Haarfarbe** *hair color*, II1
die **Haarlänge** *hair length*, II1
haben *to have*, I; **er/sie hat**
he/she has, I; **Haben Sie das
auch in Rot?** *Do you also have
that in red?*, I
die **Hacke**, -n *hoe*, II7
das **Hackfleisch** *ground meat*, I
die **Haftung**, -en *liability*, II2
das **Hähnchen**, - *chicken*, I
halb *half*, I; **halb (eins, zwei,
usw.)** *half past (twelve, one,
etc.)*, I
halblaut (adj) *whispering*, II11
die **Hälfte**, -n *half*, II12
die **Halle**, -n *hall*, II12
das **Hallenbad**, ⸚er *indoor pool*, II9
Hallo! *Hi! Hello!*, I
der **Hals**, ⸚e *throat*, II6
die **Halskette**, -n *necklace*, II1
die **Halsschmerzen** (pl) *sore
throat*, II6
das **Halstuch**, ⸚er *kerchief*, II1
das **Halsweh** *sore throat*, II6
halt (particle), I; **Die Kleinstadt
gefällt mir gut, weil es da halt
ruhiger ist.** *I like a small town
because it's just quieter there.*, II7
halten *to stop, hold*, II4; (für) *to
consider as*, II9; **s. fit halten** *to
keep fit*, II4
die **Handbremse**, -n *emergency
brake*, II10
die **Handcreme** *hand cream*, II6
die **Hand**, ⸚e *hand*, II6
der **Handel** *business, trade*, Loc 7
handeln von *to be about*, II12
die **Handtasche**, -n *handbag*, II1

hängen *to hang*, II3
hart *hard, tough*, II6
hartgekocht *hard-boiled*, II5
hätte: Ich hätte gern ... *I would
like...*, II11
der **Haufen**, - *pile*, II7
häufig *frequent(ly)*, II6
das **Hauptgericht**, -e *main dish*, II11
der **Hauptpunkt**, -e *main point*, II3
der **Hauptschüler**, - *(male) student at
the Hauptschule*, II8
die **Hauptschülerin**, -nen *(female)
student at the Hauptschule*, II8
die **Hauptstadt**, ⸚e *capital*, I
die **Hauptstraße**, -n *main street*, II9
die **Haupturlaubsreise**, -n *main vacation trip*, II9
das **Hauptwort**, ⸚er *noun*, II11
das **Haus**, ⸚er *house*, II7; **zu Hause
bleiben** *to stay at home*, II6
die **Hausarbeit**, -en *housework*, II2
die **Hausaufgaben** (pl) *homework*, I;
Hausaufgaben machen *to do
homework*, I
hausgemacht *home-made*, II11
der **Haushalt**, -e *household*, II10
haushalten *to keep house*, II10
die **Hausmannskost** *simple, hearty
food*, II5
das **Haustier**, -e *pet*, I
die **Haut**, ⸚e *skin*, II6
hassen *to hate*, II5
häßlich *ugly*, I
die **Heckenschere**, -n *pruning
shears*, II7
das **Heft**, -e *notebook*, I
heftig *vehement, violent*, II10
die **Heide** *heath*, II7
der **Heilbutt** *halibut*, II5
das **Heim**, -e *home; institute*, II10
der **Heimatort**, -e *native place*, II7
die **Heimatstadt**, ⸚e *native city*, II7
die **Heimfahrt** *trip home*, II2
heiß *hot*, I
heißen *to be called*, I; **er heißt**
his name is, I
helfen (dat) *to help*, I; **zu Hause
helfen** *to help at home*, I
hell *bright*, II7
hellbraun *light brown*, II1
das **Hemd**, -en *shirt*, I
heraus *out*, II3
herausfinden (sep) *to find out*, II5
herauslösen (sep) *to filter out, to
remove*, II5
herausnehmen (sep) *to take
out*, II3
herausschneiden (sep) *to cut
out*, II5

heraussuchen (sep) *to pick out, select*, II8

der Herbst *fall* (season), I; **im Herbst** *in the fall*, I

der Herd, -e *stove*, I

herstellen (sep) *to manufacture, produce*, II5

der Herr *Mr.*, I

herrlich *fantastic*, II9

die Herrschaft, -en *rule, dominion; person*, II3

herumlaufen (sep) *to run around*, II11

das Herz, -en *heart*, II6

herzhaft *hearty*, II11

herzlich *heartfelt*, II12; **Herzlichen Glückwunsch zum Geburtstag!** *Best wishes on your birthday!*, I

der Herzog, ⸚e *duke*, II1

heulen *to cry*, II9

heute today, I; **heute morgen** *this morning*, I; **heute nachmittag** *this afternoon*, I; **heute abend** *tonight, this evening*, I

heutzutage *nowadays*, II8

hier *here*, I; **Hier bei ...** *The ... residence.*, I; **Hier ist ...** *This is ...*, I

die Hilfe, -n *help*, II11

die Hilfsbereitschaft *cooperation*, II8

die Himbeere, -n *raspberry*, II2

die Himbeermarmelade, -n *raspberry marmalade*, II5

die Himbeertorte, -n *raspberry cake*, II1

der Himmel, - *sky, heaven*, II6

das Himmelbett, -en *canopy bed*, II7

hin *to*, II1

hinaus *out*, II7

hinausziehen (sep) *to go outside*, II7

hinein *into*, II12

hineinwerfen (sep) *to throw into*, II12

hingehen (sep) *to go to*, II2

hinten *at the back*, II1; **da hinten** *there in the back*, I

der Hintergrund, ⸚e *background*, II11

hinterlassen *to leave behind*, II9

der Hinweis, -e *hint, direction*, II4

historisch *historical*, II1

die Hitze *heat*, II6

der Hitzschlag, ⸚e *heat stroke*, II6

hob (past) *lifted*, II12

hobbymäßig *for a hobby*, II10

das Hobby, -s *hobby*, II1

hoch *high*, II6

das Hochwasser, ⸚ *flood*, II9

die Hochzeit, -en *wedding*, II12

der Hof, ⸚e *court, courtyard*, II9

hoffen *to hope*, II6

Hoffentlich ... *Hopefully...*, II6; **Hoffentlich geht es dir bald besser!** *I hope you'll get better soon.*, II6

die Hoffnung, -en *hope*, II6

höflich *polite, courteous*, II12

hoh- *high*, II1

höher: noch höher *still higher*, II10

holen *to get, fetch*, I

das Holz, ⸚er *wood*, I; **aus Holz** *out of wood*, I

der Holztisch, -e *wooden table*, II9

hören: **Hör mal zu!** *Listen to this!*, II5; **Hör mal!** *Listen!*, II5; **Musik hören** *to listen to music*, I; **Hör gut zu!** *Listen carefully.*, I

horchen *to listen carefully*, II12

der Hörer, - *listener; receiver*, I; **den Hörer abheben** *to pick up the receiver*, I; **den Hörer auflegen** *to hang up (the telephone)*, I

der Horrorfilm, -e *horror movie*, I

die Hose, -n *pants*, I

das Hotel, -s *hotel*, II3

hübsch *pretty*, II1

die Hüfte, -n *hip*, II6

das Huhn, ⸚er *chicken*, II4

der Hummer, - *lobster*, II11

der Hund, -e *dog*, I

hundelieb *fond of dogs*, II12

der Hunger *hunger*, I; **Ich habe Hunger.** *I am hungry*, II6

hungrig *hungry*, II12

hupen *to honk the horn*, II7

der Hürdenlauf, ⸚e *hurdling*, II1

der Husten, - *cough*, II6

der Hut, ⸚e *hat*, II1

I

ich *I*, I; **Ich auch.** *Me too.*, I; **Ich nicht.** *I don't.*, I

die Idee, -n *idea*, II9; **Gute Idee!** *Good idea!*, II12; **Hast du eine Idee?** *Do you have an idea?*, II9

identifizieren *to identify*, II1

s. identifizieren mit *to identify yourself with*, II7

das Idol, -e *idol*, II1

ihm *to, for him*, I

ihn *it, him*, I

ihnen *to them*, II3

Ihnen (formal) *to you*, II3

ihr (poss adj) *her, their*, I; *to, for her*, I; (pl) *you*, I

Ihr (poss adj, formal, pl, sing) *your*, II5

die Illustration, -en *illustration*, II7

die Illustrierte, -n *magazine*, II5

im=in dem; im Frühling *in the spring*, I; **im Januar** *in January*, I; **(einmal) im Monat** *(once) a month*, I; **im Wohnzimmer** *in the living room*, I

der Imbißstand, ⸚e *fast-food stand*, II2

die Imbißstube, -n *snack bar*, II3

immer *always*, I

das Imperfekt *past tense*, II3

imposant *impressive, majestic*, II9

in (prep) *in, into*, II9; **in Blau** *in blue*, I; **in der (Basketball) Mannschaft** *on the (basketball) team*, II4; **in die Apotheke gehen** *to go to the pharmacy*, II6

indem (conj) *in that*, II11

indisch (adj) *(Asian) Indian*, II11

individuell (adj) *individual*, II12

die Industrie, -n *industry*, Loc 1

der Industriestandort, -e *industrial location*, Loc 10

das Infoblatt, ⸚er *information brochure*, II4

die Information, -en *information*, II4

der Innenraum, ⸚e *interior, inside*, II5

die Innenstadt, ⸚e *downtown*, II9

die Innentasche, -n *inside pocket*, II8

innerhalb (prep) *within, on the inside*, II12

die Insel, -n *island*, II12

insgesamt *altogether*, II5

das Instrument, -e *instrument*, I

inzwischen *in the meantime*, II12

intelligent *intelligent*, II1

intensiv *intensive*, II6

interessant *interesting*, II5

das Interesse, -n *interest*, I; **Hast du andere Interessen?** *Do you have any other interests?*, I; **Ich habe kein Interesse an Mode.** *I am not interested in fashion.*, II8

s. interessieren für *to be interested in*, II8; **Interessierst du dich für Mode?** *Are you interested in fashion?*, II8

international *international*, II7

interviewen *to interview*, II7

irgendein- *someone, something*, II2

irgendwas *anything, something*, II2

irgendwelch- *some, any*, II2

irgendwie *somehow*, II1

irgendwo *somewhere*, II2

irgendwohin *to somewhere*, II1

das Islandpferd, -e *Iceland pony*, II3
ist: **er/sie/es ist** *he/she/it is*, I;
sie ist aus *she's from*, I; **Ist
was mit dir?** *Is something
wrong?*, II6
der Italiener, - *Italian*, II9
italienisch (adj) *Italian*, II11

J

ja *yes*, I; **Ja klar!** *Of course!*, I;
Das ist ja unglaublich! *That's
really unbelievable!*, II10; **Ja,
kann sein, aber ...** *Yes, maybe,
but...*, II4; **Ja, natürlich!**
Certainly!, II4; *Yes, of
course!*, II10; **Ja, schon, aber ...**
Well yes, but..., II7; **Ja? Was
denn?** *Okay, what is it?*, II5
die Jacke, -n *jacket*, I
das Jahr, -e *year*, I; **Ich bin ... Jahre
alt.** *I am...years old.*, I
der Jahrestil, -e *year's style*, II8
die Jahreszeit, -en *season*, II5
das Jahrhundert, -e *century*, II9; **aus
dem 17. Jahrhundert** *from the
17th century*, II9
jährig *year-old*, II9
jahrzehntelang *for decades*, Loc 4
der Januar *January*, I; **im Januar** *in
January*, I
der Japangarten *Japanese garden*, II9
je *each, every*, II8; **je nach
Gelegenheit** *according to the
occasion*, II8
die Jeans (mostly sing) *jeans*, I
die Jeansjacke, -n *jeans jacket*, II1
die Jeansweste, -n *jeans vest*, II8
jed- *every*, II2; **jede Woche**
every week, II4; **jeden Tag**
every day, I; **jedes Wochenende**
every weekend, II4
jemand *someone, somebody*, II6
jenseits (prep) *on the other side,
beyond*, II12
jetzt *at present, now*, I
der Job, -s *job*, II7
das Jobangebot, -en *job offer*, II12
joggen *to jog*, I
der Jogging-Anzug, ⸚e *jogging
suit*, I
der Joghurt, -s (or **das**) *yogurt*, II5
die Jugend *youth*, II3
die Jugendherberge, -n *youth
hostel*, II3
das Jugendlager, - *youth camp*, II9
der Jugendliche, -n *teenager
(male)*, II8
die Jugendliche, -n *teenager
(female)*, II8

die Jugendpflege, -n *youth
welfare*, II11
der Juli *July*, I
jung *young*, II7
der Junge, -n *boy*, I
jünger *younger*, II7
der Juni *June*, I
der Jux *practical joke*, II12

K

das Kabarett, -e *cabaret*, II11
das Kabelfernsehen *cable TV*, II10
das Kabriolett, -s *convertible,
cabriolet*, II10
der Kaffee *coffee*, I
der Kajak, -s *canoe, kayak*, II7
der Kakao *chocolate milk*, II5
der Kalender, - *calendar*, I
kalifornisch (adj) *Californian*, II11
die Kalorie, -n *calorie*, II1
kalt (adj) *cold*, II4
die Kälte, -n *cold, coldness*, II12
die Kamera, -s *camera*, II3
der Kamin, -e *fireplace, chimney*, II9
s. kämmen *to comb*, II6
die Kammerspiele (pl) *(small)
theater*, II11
kämpfen *to fight*, II12
der Kanal, ⸚e *canal*, II1
das Kapitel, - *chapter*, II1
das Käppi, -s *(baseball) cap*, II8
kaputt *ruined, broken*, I, II9
die Kapuze, -n *hood*, II8
kariert *checked*, II8
das Karo, -s (pattern) *check,
diamond*, II12
die Karotte, -n *carrot*, II7
der Karpfen, - *carp*, II4
die Karte, -n *card; ticket*, I
die Karteikarte, -n *index card*, II7
die Kartoffel, -n *potato*, I
der Käse, - *cheese*, I
das Käsebrot, -e *cheese sandwich*, I
der Käsekuchen, - *cheese cake*, II5
die Käserei, -en *cheese dairy*, II9
die Kasse, -n *cash register*, II8
die Kassette, -n *cassette*, I
der Kassettenspieler, - *cassette
deck*, II10
der Kasten, ⸚ *box*, II1
der Katalog, -e *catalogue*, II8
die Kategorie, -n *category*, II1
der Katholik, -en *Catholic*, II3
die Katze, -n *cat*, I
kauen *to chew*, II12
kaufen *to buy*, I
das Kaufhaus, ⸚er *department store*, II2
der Kaufmann, (pl) Kaufleute *salesman*, II11

der Kaugummi, -s *chewing gum*, II1
kaum *barely, hardly*, II6
der Kavalierstart, -s *jack-rabbit
start*, II7
die Kegelbahn, -en *bowling alley*, II3
kegeln *to bowl*, II3
kein *no, none, not any*, I; **Ich
habe keine Zeit.** *I don't have
time.*, I; **Ich habe keinen
Hunger mehr.** *I'm not hungry
any more.*, I; **Keine Ahnung!** *I
have no idea!*, I
der Keks, -e *cookie*, I
der Keller, - *cellar*, II7
der Kellner, - *waiter*, II11
kennen *to know, be familiar or
acquainted with*, I
kennenlernen (sep) *to get to
know*, II12
das Kilo=Kilogramm, - *kilogram*, I
das Kind, -er *child*, II1
kinderlieb *fond of children*, II1
die Kindheit *childhood*, II3
das Kinn, -e *chin*, II3
das Kino, -s *cinema*, I; **ins Kino
gehen** *to go to the movies*, I
die Kirche, -n *church*, I
die Kirsche, -n *cherry*, II4
die Klamotten (pl) *(casual term for)
clothes*, I
der Klang, ⸚e *sound, ring*, II11; **vom
Klang her** *as far as the sound
goes*, II11
klappen *to go smoothly, work*, II9
klappern *to rattle, clatter*, II12
klar *clear*, II2
Klasse! *Great!; Terrific!*, I
die Klasse, -n *grade level*, I; *class*, II4
der Klassenkamerad, -en *classmate
(male)*, II2
die Klassenkameradin, -nen *classmate (female)*, II2
das Klassenzimmer, - *classroom*, II2
klassisch *classic(al)*, II1
das Klavier, -e *piano*, I; **Ich spiele
Klavier.** *I play the piano.*, I
kleben *to glue, stick*, II8
das Kleid, -er *dress*, I
die Kleidung *clothing*, II1
der Kleidungsartikel, - *article of
clothing*, II8
die Kleidungsreklame, -n *clothing
ad*, II8
der Kleidungsstil, -e *clothing
style*, II8
das Kleidungsstück, -e *piece of clothing*, II12
klein *small*, I
kleingeschnitten *cut small*, II12
die Kleinstadt, ⸚e *town*, II7

klettern *to climb,* II9

die Klimaanlage, -n *air conditioning,* II10

die Klippe, -n *cliff,* II12

der Klops, -e *meat ball,* II11

der Kloß, ⸗e *dumpling,* II11

der Klub, -s *club,* II3

das Klubmitglied, -er *club member,* II3

die Kluft *gap, crevice,* II12

klug *intelligent,* II8

knabbern *to gnaw, nibble,* II2

knallgelb *glaring yellow,* II8

das Knie, - *knee,* II6

knien *to kneel,* II1

der Knoblauch *garlic,* II11

der Knöchel, - *ankle,* II6

der Knochen, - *bone,* II2

der Knopf, ⸗e *button,* II8

der Koch, ⸗e *cook (male),* II12

das Kochbuch, ⸗er *cookbook,* II2

kochen *to cook,* II1

die Köchin, -nen *cook (female),* II8

der Kofferraumdeckel, - *trunk lid,* II7

der Kohl *cabbage,* II12

der Kollege, -n *colleague,* II11

der Kombi, -s (Kombiwagen) *station wagon,* II2

kombinieren *to combine,* II8

komisch *funny; strange,* II11

kommen *to come,* I; **er kommt aus** *he's from,* I; **Komm doch mit!** *Why don't you come along?,* I; **Wie komme ich zum (zur) ... ?** *How do I get to...?,* I

die Komödie, -n *comedy,* I, II10

das Kompliment, -e *compliment,* II1

der Komponist, -en *composer,* Loc 1

die Kondition, -en *condition,* II4

der König, -e *king,* II3

königlich *royal,* II3

können *to be able to,* I; **Kann ich bitte Andrea sprechen?** *Could I please speak with Andrea?,* I; **Was kann ich für dich tun?** *What can I do for you?,* I

konservativ *conservative,* II8

der Konsum *consumption,* II10

die Kontaktlinse, -n *contact lens,* II1

konvertiert *converted,* II3

das Konzert, -e *concert,* I; **ins Konzert gehen** *to go to a concert,* I

konzertmäßig *as far as concerts go,* II7

der Kopf, ⸗e *head,* II6

der Kopfhörer, - *headphones,* II10

der Kopfhöreranschluß, -anschlüsse *headphone outlet,* II10

der Kopfsalat, -e *head of lettuce,* II2

die Kopfschmerzen (pl) *headache,* II6

kopieren *to copy,* II1

körperlich *physical(ly),* II6

die Körpertemperatur, -en *body temperature,* II6

der Korridor, -e *aisle, passage,* II12

die Kost *food, board,* II4

kosten *to cost,* I; *to taste,* II4

köstlich *delicious, charming,* II2

die Köstlichkeit, -en *delicacy,* II11

die Krabbe, -n *crab,* II11

der Kraftfahrer, - *driver,* II7

das Kraftstudio, -s *weight gym,* II12

der Kraftwagen, - *motor vehicle,* II7

krank *sick,* II6

das Krankenhaus, ⸗er *hospital,* II4

das Kraut, ⸗er *herb,* II5

der Kräutergarten, ⸗ *herb garden,* II7

die Krawatte, -n *tie,* II8

der Kreis, -e *circle; district,* II7

der Kreislauf *circulation (of the blood),* II6

die Kreuzung, -en *crossing, junction,* II11

kriechen *to crawl,* II12

der Krieg, -e *war,* II7

kriegen *to get, receive,* II9

der Kriegsfilm, -e *war movie,* I

die Kriegszerstörung *war destruction,* II1

der Krimi, -s *detective movie,* I

die Krimiserie, -n *detective series,* II10

kritisieren *to criticize,* II7

die Kroketten (pl) *potato croquettes,* II11

der Krümel, - *crumb,* II12

die Küche, -n *kitchen; cuisine,* I, II7

der Kuchen, - *cake,* I

der Küchendienst, -e *kitchen duty,* II2

die Kuchenschlacht, -en *run for the cake,* II5

der Küchenschrank, ⸗e *kitchen cabinet,* II12

der Kugelschreiber, - *ballpoint pen,* II1

das Kugelstoßen *shot put,* II1

kühl *cool,* I

kühlen *to cool,* II7

der Kühlschrank, ⸗e *refrigerator,* I

der Kuli, -s *ballpoint pen,* I

die Kultur, -en *culture,* II9

kulturell *cultural,* II3

die Kulturmetropole, -n *cultural metropolis,* II1

die Kultursendung, -en *cultural program,* II10

die Kulturstadt, ⸗e *city of great cultural significance,* II3

der Kummerbund, -e *cummerbund,* II12

der Kunde, -n *customer (male),* II1

die Kundin, -nen *customer (female),* II9

die Kunst, ⸗e *art,* I

die Kunstausstellung, -en *art exhibition,* II11

die Kunstfaser, -n *synthetic fabric,* II8

die Kunstsammlung, -en *art collection,* II8

die Kunstseide, -n *synthetic silk, rayon,* II8

der Kunststoff, -e: aus Kunststoff *made of plastic,* I

der Kurfürst, -en *Elector* (of a king), II3

der Kurs, -e *course,* II9

die Kurve, -n *curve,* II7

kurz *short,* I

kürzer *shorter,* II8

die Kuschelecke, -n *a place to cuddle,* II7

kuscheln *to cuddle,* II9

die Kusine, -n *cousin (female),* I

die Küste, -n *coast,* II12

L

lachen *to laugh,* II2

lachend *laughing,* II2

der Lachs, -e *salmon,* II11

der Lackschuh, -e *patent leather shoe,* II12

der Laden, ⸗ *store,* I

die Lage, -n *setting, place,* II12

das Lagerfeuer, - *campfire,* II9

das Lammfleisch *lamb,* II5

die Lampe, -n *lamp,* I

das Land, ⸗er *country,* I; **auf dem Land** *in the country,* I

die Land- und Forstwirtschaft *agriculture and forestry,* II1

der Landesfürst, -en *sovereign, prince,* II3

die Landeshauptstadt, ⸗e *state capital,* II1

die Landeskunde *culture,* II3

die Landeszeitung, -en *newspaper* (distributed statewide), II3

die Landkarte, -n *map of the country,* II9

die Landschaft, -en *countryside,* II9

die Landstraße, -n *highway,* II10

die Landwirtschaft *agriculture,* II9

lang *long,* I

länger *longer,* II8

der Langlauf *cross-country skiing,* II4

langsam *slow(ly),* II7

längst *long ago, since,* II12
der **Langstreckenlauf, =e** *long distance run,* II1
s. **langweilen** *to be bored,* II12
langweilig *boring,* I
der **Lärm** *noise,* II7
lärmbewußt *conscious of noise,* II7
die **Lärmminderung, -en** *lessening of noise,* II7
Lärmschutzgründe: aus Lärmschutzgründen *for noise protection,* II7
lassen *to let, allow;* **er/sie läßt** *he/she lets,* II10; **Laß mich mal ...** *Let me...,* II10
lässig *casual,* I
das **Laster, -** *vice,* II4
lästig *bothersome,* II8
der **Lastkraftwagen (Lkw), -** *truck,* II7
Latein *Latin,* I
der **Lauf, =e** *run,* II1; **der 100-Meter-Lauf** *the 100 meter dash,* II1
laufen *to run,* II3; **er/sie läuft** *he/she runs,* II3; **Was läuft im Fernsehen?** *What's on TV?,* II10
die **Laune, -n** *temper, mood,* II12
laut *loud,* II2
lauten *to sound, read,* II2
der **Lautstärkeregler, -** *volume control,* II10
leben *to live,* II2
das **Leben** *life,* II7
die **Lebensmittel (pl)** *groceries,* I
die **Leber** *liver,* II2
der **Leberkäs** *(a Bavarian specialty),* I
lecker *tasty, delicious,* I
das **Leder** *leather,* I
die **Lederjacke, -n** *leather jacket,* II8
leer *empty,* II3
legen *to lay,* II2
der **Lehrer, -** *teacher (male),* I
die **Lehrerin, -nen** *teacher (female),* I
das **Lehrjahr, -e** *apprenticeship year,* II2
der **Lehrplan, =e** *teaching curriculum,* II2
die **Lehrstelle, -n** *apprenticeship,* II7
leicht *easy, simple,* II1; *light,* II6
die **Leichtathletik** *track and field,* II1
das **Leichtkraftrad, =er** *motorbike,* II7
leid: Es tut mir leid. *I'm sorry.,* I
leiden: Ich kann dich nicht leiden. *I can't stand you.,* II10
leider *unfortunately,* I; **Ich kann leider nicht.** *Sorry, I can't.,* I;

Das ist leider so. *That's the way it is unfortunately.,* II10; **Ich hab' leider nur ...** *I only have...,* II5
der **Leierkastenmann** *organ grinder,* II1, Loc 1
das **Leinen, -** *linen,* II8
leise *soft, lightly,* II12
die **Leitung, -en** *direction, conduit,* II3
lesen *to read,* I; **er/sie liest** *he/she reads,* I
letzt- *last,* I; **letzte Woche** *last week,* I; **letztes Wochenende** *last weekend,* I
die **Leute (pl)** *people,* I
das **Licht, -er** *light, lamp,* II12
der **Lichtschalter, -** *light switch,* II12
der **Lichtschutzfaktor, -en** *sun protection factor,* II6
die **Liebe** *love,* II1
lieber: lieber mögen *to prefer,* I
der **Liebesfilm, -e** *romance,* I
der **Liebesroman, -e** *romance novel,* I
liebevoll *loving, caring,* II8
Lieblings- *favorite,* I
liebst: Ich würde am liebsten ... *I would rather...,* II11
das **Lied, -er** *song,* I
der **Liederabend, -e** *evening of songs,* II11
liegen *to lie on,* II6; **das liegt an dir** *it's your fault,* II12
die **Liegewiese, -n** *lawn for relaxing and sunning,* II9
die **Liga, (pl) Ligen** *league,* II10
die **Limo, -s (Limonade, -n)** *lemon drink,* I
die **Linie, -n** *line,* II8; **in erster Linie** *first of all,* II8
die **Liste, -n** *list,* II1
der **Liter, -** *liter,* I
der **Lkw=Lastkraftwagen, -** *truck,* II7
das **Loch, =er** *hole,* II12
logisch *logical,* II4
s. **lohnen** *to be worth it,* II9
das **Lokal, -e** *small restaurant,* II3
los *detached,* II3
lösen *to solve,* II7
die **Lücke, -n** *blank,* II9
die **Luft** *air,* II7
die **Luftverschmutzung** *air pollution,* II7
lügen *to tell a lie,* II11
lustig *funny,* I
das **Lustspiel, -e** *comedy,* II10
der **Luxus** *luxury,* II8
die **Luxusgüter (pl)** *luxury items,* II8

M

machen *to do,* I; **Das macht (zusammen) ...** *That comes to...,* I; **Gut! Mach' ich!** *Okay, I'll do that!,* I; **Machst du Sport?** *Do you play sports?,* I; **Hausaufgaben machen** *to do homework,* I; **macht dick** *is fattening,* II4; **Macht nichts!** *That's all right,* II5
das **Mädchen, -** *girl,* I
das **Magazin, -e** *journal,* II10
der **Magenkrampf, =e** *stomach cramp,* II6
die **Magenschmerzen (pl)** *stomach pains,* II4
mag: *see* **mögen**
mager *lean,* II4
die **Magermilch** *skim milk,* II4
mähen *to mow,* I
Mahlzeit! *Bon appétit,* II11
das **Mahnmal, -e** *memorial,* Loc 1
der **Mai** *May,* I; **im Mai** *in May,* I
mal *(particle),* I
malen *to paint,* II1
der **Maler, -** *painter,* II1
malerisch *picturesque,* II1
man *one, you* (in general), *people,* I; **Man hat mir gesagt, daß ...** *Someone told me that...,* II11
manche *some,* II4
manchmal *sometimes,* I
der **Mann, =er** *man,* I
die **Mannschaft, -en** *team,* II4
die **Margarine** *margarine,* II5
mariniert *marinated,* II11
die **Mark, -** *mark (German monetary unit),* I
die **Markenbutter** *brand-name butter,* II2
der **Markt, =e** *market,* II10
der **Marktanteil** *market share,* II10
der **Marktbrunnen, -** *market fountain,* II9
der **Marktplatz, =e** *market square,* I, II3
die **Marmelade** *marmalade,* II5
marschieren *to march,* II3
der **März** *March,* I
der **Maschinenbau** *mechanical engineering,* II1
die **Mastente, -n** *fattened duck,* II11
materiell (adj) *material,* II7
die **Mathematik=Mathe** *math,* I
die **Mauer, -n** *wall,* II11
das **Mauerwerk** *masonry,* II9
die **Maus, =e** *mouse,* II9
die **Medaillengewinnerin, -nen** *medal winner (female),* II12

mediterran *Mediterranean*, II11

die Medizin *medicine*, II6

das Meer, -e *ocean*, II9

die Meeresfrüchte (pl) *seafood*, II5

das Mehl *flour*, I

die Mehlspeise, -n *food made of flour*, II5

mehr *more*, I; **Ich habe keinen Hunger mehr.** *I'm not hungry anymore.*, I

die Mehrfachnennung, -en *repeated reference*, II9

mehrfarbig *many-colored*, II8

meiden *to avoid*, II4

mein (poss adj) *my*, I

meinen: Meinst du? *Do you think so?*, I

die Meinung, -en *opinion*, II8

meist *most*, II9

meistens *most of the time*, II4

der Meister, - *master, champion*, II3

das Meisterstück, -e *masterpiece*, II3

die Melone, -n *melon*, II5

die Menge, -n *quantity, heap*, II8

die Mensa *student cafeteria*, II4

der Mensch, -en *human, person*, II4

die Menschenmasse, -n *mass of people*, II9

merken *to notice, pay attention to*, II12

die Messe, -n *fair*, II3; *Catholic Mass*, II9

messen: Fieber messen *to take someone's temperature*, II6; **er/sie mißt** *he/she measures*, II6

das Messer, - *knife*, II12

die Metallkette, -n *metal chain*, II1

der Meter, - *meter*, II9

die Metropole, -n *metropolis*, II11

der Metzger, - *butcher*, II2

die Metzgerei, -en *butcher shop*, I

mexikanisch (adj) *Mexican*, II11

mich *me, myself*, I

miesest *the worst*, II2

das Mietshaus, ⁼er *apartment house*, II7

die Milch *milk*, I

mild *mild*, II11

die Milliarde, -n *billion*, II12

mindestens *at least*, II3

das Mineralwasser *mineral water*, I

mindern *to lessen*, II7

mir *to, for me*, II3; **Mir gefällt ... besser als ...** *I like ... better than ...*, II7

die Mischfasern (pl) *blended fibers*, II8

miserabel *miserable*, I

mißfallen (dat) *to displease, offend*, II12

mit (prep) *with, by*, I; **mit Brot** *with bread*, I; **mit dem Auto** *by car*, I

mitbringen (sep) *to bring along*, II9

miteinander *with one another*, II5

mitgebracht *brought along*, II5

mitgehen (sep) *to go along*, II1

mitgekommen (pp) *come along*, II3

mitgekriegt *understood*, II10

mitgenommen *took along*, II3

das Mitglied, -er *member*, II9

mitkommen (sep) *to come along*, I

mitmachen (sep) *to take part*, II1

mitnehmen (sep) *to take along*, II2

der Mitschüler, - *schoolmate (male)*, II1

die Mitschülerin, -nen *schoolmate (female)*, II1

der Mittag *noon*, II1

das Mittagessen *lunch*, II3

die Mitte *middle*, II11

mitteilen (sep) *to communicate; to share*, II4

das Mittelalter *the Middle Ages*, Loc 7

mittelgroß *middle-sized*, II5

mittellang *medium-length*, II1

der Mittwoch *Wednesday*, I; **am Mittwoch** *on Wednesday*, I

mittwochs *Wednesdays*, II10

die Möbel (pl) *furniture*, I

möchten *would like to*, I; **Ich möchte ... sehen.** *I would like to see...*, I; **Ich möchte noch ein ...** *I'd like another...*, I; **Ich möchte kein ... mehr.** *I don't want another...*, I

die Mode, -n *fashion*, I

die Modefachfrau, -en *fashion consultant (female)*, II8

der Modefachmann, ⁼er *fashion consultant (male)*, II8

das Modell, -e *model*, II8

die Modenschau, -en *fashion show*, II8

die Moderatorin, -nen *moderator (female)*, II11

modern *modern*, I

modisch *fashionable*, II8

das Mofa, -s *moped*, II7

mögen *to like, care for*, I; **Ich mag kein ...** *I don't like...*, II4

möglich *possible*, II10

die Möglichkeit, -en *possibility*, II9

möglichst *as ... as possible*, II8

die Möhre, -n *carrot*, II4

der Moment, -e *moment*, I; **Einen Moment, bitte!** *Just a minute, please.*, I; **im Moment gar nichts** *nothing at the moment*, I

der Monat, -e *month*, I; **einmal im Monat** *once a month*, I

monatlich *monthly*, II10

die Monatsausgabe, -n *monthly expenditure*, II10

monoton *monotonous*, II8

der Montag Monday, I; **am Montag** *on Monday*, I

montags *Mondays*, II10

das Moped, -s *moped*, I; **mit dem Moped** *by moped*, I

der Mord, -e *murder*, II10

morgen *tomorrow*, I

der Morgen, - *morning*, I; **Guten Morgen!** *Good morning!*, I; **Morgen!** *Morning!*, I

morgens *in the mornings*, II2

das Motiv, -e *motif*, II3

der Motor, -en *motor*, II7

das Motorboot, -e *motorboat*, II9

motorisiert *motorized*, II7

das Motorrad, ⁼er *motorcycle*, II7

müde *tired*, II6

der Muffel, - *a person not interested in something*, II4

die Mühle, -n *mill*, II11

der Müll *trash*, I; **den Müll sortieren** *to sort the trash*, I

der Müllhaufen, - *pile of trash*, II2

die Münze, -n *coin*, I; **Münzen einstecken** *to insert coins*, I

murmeln *to murmer; to mutter*, II10

die Muschel, -n *mussel*, II5

das Museum, (pl) Museen *museum*, II3

das Musical, -s *musical*, II11

die Musik *music*, I; **klassische Musik** *classical music*, I

die Musikkapelle, -n *musical band*, II3

der Musikkapellmeister, - *bandleader*, II3

der Musikraum, ⁼e *music room*, II2

das Müsli *grain cereal*, II11

müssen *to have to*, I; **ich muß** *I have to*, I

das Muster, - *pattern*, II12

die Mutter, ⁼ *mother*, I

der Muttertag *Mother's Day*, I; **Alles Gute zum Muttertag!** *Happy Mother's Day!*, I

die Mütze, -n *cap*, II1

N

Na ja, soso. *Oh, all right.*, II3

Na klar! *Of course!*, II4

nach (prep) *after*, I; **nach der Schule** *after school*, I; **nach**

links *to the left,* I; **nach rechts** *to the right,* I; **nach Hause gehen** *to go home,* I; **nach dem Mittagessen** *after lunch,* II3

der **Nachbarort, -e** *neighboring town,* II7

nachdem (conj) *after,* II12

nachdenkenswert *worthy of reflection,* II8

nacherzählen (sep) *to retell,* II6

die **Nacherzählung, -en** *retelling,* II12

nachher *afterwards,* II10

der **Nachmittag, -e** *afternoon,* I

der **Nachname, -n** *last name,* II7

die **Nachricht, -en** *message,* II9

die **Nachrichten** (pl) *the news,* II10

nachsehen (sep) *to look up, look again,* II10

die **Nachspeise, -n** *dessert,* II11

nächst- *next,* II2; **die nächste Straße** *the next street,* I

nächstgrößer- *next-largest,* II11

die **Nacht, -e** *night,* II10

der **Nachteil, -e** *disadvantage,* II7

der **Nachtisch, -e** *dessert,* II11

nachts *nights, at night,* II9

der **Nachtzug, -e** *overnight train,* II2

nackt *naked,* II12

das **Nagelbett, -en** *bed of nails,* II7

die **Nähe** *vicinity,* II3; **in der Nähe von** *near to,* II9

nah *near,* II9

die **Nahrungsmittel** (pl) *food,* II5

der **Name, -n** *name,* II4

nämlich *namely,* II2

die **Nase, -n** *nose,* II6

naß *wet,* I

die **Nationalversammlung, -en** *National Assembly,* II3

die **Natur** *nature,* II3

der **Naturforscher, -** *natural scientist (male),* Loc 4

Natürlich! *Certainly!,* I

die **Natursendung, -en** *nature program,* II10

neben (prep) *next to,* II9

nebenan *close by,* II10

der **Nebenjob, -s** *second job,* II8

die **Nebensache, -n** *matter of minor importance,* II9

der **Nebensatz, -e** *dependent clause,* II12

negativ *negative,* II4

nehmen *to take,* I; **er/sie nimmt** *he/she takes,* I; **Ich nehme ...** *I'll take...,* I

neidisch *envious,* II8

nein *no,* I

nennen *to name,* II2

nervös *nervous,* II1

das **Nesthäkchen, -** *baby of the family,* II12

nett *nice,* II1

neu *new,* I

neuerdings *recently,* II12

neuest *newest,* II8

neugierig *curious,* II1

nicht *not,* I; **Nicht besonders.** *Not really.,* I; *Not especially.,* II3; **nicht gern haben** *to dislike,* I; **nicht schlecht** *not bad,* I; **Ich nicht.** *I don't.,* I

der **Nichtraucher, -** *non-smoker,* II4

nichts *nothing,* I; **Nichts mehr, danke!** *Nothing else, thanks!,* I

nie *never,* I

niemand *no one,* II12

nix=nichts II8

noch *yet, still,* I; **Haben Sie noch einen Wunsch?** *Would you like anything else?,* I; **Ich brauche noch ...** *I also need...,* I; **Möchtest du noch etwas?** *Would you like something else?,* I; **Noch einen Saft?** *Another glass of juice?,* I; **noch höher** *still higher,* II10; **noch nie** *not yet, never,* II3

normal *normal,* II2

normalerweise *normally, usually,* II4

die **Normalstärke** *normal volume,* II7

die **Not, -e** *need, want,* II5

die **Note, -n** *grade,* I

notieren *to note, jot down,* II12

nötig *necessary,* II4

die **Notiz, -en** *note,* II1

der **Notizblock, -e** *note pad,* II9

das **Notizbuch, -er** *notebook,* II1

der **November** *November,* I

die **Nudel, -n** *noodle,* II4

das **Nudelgericht, -e** *noodle dish,* II5

die **Nudelsuppe, -n** *noodle soup,* I

null *zero,* I

die **Nummer, -n** *number,* II8

nur *only,* II1; **nicht nur ... sondern auch** *not only ... but also,* II3

der **Nußknacker, -** *nutcracker,* II11

O

die **Oase, -n** *oasis,* II12

ob (conj) *whether,* II9

oben *above,* II2

ober- *upper,* II3

die **Oberschule, -n** *(same as Gymnasium),* II7

das **Obst** *fruit,* I

der **Obst- und Gemüseladen, -** *fresh produce store,* I

obwohl (conj) *although,* II7

oder (conj) *or,* II1

der **Ofen, -** *oven,* I

offen *open,* II8

öffentliche Verkehrsmittel (pl) *public transportation,* II7

offiziell *official,* II3

die **Öffnungszeiten** (pl) *opening hours,* II2

oft *often,* I

öfters *quite often,* II6

ohne (prep) *without,* II2

ohne ... zu *without...;* **ohne zu schlafen** *without sleeping,* II4

das **Ohrensausen** *ringing in the ears,* II6

der **Ohrenschmaus** *musical treat,* II12

die **Ohrenschmerzen** (pl) *earache,* II6

der **Ohrring, -e** *earring,* II1

der **Oktober** *October,* I

das **Olivenöl, -e** *olive oil,* II12

olivgrün *olive green,* II8

die **Olympiade** *Olympiad,* II12

der **Olympiasieger, -** *olympic champion,* II12

olympisch *olympic,* II12

die **Oma, -s** *grandmother,* I

der **Onkel, -** *uncle,* I

der **Opa, -s** *grandfather,* I

die **Oper, -n** *opera,* I

die **Operette, -n** *operetta,* II11

das **Opfer, -** *victim,* II10

die **Orange, -n** *orange,* II5

der **Orangensaft** *orange juice,* II5

die **Ordnung** *order,* II8

die **Organisation, -en** *organization,* II9

organisieren *to organize,* II1

das **Orgelkonzert, -e** *organ concert,* II11

die **Orientierungsstufenschülerin, -nen** (student in the beginning years of Gymnasium) *(female),* II8

der **Ort, -e** *place; location,* II3

die **Osterferien** (pl) *Easter vacation,* II12

das **Ostern** *Easter,* I; **Frohe Ostern!** *Happy Easter,* I

österreichisch (adj) *Austrian,* II3

die **Ostküste** *east coast,* II3

P

paar: ein paar, *a few,* I

das **Päckchen, -** *small package,* II5

das **Paddelboot, -e** *paddle boat,* II9

die Palme, -n *palm tree*, II9
der Palmengarten, = *garden of palm trees*, II9
der Pantoffel, -n *slipper*, II2
das Papier, -e *paper*, II1
die Paradejacke, -n *marching band uniform*, II1
das Parfüm, -e *perfume*, I
parfümiert *perfumed*, II6
der Park, -s *park*, I; **in den Park gehen** *to go to the park*, I
parken *to park*, II9
der Parkplatz, =e *parking spot, lot*, II9
der Partner, - *partner (male)*, I
die Partnerin, -nen *partner (female)*, I
partymäßig *for parties*, II7
passen *to fit*, I; **Der Rock paßt prima!** *The skirt fits great!*, I
passend *fitting*, II11
passieren *to occur*, II1; **Das ist gerade passiert.** *It just happened.*, II9
die Patchworkdecke, -n *quilt*, II12
der Patient, -en *patient*, II6
die Pause, -n *break*, I
das Pausenbrot, -e *sandwich* (made especially for a school snack), II5
das Pausenklingeln *recess bell*, II2
Paßt auf! *Pay attention!*, I
das Pech *bad luck*, I; **So ein Pech!** *Bad luck!*, I; **Was für ein Pech!** *That's too bad!*, II5
die Peking Ente, -n *Peking duck*, II11
die Penne (casual term for) *school*, II7
die Pension, -en *inn, bed and breakfast*, II3
pensioniert *retired*, II4
perfekt *perfect*, II12
die Person, -en *person*, II1
die Personenbeschreibung, -en *personal description*, II7
der Personenkraftwagen, - (Pkw) *car*, II7
persönlich *personal(ly)*, II7
die Persönlichkeit, -en *personality*, II8
die Perspektive, -n *perspective*, II12
die Petersilie *parsley*, II12
das Pfadfinderlager, - *boy scout camp*, II9
die Pfanne, -n *pan*, II9
das Pfannengericht, -e *pan-cooked entrée*, II11
das Pfd.=Pfund *pound*, I
der Pfeffer, *pepper*, II5

der Pfennig, - (smallest unit of German currency; 1/100 of a mark), I
das Pferd, -e *horse*, II9
der Pferdestall, =e *stable*, II11
der Pferdewagen, - *horse-drawn carriage*, II9
die Pfingstferien (pl) *Pentecost vacation*, II9
der Pfirsich, -e *peach*, II2
die Pflanze, -n *plant*, II2
die Pflaume, -n *plum*, II2
das Pfund, - (Pfd.) *pound*, I
phantasievoll *imaginative*, I
Phantastisch! *Fantastic!*, II3
pharmazeutisch *pharmaceutical*, II10
der Pilz, -e *mushroom*, II4
die Pizza, -s *pizza*, I
der Pkw, -s *car*, II7
der Plan, =e *plan*, II1
planen *to plan*, II5
die Planung, -en *planning*, II10
platschen *to make a flapping sound*, II12
der Platz, =e *place, site*, II12
plötzlich *sudden(ly)*, II9
der Pokal, -e *trophy*, II1
polieren *to polish*, II2
die Politik (sing) *politics*, I
die Pommes (frites) (pl) *French fries*, II5
das Ponyreiten *pony ride*, II3
der Pool, -s *swimming pool*, II7
der Popstar, -s *pop star*, II1
positiv *positive*, II4
die Post *post office*, I
der Posten, - *place, position*, II2
das Poster, - *poster*, I
die Posthalterei, -en *stable for post horses*, II9
die Pracht *splendor*, II3
praktisch *practical*, II10
die Praline, -n *fancy chocolate*, I
präsentieren *to present*, II12
die Praxis *practice; doctor's office*, II10
der Preis, -e *price*, II1
preisgünstig *cheap*, II9
preiswert *reasonably priced*, I; **Das ist preiswert.** *That's a bargain.*, I
Prima! *Great!* I
das Privathaus, =er *private home*, II3
das Privatquartier, -e *private accommodation*, II3
probieren *to try*, II5
das Problem, -e *problem*, II7

die Produktion, -en *production*, II10
produzieren *to produce*, II7
profitrainiert *trained by a professional*, II12
das Programm, -e *schedule of shows*, II10
die Programmanzeige, -n *listing of shows*, II10
das Projekt, -e *project*, II8
das Pronomen, - *pronoun*, II6
der Prospekt, -e *brochure*, II12
Prost! *Cheers!*, II11
das Prozent *percent*, II4
das Publikum *public; audience*, II10
der Pulli, -s *pullover, sweater*, I
der Pullover, - *sweater*, I
der Puls *pulse*, II6
der Punker, - *punker*, II1
putzen *to clean*, I; **Fenster putzen** *to wash the windows*, I

Q

der Quadratkilometer, - *square kilometer*, II1
die Qual, -en *torture*, II11
die Qualität *quality*, II3
der Quark (a soft cheese similar to ricotta or cream cheese), II5
das Quartier, -e *quarter, accommodation* II3
der Quatsch *nonsense*, II12
die Quelle, -n *source, (underground) spring*, II9

R

der Rabatt, -e *discount*, II9
das Rad, =er *bike; wheel*, II1; **mit dem Rad** *by bike*, I
radfahren (sep) *to ride a bike*, II4
die Radfahrgruppe, -n *group of bicycle riders*, II3
das Radio, -s *radio*, II2
die Radiosendung, -en *radio show*, II7
die Radtour, -en *bicycle tour*, II1
die Rangliste, -n *ranking chart*, II10
der Radiergummi, -s *eraser*, I
der Rallyestreifen, - *rally stripe*, II10
der Rasen, - *lawn*, I; **den Rasen mähen** *to mow the lawn*, I
raten *to guess*, II1
die Ratesendung, -en *quiz show*, II10
das Ratespiel, -e *quiz game*, II1
das Rathaus, =er *city hall*, I
rauchen *to smoke*, II4
der Raucherfeind, -e *person who dislikes smokers*, II4

der Raum, ⸚e *room*, II4
das Raumschiff, -e *spacecraft*, II10
raus=heraus *out, away*, II11
reagieren auf (acc) *to react to*, II4
der Realschüler, - *student at a Realschule*, II2
rechnen *to tabulate, calculate*, II11
die Rechnung, -en *bill, check*, II1
das Recht, -e *law; right*, II1
recht haben *to be right*, II10
recht- *right, right-hand*, I; **nach rechts** *to the right*, I
reden *to talk, speak*, II4
das Reformhaus, ⸚er *natural food store*, II4
das Regal, -e *bookcase*, I
regelmäßig *regularly*, II4
die Regel, -n *rule*, II4
der Regen *rain*, I
regnen: Es regnet. *It's raining.*, I
reiben *to rub, grate*, II10
reichlich *plenty*, II12
reicht: Es reicht. *That's enough.*, II11
der Reifen, - *tire*, II10
die Reihe, -n *row; line*, II1
die Reihenfolge, -n *succession, sequence*, II12
die Reihenwörter (pl) *successive words*, II3
der Reim, -e *rhyme*, II2
rein *pure*, II8
die Reinigung, -en *cleaners*, II8
reinkommen=hereinkommen (sep) *to come in*, II2
reinschauen=hereinschauen (sep) *to look in*, II1
der Reis *rice*, II4
die Reise, -n *trip, voyage*, II3
der Reiseberater, - *travel agent*, II9
der Reisebericht, -e *travel report*, II12
der Reiseleiter, - *tour guide (person)*, II11
reiselustig *wanting to travel*, II12
reisen *to travel, take a trip*, II1
der Reiseort, -e *vacation spot*, II9
das Reiseziel, -e *travel destination*, II9
das Reisgericht, -e *rice dish*, II12
reiten *to ride a horse*, II3
der Reiterhof, ⸚e *horse farm*, II9
die Reithalle, -n *riding court*, II3
die Reithose, -n *riding breeches*, II8
der Reißverschluß, (pl) Reißver-schlüsse *zipper*, II8
die Reklame, -n *advertisement*, II8
die Reklameabteilung, -en *advertising department*, II8

die Reklameseite, -n *page of advertising*, II8
rekonstruieren *to reconstruct*, II12
die Religion, -en *religion (school subject)*, I
der Renner, - *runner; top product*, II9
das Rennrad, ⸚er *racing bicycle*, II12
renoviert *renovated*, II3
die Reparatur, -en *repair*, II10
reservieren *to reserve*, II11
die Reservierung, -en *reservation*, II11
das Restaurant, -s *restaurant*, II3
restauriert *restored*, II11
das Resultat, -e *result*, II4
die Reue *remorse, regret*, II4
das Rezept, -e *recipe*, II12; *prescription*, II6
die Rezeptmenge, -n *amount in a recipe*, II12
s. richten nach *to conform to*, II2
richtig *correct, proper*, II1
riechen nach *to smell like*, II2
das Rindfleisch *beef*, II4; **Rind schmeckt mir besser.** *Beef tastes better to me.*, II5
der Ring, -e *ring*, II2
der Ringel, - *ringlet*, II12
das Rindersteak *(beef) steak*, II5
der Rock, ⸚e *skirt*, I
rodeln *to sled*, II1
roh *raw*, II11
das Rohr, -e *pipe*, II8
die Rolle, -n *role*, II1
der Rollkragen, - *turtle-neck*, II8
der Rollschuh, -e *roller skate*, II9
Rollschuh laufen (sep) *to roller-skate*, II1
der Roman, -e *novel*, I
der Römer *(name of the city hall in Frankfurt)*, II3
rot *red*, I; **in Rot** *in red*, I
Rote Grütze *(red berry dessert)*, II11
der Rotkohl *red cabbage*, II11
rötlich *reddish*, II1
rüber=herüber *from there to here*, II11
das Ruderboot, -e *row boat*, II3
der Rücken, - *back*, II6
die Rückkehr *return*, II9
die Ruhe *calm*, II5
ruhig *calm(ly)*, II7
rund *round*, I
runden *to round*, II11
der Rundfunk *television and radio communications*, Loc 7
der Rundgang, ⸚e *tour, walk*, II9
runter=herunter *from there down here*, II3

das Rüschenhemd, -en *frilled shirt*, II1
russisch (adj) *Russian*, II11
rustikal *rustic*, II11

S

das Sachbuch, ⸚er *non-fiction book*, I
die Sache, -n *thing; matter*, II9
sächsisch (adj) *Saxon*, II9
der Saft, ⸚e *juice*, I
sagen *to say*, I; **Sag mal ...** *Tell me...*, II4; **Was sagt der Wetterbericht?** *What does the weather report say?*, I
sagenhaft *great*, I
die Sahne, -n *cream*, II4
der Sakko, -s *business jacket*, II8
der Salat, -e *lettuce; salad*, I
das Salatblatt, ⸚er *lettuce leaf*, II5
die Salatgurke, -n *cucumber*, II5
salopp *casual*, II12
das Salz *salt*, I
salzig *salty*, II1
sammeln *to collect*, I
die Sammlung, -en *collection*, II3
der Samstag *Saturday*, I
samstags *Saturdays*, II10
sämtlich *entire*, II12
der Sandstrand, ⸚e *sand beach*, II9
der Sänger, - *singer (male)*, I
die Sängerin, -nen *singer (female)*, I
satt *full*, II7
der Satz, ⸚e *sentence*, II2
der Satzanfang, ⸚e *beginning of a sentence*, II10
die Satzlücke, -n *blank*, II2
der Satzteil, -e *part of a sentence*, II11
sauber *clean*, II7
das Sauerkraut *sauerkraut*, II5
saugen: Staub saugen *to vacuum*, I
saumäßig *filthy, lousy*, II2
die Sauna, -s *sauna*, II9
sauwohl *great*, II8
das Schach *chess*, I
Schade! *Too bad!*, I
schaden (dat) *to harm*, II6
schädlich *harmful*, II7
der Schal, -s *scarf*, II1
schälen *to peel*, II5
scharf *sharp*, II8; *spicy, hot*, II11
schauen *to look*, I; **Schau mal!** *Look!*, II5
der Schaukelstuhl, ⸚e *rocking chair*, II7
das Schauspiel, -e *play*, II11
der Schauspieler, - *actor*, I

dreihundertfünfundsechzig

die **Schauspielerin**, -nen *actress*, I
das **Schauspielhaus**, ⸚er *play-house*, II11
die **Scheibe**, -n *slice*, II5
der **Scheibenwischer**, - *windshield wiper*, II10
scheinen *to shine*, I; Die Sonne scheint. *The sun is shining.*, I
der **Scheinwerfer**, - *headlight*, II10
schenken *to give (a gift)*, I; **Was schenkst du deiner Mutter?** *What are you giving your mother?*, I
scheußlich *hideous*, I
die **Schichtarbeit** *shift work*, II11
schick *smart (looking)*, I
das **Schiebedach**, ⸚er *sun roof*, II10
das **Schiff**, -e *ship*, II9
schimpfen *to scold*, II11
der **Schinken**, - *ham*, II11
das **Schisch-Kebab** *shish kebab*, II11
schlafen *to sleep*, II4
der **Schlafsack**, ⸚e *sleeping bag*, II9
das **Schlafzimmer**, - *bedroom*, II7
die **Schlaghose**, -n *bell bottoms*, II12
die **Schlange**, -n *line*, II12
schlank *slim*, II1
die **Schlaufe**, -n *belt loop*, II8
schlecht *bad(ly)*, I; **schlecht gelaunt** *in a bad mood*, II1; **Mir ist schlecht.** *I feel sick.*, II6
die **Schleife**, -n *loop, bow*, II2
schließlich *at the end, after all*, II4
schlimm *bad*, II5
Schlittschuh laufen *to ice skate*, I
das **Schlitzohr**, -en *rascal*, II2
das **Schloß**, (pl) **Schlösser** *castle*, II3
schlucken *to swallow*, II6; **Ich kann kaum schlucken.** *I can barely swallow.*, II6
schmackhaft *tasty*, II12
schmalzig *corny, mushy*, I
schmecken *to taste*, II5; **Schmeckt's?** *Does it taste good?*, I; **Wie schmeckt's?** *How does it taste?*, I; **schmeckt mir nicht** *doesn't taste good*, II4; **schmeckt mir am besten** *tastes best to me*, II5
der **Schmerz**, -en *pain*, II6
der **Schmuck** *jewelry*, I
schmutzig *dirty*, II7
die **Schnecke**, -n *snail*, II5
der **Schnee** *snow*, I
schneiden *to cut*, II5
schneien: Es schneit. *It's snowing.*, I
schnell *fast*, II7

der **Schnittkäse** *cheese for slicing*, II2
der **Schnittlauch** (sing) *chives*, II5
das **Schnitzel**, - *cutlet (pork or veal)*, II5
schnorcheln *to snorkle*, II9
der **Schnupfen** *runny nose*, II6
die **Schokolade**, -n *chocolate*, II2
schon *already*, I; **Schon gut!** *It's okay!*, II5; **schon oft** *a lot, often*, II3; **Ich glaube schon, daß ...** *I do believe that...*, II10
schön *pretty, beautiful*, I
die **Schönheit**, -en *beauty*, II8
der **Schönheitswettbewerb**, -e *beauty competition*, II8
schräg *diagonal*, II9
der **Schrank**, ⸚e *cabinet*, I
schreiben *to write*, I
der **Schreibtisch**, -e *desk*, I
der **Schreiner**, - *cabinet-maker*, II7
der **Schriftsteller**, - *author (male)*, Loc 1
der **Schritt**, -e *step*, II9
der **Schubkarren**, - *wheelbarrow*, II7
der **Schuh**, -e *shoe*, II8
die **Schule**, -n *school*, I
der **Schüler**, - *student, pupil (male)*, II
der **Schüleraustausch** *exchange student program*, II3
die **Schülerin**, -nen *student, pupil (female)*, II1
die **Schulfeier**, -n *school celebration*, II11
der **Schulhof**, ⸚e *schoolyard*, II2
das **Schuljahrbuch**, ⸚er *school yearbook*, II7
die **Schulsachen** (pl) *school supplies*, I
die **Schultasche**, -n *schoolbag*, I
die **Schulter**, -n *shoulder*, II6
schützen *to protect*, II6
der **Schutzfaktor**, -en *protection factor*, II6
schwarz *black*, I
das **Schwein**, -e *pig, pork*, II5
der **Schweinebraten**, - *pork roast*, II2
das **Schweinerückensteak**, -s *pork loin steak*, II1
das **Schweinefleisch** *pork*, II5
das **Schweinekotelett**, -s *pork chop*, II5
der **Schweizer**, - *Swiss (male)*, II5
der **Schweizer Käse** *Swiss cheese*, II5
schwer *heavy; difficult*, II4
schwerhaben (sep) *to have a hard time*, II9
die **Schwester**, -n *sister*, I
die **Schwierigkeit**, -en *difficulty, problem*, II4

das **Schwimmbad**, ⸚er *swimming pool*, I
schwimmen *to swim*, I
schwitzen *to sweat*, II2
der **Science-fiction-Film**, -e *science fiction movie*, I
der **See**, -n *lake*, II7
die **See**, -n *ocean, sea*, II9
das **Seebarschfilet**, -s *filet of perch*, II11
das **Segel**, - *sail*, Loc 7
der **Segelkurs**, -e *sailing class*, II9
segeln *to sail*, II9
sehen *to see*, I; **er/sie sieht** *he/she sees*, I
die **Sehenswürdigkeit**, -en *place of interest*, II1
sehr *very*, I; **Sehr gut!** *Very well!*, I; **sehr gesund leben** *to live in a very healthy way*, II4
sei: Sei ... ! *Be...!*, II5
seicht *shallow*, II9
seid: ihr seid *you (pl) are*, I
die **Seide**, -n *silk*, I
das **Seidenhemd**, -en *silk shirt*, II8
der **Seidenschal**, -s *silk scarf*, II8
die **Seife**, -n *soap*, II6
sein (poss adj) *his*, I
sein *to be*, I; **er ist** *he is*, I
seit (prep) *for*, II1
die **Seite**, -n *page*, II1
sekundengenau *accurate within a second*, II10
selber *self*, II9
selbst *self*, II1
selbstverständlich *of course*, II12
die **Selbstverteidigung** *self-defense*, II1
selten *seldom*, II4
seltsam *strange*, II1
die **Semmel**, -n *roll*, I
der **Sender**, - *station, transmitter, channel*, II10
der **Sendesaal**, (pl) **Sendesäle** *broadcasting studio*, II11
die **Sendung**, -en *show, program*, II10
der **Senf** *mustard*, I
sensationell *sensational*, I
der **September** *September*, I
die **Serie**, -n *series*, II10
servieren *to serve*, II5
die **Servobremsen** (pl) *power brakes*, II10
die **Servolenkung**, -en *power steering*, II10
Servus! *Hello!; So long!*, II1
der **Sessel**, - *armchair*, I
setzen *to put*, II6
s. **setzen** *to sit down*, II12

das Shampoo, -s *shampoo*, II6
die Shorts (sing or pl) *pair of shorts*, I
sich *herself, himself, itself, yourself, themselves, yourselves*, II4
Sicher! *Certainly!*, I; Ich bin nicht sicher. *I'm not sure.*, I; Aber sicher! *But of course!*, II4; Ich bin sicher, daß ... *I'm certain that...*, II9
sicher *secure*, II7
sichern *to secure*, II9
sie *she; it; they; them*, I
Sie *you* (formal), I
das Silber *silver*, II2; aus Silber *made of silver*, II6
sind: sie sind *they are*, I; Sie (formal) sind *you are*, I; wir sind *we are*, I
singen *to sing*, II3
sinnlos *senseless*, II12
sitzen *to be sitting*, II1
der Sitzschoner, - *seat cover*, II10
skeptisch *skeptical*, II5
das Skifahren *skiing*, II4
Ski laufen *to ski*, II1
die Skizze, -n *sketch*, II8
der Smoking, -s *tuxedo*, II12
so *so, well, then*, I; so lala *so so*, I; So sagt man das! *Here's how to say it!*, I
so ... wie *as ... as*, II7
die Socke, -n *sock*, II8
das Sofa, -s *sofa*, I
sofort *immediately*, II6
sogar *even*, II2
sogenannt *so-called*, II3
der Sohn, ⸗e *son*, II1
die Sojasprossen (pl) *bean sprouts*, II5
das Solarmobil, -c *solar-powered car*, II10
solch- *such*, II9
solid *solid*, II9
sollen *should, to be supposed to*, I
der Sommer, - *summer*, I
die Sonderfahrt, -en *chartered tour*, II9
sondern: nicht nur ... sondern auch *not only ... but also*, II3
der Sonnabend, -e *Saturday*, II11
die Sonne *sun*, II4
s. sonnen *to sunbathe*, II9
die Sonnenallergie, -n *sun allergy*, II3
das Sonnenbad, ⸗er *sunbathing*, II6
die Sonnenbrille, -n *sunglasses*, II12
die Sonnencreme *sun tan lotion*, II6
die Sonnenmilch *sun tan lotion*, II6
der Sonnenschutz *sun protection*, II6

der Sonnenstich, -e *sunstroke*, II6
der Sonnenstrahl, -en *sun ray*, II6
sonnig *sunny*, I
der Sonntag, -e *Sunday*, I
sonntags *Sundays*, II10
sonst: Sonst noch etwas? *Anything else?*, II2
sonstig- *other*, II8
sorgen für *to take care of*, II5
die Sorte, -n *kind, type*, II2
sortieren *to sort*, I
die Soße, -n *sauce*, II5
soviel *as much*, II6
sowas *the like; like that*, II11
sowie *and*, II7
sowohl ... als auch ... *...as well as...*, II7
sozial *social*, II8
spanisch (adj) *Spanish*, II11
spannend *exciting, thrilling*, I
der Spaß *fun*, I; (Tennis) macht keinen Spaß *(Tennis) is no fun*, I
spät *late*, II4
der Spaten, - *spade*, II7
später *later*, II10
spazieren *to walk, stroll*, II3
spazierengehen (sep) *to go for a walk*, II3
das Speerwerfen *javelin throw*, II1
die Speise, -n *food*, II5
die Speisekarte, -n *menu*, II5
speisen *to eat, dine*, II11
die Spezialität, -en *specialty*, II3
speziell *especially*, II10
das Spiel, -e *game*, II3
spielen *to play*, I
der Spielfilm, -e *feature film*, II10
die Spielshow, -s *game show*, II10
der Spinat *spinach*, II2
Spitze! *Super!*, I
die Spitzenqualität *top quality*, II2
der Spitzensportler, - *top athlete*, II12
der Spitzer, - *pencil sharpener*, II5
der Sport *sports*, I; *physical education*, I
die Sportanlage, -n *sport facility*, II12
die Sportart, -en *kind of sport*, II1
der Sportartikel, - *sporting equipment*, II2
die Sporteinrichtung, -en *sport facility*, II12
der Sportler, - *athlete*, II12
sportlich *sporty*, II8
die Sportsendung, -en *sports show*, II10
die Sportübertragung, -en *sports telecast*, II10
der Sportwagen, - *sports car*, II10

die Sprache, -n *language*, II4
der Sprachkurs, -e *language course*, II3
die Sprechblase, -n *speech bubble*, II5
sprechen *to speak*, I; sprechen über *to talk about, discuss*, I; er/sie spricht über *he/she talks about*, I; Kann ich bitte Andrea sprechen? *Could I please speak with Andrea?*, I
das Sprichwort, ⸗er *saying*, II11
spritzen *to spray*, II4
der Spritzer, - *splash*, II12
das Spülbecken, - *sink*, I
spülen *to wash*, I
der Staat, -en *country, state*, II3
die Staatssammlung, -en *state collection*, II1
der Stabhochsprung *pole vault*, II1
stabilisieren *to stabilize*, II6
das Stadion, (pl) Stadien *stadium*, II3
die Stadt, ⸗e *city*, I; in der Stadt *in the city*, I; in die Stadt gehen *to go downtown*, I
die Stadtbesichtigung, -en *city tour*, II3
der Stadtbummel *stroll downtown*, II1
die Stadtkarte, -n *city map*, II9
der Stadtplan, ⸗e *city map*, II9
der Stadtrand, ⸗er *edge of the city*, II7
die Stadtrundfahrt, -en *city sightseeing tour*, II11
der Stadtrundgang, ⸗e *city walking tour*, II9
der Stadtteil, -e *neighborhood in a city*, II3
das Stadttor, -e *city gate*, II9
das Stadtzentrum, (pl) Stadtzentren *downtown*, II7
stammen aus *to come from*, II1
der Stammtisch, -e *(table reserved for regular guests)*, II12
der Stand, ⸗e *stand*, II5
das Stangenbrot, -e *bread stick*, II5
stark *great; strong*, II3
die Stärke *strength*, II12
stattfinden (sep) *to take place*, II9
stattgefunden *taken place*, II3
stattlich *stately; imposing*, II9
der Staub *dust*, I; Staub saugen *to vacuum*, I; Staub wischen *to dust*, II2
der Steckbrief, -e *(here:) personal profile*, II1
die Steghose, -n *stirrup pants*, II8
stehen: auf etwas stehen *to swear by*, II2; Das steht dir prima! *That looks great on you!*, II8; Wie steht's mit ...? *So what about...?*, II4

steigen *to climb*, II9
die Stelle, -n *position; job*, II7
stellen *to put*, II1; Stell deinem Partner Fragen! *Ask your partner questions.*, II5
das Stereo-Farbfernsehgerät, -e *color stereo television set*, II10
die Stereoanlage, -n *stereo*, I
das Stereogerät, -e *stereo*, II10
der Sterngucker, - *stargazer*, II10
der Steuerberater, - *tax advisor*, II8
steuern *to steer, operate*, II10
das Stichwort, ⸚er *key word*, II3
stickig *stuffy, suffocating*, II7
der Stiefel, - *boot*, I
der Stift, -e *pencil*, II9
der Stil, -e *style*, II8
still *quiet*, II9
stimmen *to be correct*, II2; **Stimmt (schon)!** *Keep the change.*, I; **Stimmt!** *That's right! True!*, I; **Stimmt nicht!** *Not true!; False!*, I; **Stimmt (überhaupt) nicht!** *That's not right (at all)!*, II10; **Stimmt, aber ...** *That's true, but...*, II4
die Stimmung *mood*, II3
die Stirn, -en *forehead*, II6
das Stirnband, ⸚er *head band*, II1
der Stoff, -e *material*, II12
der Stolz *pride*, II3
stolz auf (acc) *proud of*, II3;
die Strafe, -n *punishment*, II2
der Strahl, -en *ray*, II6
der Strand, ⸚e *beach*, II9
die Straße, -n *street*, I; **bis zur ...straße** *until you get to ... Street*, I; **in ...straße** *on ... Street*, I
der Strauch, ⸚er *bush*, II7
der Strauß, ⸚e *bouquet*, I
das Streichkonzert, -e *concert for strings*, II11
der Streifen, - *stripe*, II12
streiten *to fight*, II9
der Streß *stress*, II7
stricken *to knit*, II7
der Strumpf, ⸚e *stocking*, II8
das Stück, -e *piece*, I; **ein Stück Kuchen** *a piece of cake*, I
stückeln *to cut into pieces*, II5
der Student, -en *(college) student (male)*, II4
die Studentin, -nen *(college) student (female)*, II4
die Stufe, -n *step, level*, II1
der Stuhl, ⸚e *chair*, I
die Stunde, -n *hour*, II3
stundenlang *for hours*, II2
der Stundenplan, ⸚e *class schedule*, I

der Studienkreis, -e *study circle*, II9
studieren *to study*, II4
suchen *to look for, search for*, I
südlich *southern*, II9
super *super*, I
das Superangebot, -e *special offer*, II2
der Supermarkt, ⸚e *supermarket*, I
supertoll *really great*, II4
die Suppe, -n *soup*, II1
surfen *to surf*, II9
süß *sweet*, II6
süßsauer *sweet and sour*, II1
der Süßstoff, -e *sweetener*, II5
sympathisch *nice, pleasant*, II1
das Symphoniekonzert, -e *orchestral concert*, II11
das Symphonieorchester, - *symphony orchestra*, II11
die Symphoniker (pl) *members of a symphony orchestra*, II11
das Symptom, -e *symptom*, II6
die Synagoge, -n *synagogue*, II11
die Szene, -n *scene*, II2

T

die Tabelle, -n *table, grid*, II4
die Tablette, -n *pill*, II6
die Tafel, -n *table, blackboard*, II1
der Tag, -e *day*, I; **eines Tages** *one day*, I
die Tagesfahrt, -en *day trip*, II9
täglich *daily*, II2
tagsüber *during the day, in the daytime*, II12
der Tagungsort, -e *conference site*, II3
das Tal, ⸚er *valley*, II9
der Talkessel, - *basin of the valley*, Loc 10
die Talkshow, -s *talk show*, II10
der Tandemsprung, ⸚e *tandem jump*, II10
die Tante, -n *aunt*, I
tanzen *to dance*, I; **tanzen gehen** *to go dancing*, I
die Tanzveranstaltung, -en *dance*, II3
tappen *to fumble about, to grope*, II12
die Tasche, -n *bag; pocket*, II8
die Taschenlampe, -n *flashlight*, II9
der Taschenrechner, - *pocket calculator*, I
das Taschenwörterbuch, ⸚er *pocket dictionary*, II1
die Tätigkeit, -en *activity*, II6
der Tatort, -e *scene of a crime*, II10
tatsächlich *really, actually*, II11
tauchen *to dive*, II9
die Tauchschule, -n *diving school*, II12

tausend *thousand*, II12
der Taxifahrer, - *taxi driver*, II11
der Tee *tea*, I; **ein Glas Tee** *a glass of tea*, I
der Teelöffel, - *teaspoon*, II5
der Teil, -e *part*, II1
teilen *to divide, share*, II3
teilnehmen an (sep, dat) *to participate in*, II4
teilweise *partly*, II4
die Theke, -n *bar, counter*, II4
das Telefon, -e *telephone*, I
telefonieren *to call*, I
die Telefonnummer, -n *telephone number*, I
die Telefonzelle, -n *telephone booth*, I
die Temperatur, -en *temperature*, II6
das Tennis *tennis*, I
der Tennisplatz, ⸚e *tennis court*, II9
der Tennisschläger, - *tennis racket*, II2
der Tennisspieler, - *tennis player*, II1
das Tennisturnier, -e *tennis tournament*, II1
der Teppich, -e *carpet*, I
die Terrasse, -n *terrace, porch*, II7
testen *to test*, II2
teuer *expensive*, I
die Textilindustrie, -n *textile industry*, Loc 1
das Theater, - *theater*, I; **ins Theater gehen** *to go to the theater*, I
die Theateraufführung, -en *theatrical performance*, II3
das Theaterstück, -e *play*, II11
das Thema, (pl) Themen *subject, topic*, II2
theoretisch *theoretical(ly)*, II10
tief *deep*, II12
die Tiefkühlerdbeere, -n *frozen strawberry*, II5
die Tiefkühlkost *frozen food*, II5
tiefschwarz *jet black*, II8
das Tier, -e *animal*, II2
der Tiergarten, ⸚ *zoo*, II11
tierlieb *fond of animals*, II1
die Tierliebe *love of animals*, II5
die Tiersendung, -en *animal documentary*, II10
der Tilsiter Käse *Tilsiter cheese*, II5
der Tisch, -e *table*, I
das Tischtennis *table tennis*, II3
das Tischtuch, ⸚er *tablecloth*, II12
der Titel, - *title*, II4
Tja ... *Well...*, I
die Tochter, ⸚ *daughter*, II1
todlangweilig *extremely boring*, II7
das Tofu *tofu*, II5
die Toilette, -n *bathroom, toilet*, II7

toll *great, terrific,* I
die Tomate, -n *tomato,* I
die Tomatensoße, -n *tomato sauce,* II12
der Topf, ⸗e *pot,* II9
das Tor, -e *gate,* Loc 4
die Torte, -n *layer cake,* I
die Tour, -en *tour, trip,* II4
der Tourismus *tourism,* Loc 1
der Tourist, -en *tourist,* II9
die Tracht, -en *ethnic costume,* II8
tragen *to wear; carry,* II8; **er/sie trägt** *he/she wears,* II8; **tragen zu** *to wear with,* II8
der Träger, - *strap,* II8
das Trägerhemd, -en *camisole,* II8
trainiert *trained,* II3
das Training *training,* II3
trampen *to hitchhike,* II9
die Traube, -n *grape,* I
der Traubenzucker *glucose,* II5
die Traumanlage, -n *dream spot,* II12
der Traum, ⸗e *dream,* II9
das Traumhaus, ⸗er *dream house,* II7
traurig *sad,* I
der Treff, -s *meeting, rendezvous,* II9
s. treffen *to meet,* II3
treiben: Sport treiben *to play sports,* II4
das Tretboot, -e *pedal boat,* II9
treten *to step on; to pedal,* II6
trinken *to drink,* I
trocken *dry,* I
trocknen *to dry,* II2
der Trödelmarkt, ⸗e *second-hand or flea market,* II8
trollen *to trot, to troddle,* II11
trotz (prep) *in spite of, despite,* II8
trotzdem *nevertheless,* II3
der Trumpf, ⸗e *trump (card),* II9
Tschau! *Bye! So long!,* I
Tschüs! *Bye! So long!,* I
das T-Shirt, -s *T-shirt,* I
das Tuch, ⸗er *towel, rag,* II1
tun *to do,* I; leid tun: **Es tut mir leid.** *I'm sorry.,* I; **Tut mir leid. Ich bin nicht von hier.** *I'm sorry. I'm not from here.,* II9; weh tun: **Tut dir ... weh?** *Does your...hurt?,* II6; **Tut dir was weh?** *Does something hurt?,* II6; **Tut's weh?** *Does it hurt?,* II6
türkisblau *turquoise,* II8
türkisch (adj) *Turkish,* II11
der Turm, ⸗e *tower,* II11
turnen *to do gymnastics,* II2
das Turnier, -e *tournament,* II12

der Turnschuh, -e *sneaker, athletic shoe,* I
das Tüteneis, - *ice cream bar,* II2
der Typ, -en *guy; type,* II8
typisch *typical,* II1

U

die U-Bahn=Untergrundbahn, -en *subway,* I
die U-Bahnstation, -en *subway station,* I
über (prep) *over; about; above,* II1
überall *everywhere; all over,* II8
überhaupt *generally; absolutely,* II2; **überhaupt nicht** *not at all,* I; **überhaupt nicht gern haben** *to strongly dislike,* I; **überhaupt nicht wohl** *not well at all,* II4
s. überlegen *to consider, reflect,* II12
übernachten *to spend the night,* II3
die Übernachtung, -en *overnight stay,* II9
übernehmen *to take over,* II1
überraschen *to surprise,* II12
die Überraschung, -en *surprise,* II11
überstand (past) *overcame,* Loc 4
die Übertragung, -en *telecast, transmission,* II10
überwältigend *overwhelming,* II11
überzeugt *convinced, persuaded,* II8
die Übung, -en *exercise,* II2
die Uhr, -en *watch, clock,* II1
die Uhrzeit, -en *time of the day,* II3
um (prep) *at; around,* II9; **um 8 Uhr** *at 8 o'clock,* I; **um ein Uhr** *at one o'clock,* I; **Wieviel Uhr ist es?** *What time is it?,* I; **Um wieviel Uhr?** *At what time?,* I
um ... zu *in order to...,* II4
die Umfrage, -n *survey, poll,* II2
die Umgebung, -en *surrounding area,* II7
umher *around, on all sides,* II12
umrahmen *to frame,* Loc 10
umrühren (sep) *to stir,* II12
umschreiben (sep) *to rewrite,* II4
die Umwelt *environment,* II7
das Umweltbewußtsein *environmental consciousness,* II4
der Umzug, ⸗e *change of residence, move,* II7
unbedingt *absolutely, by all means,* II1; **Nicht unbedingt!** *Not entirely! Not necessarily!,* II5

unbegrenzt *boundless, limitless,* II12
unbequem *uncomfortable,* I
und (conj) *and,* I
unecht *not genuine,* II12
unentbehrlich *indispensable, absolutely necessary,* II10
unfreundlich *unfriendly,* II1
ungefähr *about, approximately,* I
ungekocht *uncooked, raw,* II12
ungesund *unhealthy,* II4
ungewöhnlich *unusual,* II12
unglaublich *unbelievable,* II10
die Uni, -s=Universität *university,* II3
die Universität, -en *university,* II3
das Universum *universe,* II10
unmöglich *impossible,* II8
unnötig *unnecessary,* II7
unpraktisch *impractical,* II8
uns *us,* I; *ourselves,* II4; *to us,* II3
unser (poss adj) *our,* II5
unsicher *unsure,* II9
unsportlich *unathletic,* II1
unsympathisch *unfriendly, unpleasant,* II1
unten *underneath, below,* II2
s. unterhalten *to chat, converse,* II2
die Unterhaltung, -en *conversation; entertainment,* II3
die Unterhaltungskosten (pl) *cost of upkeep,* II10
die Unterhaltungsmöglichkeit, -en *entertainment option,* II3
die Unterkunft, ⸗e *accommodation,* II3
unternehmen *to undertake, to attempt,* II1
unternommen (pp) *undertaken, attempted,* II12
der Unterricht *class, lesson,* II2
unterscheiden *to distinguish,* II8
unterteilt *subdivided,* II12
unterwegs *on the way, underway,* II3
unwohl *unwell,* II6
der Urlaub, -e *vacation (time off from work),* II3
der Urlauber, - *person on vacation,* II12
das Urlaubsglück *vacation happiness,* II12
der Urlaubsort, -e *vacation site,* II9
das Urlaubsparadies, -e *vacation paradise,* II9
das Urlaubsziel, -e *vacation destination,* II9
das Urteil, -e *verdict, judgment,* II12
usw.=und so weiter *et cetera, and so on,* II1

V

die Vanille *vanilla*, II5

das Vanilleeis *vanilla-flavored ice cream*, II5

die **Vanillemilch** *vanilla-flavored milk*, II5

die Variante, -n *variant*, II12

variationsreich *full of variations*, II12

der **Vater,** ⸗ *father*, I

der **Vatertag** *Father's Day*, I; **Alles Gute zum Vatertag!** *Happy Father's Day!*, I

der Vati=Vater *father*, II1

der Vegetarier, - *vegetarian*, II5

vegetarisch (adj) *vegetarian*, II5

die Veranstaltung, -en *performance, show, arrangement*, II11

verändern *to modify, change*, II8

das Verb, -en *verb*, II11

verbessern *to improve, to correct*, II7

der Verbesserungsvorschlag, ⸗e *suggestion for improvement*, II7

verbieten *to forbid*, II7

das Verbot, -e *prohibition*, II4

verbracht (pp) *spent*, II3

verbreitet *spread, disseminated*, II2

verbringen *to spend (time)*, I

der Verein, -e *association, club*, II9

vereinigt *unified*, II3

vereint *united*, Loc 4

verfügen über (acc) *to have something at one's disposal*, II12

die Vergangenheit *past*, II3

vergessen *to forget*, II1

vergiftet *poisoned, contaminated*, II7

vergleichen *to compare*, II7

das Verhalten, - *behavior*, II7

das Verhältnis, -se *situation, circumstance; relationship*, II11

verheiratet *married*, II12

verkaufen *to sell*, II7

der Verkäufer, - *salesman*, II1

der **Verkehr** *traffic*, II7

der Verkehrslärm, - *traffic noise*, II7

das **Verkehrsmittel**, - *transportation*, II9

verklärt *transfigured, radiant*, II11

der Verlag, -e *publishing house*, Loc 4

verlassen *to leave*, II2; (adj, pp) *deserted, abandoned*, II2

verlegen *embarrassed, self-conscious*, II1

s. verletzen *to injure* (oneself), II6

vermeiden *to avoid*, II4

vermengen *to mix*, II12

vernünftig *reasonable, sensible*, II4; **vernünftig essen** *to eat sensibly*, II4

verrechnen *to miscalculate*, II10

verreisen *to leave on a trip*, II8

verrückt *crazy*, II5

verrühren *to mix, stir*, II5

verschieden *different*, I

der Verschluß, (pl) Verschlüsse *lock, clasp, seal*, II8

versehen *to provide*, II5; (pp) *provided*, II5

das Versehen, - *oversight, error*, II5

die Versicherung, -en *insurance*, II10

versprechen *to promise*, II11

verständigen *to communicate*, II1

verstanden (pp) *understood*, II3

das Verständnis, -se *comprehension; sympathy*, II2

der Verstärker, - *amplifier*, II9

s. verstauchen *to sprain*, II6

verstehen *to understand*, II4

verstellbar *movable, adjustable*, II8

der Versuch, -e *attempt*, II3

versuchen *to try*, II10

der Vertrag, ⸗e *contract, agreement*, II12

vertragen: Ich kann das Brot nicht vertragen. *The bread doesn't agree with me.*, II12

vertreiben *to banish, expel*, II7

vertun *to squander, waste*, II2

verursachen *to cause*, II6

verwandelt *transformed*, II3

der Verwandte, -n *relative*, II7

verwenden *to make use of, use*, II4

verwöhnen *to spoil, pamper*, II12

Verzeihung! *Excuse me!*, I; *Pardon me!*, II9

verzichten auf (acc) *to do without*, II4

das **Video**, -s *video cassette*, I

die **Videocassette**, -n *video cassette*, II10

die **Videokamera**, -s *camcorder*, II3

der **Videorecorder**, - *video cassette recorder*, II3

der Videotext, -e *videotext*, II10

der **Videowagen**, - *VCR cart*, II10

das Vieh *cattle*, II9

viel *a lot*, I; **viel zu** *much too*, I; **viel Obst essen** *to eat lots of fruit*, II4

viele *many*, I; **Vielen Dank!** *Thank you very much!*, I

vielleicht *maybe, perhaps*, I

vielseitig *versatile*, II11

der Vierbeiner, - *four-legged animal*, II12

vierfach- *quadruple*, II12

das **Viertel: Viertel nach** *a quarter after*, I; **Viertel vor** *a quarter till*, I

viert- *fourth*, II11

die **Viskose** *viscose*, II8

das Volk, ⸗er *people*, II12

das Volksfest, -e *festival*, II8

voll *full*, II5

Volleyball *volleyball*, I

völlig *completely*, II3

das Vollkornbrötchen, - *whole wheat roll*, II5

die **Vollkornsemmel**, -n *whole wheat roll*, I

die Vollmilch *whole milk*, II4

die Vollpension *all meals included*, II12

vollschlank *not-so-slim*, II1

vollwaschbar *fully-washable*, II8

die Vollwertkost *highly nutritional food*, II4

vom=von dem

von (prep) *from, of*, II9; **von 8 Uhr bis 8 Uhr 45** *from 8:00 until 8:45*, I; von daher *for this reason*, II7; von hier aus *from here*, II9; **von hinten** *from behind*, II8; von vorn *from the beginning*, II8; von zu Hause *from home*, II9

vor (prep) *before, in front of*, II9; vor allem *most importantly*, II8; vor allen Dingen *especially*, II10; **zehn vor ...** *ten till...*, I

das Vorabendprogramm, -e *schedule for the early evening*, II10

vorbei *along, by, past*, II3

vorbeidonnern (sep) *to roar past*, II9

vorbeiführen (sep) *to lead past*, II12

vorbeikommen (sep) *to pass by, drop by*, II9

vorbereiten auf (sep, acc) *to prepare for*, II5

die Vorführung, -en *production, performance*, II3

vorgehen (sep) *to go before; to take action*, II5

vorgeschrieben *prescribed*, II10

vorgestern *day before yesterday*, I

vorhaben (sep) *to intend, plan*, II1

vorher *before, previously*, II12

vorkommen (sep) *to happen*, II4

vorlesen (sep) *to read aloud*, II4

die Vorliebe, -n *preference*, II12

der Vormittag, -e *morning*, II1
der Vorort, -e *suburb*, I
der Vorschlag, ⸚e *suggestion, propo-
sition, proposal*, II12; **Das ist
ein guter Vorschlag.** *That's a
good suggestion.*, II12
vorschlagen (sep) *to suggest*, II9
die Vorsicht *caution*, II6
vorsichtig *cautious*, II5
die Vorspeise, -n *appetizer*, II11
vorspielen (sep) *to act out*, II5
s. vorstellen (sep) *to present, intro-
duce; to imagine*, II7
die Vorstellung, -en *presentation;
idea*, II11
der Vorteil, -e *advantage*, II7
der Vortrag, ⸚e *lecture, presentation*, II3
vortragen (sep) *to report*, II5
vorüber *past, beyond*, II2
das Vorurteil, -e *prejudice*, II8
die Vorverkaufskasse, -n *advance
booking office*, II11
vorwiegend *primarily, prevail-
ing*, II12
vorziehen (sep) *to prefer*, II7
vorzüglich *superior, excellent*, II11
der Vulkan, -e *volcano*, II9

W

wachsen *to grow*, II7
die Waffe, -n *weapon*, II3
der Wagen, - *car, truck, wagon*, II10
die Wahl, -en *choice; election*, II9
wählen *to choose; elect*, II5
wahlweise *by choice*, II12
wahnsinnig *insanely,
extremely*, II3; **Wahnsinnig gut!**
Extremely well!, II3
wahr *true*, II3
während (conj, prep) *during*, II3
wahrscheinlich *probably*, I
das Wahrzeichen, - *landmark,
symbol*, Loc 4
das Waldspiel, -e *forest game*, II9
der Waldweg, -e *forest path*, II9
die Wand, ⸚e *wall*, II8
die Wanderhose, -n *hiking
breeches*, II8
wandern *to hike*, I
der Wanderweg, -e *hiking trail*, II3
wann? *when?*, I
das Wappen, - *coat of arms*, II1
war: ich war *I was*, I
wäre *would be*, II2; **Das wäre toll!**
That would be great!, II12; **Das
wär' nicht schlecht.** *That
wouldn't be bad.*, II11

das Warenhaus, ⸚er *department
store*, II1
warm *warm*, I
warten auf (acc) *to wait for*, II2
warum? *why?*, I
was? *what?*, I; **Was
noch?** *What else?*, I; **Was
gibt's** *What is it?*, II5; **Was
ist?** *What is it?*, II5
was=etwas *something*, II6; **Ist
was mit dir?** *Is something
wrong?*, II6
was für? *what kind of?*, I; **Was
für ein Pech!** *That's too
bad!*, II5
die Wäsche *laundry, clothes*, II2
waschen *to wash*, II6
s. waschen *to wash oneself*, II6
das Wasser *water*, I
der Wasserhaushalt *water conserva-
tion*, II5
der Wassernapf, ⸚e *water bowl*, II12
der Wecker, - *alarm clock*, II2
weder ... noch *neither ... nor*, II9
weggeben (sep) *to give away*, II8
weggehen (sep) *to go away*, II8
wegwerfen (sep) *to throw out*, II8
weh tun (sep) *to hurt*, II6
weich *soft*, II8
Weihnachten *Christmas*, I;
Fröhliche Weihnachten!
Merry Christmas!, I
weil (conj) *because*, I
die Weile *while*, II7
der Wein, -e *wine*, II2
weiß *white*, I
die Weißwurst, ⸚e *(southern German
sausage specialty)*, I
weit *far; wide*, I; *big, broad*, II12;
Wir sind so weit. *We're ready.*,
II11; **weit von hier** *far from
here*, I
weiter *further*, II3
weitergeben (sep) *to pass on*, II11
weithin *far and wide*, II3
der Weitsprung *long jump*, II1
welch-? *which?*, I; **Welche
Fächer hast du?** *Which subjects do you have?*, I
die Welt, -en *world*, II10
der Weltmeister, - *world
champion*, II12
der Weltruf *international
reputation*, Loc 4
wem? *to whom?, for whom?*, I
wen? *whom?*, I
wenig *few*, II4
wenigstens *at least*, II4
wenn (conj) *whenever*, II8
wer? *who?*, I; **Wer ist das?** *Who

is that?*, I
werben *to advertise*, II10
die Werbesendung, -en *commercial*, II10
die Werbung, -en *advertisement*, II8
werden *will*, II10; **er/sie
wird** *he/she will*, II10; **Ich
werde mir ... kaufen.** *I'll buy
myself...*, II10
werfen *to throw*, II12
das Werk, -e *work; factory*, II11
der Wert *worth, value*, II8
wesentlich *substantial(ly)*, II10
der Westen *west*, II7
der Western, - *western (movie)*, I
wetten *to bet*, II5
das Wetter *weather*, I
der Wetterbericht, -e *weather
report*, II10
die Wetterjacke, -n *rain jacket*, II8
der Whirlpool, -s *whirlpool*, II9
wichtig *important*, II4
wie? *how?*, I; **wie oft?** *how
often?*, I; **Wie spät ist es?** *What
time is it?*, I; **Wie steht's mit ...?**
So what about...?, II4; **Wie wär's
mit ...?** *How would ... be?*, II11;
Wie war's? *How was it?*, II3
wie lange *how long*, II6
wieder *again*, I
wiedergeben (sep) *to repeat*, II9
wiederholen *to repeat*, II2
Wiederhören *Bye!* (on the telephone), I; **Auf Wiederhören!**
Goodbye! (on the telephone), I
Wiedersehen! *Bye!*, I; **Auf
Wiedersehen!** *Goodbye!*, I;
Wiederschaun! *Goodbye!*, II11
wiegen *to weigh*, I
das Wiener Schnitzel, - *veal
cutlet*, II11
die Wiese, -n *meadow*, II3
wieso? *why?; how?*, II11
wieviel? *how much?*, I; **Wieviel
Grad haben wir?** *What's the
temperature?*, I; **Wieviel Uhr ist
es?** *What time is it?*, I
wievielmal *how many times, how
often*, II6
die Wildlederjacke, -n *suede
jacket*, II12
der Wildwestfilm, -e *wild west
film*, II10
willkommen *welcome*, II12
die Windjacke, -n *windbreaker*, II8
windsurfen *to wind surf*, II9
der Winter *winter*, I
wir *we*, I
der Wirbelwind, -e *whirlwind*, II12
wirklich *really*, I

der Wirt, -e *proprietor*, II12
die Wirtschaft *business, economy*, Loc 7
wischen *to wipe*, II2
wissen *to know* (a fact, information, etc.), I; **Das weiß ich nicht.** *That I don't know.*, I; **Ich weiß nicht, ob ...** *I don't know whether...*, II9
witzig *fun, witty*, II8
wo? *where?*, I
woanders *somewhere else*, II2
wobei *whereby*, II4
die Woche, -n *week*, I; **(einmal) in der Woche** *(once) a week*, I
das Wochenende, -n *weekend*, I
die Wochenendfahrt, -en *weekend trip*, II9
wöchentlich *weekly*, II12
wofür? *for what?*, II7; **Wofür interessierst du dich?** *What are you interested in?*, II8
woher? *from where?*, I; **Woher bist du?** *Where are you from?*, I; **Woher kommst du?** *Where are you from?*, I
wohin? *where (to)?*, I; **Wohin fahren wir?** *Where are we going?*, II9
wohl *well*, II1; **Ich fühle mich wohl.** *I feel great.*, II6
wohlhabend *well-to-do*, II12
wohnen *to live*, I
das Wohngebiet, -e *residential area*, II7
die Wohngegend, -en *residential area*, II7
das Wohnhaus, ̈er *residence*, II9
das Wohnmobil, -e *mobile home*, II9
der Wohnort, -e *residence*, II1
der Wohnraum, ̈e *living space*, II12
die Wohnung, -en *apartment*, II7
das Wohnzimmer, - *living room*, II7
wolkig *cloudy*, I
die Wolle *wool*, II8
wollen *to want (to)*, I
das Wollhemd, -en *wool shirt*, II8
woran? *at, on what?*, II9
worauf? *on, to what?*, II10
woraus? *out of, from what?*, II12
das Wort, ̈er *word*, II2
das Wörterbuch, ̈er *dictionary*, I
der Wortschatz, ̈e *vocabulary*, II1
worüber? *about, over what?*, II2; **Worüber habt ihr gesprochen?** *What did you talk about?*, II2
Worum geht's? *What's it about?*, II6
wovon? *of what?*, II12

wozu? *why?; to what purpose?*, II11
wunderbar *wonderful*, II8
das Wunderkind, -er *prodigy*, II12
wunderschön *incredibly beautiful*, II12
wundervoll *wonderful, full of wonder*, II3
der Wunsch, ̈e *wish*, I; **Haben Sie einen Wunsch?** *May I help you?*, I; **Haben Sie noch einen Wunsch?** *Would you like anything else?*, I
s. **wünschen** *to wish*, II5; **Ich wünsche mir ...** *I wish for...*, II7
der Wunschtraum, ̈e *wish-dream*, II7
wurde (past) *became*, II3
würde *would*, II11; **Würdest du gern mal ...?** *Wouldn't you like to...?*, II11
die Wurst, ̈e *sausage*, I
das Wurstbrot, -e *bologna sandwich*, I
würzen *to spice*, II5
würzig *spicy*, II11
die Wüste, -n *desert*, II3

Z

die Zahl, -en *number*, II1
zahlreich *countless*, II12
der Zahn, ̈e *tooth*, II6
die Zahnpasta *toothpaste*, II6
die Zahnschmerzen (pl) *toothache*, II6
zart *tender*, II2
zeckig *hip* (with clothing), II8
der Zehnkämpfer, - *decathlete*, II12
zeichnen *to draw*, I
die Zeichnung, -en *drawing*, II5
zeigen *to show*, II3
die Zeit *time*, I; zur Zeit *right now*, II8
die Zeitausdrücke (pl) *time expressions*, II3
die Zeitschrift, -en *magazine*, I
die Zeitung, -en *newspaper*, I
das Zelt, -e *tent*, II9
die Zentrale, -n *center*, II10
die Zentralverriegelung, -en *central locking system*, II10
zerrissen *torn*, II12
zerstört *destroyed*, II3
die Zerstörung, -en *destruction*, II3
der Zettel, - *note*, II2
ziehen *to pull*, II5
das Ziel, -e *goal*, II9
zielen *to aim*, II9

ziemlich *rather*, I
die Zigarette, -n *cigarette*, II4
das Zimmer, - *room*, I; **mein Zimmer aufräumen** *to clean my room*, I
die Zimmerantenne, -n *indoor antenna*, II10
der Zimt *cinnamon*, I
der Zirkus, -se *circus*, II11
die Zitrone, -n *lemon*, I
zögern *to hesitate*, II9
der Zoo, -s *zoo*, I
zu *too; to*, I; **zu Fuß** *on foot*, I; **zu Hause helfen** *to help at home*, I; **zu bitter** *too bitter*, II1; **zu viel** *too much*, II4; **zu viele** *too many*, II4
das Zuhause, - *home*, II4
zuallererst *first of all*, II4
die Zubereitung, -en *preparation*, II5
der Zucker *sugar*, I
zueinander *to one another*, II11
zuerst *first*, I
zufällig *coincidentally, by accident*, II9
zufrieden *satisfied*, II7
die Zufriedenheit, -en *satisfaction*, II8
der Zug, ̈e *train*, II1
zugeben (sep) *to admit*, II12
zugleich *at the same time*, Loc 4
zugreifen (sep) *to grab, take*, II12
zuhören (sep) *to listen to*, II6; **Hör gut zu!** *Listen carefully!*, I
der Zuhörer, - *listener*, II7
die Zukunft *future*, II3
zuletzt *last of all*, I
zum=zu dem: **zum Abendessen** *for dinner*, II5; **Zum Wohl!** *To your health!*, II11
zumachen (sep) *to close*, II5
zunächst *for the time being*, II12
zunehmend *increasingly*, Loc 1
die Zunge, -n *tongue*, II2
zur=zu der: **zur Anregung** *as a start*, II1; **zur Zeit** *right now*, II8
zurechtkommen (sep) *to get on well*, II6
zurück *back*, II1
zurückkommen (sep) *to return, come back*, II1
zusammen *together*, II1
die Zusammenarbeit *cooperation*, II11
zusammenballen (sep) *to conglomerate*, II9
die Zusammenfassung, -en *synopsis*, II11
zusammenkommen (sep) *to come together*, II3
zusammenpassen (sep) *to match*, II8

zusammensetzen (sep) *to put together,* II4

zusammenstellen (sep) *to put together,* II5

die Zusammenstellung, -en *combination,* II1

der Zuschauer, - *viewer,* II10

zuschlagen (sep) *to slam,* II7

zustimmen (sep) *to agree,* II7

die Zutaten (pl) *ingredients,* II5

zutreffen (sep) *to be correct,* II6

zuvor *before,* II10

zwar *indeed,* II7

zweckmäßig *appropriate, suitable,* II12

der Zweifel, - *doubt,* II9

zweimal *twice,* I

das Zweirad, ⸗er *bicycle,* II7

zweisprachig *bilingual,* Loc 7

zweit- *second,* II1

die Zwetschge, -n *plum,* II2

die Zwiebel, -n *onion,* I

der Zwilling, -e *twin,* II1

zwischen (prep) *between,* II9

zwischendrin *in between,* II12

ENGLISH-GERMAN VOCABULARY

ENGLISH-GERMAN VOCABULARY

This vocabulary includes all of the words in the **Wortschatz** sections of the chapters. These words are considered active—you are expected to know them and be able to use them.

Idioms are listed under the English word you would be most likely to look up. German nouns are listed with the definite article and plural ending, when applicable. The number after each German word or phrase refers to the chapter in which it becomes active vocabulary. Entries followed by the Roman numeral I indicate the word became active in Level 1; entries followed by the Roman numeral II indicate the word was introduced in Level 2. To be sure you are using the German words and phrases in the correct context, refer to the chapter and book in which they appear.

The following abbreviations are used in the vocabulary: sep (separable-prefix verb), pl (plural), pp (past participle), sing (singular), acc (accusative), dat (dative), masc (masculine), and poss adj (possessive adjective).

A

a, an *ein(e)*, I
about *ungefähr*, I
across from *gegenüber*, II9
action movie *der Actionfilm, -e*, I
actor *der Schauspieler, -*, I
actress *die Schauspielerin, -nen*, I
advanced: to be advanced (person) *der Fortgeschrittene, -n*, II12
advantage *der Vorteil, -e*, II7
after *nach*, I; **after school** *nach der Schule*, I; **after the break** *nach der Pause*, I; **after lunch** *nach dem Mittagessen*, II3
after that *danach*, I
afternoon *der Nachmittag, -e*, I; **in the afternoon** *am Nachmittag*, I
afterward *nachher*, II10
again *wieder*, I
agree: I agree with you on that! *Da stimm' ich dir zu!*, II10; **Yes, I do agree with you, but...** *Ja, ich stimme dir zwar zu, aber ...*, II7
Agreed! *Einverstanden!*, II10
air *die Luft*, II7; **air conditioning** *die Klimaanlage, -n*, II10
airplane *das Flugzeug, -e*, II7
alarm clock *der Wecker, -*, II2
alcohol: to not drink alcohol *keinen Alkohol trinken*, II4
all *all-*, II8
all right: Oh, (I'm) all right. *Na ja, soso!*, II3
allergic: I am allergic to... *Ich bin allergisch gegen ...*, II4
allowed: to be allowed to *dürfen*, II4
along: Why don't you come along! *Komm doch mit!*, I
already *schon*, I
also *auch*, I; *auch schon*, II3; **I also need...** *Ich brauche noch ...*, I

always *immer*, I
am: I am *ich bin*, I
and *und*, I
ankle *der Knöchel, -*, II6
announcement *der Anschlag, ⸚e*, II11
another *noch ein*, I; **I don't want any more...** *Ich möchte kein(e)(en) ... mehr.*, I; **I'd like another...** *Ich möchte noch ein(e)(en) ...*, I
another (a different) one *ein(-) ander-*, II9
antenna: indoor antenna *die Zimmerantenne, -n*, II10
anything: Anything else? *Sonst noch etwas?*, I, II2
apartment *die Wohnung, -en*, II7
appear *aussehen (sep)*, I
appetizer *die Vorspeise, -n*, II11
apple *der Apfel, ⸚*, I
apple cake *der Apfelkuchen, -*, I
apple juice *der Apfelsaft, ⸚e*, I; **a glass of apple juice** *ein Glas Apfelsaft*, I
approximately *ungefähr*, I
apricot *die Aprikose, -n*, II4
April *der April*, I
archery *das Bogenschießen*, II1
are: you are *du bist*, I; **(formal)** *Sie sind*, I; **(pl)** *ihr seid*, I; **we are** *wir sind*, I
arm *der Arm, -e*, II6
armchair *der Sessel, -*, I
around *um*, II9
art *die Kunst*, I
as ... as *so ... wie*, II7
at: at 8 o'clock *um 8 Uhr*, I; **at one o'clock** *um ein Uhr*, I; **at the baker's** *beim Bäcker*, I; **At what time?** *Um wieviel Uhr?*, I
at *an, in*, II3
athletic *sportlich*, II8

August *der August*, I
aunt *die Tante -n*, I
avoid (the sun) *(die Sonne) vermeiden*, II4
awesome *stark*, I; **The sweater is awesome!** *Ich finde den Pulli stark!*, I
awful *furchtbar*, I

B

back *der Rücken, -*, II6
bad *schlecht*, I; **badly** *schlecht*, I; **Bad luck!** *So ein Pech!*, I; **It's too bad that...** *Es ist schade, daß ...*, II4; **That's not so bad.** *Nicht so schlimm!*, II5; **That's too bad!** *Was für ein Pech!*, II5; *Ach schade!*, II6
baker *der Bäcker, -*, I; **at the baker's** *beim Bäcker*, I
bakery *die Bäckerei, -en*, I
bald: to be bald *eine Glatze haben*, I
ballet *das Ballett, -e*, II11
ballpoint pen *der Kuli, -s*, I
banana *die Banane, -n*, II2
bank *die Bank, -en*, I
bargain: That's a bargain. *Das ist preiswert.*, I
basketball *Basketball*, I
bathroom *das Badezimmer, -*, II7; **toilet** *die Toilette, -n*, II7
bay *die Bucht, -en*, II12
be *sein*, I; **I am** *ich bin*, I; **you are** *du bist*, I; **he/she is** *er/sie ist*, I; **we are** *wir sind*, I; **(pl) you are** *ihr seid*, I; **(formal) you are** *Sie sind*, I; **they are** *sie sind*, I
be able to *können*, I
be called *heißen*, I
beach *der Strand, ⸚e*, II9; **sand beach** *der Sandstrand, ⸚e*, II9

bean (green) *die (grüne) Bohne, -n,* II2

beautiful *schön,* I

because *denn, weil,* I

become *werden,* II10; **he/she becomes** *er/sie wird,* II10

bed *das Bett, -en,* I; **to make the bed** *das Bett machen,* I

bed and breakfast *die Pension, -en,* II3

bedroom *das Schlafzimmer, -,* II7

beef *das Rindfleisch,* II4

beginner *der Anfänger, -,* II12

behind: from behind *von hinten,* II8

believe *glauben,* I; **You can believe me on that!** *Das kannst du mir glauben!,* II9; **I do believe that...** *Ich glaube schon, daß ...,* II10

belt *der Gürtel, -,* I; **belt loop** *die Schlaufe, -n,* II8

best: Best wishes on your birthday! *Herzlichen Glückwunsch zum Geburtstag!,* I

better *besser,* I, II5

between *zwischen,* II9

bicycle *radfahren (sep),* II4; *das Fahrrad, ̈-er,* I; **by bike** *mit dem Rad,* I

bicycle racks *das Fahrrad-Depot, -s,* II12

big *groß,* I; *weit,* II12

bigger *größer,* II7

biology *Bio (die Biologie),* I

biology teacher (female) *die Biologielehrerin, -nen,* I

birthday *der Geburtstag, -e,* I; **Best wishes on your birthday!** *Herzlichen Glückwunsch zum Geburtstag!,* I; **Happy Birthday!** *Alles Gute zum Geburtstag!,* I; **My birthday is on...** *Ich habe am ... Geburtstag.,* I; **When is your birthday?** *Wann hast du Geburtstag?,* I

bitter: too bitter *zu bitter,* II1

black *schwarz,* I; **in black** *in Schwarz,* I

blazer *der Blazer, -,* II8

blond *blond,* I

blouse *die Bluse, -n,* I

blue *blau,* I; **blue (green, brown) eyes** *blaue (grüne, braune) Augen,* I; **in blue** *in Blau,* I

blueberry *die Blaubeere, -n,* II4

board game *das Brettspiel, -e,* I

boat *das Boot, -e,* II9; **to go for a boat ride** *Boot fahren,* II9

bologna sandwich *das Wurstbrot, -e,* I

bomber jacket *der Blouson, -s,* II8

Bon appétit *Mahlzeit!,* II11; *Guten Appetit!,* II11

book *das Buch, ̈-er,* I

bookcase *das Regal -e,* I

boot *der Stiefel, -,* I, II8

bored: to be bored *sich langweilen,* II12

boring *langweilig,* I

bought *gekauft,* I; **I bought bread.** *Ich habe Brot gekauft.,* I

bouquet of flowers *der Blumenstrauß, ̈-e,* I

bow *die Schleife, -n,* II12

bow tie *die Fliege, -n,* II12

boy *der Junge, -n,* I

bracelet *das Armband, ̈-er,* II1

brake: (foot, hand) brake *die (Fuß, Hand)bremse, -n,* II10

bread *das Brot, -e,* I

break *die Pause, -n,* I; **after the break** *nach der Pause,* I; **to break something** *sich etwas brechen,* II6; **he/she/it breaks something** *er/sie/es bricht sich etwas,* II6

breakfast *das Frühstück,* II5; **For breakfast I eat...** *Zum Frühstück ess' ich ...,* II5

bright *hell,* II7

bring: Please bring me... *Bringen Sie mir bitte ...,* II11

broad *weit,* II12

broccoli *der Brokkoli, -,* II4

broken *kaputt,* I, II9

brother *der Bruder, ̈-,* I; **brothers and sisters** *die Geschwister* (pl), I

brown *braun,* I; **in brown** *in Braun,* I

brush one's teeth *sich die Zähne putzen,* II6

brutal *brutal,* I

bus *der Bus, -se,* I; **by bus** *mit dem Bus,* I

bush *der Strauch, ̈-er,* II7

busy (telephone) *besetzt,* I

but *aber,* I

butcher shop *die Metzgerei, -en,* I; **at the butcher's** *beim Metzger,* I

butter *die Butter,* I

button *der Knopf, ̈-e,* II8

buy *kaufen,* I; **What did you buy?** *Was hast du gekauft?,* I; **Why don't you just buy...** *Kauf dir doch ...!,* I, II8

by *bei,* II9; **by bike** *mit dem Rad,* I; **by bus** *mit dem Bus,* I; **by car** *mit dem Auto,* I; **by moped** *mit dem Moped,* I; **by subway** *mit der U-Bahn,* I

Bye! *Wiedersehen! Tschau! Tschüs!,* I; **(on the telephone)** *Wiederhören!,* I

C

cabinet *der Schrank, ̈-e,* I

café *das Café, -s,* I; **to the café** *ins Café,* I

cake *der Kuchen, -,* I; **a piece of cake** *ein Stück Kuchen,* I

calendar *der Kalender, -,* I

call *anrufen (sep), telefonieren,* I

calm *ruhig,* II7

calories: has too many calories *hat zu viele Kalorien,* II4

camcorder *die Videokamera, -s,* II3

Camembert cheese *der Camembert Käse,* II5

camera *die Kamera, -s,* II3

camisole *das Trägerhemd, -en,* II8

can *können,* I; **Can I please...?** *Kann ich bitte ...?,* II10; **Can I ask (you pl) something?** *Kann ich (euch) etwas fragen?,* II4; **Can you tell me whether...?** *Können Sie mir sagen, ob ...?,* II10

cap *die Mütze, -n,* II1; **(baseball) cap** *das Käppi, -s,* II8

capital *die Hauptstadt, ̈-e,* I

car *das Auto, -s,* I; *der Wagen, -,* II10; **by car** *mit dem Auto,* I; **He's slamming the car door (the trunk)!** *Er schlägt die Autotür (den Kofferraumdeckel) zu!,* II7; **to polish the car** *das Auto polieren,* II2

card *die Karte, -n,* I

care: I don't care about fashion. *Mode ist mir egal.,* II8

care for *mögen,* I

carp *der Karpfen, -,* II5

carpet *der Teppich, -e,* I

carrot *die Möhre, -n,* II4

cassette *die Kassette, -n,* I

casual *lässig,* I; *salopp,* II12

cat *die Katze, -n,* I; **to feed the cat** *die Katze füttern,* I

cathedral *der Dom, -e,* II3

cauliflower *der Blumenkohl,* II4

cellar *der Keller, -,* II7

century *das Jahrhundert, -e,* II9

certain: I am certain that... *Ich bin sicher, daß ...,* II9

Certainly! *Natürlich!,* I; *Sicher!,* I; *Ja, natürlich!,* II4

chair *der Stuhl, ̈-e,* I

change: Keep the change! *Stimmt (schon)!,* I

channel *der Sender, -; das Programm, -e,* II10

cheap *billig,* I

check: The check please! *Hallo! Ich möchte/will zahlen!,* I

checked *kariert,* II8

Cheers! *Prost!*, II11
cheese *der Käse, -,* I; **Swiss cheese** *der Schweizer Käse,* II5
cheese sandwich *das Käsebrot, -e,* I
chess *Schach,* I
cherry *die Kirsche, -n,* II4
chicken *das Hähnchen, -,* I; *das Huhn, ⁻er,* II4
child *das Kind, -er,* II1
Chinese *chinesisch* (adj), II11
chives *der Schnittlauch,* II5
chocolate *die Schokolade,* II2; **chocolate milk** *der Kakao,* II5; **fancy chocolate** *die Praline, -n,* I
Christmas *das Weihnachten, -,* I; **Merry Christmas!** *Fröhliche Weihnachten!,* I
church *die Kirche, -n,* I
cinnamon *der Zimt,* I
cinema *das Kino, -s,* I
city *die Stadt, ⁻e,* I; **in the city** *in der Stadt,* I; **city gate** *das Stadttor, -e,* II9; **in a big city** *in einer Großstadt,* II7; **in this city** *in dieser Stadt,* II4
city hall *das Rathaus, ⁻er,* I
class *die Klasse, -n;* **in class** *in der Klasse,* II4
class schedule *der Stundenplan, ⁻e,* I
classical music *klassische Musik,* I
clean *(sich) putzen,* II2; **to clean the windows** *die Fenster putzen,* I; **to clean up my room** *mein Zimmer aufräumen* (sep), I
clean *sauber* (adj), II7
clear: to clear the table *den Tisch abräumen* (sep), I
clever(ly) *witzig,* II8
cliff *die Klippe, -n,* II12
climb *steigen,* II9
clique: in the clique *in der Clique,* II4
clothes (casual term for) *die Klamotten* (pl), I; **to pick up my clothes** *meine Klamotten aufräumen* (sep), I
cloudy *wolkig,* I
coast *die Küste, -n,* II12
coffee *der Kaffee,* I; **a cup of coffee** *eine Tasse Kaffee,* I
coin *die Münze, -n,* I
cold *kalt,* I
cold cuts *der Aufschnitt,* I
collect *sammeln,* I; **to collect comics** *Comics sammeln,* I; **to collect stamps** *Briefmarken sammeln,* I
color *die Farbe, -n,* I
colorful *bunt,* II8
comb *(sich) kämmen,* II6
come *kommen,* I; **That comes to...** *Das macht (zusammen) ...,* I; **to come along** *mitkommen* (sep), I

comedy *die Komödie, -n,* I
comfortable *bequem,* I; *gemütlich,* II7
comics *die Comics,* I; **to collect comics** *Comics sammeln,* I
compact disc *die CD, -s,* I
concert *das Konzert, -e,* I; **to go to a concert** *ins Konzert gehen,* I
conservative *konservativ,* II8
cook *kochen,* II1
cookie *der Keks, -e,* I; **a few cookies** *ein paar Kekse,* I
cool *kühl,* I, II8
corner *die Ecke, -n,* II9; **That's right around the corner.** *Das ist hier um die Ecke.,* II9
corners: with corners *eckig,* I
corny *schmalzig,* I
cost *kosten,* I; **How much does... cost?** *Was kostet ...?,* I
cotton *die Baumwolle,* I; **made of cotton** *aus Baumwolle,* I
couch *die Couch, -en,* I
cough: I have a cough and runny nose. *Ich habe Husten und Schnupfen.,* II6
countless *zahlreich,* II12
country *das Land, ⁻er,* I; **in the country** *auf dem Land,* I
court *der Court, -s,* II12
cousin (female) *die Kusine, -n,* I; **cousin (male)** *der Cousin, -s,* I
cozy *gemütlich,* II7
crab *die Krabbe, -n,* II11
cream: hand cream *die Handcreme,* II6
crime drama *der Krimi, -s,* I
cross-timbered house *das Fachwerkhaus, ⁻er,* II3
cruel *grausam,* I
cucumber *die Gurke, -n,* II2
cummerbund *der Kummerbund, -e,* II12
curious *neugierig,* II1
curve: You're taking the curve too fast! *Du fährst zu schnell in die Kurve!,* II7
cut-off *abgeschnitten,* II8
cutlet *das Schnitzel, -,* II5

D

dance *tanzen,* I; **to go dancing** *tanzen gehen,* I
dark *dunkel,* II1
dark blue *dunkelblau,* I; **in dark blue** *in Dunkelblau,* I
dash: 100 meter dash *der 100-Meter-Lauf,* II1
daughter *die Tochter, ⁻,* II1

day *der Tag, -e,* I; **day before yesterday** *vorgestern,* I; **every day** *jeden Tag,* I; **on the last day** *am letzten Tag,* II3
decathlete *der Zehnkämpfer, -,* II12
December *der Dezember,* I
definitely *bestimmt,* I
degree *der Grad, -,* I
delicacy *die Delikatesse, -n,* II11; *die Köstlichkeit, -en,* II11
Delicious! *Lecker!,* I
describe *beschreiben,* II1
desk *der Schreibtisch, -e,* I
dessert *die Nachspeise, -n,* II11
detective movie *der Krimi, -s,* I
dial *wählen,* I; **to dial the number** *die Nummer wählen,* I
diamonds: check, diamond (pattern) *das Karo, -s,* II12
dictionary *das Wörterbuch, ⁻er,* I
different *verschieden,* I
dining room *das Eßzimmer, -,* II7
dining table *der Eßtisch, -e,* I
dinner *das Abendessen,* II5; **For dinner we are having...** *Zum Abendessen haben wir ...,* II5
directly *direkt,* I
dirty *schmutzig,* II7
disadvantage *der Nachteil, -e,* II7
disagree: I disagree. *Das finde ich nicht.,* I
disco *die Disko, -s,* I; **to go to a disco** *in eine Disko gehen,* I
discothek *die Diskothek, -en,* II9
discus throw *das Diskuswerfen,* II1
discussion *die Diskussion, -en,* II10
dish: main dish *das Hauptgericht, -e,* II11
dishes *das Geschirr,* I; **to wash the dishes** *das Geschirr spülen,* I
dislike *nicht gern haben,* I; **strongly dislike** *überhaupt nicht gern haben,* I
diverse *abwechslungsreich,* II12
dive *tauchen,* II9
do *machen,* I; *tun,* I; **do crafts** *basteln,* I; **do homework** *die Hausaufgaben machen,* I
doctor *der Arzt, ⁻e,* II6
documentary: animal documentary *die Tiersendung, -en,* II10
dog *der Hund, -e,* I
done *gemacht* (pp), I
don't you: You like quark, don't you? *Du magst doch Quark, nicht wahr?,* II5; **You like yogurt, don't you?** *Du magst Joghurt, oder?,* II5
doubt: I doubt that... *Ich bezweifle, daß ...,* II9

downtown *die Innenstadt, ∸e*, I, II9; **to go downtown** *in die Stadt gehen*, I

draw *zeichnen*, I

dress *das Kleid, -er*, I

drink *trinken*, I; **drink** *das Getränk, -e*, II11

drive *fahren*, I; **he/she drives** *er/sie fährt*, I

drugstore *die Drogerie, -n*, II6

dry *trocken*, I

dry clothes *die Wäsche trocknen*, II2

duck: fattened duck *die Mastente, -n*, II11; **Peking duck** *die Peking Ente, -n*, II11

dumb *blöd*, I; *doof, dumm*, I

dumpling *der Kloß, ∸e*, II10

dust *Staub wischen*, II2

E

each, every *jed-*, II3

earache *die Ohrenschmerzen* (pl), II6

earring *der Ohrring, -e*, II1; **a pair of earrings** *ein Paar Ohrringe*, II1

Easter *das Ostern, -*, I; **Happy Easter!** *Frohe Ostern!*, I

easy *einfach*, I; **That's easy!** *Also, einfach!*, I

eat *essen*, I; **he/she eats** *er/sie ißt*, I; **to eat ice cream** *ein Eis essen*, I; **to eat sensibly** *vernünftig essen*, II4

eat and drink *sich ernähren*, II4

education *die Ausbildung, -en*, II7

egg *das Ei, -er*, I; **deviled egg** *das gefüllte Ei, -er*, II11

Egyptian *ägyptisch* (adj), II11

ehrlich *honestly*, I

elegant *elegant*, II12

entranceway *der Flur, -e*, II7

enough *genug*, I

environment *die Umwelt*, I, II7

eraser *der Radiergummi, -s*, I

especially *besonders*, I; **especially like** *besonders gern*, I; **Not especially.** *Nicht besonders.*, II3

evening *der Abend, -e*, I; **in the evening** *am Abend*, I

every: every day *jeden Tag*, I; **every evening** *jeden Abend*, II3; **every morning** *jeden Morgen*, II3

excellent *ausgezeichnet*, II1

exciting *spannend*, I

excursion *der Ausflug, ∸e*, II11

Excuse me! *Entschuldigung!, Verzeihung!*, I, II9

exercise *Gymnastik machen*, II4

expensive *teuer*, I

experienced (person) *der, die Erfahrene, -n*, II12

exquisite *fein*, II12

eye *das Auge, -n*, I; **blue (green, brown) eyes** *blaue (grüne, braune) Augen*, I

F

fall *der Herbst*, I; **in the fall** *im Herbst*, I

family *die Familie, -n*, I

fancy chocolate *die Praline, -n*, I

Fantastic! *Phantastisch!*, II3

fantasy novel *der Fantasyroman, -e*, I

far *weit*, I; **far from here** *weit von hier*, I

fashion *die Mode*, I

fashionable *modisch*, II8

fast *schnell*, II7

fat: has too much fat *hat zu viel Fett*, II4; **It is fattening.** *Es macht dick.*, II4

father *der Vater, ∸*, I

Father's Day *der Vatertag*, I; **Happy Father's Day!** *Alles Gute zum Vatertag!*, I

favorite *Lieblings-*, I; **Which vegetable is your favorite?** *Welches Gemüse magst du am liebsten?*, II5

February *der Februar*, I

feed *füttern*, I; **to feed the cat** *die Katze füttern*, I

feel *sich fühlen*, II4; **How do you feel?** *Wie fühlst du dich?*, II6; **I feel great!** *Ich fühle mich wohl!*, II6; **Are you not feeling well?** *Ist dir nicht gut?*, II6

fence *fechten*, II1

fetch *holen*, I

fever *das Fieber*, II6; **to take one's temperature** *Fieber messen*, II6

few: a few *ein paar*, I; **a few cookies** *ein paar Kekse*, I

fibers: made from natural fibers *aus Naturfasern*, II8

film, videotape *filmen*, II3; **adventure film** *der Abenteuerfilm, -e*, II10

fine *fein*, II12

first *erst-*, I; **first of all** *zuerst*, I; **on the first of July** *am ersten Juli*, I; **the first street** *die erste Straße*, I

fish *angeln*, II9; **fish stick** *das Fischstäbchen, -*, II5

fit *passen*, I; **The skirt fits great!** *Der Rock paßt prima!*, I; **to keep fit** *sich fit halten*, II4

flats *Schuhe mit flachen Absätzen*, II8

flower *die Blume, -n*, I; **to water the flowers** *die Blumen gießen*, I

flowery *geblümt*, II8

food *die Speise, -n*, II4

foods: to only eat light foods *nur leichte Speisen essen*, II6

foot: to walk on foot *zu Fuß gehen*, I, II6

for *für*, I; *denn* (conj), I; **I am for doing...** *Ich bin dafür, daß ...*, II9; **for whom?** *für wen?*, II1

foreign *ausländisch*, II11

fountain *der Brunnen, -*, II9

free time *die Freizeit*, I

French *französisch* (adj), II11

fresh *frisch*, I

fresh produce store *der Obst- und Gemüseladen, ∸*, I

Friday *der Freitag*, I; **Fridays** *freitags*, II10

fried *gebraten*, II11; **fried potatoes** *die Bratkartoffeln* (pl), II11

friend (male) *der Freund, -e*, I; **(female)** *die Freundin, -nen*, I; **to visit friends** *Freunde besuchen*, I

friendly *freundlich*, II1

fries: french fries *die Pommes frites* (pl), II5

from *aus*, I; *von*, I; **from 8 until 8:45** *von 8 Uhr bis 8 Uhr 45*, I; **from the fifteenth century** *aus dem fünfzehnten Jahrhundert*, II9

from where? *woher?*, I; **I'm from** *ich bin (komme) aus*, I; **Where are you from?** *Woher bist (kommst) du?*, I

front: in front of *vor*, II9; **there in the front** *da vorn*, I

fruit *das Obst*, I, II4; **a piece of fruit** *ein Stück Obst*, I; **to eat lots of fruit** *viel Obst essen*, II4

fun *der Spaß*, I; **(Tennis) is fun.** *(Tennis) macht Spaß.*, I; **(Tennis) is no fun.** *(Tennis) macht keinen Spaß.*, I

funny *lustig*, I, II1

furniture *die Möbel* (pl), I

G

garage *die Garage, -n*, II2

garbage *der Müll*, II2

garden(s) *der Garten, ∸*, I, II7

garlic *der Knoblauch*, II11

geography *die Erdkunde*, I

German mark (German monetary unit) *DM = die Deutsche Mark*, I

German teacher (male) *der Deutschlehrer, -*, I; **(female)** *die Deutschlehrerin, -nen*, I

get *bekommen*, I; *holen*, I; **Get well soon!** *Gute Besserung!*, II6

gift *das Geschenk, -e*, I

gift idea *die Geschenkidee, -n,* I
girl *das Mädchen, -,* I
give *geben,* I; **he/she gives** *er/sie gibt,* I
give (a gift) *schenken,* I
glad: I'm really glad! *Das freut mich!,* II3
glass *das Glas, ⸚er,* I; **a glass of tea** *ein Glas Tee,* I; **a glass of (mineral) water** *ein Glas (Mineral)Wasser,* I
glasses: a pair of glasses *eine Brille, -n,* I
go *gehen,* I; **to go home** *nach Hause gehen,* I; **goes with: The pretty blouse goes (really) well with the blue skirt.** *Die schöne Bluse paßt (toll) zu dem blauen Rock.,* II8
Goethe's birthplace *das Goethehaus,* II3
gold: made of gold *aus Gold,* II2
golf *Golf,* I; **golf course** *der Golfplatz, ⸚e,* II9
good *gut,* I; **Good!** *Gut!,* I
Good morning! *Guten Morgen!, Morgen!,* I
Goodbye! *Auf Wiedersehen!,* I; (on the telephone) *Auf Wiederhören!,* I
gown: evening gown *das Abendkleid, -er,* II12
grade *die Note, -n,* I
grade level *die Klasse, -n,* I
grades: a 1, 2, 3, 4, 5, 6 *eine Eins, Zwei, Drei, Vier, Fünf, Sechs,* I
gram *das Gramm, -,* I
grandfather *der Großvater, ⸚,* I; *Opa, -s,* I
grandmother *die Großmutter, ⸚,* I; *Oma, -s,* I
grandparents *die Großeltern* (pl), I
grape *die Traube, -n,* I, II5
gray *grau,* I; **in gray** *in Grau,* I
great: It's great that... *Es ist prima, daß ...,* II4; **really great** *supertoll,* II4; *Echt super!,* II3; **Great!** *Prima!,* I; *Sagenhaft!,* I; *Klasse!, Toll!,* I
Greek *griechisch* (adj), II11
green *grün,* I; **in green** *in Grün,* I
grilled *gegrillt,* II11
groceries *die Lebensmittel* (pl), I
ground meat *das Hackfleisch,* I
grounds *die Anlage, -n,* II12
group *die Gruppe, -n,* I
guitar *die Gitarre, -n,* I
guy *der Typ, -en,* II8
gyros *das Gyros, -,* I

H

halibut *der Heilbutt,* II5
hair *die Haare* (pl), I
half *halb,* I; **half past (twelve, one,**

etc.) *halb (eins, zwei, usw.),* I
hall *die Halle, -n,* II12
hallway *der Flur, -e,* II7
ham *der Schinken, -,* II11
handbag *die Handtasche, -n,* II1
hand cream *die Handcreme,* II6
hang up (the telephone) *auflegen* (sep), I
Hanukkah *Chanukka,* I; **Happy Hanukkah!** *Frohes Chanukka Fest!,* I
happy: I am happy that... *Ich freue mich, daß ...,* II4; *Ich bin froh, daß ...,* II4
hard-working *fleißig,* II1
hat *der Hut, ⸚e,* II1
have *haben,* I; **he/she has English** *er/sie hat Englisch,* I; **I have German.** *Ich habe Deutsch.,* I; **I have no classes on Saturday.** *Am Samstag habe ich frei.,* I; **I'll have...** *Ich bekomme ...,* I
have to *müssen,* I; **I have to** *ich muß,* I
he *er,* I; **he is** *er ist,* I; **he's from** *er ist (kommt) aus,* I
head *der Kopf, ⸚e,* II6; **headband** *das Stirnband, ⸚er,* II1; **headache** *die Kopfschmerzen* (pl), II6
headlight *der Scheinwerfer, -,* II10
headphones (stereo) *der (Stereo) Kopfhörer, -,* II10
health: To your health! *Auf dein/Ihr/ euer Wohl!, Zum Wohl!,* II11; **to do a lot for your health** *viel für die Gesundheit tun,* II4
hear *hören,* I
heard: I heard that... *Ich habe gehört, daß ...,* II11
hearty *herzhaft, deftig,* II11
heel *der Absatz, ⸚e,* II8; **flats** *Schuhe mit flachen Absätzen,* II8; **high heels** *hohe Absätze,* II8
Hello! *Guten Tag!, Tag!, Hallo!, Grüß dich!,* I
help *helfen,* I; **to help at home** *zu Hause helfen,* I
her *ihr* (poss adj), I; **her name is** *sie heißt,* I
Here you go! *Bitte! Hier!,* II10; **Here! I insist!** *Gern! Hier ist es!,* II10
herself *sich,* II4
hideous *scheußlich,* I
high heels *hohe Absätze,* II8
hike *wandern,* I
him *ihn,* I
himself *sich,* II4
hip *die Hüfte, -n,* II6
his *sein* (poss adj), I; **his name is** *er heißt,* I

history *die Geschichte,* I
hobby *das Hobby, -s,* II1
hobby book *das Hobbybuch, ⸚er,* I
hole *das Loch, ⸚er,* II12
holiday *der Feiertag, -e,* I
home: good home cooked food *gut bürgerliche Küche, -n,* II11; **private home** *das Privathaus, ⸚er,* II3; **to stay at home** *zu Hause bleiben,* II6
homework *die Hausaufgabe, -n,* I; **to do homework** *Hausaufgaben machen,* I
honk (the horn) *hupen,* II7
hood *die Kapuze, -n,* II8
hope: I hope that... *Ich hoffe, daß ...,* II6; **I hope you'll get better soon.** *Hoffentlich geht es dir bald besser!,* II6
Hopefully... *Hoffentlich ...,* II6
horror movie *der Horrorfilm, -e,* I
horror novel *der Gruselroman, -e,* I
hot *heiß,* I
hot (spicy) *scharf,* II11
hotel *das Hotel, -s,* I, II7
house *das Haus, ⸚er,* II7
how much? *wieviel?,* I; **How much does... cost?** *Was kostet ...?,* I
how often? *wie oft?,* I
how? *wie?,* I; **How are you?** *Wie geht es dir?,* I, II6; **How do I get to...?** *Wie komme ich zum (zur) ...?,* I; **How does it taste?** *Wie schmeckt's?,* I; **How's the weather?** *Wie ist das Wetter?,* I; **How was it?** *Wie war's?,* II3; **How about...?** *Wie wärs mit ...?,* II11
hunger *der Hunger,* I
hungry: I'm hungry. *Ich habe Hunger.,* I, II6; **I'm not hungry any more.** *Ich habe keinen Hunger mehr.,* II6
hurdling *der Hürdenlauf,* II1
hurt: Does it hurt? *Tut's weh?,* II6; **Does your... hurt?** *Tut dir ... weh?,* II6; **It hurts!** *Es tut weh!,* II6; **My... hurts.** *... tut mir weh.,* II6; **What hurts?** *Was tut dir weh?,* II6

I

I *ich,* I; **I don't.** *Ich nicht.,* I
ice cream *das Eis,* I; **a dish of ice cream** *ein Eisbecher,* I
ice skate *Schlittschuh laufen,* I
idea: I have no idea! *Keine Ahnung!,* I; **Do you have an idea?** *Hast du eine Idee?,* II9; **Good idea!** *Gute Idee!,* II12
imaginative *phantasievoll,* I
impossible: (That's) impossible! *(Das ist) nicht möglich!,* II10

in *in*, I; in the afternoon *am Nachmittag*, I; in the city *in der Stadt*, I; in the country *auf dem Land*, I; in the evening *am Abend*, I; in the fall *im Herbst*, I; in the kitchen *in der Küche*, I
income *das Einkommen*, II7
Indian: (Asian) Indian *indisch* (adj), II11
injure (oneself) *sich verletzen*, II6
inn *die Pension, -en*, II3
insert *einstecken* (sep), I; to insert coins *Münzen einstecken*, I
instead: I'll drink...instead *Dann trink' ich halt ...*, II5
intelligent *intelligent*, II1
interest *das Interesse, -n*, I; Do you have any other interests? *Hast du andere Interessen?*, I; I'm not interested in fashion. *Ich hab' kein Interesse an Mode.*, II8; to be interested in *s. interessieren für*; Fashion doesn't interest me. *Mode interessiert mich nicht.*, II8; Are you interested in fashion? *Interessierst du dich für Mode?*, II8; What are you interested in? *Wofür interessierst du dich?*, II8
instrument *das Instrument, -e*, I; Do you play an instrument? *Spielst du ein Instrument?*, I
interesting *interessant*, I
into *in*, II9
invite *einladen* (sep), I; he/she invites *er/sie lädt ... ein*, I
is: he/she is *er/sie ist*, I
island *die Insel, -n*, II12
it *er, es, sie*, I; *ihn*, I
Italian *italienisch* (adj), II11

J

jacket *die Jacke, -n*, I; business jacket *der Sakko, -s*, II8; leather jacket *die Lederjacke, -n*, II8; bomber jacket *der Blouson, -s*, II8
January *der Januar*, I; in January *im Januar*, I
javelin throw *das Speerwerfen*, II1
jeans *die Jeans, -*, I
jewelry *der Schmuck*, I
job *der Job, -s*, II7
jog *joggen*, I, II4
jogging suit *der Jogging-Anzug, ⁻e*, I
juice *der Saft, ⁻e*, I
July *der Juli*, I
jump: long jump *der Weitsprung*, II1
June *der Juni*, I
just: Just a minute, please. *Einen Moment, bitte!*, I; Just don't buy...

Kauf dir ja kein ...!, II8; That just happened. *Das ist gerade passiert.*, II9

K

keep: Keep the change! *Stimmt (schon)!*, I
kilogram *das Kilo, -*, I
kitchen *die Küche, -n*, I, II7; in the kitchen *in der Küche*, I; to help in the kitchen *in der Küche helfen*, II2
knee *das Knie, -*, II6
know (a fact, information, etc.) *wissen*, I; Do you know whether...? *Weißt du, ob ...?*, II10; I don't know whether... *Ich weiß nicht, ob ...*, I, II9
know (be familiar or acquainted with) *kennen*, I

L

lake *der See, -n*, II7
lamb *das Lammfleisch*, II5
lamp *die Lampe, -n*, I
last *letzt-*, I; last of all *zuletzt*, I; last week *letzte Woche*, I; last weekend *letztes Wochenende*, I
Latin *Latein*, I
laundry *die Wäsche*, II2
lawn *der Rasen, -*, I; to mow the lawn *den Rasen mähen*, I; lawn for relaxing and sunning *die Liegewiese, -n*, II9
layer cake *die Torte, -n*, I
lazy *faul*, II1; to be lazy *faulenzen*, II3; I want to be lazy! *Ich will faulenzen!*, II1
leather *das Leder*, I; made of leather *aus Leder*, I
left: to the left *nach links*, I
leg *das Bein, -e*, II6
lemon *die Zitrone, -n*, I
lemon drink *die Limo, -s*, I
let, allow *lassen*, II10; he/she lets, allows *er/sie läßt*, II10; Let me... *Laß mich mal ...*, II10; Let's go to the golf course! *Gehen wir mal auf den Golfplatz!*, II9; Let's go to...! *Fahren wir mal nach ...!*, II9
lettuce *der Salat, -e*, I
license: driver's license *der Führerschein, -e*, II10
life *das Leben*, II7
light blue *hellblau*, I; in light blue *in Hellblau*, I
like *gefallen, mögen, gern haben*, I, II7; I like it. *Er/Sie/Es gefällt mir.*, I; I like them. *Sie gefallen mir.*, I; Did you like it? *Hat es dir gefallen?*, II3; to like an awful lot *furchtbar gern*

haben, I; to not like at all *gar nicht gern haben*, I; to not like very much *nicht so gern haben*, I; I don't like... *Ich mag kein ...*, II4; I like to go to the ocean. *Ich fahre gern ans Meer.*, II9; I would like... *Ich hätte gern ...*, II11
like (to do) *gern (machen)*, I; to not like (to do) *nicht gern (machen)*, I
linen *das Leinen*, II8
listen (to) *hören*, I; *zuhören*, I; Listen! *Hör mal!*, II5; Listen to this! *Hör mal zu!*, II5
liter *der Liter, -*, I
little *klein*, I; a little *ein bißchen*, I; a little more *ein bißchen mehr*, I
live *wohnen*, I; *leben*, II4
living room *das Wohnzimmer, -*, II7; in the living room *im Wohnzimmer*, I
lobster *der Hummer, -*, II11
long *lang*, I
look *schauen*, I; Look! *Schauen Sie!*, I; *Guck mal!, Schau mal!, Sieh mal!*, II5; That looks great on you! *Das steht dir prima!*, II8
look for *suchen*, I; I'm looking for *ich suche*, I
look like *aussehen* (sep), I; he/she looks like *er/sie sieht ... aus*, I; The skirt looks... *Der Rock sieht ... aus.*, I
lot: a lot *viel*, I; I saw a lot, too. *Ich habe auch viel gesehen.*, II12
luck: Bad luck! *So ein Pech!*, I; What luck! *So ein Glück!*, I
lunch *das Mittagessen*; For lunch there is... *Zum Mittagessen gibt es ...*, II5

M

made: made of cotton *aus Baumwolle*, I; made of leather *aus Leder*, I
magazine *die Zeitschrift, -en*, I
make *machen*, I; to make the bed *das Bett machen*, I
man *der Mann, ⁻er*, I
many *viele*, I
March *der März*, I
margarine *die Margarine*, II5
marinated *mariniert*, II11
mark *die Mark, -*, I
market square *der Marktplatz, ⁻e*, I
marmalade *die Marmelade, -n*, II5
math *Mathe (die Mathematik)*, I
may: May I help you? *Haben Sie einen Wunsch?*, I; May I (please)...? *Darf ich (bitte) ...?*, II10; he/she may *er/sie darf*, II4

May *der Mai*, I
maybe *vielleicht*, I; **Yes, maybe, but...** *Ja, das kann sein, aber ...,* II4
me *mich, mir*, I, II3; **Me too!** *Ich auch!,* I, II12
measure *messen,* II6; **he/she measures** *er/sie mißt,* II6
meat *das Fleisch,* I; **You eat a lot of meat, right?** *Du ißt wohl viel Fleisch, ja?,* II5
mess: What a mess! *So ein Mist!,* I
Mediterranean *mediterran (adj),* II11
Mexican *mexikanisch (adj),* II11
mild *mild,* II11
milk *die Milch,* I, II5
mineral water *das Mineralwasser,* I
minute: Just a minute, please. *Einen Moment, bitte!,* I
miserable *miserabel,* I
modern *modern,* I
moment *der Moment, -e,* I
Monday *der Montag,* I; **Mondays** *montags,* II10
money *das Geld,* I
month *der Monat, -e,* I
monument *das Baudenkmal, ⸚er,* II11
mood: in a bad mood *schlecht gelaunt,* II1; **in a good mood** *gut gelaunt,* II1
moped *das Moped, -s,* I; **by moped** *mit dem Moped,* I
more *mehr,* I
morning *der Morgen,* I; **Morning!** *Morgen!,* I
most of all *am liebsten,* I
most of the time *meistens,* II4
mother *die Mutter, ⸚,* I
Mother's Day *der Muttertag,* I; **Happy Mother's Day!** *Alles Gute zum Muttertag!,* I
motor *der Motor, -en,* II7
motorcycle *das Motorrad, ⸚er,* II7
mountain *der Berg, -e,* II7; **in the mountains** *in den Bergen,* II7
movie *der Film, -e,* I; **to go to the movies** *ins Kino gehen,* I
movie theater *das Kino, -s,* I
mow *mähen,* I; **to mow the lawn** *den Rasen mähen,* I
Mr. *Herr,* I
Mrs. *Frau,* I
much *viel,* I; **much too** *viel zu,* I
museum *das Museum, (pl) Museen,* I, II3
mushroom *der Pilz, -e,* II4
music *die Musik,* I; **to listen to music** *Musik hören,* I
musical *das Musical, -s,* II11
mustard *der Senf,* I; **with mustard** *mit Senf,* I

my *mein* (poss adj), I; **my name is** *ich heiße,* I
myself *mich,* II4

N

name *der Name, -n,* I; **her name is** *sie heißt,* I; **What's the boy's name?** *Wie heißt der Junge?,* I
nauseous: I'm nauseous. *Mir ist schlecht.,* II6
nearby *in der Nähe,* I
necklace *die Halskette, -n,* II1
need *brauchen,* I; **I need** *ich brauche,* I
never *nie,* I; **not yet, never** *noch nie,* II3
new *neu,* I
news: the news *die Nachrichten (pl),* II10
newspaper *die Zeitung, -en,* I
next: the next street *die nächste Straße,* I
next to *neben,* II9
night: to spend the night *übernachten,* II3
no *kein,* I; **No more, thanks!** *Nichts mehr, danke!,* I
no way: There's just no way! *Das gibt's doch nicht!,* II10
noise *der Lärm,* II7
non-fiction book *das Sachbuch, ⸚er,* I
none *kein,* I
noodle soup *die Nudelsuppe, -n,* I
normally *normalerweise,* II4
North: the North Sea *die Nordsee,* II9
not *nicht,* I; **not at all** *überhaupt nicht,* I; **to not like at all** *gar nicht gern haben,* I; **Not really.** *Nicht besonders.,* I
not any *kein,* I
Not entirely!/Not necessarily! *Nicht unbedingt!,* II5; **actually not** *eben nicht,* II9
notebook *das Notizbuch, ⸚er,* I; *das Heft, -e,* I
nothing *nichts,* I, II9; **nothing at the moment** *im Moment gar nichts,* I; **Nothing, thank you!** *Nichts, danke!,* I; **There's nothing you can do.** *Da kann man nichts machen.,* II9
novel *der Roman, -e,* I
November *der November,* I
now *jetzt,* I
number *die (Telefon)nummer,* I; **to dial the number** *die Nummer wählen,* I

O

oasis *die Oase, -n,* II12
ocean *das Meer, -e; die See, -n,* II9
o'clock: at 1 o'clock *um 1 Uhr,* I
October *der Oktober,* I
of *von,* II9; **made of wool** *aus Wolle,* II8
Of course! *Ja klar!,* I; *Ganz klar!,* I; *Na klar!,* II4; **Yes, of course!** *Ja, natürlich!,* II10
offer *das Angebot, -e,* I
often *schon oft,* I, II3
Oh! *Ach!,* I; **Oh yeah!** *Ach ja!,* I
oil *das Öl,* I
Okay! I'll do that! *Gut! Mach' ich!,* I; **It's okay.** *Es geht.,* I; *Schon gut!,* II5
old *alt,* I; **How old are you?** *Wie alt bist du?,* I
older *älter,* II7
olympic champion *der Olympiasieger, -,* II12
on: on ... Square *am ...platz,* I; **on ... Street** *in der ...straße,* I; **to walk on foot** *zu Fuß gehen,* I; **on Monday** *am Montag,* I; **on the first of July** *am ersten Juli,* I; **on a lake** *an einem See,* II7; **on a river** *an einem Fluß,* II7
once *einmal,* I; **once a month** *einmal im Monat,* I; **once a week** *einmal in der Woche,* I; **once a day** *einmal am Tag,* II4
onion *die Zwiebel, -n,* I
only *bloß,* I; *nur,* II5
onto *auf,* II9
opera *die Oper, -n,* I
opera house *die Oper, -n,* II3
operetta *die Operette, -n,* II11
orange juice *der Orangensaft, ⸚e,* I
other *andere,* I
Ouch! *Au!, Aua!,* II6
ourselves *uns,* II4
out of *aus,* II9
outstanding *ausgezeichnet,* II5
oven *der Ofen, ⸚,* I
over it *darüber,* II8
over there *dort drüben,* I; **over there in the back** *da hinten,* I
own: (one's) own *eigen- (adj),* II7
overcast *trüb,* I
oyster *die Auster, -n,* II11

P

padded *gefüttert,* II8
pain *der Schmerz, -en,* II6
painting *das Gemälde, -,* II2
pair *das Paar, -e,* II1
pan dish *das Pfannengericht, -e,* II11

pants *die Hose, -n,* I

Pardon me! *Verzeihung!,* II9

parents *die Eltern* (pl), I

park *der Park, -s,* I, II9; **to go to the park** *in den Park gehen,* I

parka *der Anorak, -s,* II8

parking place/lot *der Parkplatz, ⸚e,* II9

pattern *das Muster, -,* II12

pea *die Erbse, -n,* II2

peaceful *friedlich,* 7

peach *der Pfirsich, -e,* II2

pencil *der Bleistift, -e,* I

people *die Leute* (pl), I

perch: **filet of perch** *das Seebarschfilet, -s,* II11

perfume *das Parfüm, -e* or *-s,* I

perfumed *parfümiert,* II6

pet *das Haustier, -e,* I

pharmacy *die Apotheke, -n,* II6

photograph *fotografieren,* II3; **color photograph** *das Farbbild, -er,* II3; **I took pictures.** *Ich habe fotografiert.,* II3

physical education *der Sport,* I

piano *das Klavier, -e,* I; **I play the piano.** *Ich spiele Klavier.,* I

pick up *aufräumen* (sep), I; **to pick up my clothes** *meine Klamotten aufräumen,* I; **to pick up the telephone** *den Hörer abheben* (sep), I

piece *das Stück, -e,* I; **a piece of cake** *ein Stück Kuchen,* I; **a piece of fruit** *ein Stück Obst,* I

pizza *die Pizza, -s,* I

place *der Platz, ⸚e,* II12

plastic *der Kunststoff, -e,* I; **made of plastic** *aus Kunststoff,* I

play *spielen,* I; **I play the piano.** *Ich spiele Klavier.,* I; **to play a board game** *ein Brettspiel spielen,* I; *das Schauspiel, -e,* II11; *das Theaterstück, -e,* II11

pleasant *sympathisch,* II1

please *bitte,* I

pleasure: **My pleasure!** *Gern geschehen!,* I

plum *die Zwetschge, -n,* II2

pocket *die Tasche, -n,* II8; **back pocket** *die Gesäßtasche, -n,* II8

pocket calculator *der Taschenrechner, -,* I

pole vault *der Stabhochsprung,* II1

political discussion *eine Diskussion über Politik,* II10

politics *die Politik* (sing), I

polka-dotted *gepunktet,* I

pool *der Pool, -s,* II7; **indoor pool** *das Hallenbad, ⸚er,* II9

porch *die Terrasse, -n,* II7

pork chop *das Schweinekotelett, -s,* II5; **pork loin steak** *das Schweinerückensteak, -s,* II11

possible *möglich,* II10

post office *die Post,* I

poster *das Poster, -,* I

potato *die Kartoffel, -n,* I; **fried potatoes** *die Bratkartoffeln* (pl), II11; **potato croquettes** *die Kroketten* (pl), II11

pound *das Pfund, -,* I

poverty *die Armut,* II7

prefer *lieber (mögen),* I; *vorziehen,* II7; **I prefer...** *Ich ziehe ... vor,* II7; **I prefer noodle soup.** *Nudelsuppe mag ich lieber.,* II5; **I prefer that...** *Ich bin dafür, daß ...,* II11

pretty *hübsch,* I; *schön,* I

pretzel *die Brezel, -n,* I

probably *wahrscheinlich,* I

produce *produzieren,* II7

produce store *der Obst- und Gemüseladen, ⸚,* I; **at the produce store** *im Obst- und Gemüseladen,* I

program (TV) *die Sendung, -en,* II10; **family program** *die Familiensendung, -en,* II10; **nature program** *die Natursendung, -en,* II10

Pullover *der Pulli, -s,* I

put on *anziehen* (sep), I

Q

quark *der Quark,* II5

quarter: **a quarter after** *Viertel nach,* I; **a quarter to** *Viertel vor,* I

question *die Frage, -n,* II4

quiz show *die Ratesendung, -en,* II10

R

radio *das Radio, -s,* II2

railroad station *der Bahnhof, ⸚e,* I

rain *der Regen,* I; **It's raining.** *Es regnet.,* I

rainy *regnerisch,* I

raspberry marmalade *die Himbeermarmelade, -n,* II5

rather *ziemlich,* I

raw *roh,* II11

read *lesen,* I; **he/she reads** *er/sie liest,* I; **What did you read?** *Was hast du gelesen?,* I

really *ganz,* I; *wirklich,* I; *echt,* II1; **Not really.** *Nicht besonders.,* I

receive *bekommen,* I

receiver *der Hörer, -,* I

red *rot,* I; **in red** *in Rot,* I

red berry dessert *Rote Grütze,* II11

red cabbage *der Rotkohl,* II11

refrigerator *der Kühlschrank, ⸚e,* I

religion *die Religion, -en,* I

remote control *die Fernbedienung, -en,* II10

residence *das Wohnhaus, ⸚er,* II9; **the ... residence** *Hier bei ... ,* I

restaurant *das Restaurant, -s,* II3; *der Gasthof, ⸚e,* II3; **small restaurant** *das Lokal, -e,* II3

rice *der Reis,* II4

right: **to the right** *nach rechts,* I

right: **That's all right.** *Macht nichts!,* II5; **That's not right (at all)!** *Das stimmt (überhaupt) nicht!,* II10

right: **to be right** *recht haben,* II10; **You're right about that!** *Da hast du recht!,* II10

ring *der Ring, -e,* II2

ringlet *der Ringel, -,* II12

river *der Fluß,* (pl) *Flüsse,* II7; **on a river** *an einem Fluß,* II7

roast *der Braten,* II11

roll *die Semmel, -n,* I

roll of film *der Film, -e,* II3

romance *der Liebesfilm, -e,* I; **romance novel** *der Liebesroman, -e,* I

room *das Zimmer, -,* I; **to clean up my room** *mein Zimmer aufräumen* (sep), I

round *rund,* I

ruined *kaputt,* I, II9

run *laufen,* II3; **he/she runs** *er/sie läuft,* II3; **long distance run** *der Langstreckenlauf,* II1

Russian *russisch* (adj), II11

S

sad *traurig,* I

sail *segeln,* II9

salmon *der Lachs, -e,* II11

salt *das Salz,* I

salty: **too salty** *zu salzig,* II1

sandwich *das Sandwich, -es,* II5; **What do you have on your sandwich?** *Was hast du denn auf dem Brot?,* II5

Saturday *der Samstag,* I; **Saturdays** *samstags,* II10

sauerkraut *das Sauerkraut,* II5

sauna *die Sauna, -s,* II9

sausage *die Wurst, ⸚e,* I

say *sagen,* I; **Say!** *Sag mal!,* I; **What does the weather report say?** *Was sagt der Wetterbericht?,* I

scarf *der Schal, -s,* II1

schedule of shows *das Programm, -e,* II10

school *die Schule, -n,* I; **after school** *nach der Schule,* I; **How do you get to school?** *Wie kommst du zur Schule?,* I; **at school** *an der Schule,* II4

school subject *das Fach, ⸚er,* I

school supplies *die Schulsachen (pl),* I

schoolbag *die Schultasche, -n,* I

science fiction movie *der Science-fiction-Film, -e,* I

sea *die See, -n; das Meer, -e,* II9

search (for) *suchen,* I

second *zweit-,* I; **the second street** *die zweite Straße,* I

secret tip *der Geheimtip, -s,* II12

secure *sicher,* II7

see *sehen,* I; **he/she sees** *er/sie sieht,* I; **See you later!** *Bis dann!,* I; **to see a movie** *einen Film sehen,* I; **What did you see?** *Was hast du gesehen?,* I

seldom *selten,* II4

sensational *sensationell,* I

September *der September,* I

set *decken,* I; **to set the table** *den Tisch decken,* I

shampoo *das Shampoo, -s,* II6

sharp (clothing) *scharf,* II8; **really sharp** *fetzig,* II8

she *sie,* I; **she is** *sie ist,* I; **she's from** *sie ist (kommt) aus,* I

shine: the sun is shining *die Sonne scheint,* I

ship *das Schiff, -e,* II9

shirt *das Hemd, -en,* I

shish kebab *das Schisch Kebab,* 11

shoe: patent leather shoe *der Lackschuh, -e,* II12

shop *einkaufen* (sep), I; **to go shopping** *einkaufen gehen,* I

short *kurz,* I

shortening *das Butterschmalz,* I

shorts: pair of shorts *die Shorts, -,* I

shot put *das Kugelstoßen,* II1

should *sollen,* I

shoulder *die Schulter, -n,* II6

show *die Sendung, -en,* II10

side dish *die Beilage, -n,* II11

sightsee *etwas besichtigen,* II3

silk *die Seide,* I; **made of silk** *aus Seide,* I; **silk shirt** *das Seidenhemd, -en,* II8; **real silk** *echte Seide,* II8

silver: made of silver *aus Silber,* II2

singer (female) *die Sängerin, -nen,* I; **singer (male)** *der Sänger, -,* I

sink *das Spülbecken, -,* I

sister *die Schwester, -n,* I; **brothers and sisters** *die Geschwister* (pl), I

site *die Anlage, -n,* II12

size *die Größe, -n,* I

skin *die Haut,* II6

skirt *der Rock, ⸚e,* I; **pleated skirt** *der Faltenrock, ⸚e,* II8

sledding *rodeln,* II1

sleep: to get enough sleep *genügend schlafen,* II4; **he/she sleeps** *er/sie schläft,* II4

sleeves: with long sleeves *mit langen Ärmeln,* II8; **with short sleeves** *mit kurzen Ärmeln,* II8

sleeveless *ärmellos,* II8

slender *schlank,* II1

slide *das Dia, -s,* II3

slow(ly) *langsam,* II7

small *klein,* I

smart (looking) *fesch, schick, chic,* I

smoke *rauchen,* II4

smoked *geräuchert,* II11

snack bar, stand *die Imbißstube, -n,* I, II3

snap *der Druckknopf, ⸚e,* II8

sneaker *der Turnschuh, -e,* I

snow *der Schnee,* I; **It's snowing.** *Es schneit.,* I

so *so,* I; **So long!** *Tschau! Tschüs!,* I; **so so** *so lala,* I

soap *die Seife, -n,* II6

soccer *Fußball,* I; **I play soccer.** *Ich spiele Fußball.,* I

sock *die Socke, -n,* I, II8

soda: lemon-flavored soda *die Limo, -s (die Limonade, -n),* I; **cola and lemon soda** *das Spezi, -s,* II11

sofa *das Sofa, -s,* I

soft *weich,* II8

someone: Someone told me that... *Man hat mir gesagt, daß ...,* II11

something *etwas,* I

sometimes *manchmal,* I

son *der Sohn, ⸚e,* II1

song *das Lied, -er,* I

sorry: to be sorry *bedauern,* II5; *leid tun,* II3; **I'm sorry.** *Es tut mir leid.,* I, II3; **Sorry, I can't.** *Ich kann leider nicht.,* I; **Sorry, but unfortunately we're all out of couscous.** *Tut mir leid, aber der Couscous ist leider schon alle.,* II12; **I'm so sorry.** *Das tut mir aber leid!,* II3; **I'm sorry. I'm not from here.** *Tut mir leid. Ich bin nicht von hier.,* II9

sort *sortieren,* I; **to sort the trash** *den Müll sortieren,* I

soup *die Suppe, -n,* II1

Spanish *spanisch* (adj), II11

spend: to spend the night *übernachten,* II3

spicy *würzig,* II11; **spicy, hot** *scharf,* II11

spinach *der Spinat,* II2

sport(s) *der Sport,* I, II1; **sport facility** *die Sportanlage, -n,* II12; **sports telecast** *die Sportübertragung, -en,* II10; **Do you play sports?** *Machst du Sport?,* I

sporty *sportlich,* II8

sprain (something) *sich (etwas) verstauchen,* II6

sprouts (bean) *die Sojasprossen,* II5

spend (time) *verbringen,* I

spring *der Frühling,* I; **in the spring** *im Frühling,* I

square *der Platz, ⸚e,* I; **on ... Square** *am ...platz,* I

stamp *die Briefmarke, -n,* I; **to collect stamps** *Briefmarken sammeln,* I

state: German federal state *das Bundesland, ⸚er,* I

station *der Sender, -,* II10

stay, remain *bleiben,* II3

steak (beef) *das Rindersteak, -s,* II5

stereo *die Stereoanlage -n,* I

stinks: That stinks! *So ein Mist!,* I

stirrup pants *die Steghose, -n,* II8

stocking *der Strumpf, ⸚e,* II8

stomach *der Bauch, ⸚e,* II6; **stomach-ache** *die Bauchschmerzen* (pl), II6

storage shelf *das Ablagefach, ⸚er,* II10

store *der Laden, ⸚,* I

storm *das Gewitter, -,* I

stove *der Herd, -e,* I

straight ahead *geradeaus,* I

strawberry *die Erdbeere, -n,* II4; **strawberry marmalade** *die Erdbeermarmelade,* II5

street *die Straße, -n,* I; **on ... Street** *in der ...straße,* I; **main street** *die Hauptstraße, -n,* II9

stripe *der Streifen, -,* II12

striped *gestreift,* I

stroll *spazieren,* II3

stupid *blöd,* I

style *der Stil, -e,* II8

subject (school) *das Fach, ⸚er,* I; **Which subjects do you have?** *Welche Fächer hast du?,* I

suburb *der Vorort, -e,* I, II7; **a suburb of** *ein Vorort von,* I; **in a suburb** *in einem Vorort,* II7

subway *die U-Bahn,* I; **by subway** *mit der U-Bahn,* I

subway station *die U-Bahnstation, -en,* I

suede jacket *die Wildlederjacke, -n,* II12

sugar *der Zucker,* I, II4

suggest *vorschlagen,* II9; **I suggest that...** *Ich schlage vor, daß ...,* II9;

What do you suggest? *Was schlägst du vor?*, II9
suggestion *der Vorschlag, ⁀e*, II12
suit *der Anzug, ⁀e*, II8
summer *der Sommer*, I; **in the summer** *im Sommer*, I
sun *die Sonne*, I; **the sun is shining** *die Sonne scheint*, I
sun protection factor *der Lichtschutzfaktor, -en*, II6
sun tan lotion *die Sonnenmilch*, II6; *die Sonnencreme*, II6
Sunday *der Sonntag*, I; **Sundays** *sonntags*, II10
sunny *sonnig*, I
sunroof *das Schiebedach, ⁀er*, II10
sunstroke *der Sonnenstich, -e*, II6
Super! *Spitze!, Super!*, I
supermarket *der Supermarkt, ⁀e*, I; **at the supermarket** *im Supermarkt*, I
suppose: I suppose so, but... *Eigentlich schon, aber ...*, II7
supposed to *sollen*, I; **The fish is supposed to be great.** *Der Fisch soll prima sein.*, II11; **Well, what am I supposed to do?** *Was soll ich bloß machen?*, II9; **What's that supposed to be?** *Was soll denn das sein?*, II5
sure: I'm not sure. *Ich bin nicht sicher.*, I; **I'm not sure that/whether...** *Ich bin nicht sicher, daß/ob ...*, II9
surrounding area *die Umgebung, -en*, II7
sweater *der Pulli, -s*, I
swallow: I can hardly swallow. *Ich kann kaum schlucken.*, II6
sweet *süß*, II6
swim *schwimmen*, I; **to go swimming** *baden gehen*, I
swimming: I enjoyed swimming in the Mediterranean Sea. *Ich bin gern im Mittelmeer geschwommen.*, II12
swimming pool *das Schwimmbad, ⁀er*, I; *der Pool, -s*, II12; **to go to the (swimming) pool** *ins Schwimmbad gehen*, I
switch off *abstellen* (sep), II7
synagogue *die Synagoge, -n*, II11

T

table *der Tisch, -e*, I; **to clear the table** *den Tisch abräumen* (sep), I; **to set the table** *den Tisch decken*, I
take *nehmen*, I, II5; **he/she takes** *er/sie nimmt*, I; **I'll take** *ich nehme*, I
talk about *sprechen über*, I; **he/she talks about** *er/sie spricht über*, I;

What did you (pl) talk about? *Worüber habt ihr gesprochen?*, I
taste *schmecken*, I, II4; **Does it taste good?** *Schmeckt's?*, I; **How does it taste?** *Wie schmeckt's?*, I, II1; **doesn't taste good** *schmeckt mir nicht*, II4; **Beef tastes better to me.** *Rind schmeckt mir besser.*, II5; **Which soup tastes best to you?** *Welche Suppe schmeckt dir am besten?*, II5
Tasty! *Lecker!*, I
tea *der Tee*, I; **a glass of tea** *ein Glas Tee*, I
teacher (male) *der Lehrer, -*, I; **(female)** *die Lehrerin, -nen*, I
team *die Mannschaft, -en*, II4; **on the (basketball) team** *in der (Basketball)mannschaft*, II4
telecast, transmission *die Übertragung, -en*, II10
telephone *das Telefon, -e, der Apparat, -e*, I; **to pick up the telephone** *den Hörer abheben* (sep), I
telephone booth *die Telefonzelle, -n*, I
telephone number *die Telefonnummer, -n*, I
television (medium of) *das Fernsehen*, I; **TV set** *der Fernseher, -*, II10; **to watch TV** *Fernsehen schauen*, I; *fernsehen* (sep), *Fernseh gucken*, II10; **color stereo television set** *das Stereo Farbfernsehgerät, -e*, II10; **TV and video cart** *der Fernseh- und Videowagen, -*, II10; **TV room** *der Fernsehraum, ⁀e*, II9; **What's on TV?** *Was läuft im Fernsehen?*, II10
Tell me,... *Sag mal, ...*, II4
temperature: What's the temperature? *Wieviel Grad haben wir?*, I; **to take someone's temperature** *die Temperatur messen*, II6; **he/she takes someone's temperature** *er/sie mißt die Temperatur*, II6
tennis *Tennis*, I
tennis court *der Tennisplatz, ⁀e*, II9
tennis racket *der Tennisschläger, -*, II2
terrace *die Terrasse, -n*, II7
terrible *furchtbar*, I
terrific *Klasse, prima, toll*, I;
than *als*, II7
thank *danken*, I; **Thank you (very much)!** *Danke (sehr/schön)!*, I; *Vielen Dank!*, I; **Thank you and the same to you!** *Danke gleichfalls!*, II11; *Danke! Dir/Ihnen auch!*, II11
that *daß* (conj), I; **That's all.** *Das ist alles.*, I; **That's...** *Das ist ...*, I

theater *das Theater, -*, I
them *sie, ihnen*, II3
then *dann*, I
there *dort*, I
they *sie*, I; **they are** *sie sind*, I; **they're from** *sie sind (kommen) aus*, I
think: Do you think so? *Meinst du?*, I; **I think** *ich glaube*, I; **I think (tennis) is...** *Ich finde (Tennis) ...*, I; **I think so too.** *Das finde ich auch.*, I; **What do you think of (tennis)?** *Wie findest du (Tennis)?*, I; **I don't think so.** *Das finde ich nicht.*, II10; **I don't think that...** *Ich glaube nicht, daß ...*, II9; **I really think that...** *Ich meine doch, daß ...*, II10; **I think I'm sick.** *Ich glaube, ich bin krank.*, II6; **I think it's bad that...** *Ich finde es nicht gut, daß ...*, II4; **I think it's great that...** *Ich finde es toll, daß ...*, II4
third *dritte*, I
this *dies-*, II5; **this afternoon** *heute nachmittag*, I; **This is... (on the telephone)** *Hier ist ...*, I; **this morning** *heute morgen*, I
three times *dreimal*, I
thrilling *spannend*, I
throat *der Hals, ⁀e*, II6; **sore throat** *die Halsschmerzen* (pl), II6
through *durch*, II9
Thursday *der Donnerstag*, I; **Thursdays** *donnerstags*, II10
tie *die Krawatte, -n*, II8; **bow tie** *die Fliege, -n*, II12
tight *eng*, I; **It's too tight on you.** *Es ist dir zu eng.*, II8
till: ten till two *zehn vor zwei*, I
Tilsiter cheese *der Tilsiter Käse*, II5
time *die Zeit*, I; **At what time?** *Um wieviel Uhr?*, I; **I don't have time.** *Ich habe keine Zeit.*, I; **What time is it?** *Wie spät ist es?, Wieviel Uhr ist es?*, I
tire: wide tire *der Breitreifen, -*, II10
tired *müde*, II6
to *an, auf, nach*, II9; **Let's drive to the ocean.** *Fahren wir ans Meer!*; **Are you going to the golf course?** *Gehst du auf den Golfplatz?*; **We're going to Austria.** *Wir fahren nach Österreich.*, II9
to, for her *ihr*, I
to, for him *ihm*, I
today *heute*, I
tofu *der Tofu*, II5
toilet *die Toilette, -n*, II7
tomato *die Tomate, -n*, I

tomorrow *morgen*, I
tonight *heute abend*, I
too *zu*, I; **Too bad!** *Schade!*, I
toothache *die Zahnschmerzen* (pl), II6
toothpaste *die Zahnpasta*, II6
tour *besichtigen*, I; **to tour the city** *die Stadt besichtigen*, I; **city tour** *die Stadtrundfahrt, -en*, II11
toward *nach*, II9
town *die Kleinstadt, ⁓e*, II7; **in a town** *in einer Kleinstadt*, II7
traffic *der Verkehr*, II7
train *die Bahn, -en*, II9
train station *der Bahnhof, ⁓e*, I
training and weight room *der Fitneßraum, ⁓e*, II9
transmitter *der Sender, -*, II10
transportation *das Verkehrsmittel, -*, II9; **public transportation** *öffentliche Verkehrsmittel (pl)*, II7
trash *der Müll*, I; **to sort the trash** *den Müll sortieren*, I
tree *der Baum, ⁓e*, II7
trout *die Forelle, -n*, II4
truck *der Lastkraftwagen, -, (LKW, -s)* II7
true: **Not true!** *Stimmt nicht!*, I; **That's right! True!** *Stimmt!*, I; **That's true, but...** *Das stimmt, aber ...*, II4
try on *anprobieren* (sep), I
T-shirt *das T-Shirt, -s*, I
Tuesday *der Dienstag*, I; **Tuesdays** *dienstags*, II10
Turkish *türkisch* (adj), II11
turn *einbiegen* (sep); **Turn in here!** *Biegen Sie hier ein!*, II9
tuxedo *der Smoking, -s*, II12
twice *zweimal*, I
twin *der Zwilling, -e*, II1
type *der Typ, -en*, II8

U

ugly *häßlich*, I
unbelievable *unglaublich*; **That's really unbelievable!** *Das ist ja unglaublich!*, II10
uncle *der Onkel, -*, I
under it, underneath *darunter*, II8
uncomfortable *unbequem*, I
unfortunately *leider*, I; **Unfortunately I can't.** *Leider kann ich nicht.*, I; **That's the way it is, unfortunately.** *Das ist leider so.*, II9
unfriendly *unsympathisch*, II1
unhealthy *ungesund*, II4; *nicht gut für die Gesundheit*, II4

unpleasant *unsympathisch*, II1
until: **from 8 until 8:45** *von 8 Uhr bis 8 Uhr 45*, I; **until you get to ... Square** *bis zum ...platz*, I; **until you get to ... Street** *bis zur ...straße*, I; **until you get to the traffic light** *bis zur Ampel*, I
us *uns*, I, II3
usually *gewöhnlich*, II4

V

vacation (from school) *die Ferien* (pl), II3; **vacation (from work)** *der Urlaub, -e*, II9; **What did you do on your vacation?** *Was hast du in den Ferien gemacht?*, II3
vacuum *Staub saugen*, I
vanilla-flavored milk *die Vanillemilch*, II5
varied *abwechslungsreich*, II12
vegetables *das Gemüse*, I
vegetarian *vegetarisch*; **You're vegetarian, right?** *Du ißt wohl vegetarisch, was?*, II5
very *sehr*, I, II4; **Very well!** *Sehr gut!*, I
vest: **jeans vest** *die Jeansweste, -n*, II8
video: **use a video camera/a camera** *die Videokamera/die Kamera bedienen*, II3
video cassette *das Video, -s*, I, II3; *die Videocassette, -n*, II10; **insert a video cassette** *ein Video einlegen* (sep), II3; **take out the video cassette** *das Video herausnehmen* (sep), II3
village *das Dorf, ⁓er*, II7; **in a village** *in einem Dorf*, II7
violent *brutal*, I
visit *besuchen*, I; **to visit friends** *Freunde besuchen*, I
visit (a place) *besuchen, besichtigen*, II3; **I visited (the cathedral).** *Ich habe (den Dom) besichtigt.*, II3
volleyball *Volleyball*, I
volume control *der Lautstärkeregler*, II10

W

walk *spazieren*, II3
want (to) *wollen*, I, II1; **What do you want to do?** *Was willst du machen?*, II1
war *der Krieg, -e*, II7; **war movie** *der Kriegsfilm, -e*, I
warm *warm*, I
was: **I was (in, at, on)...** *ich war (in an, auf) ...*, I, II12; **I was at the baker's.** *Ich war beim Bäcker.*, I;

he/she was *er/sie war*, I
wash *spülen*, I; **to wash the dishes** *das Geschirr spülen*, I; **to wash (sich) waschen**, II6; **to wash clothes** *die Wäsche waschen*, II2; **he/she/it washes** *er/sie/es wäscht (sich)*, II6
watch *schauen*, I; **to watch TV** *Fernsehen schauen*, I; *fernsehen* (sep), II10; (colloquial) *Fernsehen gucken*, II10
water *das Wasser*, I; **a glass of (mineral) water** *ein Glas (Mineral) Wasser*, I
water: **to water the flowers** *die Blumen gießen*, I
we *wir*, I
wear *anziehen* (sep), I; *tragen*, II8; **Don't wear anything made of...** *Trag ja nichts aus ...!*, II8; **Go ahead and wear...** *Trag doch mal ...!*, II8
weather *das Wetter*, I; **How's the weather?** *Wie ist das Wetter?*, I
weather report *der Wetterbericht, -e*, II10; **What does the weather report say?** *Was sagt der Wetterbericht?*, I
Wednesday *der Mittwoch*, I; **Wednesdays** *mittwochs*, II10
week *die Woche, -n*, I; **every week** *jede Woche*, II4
weekend *das Wochenende, -n*, I; **on the weekend** *am Wochenende*, I; **every weekend** *jedes Wochenende*, II4
weekly special *das Angebot der Woche*, I
weigh *wiegen*, I
well: **Well yes, but...** *Eigentlich schon, aber ...*, II4; *Ja, schon, aber ...*, II7; **extremely well** *ganz wohl*, II4; **Get well soon!** *Gute Besserung!*, II6; **I'm (not) doing well.** *Es geht mir (nicht) gut!*, II6; *Mir ist (nicht) gut.*, II6; **not well at all** *überhaupt nicht wohl*, II4
were: **Where were you?** *Wo bist du gewesen?*, I, II3; **we were** *wir waren*, I; **they were** *sie waren*, I; **(pl) you were** *ihr wart*, I; **(formal) you were** *Sie waren*, I
western (movie) *der Western, -*, I
wet *naß*, I
what *was*; **What are we going to do now?** *Was machen wir jetzt?*, II9; **What is it?** *Was gibt's?*, II5; *Was ist?*, II5; **Okay, what is it?** *Ja? Was denn?*, II5; **So what about...?** *Wie steht's mit ...?*, II4; **Yes, what?** *Ja, was bitte?*, II5; **What can I do for you?** *Was kann ich für dich tun?*, I; **What else?** *Noch etwas?*, I

what kind of? *was für?*, I; **What kinds of music do you like?** *Was für Musik hörst du gern?*, I

when? *wann?*, I

whenever *wenn* (conj), II8

where? *wo?*, I

where (from)? *woher?*, I; **Where are you from?** *Woher bist (kommst) du?*, I

where (to)? *wohin?*, I; **Where are we going?** *Wohin fahren wir?*, II9

whether *ob* (conj), II9

which *welch-*, I, II8; **Which soup do you prefer?** *Welche Suppe magst du lieber?*, II5

whirlpool *der Whirlpool, -s*, II9

white *weiß*, I; **in white** *in Weiß*, I

who? *wer?*, I; **Who is that?** *Wer ist das?*, I

whole wheat roll *die Vollkornsemmel, -n*, I

whom *wen*, I; **to, for whom** *wem*, I

why? *warum?*, I; **Why don't you come along!** *Komm doch mit!*, I

wide *weit*, I

will *werden*; **you will** *du wirst*; **he/she will** *er/sie wird*, II10; **I'm going to buy myself a great car.** *Ich werde mir einen tollen Wagen kaufen.*, II10

wind surf *windsurfen*, II9

windbreaker *die Wind-, Wetterjacke, -n*, II8

window *das Fenster, -*, I; **to clean the windows** *die Fenster putzen*, I

windshield wiper *der Scheibenwischer, -*, II10

winter *der Winter*, I; **in the winter** *im Winter*, I

wish *sich wünschen*; **I wish for...** *Ich wünsche mir ...*, II7; **What would you wish for?** *Was wünschst du dir (mal)?*, II7

with *mit*, I; **with bread** *mit Brot*, I; **with corners** *eckig*, I

witty *witzig*, II8

woman *die Frau, -en*, I

wonderful *großartig*, II4

wood: made of wood *aus Holz*, I

wool *die Wolle*, II8

wool shirt *das Wollhemd, -en*, II8; **made of wool** *aus Wolle*, II1

work *arbeiten*, II3; **That won't work.** *Das geht nicht.*, I

worse than *schlechter als*, II7

would: No, I would rather... *Nein, ich würde lieber ...*, II11; **That would be great!** *Das wäre toll!*, II12; **Wouldn't you like to...?** *Würdest du gern mal ...?*, II11; **That wouldn't be bad.** *Das wär' nicht schlecht.*, II11

would like (to) *möchten*, I; **I would like to see...** *Ich möchte ... sehen.*, I; **What would you like to eat?** *Was möchtest du essen?*, I; **What would you like?** *Was bekommen Sie?*, I; **Would you like anything else?** *Haben Sie noch einen Wunsch?*, I

wristwatch *die Armbanduhr, -en*, I

write *schreiben*, I

wrong: Is something wrong? *Ist was mit dir?*, II6; **What's wrong with you?** *Was fehlt dir?*, II6

Y

yard *der Garten, ⸚*, II7

year *das Jahr, -e*, I; **I am...years old.** *Ich bin ... Jahre alt.*, I

yellow *gelb*, I; **in yellow** *in Gelb*, I

yes *ja*, I; **Yes?** *Bitte?*, I; **Yes, I do!** *Doch!*, II4

yesterday *gestern*, I; **yesterday evening** *gestern abend*, I; **the day before yesterday** *vorgestern*, I

yogurt *der Joghurt, -*, II5

you *du, Sie, ihr*, I

you're (very) welcome! *Bitte (sehr/schön)!*, I

younger *jünger*, II7

your *dein* (poss adj), I; *Ihr*, II5

yourself *dich, sich*, II4

yourselves *euch*, II4

youth hostel *die Jugendherberge, -n*, II3

Z

zero *null*, I

zipper *der Reißverschluß, -verschlüsse*, II8

zoo *der Zoo, -s*, I; **to go to the zoo** *in den Zoo gehen*, I

GRAMMAR INDEX

GRAMMAR INDEX

This grammar index includes grammar topics introduced in **Komm mit!** Levels 1 and 2. The Roman numeral I following the page number(s) indicates Level 1; the Roman numeral II indicates Level 2.

NOTE: For a summary of the grammar presented in this book see pages 329–346.

ABBREVIATIONS

acc	*accusative*	dir obj	*direct object*	prep	*preposition*
adj	*adjective*	indef art	*indefinite article*	pres	*present*
art	*article*	indir obj	*indirect object*	pron	*pronoun(s)*
comm	*command*	inf	*infinitive*	ques	*question(s)*
conv past	*conversational past*	interr	*interrogative*	reflex	*reflexive*
dat	*dative*	nom	*nominative*	sep pref	*separable prefix*
def	*definition*	pers	*person*	sing	*singular*
def art	*definite article*	plur	*plural*	subj	*subject*

A

accusative case: def art, p. 123 (I); indef art, p. 123 (I); p. 230 (I); third pers pron, sing, p. 128 (I); third pers pron, plur, p. 180 (I); first and second pers pron, p. 180 (I); following **für**, p. 180 (I); p. 297 (I); following **es gibt**, p. 229 (I); of reflex pron, p. 90 (II); of **jeder**, p. 94 (II); of **kein**, p. 98 (II); of possessives, p. 120 (II); following **durch** and **um**, p. 222 (II)

adjectives: comparative forms of, p. 166 (II); endings following **ein**-words, p. 170 (II); endings of comparatives, p. 176 (II); endings following **der**- and **dieser**-words, p. 189 (II); endings of unpreceded adj, p. 271 (II)

als: in a comparison, p. 166 (II)

am: contraction of **an dem**, p. 65 (II)

am liebsten: use of with **würde**, p. 267 (II)

an: followed by dat (location), p. 65 (II); followed by acc (direction), p. 214 (II)

ans: contraction of **an das**, p. 214 (II)

anziehen: pres tense forms of, p. 131 (I)

article: *see* definite article, indefinite article

auf: followed by dat (location), p. 119 (II); followed by acc (direction), p. 214 (II); use of with **s. freuen**, p. 241 (II)

aufs: contraction of **auf das**, p. 214 (II)

aus: followed by dat, p. 222 (II)

aussehen: pres tense forms of, p. 132 (I)

B

bei: followed by dat, p. 222 (II)

beim: contraction of **bei dem**, p. 222 (II)

s. brechen: pres tense of, p. 145 (II)

C

case: *see* nominative case, accusative case, dative case

class: def of, p. 24 (I)

command forms: **du**-commands, p. 200 (I); p. 297 (I); **Sie**-commands, p. 227 (I); inclusive commands, p. 139 (II)

comparatives: *see* adjectives

conjunctions: **denn** and **weil**, p. 206 (I); **daß**, p. 232 (I); **wenn**, p. 199 (II); **ob**, p. 218 (II)

conversational past: p. 58-59 (II)

contractions: of **in dem**, **im**, p. 65; of **an dem**, **am**, p. 65; of **zu dem**, **zum**, p. 125; of **zu der**, **zur**, p. 125; of **an das**, **ans**, p. 214; of **auf das**, **aufs**, p. 214; of **in das**, **ins**, p. 214; of **bei dem**, **beim**, p. 222; of **von dem**, **vom**, p. 222 (II)

D

da-compounds: p. 241 (II)

daß-clauses: p. 232 (I); verb in final position, p. 89 (II); with reflex verbs, p. 90 (II)

dative case: introduction to, p. 283 (I); following **mit**, p. 283 (I); word order with, p. 284 (I); following **in** and **an** when expressing location, p. 65 (II); with **gefallen**, p. 69 (II); of personal pron, p. 69 (II); plural of def art, p. 69 (II); of **ein**-words, p. 71 (II); following **auf** when expressing location, p. 119 (II); of possessives, p. 120 (II); verbs used with dative forms, **gefallen, schmecken**, p. 123 (II); following **zu**, pp. 125, 195 (II); use of to talk about how you feel, p. 137 (II); verbs requiring dat forms, p. 143 (II); reflex verbs requiring dat forms, p. 144 (II); reflex pron, p. 144 (II); use of to express idea of something being too expensive/large/small, p. 149 (II); plur endings of adj, p. 170 (II); endings of adj, p. 189 (II); further uses of, p. 195 (II); preps followed by, p. 222 (II); *see also* indirect objects

definite article: to identify class, p. 24 (I); p. 74 (I); acc, p. 123 (I); dat, p. 283 (I); nom and acc, p. 305 (I); dat summary, p. 69 (II); dat plur, p. 69 (II)

demonstratives: p. 114 (II)

den: dat plur of def art, p. 69 (II)

dich: as a reflex pron, p. 90 (II)

dieser-words: demonstratives, p. 114, (II); adj following **dieser**-words, p. 189 (II)

dir: dat personal pron, p. 69 (II); reflexive personal pronoun, p. 144 (II)

direct object: def, p. 123 (I); *see also* accusative case

direct object pronouns: p. 128 (I); p. 180 (I)

direction: expressed by **nach, an, in** and **auf**, p. 214 (II); use of preps to express, p. 218 (II)

du-commands: p. 200 (I); p. 297 (I); of **messen**, p. 148 (II); of **tragen**, p. 194 (II)

durch: followed by acc, p. 222 (II)

dürfen: present tense of, p. 99 (II)

E

ein: nom, p. 72 (I); acc, p. 123 (I); p. 230 (I); dat, p. 283 (I); p. 71 (II)

ein-words: **mein(e), dein(e)**, p. 78 (I); **sein(e), ihr(e)**, p. 79 (I); **kein**, p. 231 (I); p. 307 (I); dat, p. 283 (I); adj endings following, p. 170 (II)

-er: ending in place names p. 213 (II)

es gibt: p. 229 (I)

essen: pres tense forms of, p. 155 (I)

euch: dat personal pron, p. 69 (II); as a reflex pron, p. 90 (II)

F

fahren: pres tense forms of, p. 227 (I)

fehlen: use of dat with, p. 143 (II)

s. fithalten: reflex verb, p. 90 (II)

s. freuen: reflex verb, p. 90 (II); **s. freuen auf**, p. 241 (II)

s. fühlen: reflex verb, p. 90 (II)

für: followed by acc, p. 180 (I); p. 297 (I); p. 89 (II); use of with **s. interessieren**, p. 194 (II);

future: use of **morgen** and present tense for, p. 183 (I); **werden**, p. 253 (II)

G

gefallen: p. 125 (I); p. 132 (I); use of dative with, p. 69, (II); p. 123 (II); p. 143, (II)

gegenüber: followed by dat, p. 222 (II)

gehen: use of with dat forms, p. 143 (II)

gern: use of with **würde**, p. 267 (II); use of with **hätte**, p. 274 (II)

H

haben: pres tense forms, p. 100 (I); use of in conv past p. 58 (II); past participle of, p. 59 (II); simple past tense forms of, p. 64 (II)

hätte: forms of, p. 274 (II)

helfen: use of dat with, p. 143 (II)

I

ihm: dat personal pron, p. 69 (II)

Ihnen, ihnen: dat personal pron, p. 69 (II)

ihr: dat personal pron, dative case, p. 69 (II)

im: contraction of **in dem**, p. 65 (II)

Imperfekt: simple past of **haben** and **sein**, p. 64 (II)

in: followed by dat (location), p. 65 (II); followed by acc (direction), p. 214 (II)

indefinite article: **ein**, nom, p. 72 (I); acc, p. 123 (I); p. 230 (I), nom and acc, p. 303 (I); dat, p. 71 (II)

indirect object: def of, p. 283 (I); *see also* dative case

indirect object pronouns: p. 283 (I)

infinitive: use of with **wollen**, p. 150 (I); use of with **müssen**, p. 175 (I); with **werden**, p. 253 (II); with **würde**, p. 267 (II)

ins: contraction of **in das**, p. 214 (II)

s. interessieren: **interessieren für**, p. 241 (II)

interrogative pronouns: nom form **wer**, p. 23 (I); acc form **wen**, p. 180 (I); dat form **wem**, p. 283 (I)

interrogatives: **wo, woher, wie**, p. 23 (I); **was**, p. 48 (I); **worüber**, p. 259 (I); **warum**, p. 35 (II); **welcher**, p. 124 (II); **wofür**, p. 241 (II); **worauf**, p. 241 (II)

J

jeder: p. 94 (II); acc of, p. 94 (II)

K

kaufen: with dat reflex pron, p. 198 (II)

kein: p. 231 (I); p. 307 (I); acc forms, p. 98 (II); p. 251 (II)

können: pres tense of, p. 179 (I); p. 297 (I)

L

lassen: pres tense of, p. 247 (II)

lieber: p. 253 (I); use of with **würde**, p. 267 (II); use of with **hätte**, p. 274 (II)

Lieblings-: p. 102 (I)

location: use of preps to express, p. 218 (II)

M

mich: as a reflex pron, p. 90, (II)

mir: dat personal pron, p. 69 (II); reflex personal pron, p. 144 (II)

mit: followed by dat, p. 222 (II)

möchte-forms: pres tense, p. 71 (I); p. 155 (I); p. 307 (I)

modal auxiliary verbs: **möchte**-forms, p. 71 (I); **wollen**, p. 150 (I); **müssen**, p. 175 (I); **können**, p. 179 (I); **sollen**, p. 199 (I); p. 139 (II); **mögen**, p. 250 (I); **dürfen**, p. 99 (II)

mögen: pres tense forms of, p. 250 (I)

müssen: pres tense forms of, p. 175 (I); p. 302 (I)

N

nach: use of to express direction, p. 214 (II); followed by dat (location), p. 222 (II)

neben: followed by acc (direction) or dat (location), p. 223 (II)

nehmen: pres tense forms of, p. 132 (I)

noch ein: p. 230 (I); p. 307 (I)

nominative case: def of, p. 123 (I); *see also* subject

nouns: classes of, p. 24 (I); plur of, p. 106 (I)

noun phrases: def of, p. 123 (I)

O

ob-clause: verb in final position, p. 218 (II)

P

past participles: pp. 58-59 (II), *see also* Grammar Summary, pp. 329–346

past tense of: **sein**, p. 207 (I); **haben** and **sein**, p. 64 (II)

possessives: **mein(e), dein(e)**, nom, p. 78 (I); **sein(e), ihr(e)**, nom, p. 79 (I); dat, p. 304 (I); summary, p. 120 (II)

plural formation: p. 106 (I)

prefix: *see* separable prefixes

prepositions: **für**, p. 180 (I); **über**, use of with **sprechen**, p. 259 (I); **mit**, p. 283 (I); dat with **in** and **an** when expressing location, p. 64 (II); dat with **auf** when expressing location, p. 119 (II); **zu**, p. 125 (II); use of to express direction, **nach, an, in**, and **auf**, p. 214 (II); expressing direction and location, summary, p. 218 (II); followed by dat forms, **aus, bei, nach, von, gegenüber**, p. 222 (II); followed by acc forms, **durch, um**, p. 222 (II); followed by acc or dat forms, **vor, neben, zwischen**, p. 223 (II); verbs requiring prep phrase, **sprechen über, s. freuen auf, s. interessieren für**, p. 241 (II)

present tense: of **sein**, p. 26 (I); of **spielen**, p. 46 (I); of the **möchte**-forms, p. 71 (I); of **haben**, p. 100 (I); of **anziehen**, p. 131 (I); of **nehmen, aussehen**, p. 132 (I);

of **wollen**, p. 150 (I); of **essen**, p. 155 (I); of **müssen**, p. 175 (I); of **können**, p. 179 (I); of **sollen**, p. 199 (I); of **wissen**, p. 222 (I); of **mögen**, p. 250 (I); of **sehen**, p. 253 (I); of **lesen, sprechen**, p. 259 (I); of **schlafen**, p. 88 (II); of **s. fühlen**, p. 90 (II); of **dürfen**, p. 99 (II); of **s. brechen**, p. 145 (II); of **tragen**, p. 194 (II)

present tense verb endings: p. 50 (I); verbs with stems ending in **d, t**, or **n**, p. 55 (I); verbs with stems ending in **eln**, p. 56 (I)

pronouns: personal pron sing, p. 26 (I); personal pron plur, p. 48 (I); **er, sie, es, sie** (pl), p. 75 (I); p. 107 (I); third pers sing, acc, p. 128 (I); third pers, plur, p. 180 (I); first and second pers, p. 180 (I); dat, p. 283 (I); nom and acc, p. 303 (I); dat, p. 304 (I); dat summary, p. 69 (II); reflex, acc forms, p. 90 (II); dat reflex forms, p. 144 (II)

Q

questions: asking and answering ques, p. 23 (I); ques beginning with a verb, p. 23 (I); ques beginning with a ques word, p. 23; word order of ques with reflex verbs, p. 90 (II)

question words: **wer, wo, woher, wie**, p. 23 (I); **was**, p. 48 (I); **worüber**, p. 259 (I); **wem**, p. 304 (I); **warum**, p. 35 (II); **welcher**, p. 124 (II); **wofür**, p. 241 (II); **worauf**, p. 231 (II)

R

reflexive verbs: p. 90 (II); used with dat case forms, p. 144 (II)

reflexive pronouns: p. 90 (II); dat forms, p. 144 (II); acc forms, p. 194 (II)

S

schlafen: pres tense of, p. 88, (II)

schmecken: use of with or without dat, p. 123 (II); use of with dat, p. 143 (II)

sehen: pres tense forms of, p. 253 (I)

sein: pres tense forms of, p. 26 (I); simple past tense forms of, p. 207 (I); use of in conv past p. 58 (II); past participle of, p. 59 (II)

separable prefix verbs: **anziehen, anprobieren, aussehen**, p. 131 (I); **aufräumen, abräumen, mitkommen**, p. 176 (I); use of in conv past, p. 58 (II); inclusive commands with, p. 139 (II); **weh tun** as a sep pref verb, p. 143 (II)

sich: reflex pron, p. 90 (II)

s. interessieren: reflex verb, p. 194 (II)

Sie-commands: p. 227 (I)

so ... wie: used in comparison, p. 166 (II)

sollen: pres tense forms of, p. 199 (I); use of to make a suggestion, p. 139 (II)

sprechen: present tense forms of, p. 259 (I); **sprechen über**, p. 241 (II)

stem-changing verbs: **nehmen, aussehen**, p. 132 (I); **essen**, p. 155 (I); **fahren**, p. 227 (I); **sehen**, p. 253 (I); **lesen, sprechen**, p. 259 (I); **schlafen**, p. 88 (II); **brechen**, p. 145 (II); **waschen**, p. 145 (II); **messen**, p. 148 (II); **tragen**, p. 194 (II); **lassen**, p. 247 (II); *see also* Grammar Summary, pp. 329–346

subject: def of, p. 123 (I); *see also* nominative case

subjunctive forms: **würde**, p. 267 (II); **hätte**, p. 274 (II)

T

tragen: pres tense of, p. 194 (II)

U

über: following **sprechen**, p. 241 (II)

um: followed by acc, p. 222 (II)

uns: dat personal pron, p. 69 (II); as a reflex pron, p. 90 (II)

unpreceded adjectives: endings of, p. 271 (II)

V

verbs: with sep pref, **anziehen, anprobieren, aussehen**, p. 131 (I); **aufräumen, abräumen, mitkommen**, p. 176 (I); with vowel change in the **du**- and **er/sie**-form, **nehmen, aussehen**, p. 132 (I); **fahren**, p. 227 (I); **sehen**, p. 253 (I); **lesen, sprechen**, p. 259 (I); **schlafen**, p. 88 (II); **brechen**, p. 145 (II); **waschen**, p. 145 (II); **messen**, p. 148 (II); **tragen**, p. 194 (II); **lassen**, p. 247 (II); conv past tense, pp. 58–59 (II); reflex verbs: p. 90 (II); used with dat, **gefallen, schmecken**, p. 123 (II); verbs requiring dat case forms, p. 143 (II); reflex verbs requiring dat case forms, p. 144 (II); **s. wünschen**, p. 169 (II); **passen** and **stehen** with dat, p. 195 (II); verbs requiring prep phrase, **sprechen über, s. freuen auf, s. interessieren für**, p. 241 (II)

verb-final position: in **weil**-clauses, p. 206 (I); p. 165 (II); in clauses following **wissen**, p. 222 (I); in **daß**-clauses, p. 232 (I); p. 89 (II); in **wenn**-clauses, p. 199 (II); in **ob**-clauses, p. 218 (II); with **werden** in clauses beginning with **daß, ob, wenn, weil**, p. 253 (II)

verb-second position: p. 54 (I); p. 151 (I); p. 309 (I)

vom: contraction of **von dem**, p. 222 (II)

von: followed by dat, p. 222 (II)

vor: followed by acc (direction) or dat (location), p. 223 (II)

W

waschen: pres tense of, p. 145 (II)

weh tun: as a sep pref verb, p. 143; use of dat with, p. 143 (II)

weil-clause: verb in final position, p. 165 (II)

welcher: forms of, p. 124 (II)

wenn-clauses: verb in final position, p. 199 (II)

werden: use of to express future, forms of, p. 253 (II)

wissen: pres tense forms of, p. 222 (I); p. 299 (I)

wo-compounds: p. 241 (II)

wollen: pres tense forms of, p. 150 (I); p. 302 (I)

word order: ques beginning with a verb, p. 23 (I); ques beginning with a ques word, p. 23 (I); verb in second position, p. 54 (I); p. 151 (I); p. 309 (I); in **denn**- and **weil**-clauses, p. 206 (I); verb-final in clauses following **wissen**, p. 222 (I); p. 299 (I); verb-final in **daß**-clauses, p. 232 (I); with dat case, p. 284 (I); in **weil**-clauses, p. 165 (II); in **wenn**-clauses, p. 199 (II); in **ob**-clauses, p. 218 (II); with **werden** in clauses beginning with **daß, ob, wenn, weil**, p. 253 (II)

s. wünschen: with dat reflex pron, p. 168 (II)

würde: forms of, p. 267 (II)

Z

zu: p. 125 (II); prep followed by dat, p. 195 (II)

zum: contraction of **zu dem**, p. 125 (II)

zur: contraction of **zu der**, p. 125 (II)

zwischen: followed by acc (direction) or dat (location), p. 223 (II)

Map of the Federal Republic of Germany

DÄNEMARK

Nordsee

Ostsee

Kiel

SCHLESWIG-HOLSTEIN
Lübeck

Rostock

MECKLENBURG-VORPOMMERN
Neubrandenburg

HAMBURG

Schwerin

Ems

BREMEN

NIEDERSACHSEN

BRANDENBURG

POLEN

Weser

BUNDESREPUBLIK

Havel

Oder

BERLIN

Hannover

Frankfurt
a.d. O.

NIEDERLANDE

TEUTOBURGER WALD

Münster

Braunschweig

Magdeburg

Potsdam

Spree

Rhein

NORDRHEIN-WESTFALEN

SACHSEN-ANHALT

Cottbus

Dortmund
Essen

HARZ

Neisse

RUHRGEBIET

DEUTSCHLAND

Halle

Neuss

Düsseldorf

Kassel

Leipzig

SACHSEN

Köln

THÜRINGER WALD

Erfurt

Dresden

Aachen

THÜRINGEN

Gera

Chemnitz

Elbe

BELGIEN

Bonn

WESTERWALD

HESSEN

Saale

ERZGEBIRGE

LUXEM-
BURG

EIFEL

Koblenz

Suhl

RHEINLAND-PFALZ

TAUNUS

Frankfurt a. M.

OBERPFÄLZER
WALD

TSCHECHISCHE
REPUBLIK

Mosel

Wiesbaden

Main

Mainz

BÖHMERWALD

Würzburg

SAARLAND

Mannheim

Nürnberg

BAYERISCHER WALD

Saarbrücken

Heidelberg

BADEN-
WÜRTTEMBERG

BAYERN

FRANKREICH

Karlsruhe

Stuttgart

Donau

Regensburg

SCHWÄBISCHE ALB

Neckar

Isar

Inn

Ulm

Augsburg

Rhein

München

Freiburg

SCHWARZWALD

SALZBURGER
ALPEN

Rhein

BAYERISCHE
ALPEN

SCHWEIZ

Rhein

Zugspitze

ÖSTERREICH

Map of Liechtenstein, Switzerland, and Austria

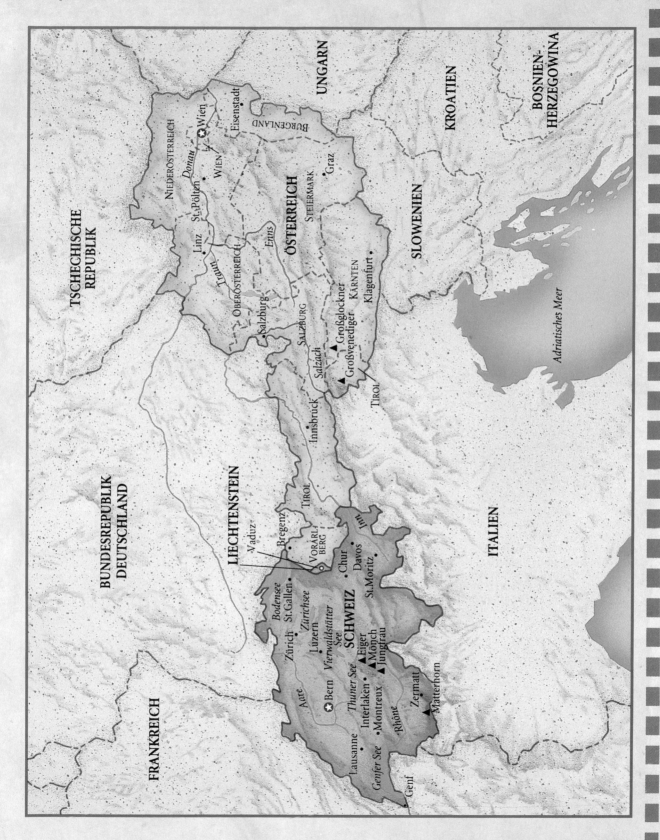

ACKNOWLEDGMENTS [continued from page ii]

Rowohlt-Verlag, 1949 Hamburg: "Das Brot" by Wolfgang Borchert from *Das Gesamtwerk.*

RuFPress: "Kuren und Bäder" from *Neue Gesundheit,* January 1, 1994, pp. 20–21.

Severin + Kühn: From advertisement "8-sprachige City-Tour/multilingual City-Tour" from *Berlin Programm,* September 1993, p. 59.

Sport-Scheck Reisen GmbH: "Club La Santa auf Lanzarote" from *Sport-Scheck Reisen,* Summer 1993, pp. 172–173.

Süddeutscher Verlag München: "Die Deutschen sind." from *Süddeutsche Zeitung,* no. 44, 1992, p. 36. Copyright © 1992 by Süddeutscher Verlag.

Surya Indisches Restaurant: Advertisement, "Surya Indisches Restaurant" from *Berlin Programm,* September 1993.

Tiefdruck Schwann-Bagel GmbH: "100 Mark für Nichtraucher", from *JUMA: Das Jugendmagazin,* 2/91, p. 4, April 1991. Copyright © 1991 by Tiefdruck Schwann-Bagel GmbH. "Mein Traumhaus ist aus Schokolade" from *JUMA: Das Jugendmagazin,* 1/92, pp. 16–19, January 1992. Copyright © 1991 by Tiefdruck Schwann-Bagel GmbH. From "Tina—das Mädchen aus dem Katalog" from *JUMA: Das Jugendmagazin,* 3/92, pp. i, 10–11, July 1992. Copyright © 1993 by Tiefdruck Schwann-Bagel GmbH. "Zöe" by Zoe L. Smith from *JUMA: Das Jugendmagazin,* 2/93, p. 47, April 1993. Copyright © 1993 by Tiefdruck Schwann-Bagel GmbH. Text from "Hier hab ich meine Ruhe" from *JUMA: Das Jugendmagazin,* 3/93, pp. 6–10, July 1993. Copyright © 1993 by Tiefdruck Schwann-Bagel GmbH. From "Schule im Garten" from *JUMA: Das Jugendmagazin,* 4/93, pp. 32 & 35, October 1993. Copyright © 1993 by Tiefdruck Schwann-Bagel GmbH.

TV Spielfilm Verlag GmbH: Reviews for "Der Junge mit dem großen schwarzen Hund," "Der Prinz von Bel-Air," "Eishockey WM," "Im Reich der wilden Tiere," "Praxis Bülowbogen," and "Raumschiff Enterprise," from *TV Spielfilm/TV Guide,* 9/93, pp. 36–37, 70–71. Copyright © 1993 by TV Spielfilm Verlag GmbH.

Verlag Karl Baedeker GmbH: "Baden-Baden" from *Baedeker Allianz Reiseführer Deutschland, 2.* Copyright © 1992 by Verlag Karl Baedeker GmbH.

Josef Witt GmbH & Co. KG: "Persönliche Bestellkarte" from *Kaufen + Sparen.*

PHOTOGRAPHY CREDITS

Abbreviations used: (t) top, (c) center, (b) bottom, (l) left, (r) right, (i) inset.

FRONT COVER: (tl),(bl) George Winkler, BACK COVER: (tr) George Winkler, (cl) Superstock, FRONT AND BACK COVER COLLAGE: HRW Photo by Andrew Yates

TABLE OF CONTENTS: Page v, vi(tl), vii(br), viii(tl), ix(bl), x(tl), xi(br), xii(tl), xii(br) George Winkler, other photographs HRW Photos by Sam Dudgeon.

Chapter Opener Photographs: Scott Van Osdol

All photographs by George Winkler/Holt, Rinehart and Winston, Inc. except:

UNIT ONE: **Chapter One:** Page 11, HRW Photo by Sam Dudgeon; 20(tc), Edge Video Production. **Chapter Two:** Page 32, 37, HRW Photo by Sam Dudgeon; 44(tr), Edge Video Production; 45, 46, HRW Photo by Sam Dudgeon; 48(tl), Michelle Bridwell/Frontera Fotos; 48(cl), HRW Photo by Sam Dudgeon; 48b(c), 48(cr), 48(br), Michelle Bridwell/Frontera Fotos. **Chapter Three:** Page 53(b), HRW Photo by Ken Karp; 57(trc), HRW Photo by Michelle Bridwell; 57(tr), HRW Photo by Sam Dudgeon 57(tc), Robert Brenner/PhotoEdit; 57(brc), HRW Photo by Sam Dudgeon; 57(tl), David Frazier Photolibrary; 57(br), 57(br), 57(bl), 59, HRW Photo by Sam Dudgeon; 63(cr), Merten/ZEFA; 63(bl), E. Estenfelder/Helga Lade/Peter Arnold, Inc.; 64, HRW Photo by Sam Dudgeon.

UNIT TWO: Page 78–79, ZEFA/Waldkirch/The Stock Market. **Chapter Four:** Page 82, HRW Photo by Lisa Davis; 83b, HRW Photo by Sam Dudgeon; 85, HRW Photo; 86, HRW Photo by Sam Dudgeon; 92, Edge Video Productions.

UNIT THREE: Page 164–165, W.H. Mueller/Zefa; 167 (t),(c),(b) Werner H. Muller/Peter Arnold, Inc.. **Chapter Eight:** Page 186, HRW Photo by Sam Dudgeon; 192(cr), 192(tr), 192(bl), Michelle Bridwell/Frontera Fotos. **Chapter Nine:** Page 210, HRW Photo by Sam Dudgeon; 211(t), 211(b), Edge Video Productions.

UNIT FOUR: **Chapter Ten:** Page 256, 262, HRW Photo by Sam Dudgeon; 263(cl), 263(cr), Edge Video Productions; 273(tl), Michelle Bridwell/Frontera Fotos. **Chapter Twelve:** Page 287(br), 287(tl), Edge Video Productions.

ILLUSTRATION AND CARTOGRAPHY CREDITS

Arndt, Ully: 89

Böhm, Eduard: 17, 19, 98, 112, 118, 121, 137, 146, 190, 252, 295, 298, 320, 321, 322, 323

Carlson, Susan: xviii, xix, 215

Cooper, Holly: i, v, vi, viii, x, xii, 322

Enthoven, Antonia: 196, 197, 269, 289

Hess, Paul: 38, 39, 40, 103

Krone, Michael: 10, 74, 220, 221, 325

Lyle, Maria: 112, 265

Maryland Cartographics: 1, 79, 165, 231

McLeod, George: 10, 213, 217, 240, 324

Mizzi, Giorgio: 87, 97, 136, 137, 142, 145, 147, 149, 150, 152, 301

Reppel, Aletha: 217

Rummonds, Tom: 195, 323

Schööl, Biruta: 193

Tillmann, Jutta: 169, 174, 178, 188, 246, 247, 250